高等学校财务管理课程教材

财务管理

Caiwu Guanli

常叶青　吴丽梅　主编
王玉英　沈亚军　副主编

高等教育出版社·北京
HIGHER EDUCATION PRESS　BEIJING

内容简介

本书以公司制企业为对象，在阐述现代企业财务管理原理的基础上，介绍了货币时间价值、风险价值等财务管理基本观念以及企业筹资、投资、资金营运、收益分配等财务活动的管理原理和管理方法。

本书在每章中设计了本章基本架构图和课后学习方案，其中，课后学习方案包括了本章重点整理、案例分析、延伸阅读、思考与讨论和自测与练习。

本书可作为高等院校经济与管理类专业以及其他相关专业“财务管理”课程的教学用书，也可作为高职高专经济与管理类专业及其他相关专业“财务管理”课程的教学用书，还可作为企业财会管理人员提高财务管理理论水平的参考用书。

图书在版编目（CIP）数据

财务管理／常叶青，吴丽梅主编．--北京：高等教育出版社，2013.10（2014.7重印）

ISBN 978-7-04-038484-0

Ⅰ．①财… Ⅱ．①常… ②吴… Ⅲ．①财务管理-高等学校-教材 Ⅳ．①F275

中国版本图书馆CIP数据核字（2013）第230589号

策划编辑 谢睿芳　责任编辑 范 吕　封面设计 张雨薇　版式设计 杜微言
责任校对 刘丽娴　责任印制 张泽业

出版发行 高等教育出版社
社　　址 北京市西城区德外大街4号
邮政编码 100120
印　　刷 中国农业出版社印刷厂
开　　本 787 mm×1092 mm 1/16
印　　张 18.75
字　　数 450千字
购书热线 010-58581118
咨询电话 400-810-0598
网　　址 http://www.hep.edu.cn
　　　　 http://www.hep.com.cn
网上订购 http://www.landraco.com
　　　　 http://www.landraco.com.cn
版　　次 2013年10月第1版
印　　次 2014年7月第2次印刷
定　　价 37.50元（含光盘）

本书如有缺页、倒页、脱页等质量问题，请到所购图书销售部门联系调换

物 料 号 38484-00

前言

财务管理是利用价值形式对企业财务活动及其所体现的财务关系进行综合性管理的工作。作为企业管理的重要组成部分，科学有效的财务管理是企业可持续发展的重要前提。

作为一种价值管理工作，财务管理的核心是价值管理，客体是企业的财务活动和各种财务关系。本书以公司制企业为对象，在阐述现代企业财务管理原理的基础上，系统地介绍了货币时间价值、风险价值等财务管理基本观念以及对企业筹资、投资、营运资金、收益分配等财务活动的管理原理和管理方法。

“财务管理”是一门应用性、实践性很强的课程，是高等院校经济和管理类专业的主干课程。多年的财务管理教学实践和教学研究，使我们认识到一本合意的教材对教师组织教学工作的重要性。为了方便教师的教学和读者的学习，这本《财务管理》教材除了精心安排全书的整体架构外，还特意在每章中设计了本章基本架构图和课后学习方案。其中，课后学习方案包括了本章重点整理、案例分析、延伸阅读、思考与讨论和自测与练习。

本书是在总结众编者多年教学实践经验的基础上，吸收了国内外相关同类教材和著作的观点编写而成的，力求系统、准确、易懂、实用。

本书是为适应高等院校经济和管理类专业以及其他相关专业“财务管理”课程的教学需要而编写的，可作为高等院校经济与管理类专业以及其他相关专业“财务管理”课程的教学用书，也可作为高职高专类经济与管理专业及其他相关专业“财务管理”课程的教学用书，还可作为企业财会管理人员提高财务管理理论水平的参考用书。

本书由常叶青、吴丽梅担任主编，由王玉英、沈亚军担任副主编，负责全书的总体设计、教材编写、总纂和定稿，以及审阅和校对工作。各章编写分工如下：第一章至第三章由常叶青执笔；第四章和第五章由吴丽梅执笔；第六章由王玉英执笔；第七章由沈亚军执笔；第八章由段洁执笔；第九章由张翠芬执笔，第十章由陈莎执笔。

为了辅助教师更好地讲授“财务管理”课程，帮助学生通过丰富的练习巩固专业知识，我们以光盘的形式配套了《财务管理学习指导》一书，作为本教材的重要补充。《财务管理学习指导》由常叶青、高明玲、吴丽梅担任主编，陈建业参编。各章编写分工如下：第一章至第五章由常叶青执笔；第六章由陈建业执笔；第七章和第八章由高明玲执笔；第九章和第十章由吴丽梅执笔。

本书在编写过程中参阅了大量的文献资料和相关教材，在此向原作者致以诚挚的谢意。本书稿在修改过程中，同事们提出了很多中肯的建议，在此向他们致以诚挚的谢意。

我们衷心希望本书的出版能帮助读者深入系统地理解和把握财务管理的知识体系，并给读者带来学习财务管理的乐趣。

由于水平有限，书中不妥之处，欢迎您的批评和指正，以便这本教材能够得到不断的充实和完善。欢迎联系：changyeqing@ 163. com。

常叶青　吴丽梅
2013 年 7 月

目录

第一章　财务管理导论

本章基本架构图

- 财务管理的概念
  - 资金运动论
  - 货币关系论
  - 分配关系论
  - 经济活动论
  - 本金论
- 财务管理的内容
  - 组织财务活动
    - 筹资管理
    - 投资管理
    - 营运资金管理
    - 收益分配管理
  - 协调财务关系
    - 与所有者之间的财务关系
    - 与受资者之间的财务关系
    - 与债权人之间的财务关系
    - 与债务人之间的财务关系
    - 与往来客户之间的财务关系
    - 内部各单位之间的财务关系
    - 与员工之间的财务关系
    - 与税务机关之间的财务关系
- 财务管理的目标
  - 利润最大化
  - 每股收益最大化
  - 股东财富最大化
  - 企业价值最大化
- 财务管理的原则
  - 有关竞争环境的原则
  - 有关创造价值的原则
  - 有关财务交易的原则

第一节　认识财务管理

人们通常认为财务管理是对“财务”的管理，而关于什么是“财务”，我国学术界曾有过争论，目前有很多不同的观点。正是由于对“财务”的不同认识，才导致了人们对“财务管理”概念认识上的分歧。因此，要认识财务管理就必须先了解“财务”是什么。关于什么是财务，主流的观点有以下几种。

一、资金运动论

资金运动论者认为，所谓企业财务就是企业资金运动及其所形成的经济关系。因此，在这一观点指导下，财务管理就是对企业资金运动及其所形成的经济关系进行的管理。

二、货币关系论

货币关系论者认为，在整个生产经营过程中，商品的流通要以实在的货币为媒介，在生产经营中需要用货币来处理的经济关系即货币关系，形成财务。在这一观点指导下，财务管理就是对商品生产经营者同各方面的货币关系所进行的管理。

三、分配关系论

分配关系论者认为，财务的本质是分配问题，分配是财务活动中存在的特殊矛盾，体现了财务关系的性质，制约了财务活动的内容。因此，在这一观点指导下，财务管理是指对生产要素分配和生产成果实现及其分配所形成的分配关系进行的管理。

四、经济活动论

经济活动论者认为，所谓企业财务就是指企业在生产经营活动中资金的筹集、使用、回收和分配等方面的经济活动。因此，在这一观点指导下，财务管理是指企业对在生产经营活动中资金的筹集、使用、回收和分配等经济活动的管理。

五、本金论

本金论有两种理论流派：一是本金投入收益论；另一是财权流论。其中财权流论是在本金投入收益论的基础上发展而来的。本金投入收益论者认为，财务是本金的投入与收益活动及其所形成的特定的经济关系。因此，在这一观点指导下，财务管理是指对企业本金的投入与收益活动及其所形成的特定的经济关系进行的管理。财权流论认为，现代企业财务的本质是财权流。其中，财权表现为某一主体对财力所拥有的支配权，包括收益权、投资权、筹资权、财务决策权等。财权流论者认为财务管理不是简单的对资金运动的管理，而是借助资金运动的管理实现产权管理，是“价值”与“权力”的结合。

比较上述观点，我们发现它们各有所长。正因为它们各有所长，才产生出如此之多的理论流派。但人们通常认为，企业的基本财务活动是从资本市场筹集资金，投资于生产性经营资产，进行生产经营活动，取得利润后用于补充权益资本或分配给股东。财务管理是基于这些企业客观存在的财务活动和由此衍生的财务关系而产生的。财务管理就是围绕着企业的这些基本财务活动，对这些基本财务活动和背后所体现的经济关系进行管理的一项价值管理工作。因此，本书这样定义财务管理：财务管理是企业组织财务活动、协调财务关系的一项综合性价值管理工作。

第二节 财务管理的内容

财务管理是企业组织财务活动、协调财务关系的一项综合性价值管理工作。财务管理的主要内容是组织财务活动、协调财务关系。要深入理解财务管理的概念和内容，必须先分析企业的财务活动和财务关系的含义以及企业基本的财务活动和主要的财务关系。

一、财务活动

所谓财务活动是指资金的筹集、运用、收回及分配等一系列行为，其中资金的筹集称为筹资，资金的运用及收回称为投资，资金的分配称为收益分配。从整体上来讲，企业的财务活动包括以下四个方面。

（一）企业筹资引起的财务活动

当你要创办一家企业时，你首先想到的问题是要筹集经营活动所需的资金。筹资是企业为了满足投资和用资的需要而筹措所需资金。在筹资过程中，企业一方面要预测筹资的总规模，以保证投资和用资所需要的资金；另一方面要通过对筹资渠道和筹资方式的选择，及时、足额地筹措资金；另外，要选择合理的资本结构，降低资本成本，同时降低筹资风险。一般来说，企业筹措的资金可分为两类：一是企业的权益资本，它是通过吸收直接投资、发行股票、保留企业内部留存收益等方式取得的资金；二是企业的负债资本，它是通过向银行借款、发行债券、占用应付款项等方式取得的资金。

（二）企业投资引起的财务活动

企业取得资金后，必须将其投入使用，以便取得盈利。企业投资必须考虑投资规模，通过投资方向和投资方式的选择，确定合理的投资结构，以提高投资收益，同时降低投资风险。投资通常可以分为广义和狭义两种。财务管理所指的投资一般是广义的投资。广义的投资是指企业将筹集的资金投入使用的过程，包括内部使用资金的过程，如购置流动资产、固定资产、无形资产等；也包括对外投放资金的过程，如投资购买其他企业的股票、债券或与其他企业合资联营。狭义的投资通常只指对外的投资。投资还可以分为直接投资和间接投资。其中，直接投资是指直接开厂、设店从事经营，或者投资购买目标企业相当数量的股份，从而对该企业具有经营上的控制权。间接投资，也称为证券投资，是指投资者购买债券或股票等有价证券，预期获取一定收益的投资。

（三）企业日常营运引起的财务活动

企业在正常的营运过程中，会发生一系列的资金收付。企业要采购材料或商品，以便从事生产和销售活动，同时，还要支付工资和其他营业费用。当企业把产品或商品售出后，便可取得收入，收回资金。如果企业资金不能满足企业经营的需要，还要筹集短期借款。上述各方面都会产生企业资金的收付，这就是由企业日常营运而引起的财务活动，称为资金营运活动。

（四）企业收益分配引起的财务活动

企业通过投资取得利润，获得价值增值，企业的利润要按照规定的程序进行分配。这种因收益分配活动而产生的资金收付，就属于由企业收益分配引起的财务活动。

上述财务活动的四个方面存在着相互作用、相互依存的逻辑关系。正是上述财务活动既相互联系又有一定区别的四个方面，构成了企业基本的财务活动，而对这四个方面实施的管理成为现代企业财务管理的核心内容。

二、财务关系

财务关系是企业在组织财务活动过程中产生的与各利益相关者的经济关系，企业财务关系一般可以概括为以下几个方面。

（一）企业与所有者之间的财务关系

这主要是指企业的投资者向企业投入资金，企业向其支付投资报酬所形成的经济关系。企业的投资者按照投资合同、协议、章程的约定履行出资义务，向企业投入资金，所投入的资金形成企业的资本金。企业利用资本金进行经营，实现利润后，按投资者的出资比例或者合同、协议、章程的规定，向投资者分配利润，支付投资报酬。企业同其所有者之间的关系，体现着所有权的性质，反映着经营权和所有权的关系。

（二）企业与受资者之间的财务关系

这主要是指企业将其闲置资金等以购买股票或直接投资的形式向其他企业投资所形成的经济关系。企业按照约定履行出资义务，有权参与受资企业的利润分配。企业与受资者之间的关系是投资与分享投资收益的经济关系，体现着所有权性质的投资与受资关系。

上述两种财务关系体现了所有权的性质，反映了经营权和所有权的关系。处理这些财务关系时必须维护投资方和受资方双方的合法利益。

（三）企业与债权人之间的财务关系

这主要是指企业向债权人借入资金，并按借款合同的规定按时支付利息和归还本金所形成的经济关系。企业的债权人主要有债券持有人、贷款机构和其他出借资金给企业的单位或个人。这种财务关系体现的是债务与债权的关系。

（四）企业与债务人之间的财务关系

这主要是指企业将其资金以购买债券、提供借款等形式出借给其他单位所形成的经济关系。企业将资金借出后，有权利要求其债务人按约定的条件支付利息和归还本金。这种财务关系体现的是债权与债务的关系。

（五）企业与往来客户之间的财务关系

这主要是指企业和其他单位之间由于相互购销商品、提供劳务等所形成的资金往来结算关系。企业在购销活动中，由于延期收付款项而与有关企业发生商业信用，形成了应收账款和应付账款，这些业务往来中企业与客户间的经济关系是一种货款收付结算的关系。

上述企业与债权人、债务人、往来客户之间的财务关系，在性质上属于债权与债务的关系。

（六）企业内部各单位之间的财务关系

这主要是指企业内部各单位之间在生产经营各环节中相互提供产品或劳务所形成的经济关系。这种在企业内部形成的资金结算关系，体现了企业内部各单位之间的经济利益关系。企业在执行内部结算时，要严格分清有关各方的经济责任，以有效发挥激励机制和约束机制的作用。

（七）企业与员工之间的财务关系

这主要是指企业在向其员工支付劳动报酬过程中所形成的经济关系，体现了企业和其员工在劳动成果上的分配关系。按照分配原则和政策，制订合理的分配方案是处理好这种财务关系的关键所在。

（八）企业与税务机关之间的财务关系

这主要是指企业与国家税务机关之间在征纳税过程中所形成的经济关系。税收是国家财政收入的主要来源，企业应当按照国家税法的规定，按时、足额缴纳各种税款。企业与税务机关之间的财务关系反映的是依法纳税和依法征税的权利义务关系。

财务关系管理是现代企业财务管理的主要内容，与财务活动管理一起构成了企业财务管理的两翼。正确处理财务关系，是企业必须考虑的重要问题，企业应把协调好财务关系作为企业财务管理的重要工作。

第三节　财务管理的目标

财务管理目标是企业从事财务管理活动所要达到的目的，是评价企业财务活动是否合理的标准，它决定着财务管理的基本方向。财务管理目标是由财务管理目标主体和财务管理目标内容两个基本部分构成，即要实现谁的目标，应实现什么样的目标。确立一个科学合理的财务管理目标是企业财务管理活动取得成功的关键。

一、主流财务管理目标的梳理与比较

在理论界，关于企业财务管理目标的观点众多，如利润最大化、每股收益最大化、股东财富最大化、企业价值最大化、经济效益最大化、利益相关者价值最大化等。这些代表性观点的共性在于强调财务管理目标主体利益的最大化；不同之处在于利益最大化的受益者不同，即财务管理目标主体的不同。

（一）利润最大化目标

这种观点认为，利润代表企业新创造的财富，利润越多企业财富增加得越多，越接近企业的目标。这一观点源于亚当·斯密的“经济人”假设。利润最大化作为财务管理目标，有其科学的成分，比如简明实用、指标容易计量，但这种观点有四个显著的缺陷：①没有考虑货币时间价值因素；②没有考虑风险价值因素；③没有考虑所创造的利润与投入资本之间的关系；④容易导致短期行为，忽视企业的长期发展。

（二）每股收益最大化目标

每股收益最大化，又称每股盈余最大化，这种观点认为，应该把利润和股东投入的资本联系起来，用每股收益来概括企业的财务管理目标。这种观点克服了利润最大化观点没有考虑所创造利润与投入资本之间关系的缺陷，但这种观点仍存在三个显著的缺陷：①没有考虑货币时间价值因素；②没有考虑风险价值因素；③容易导致短期行为，忽视企业的长期发展。

（三）股东财富最大化目标

这种观点认为，增加股东财富是财务管理的目标。持这一观点的人认为，股东创办企业的目的就是为了增加股东财富，因此，企业要为股东创造价值。股东财富可以用股东权益的市场价值来衡量，股东财富的增加可以用股东权益的市场增加值来衡量。

以股东财富最大化作为财务管理目标，是近年来较为流行的一种观点，其优点表现在：①考虑了货币时间价值因素；②考虑了风险价值因素；③考虑了利润与投入资本之间的关系；④有助于避免企业的短期行为。

股东财富最大化观点虽然较前两种观点更为合理，但仍然存在三个缺陷：①股价的高低，只能来源于资本市场，因此该观点只适合于上市公司；②即使是上市公司，由于股价的变动不是反映公司业绩的唯一标准，而是多种因素综合作用的结果，因此，股价的高低不能完全反映

股东财富的多寡；③由于该观点坚持股东至上原则，更多的是强调股东利益，因此，有可能导致所有者与其他利益主体之间的矛盾和冲突。

（四）企业价值最大化

该观点站在企业整体角度，强调财务管理的目标应该是追求企业价值最大化。企业价值通常是指企业全部资产的经济价值，即企业资产未来预期现金流量的现值之和。企业价值最大化观点也是近年来较为流行的一种观点，但有些人将其与股东财富最大化等同。事实上，如果债务价值不变，则增加企业价值和增加股东财富就具有相同的意义，也就是，如果股东投资资本和债务价值不变，企业价值最大化与股东财富最大化就具有相同的意义。但若是上述假设条件不成立，则不能简单地将企业价值最大化等同于股东财富最大化。因为企业价值增加是股东财富增加和债务价值增加的合计，债务价值是会随着市场利率的变化而变化的。

企业价值最大化除了具有股东财富最大化的四个优点外，还具有以下优点：①用价值代替价格，克服了价格过多受外界市场因素干扰的弊端；②有效兼顾了企业利益相关者的利益。但是，该种观点也存在着可操作性较差、企业价值较难计量的缺陷。

企业价值最大化和股东财富最大化相比较，具有更宽泛的意义，因此，本书以企业价值最大化作为财务管理目标，以能否给企业带来价值的增加作为财务决策的依据。

二、影响财务管理目标实现的因素

从公司管理当局的可控因素来看，企业价值的大小取决于企业的报酬率和风险，而企业的报酬率和风险，又是由企业的投资项目、资本结构和股利政策等决定的。

（一）投资报酬率

投资报酬率，也称投资收益率，是收益和投资额之比。投资报酬率是评价企业盈利能力的相对数指标。在风险相同的情况下，公司的盈利总额往往不能反映企业价值。企业价值的大小要看投资报酬率。

（二）风险

风险是实际结果偏离预期结果的可能性。决策都是面向未来的，会有或多或少的风险。决策时不能只考虑投资收益率的大小而无视风险的存在，应权衡风险和收益，才能获得较好的结果。例如，你持股的公司有两个投资机会，第一个方案可使每股收益增加 1 元，其风险极低，几乎可以忽略不计；第二个方案可使每股收益增加 2 元，但是有一定风险，若方案失败则每股收益不会增加。你应该赞成哪一个方案呢？回答是要看第二个方案的风险有多大，如果成功的概率大于 50%，则它是可取的，反之则不可取。由此可见，财务决策不能不考虑风险因素，当风险与冒风险可望得到的额外收益相匹配时，方案才是可取的。

（三）投资项目

投资项目是决定企业投资报酬率和风险的首要因素，是企业价值增加的源泉。一般来说，被企业采纳的投资项目，会增加企业的预期收益，区别只在于预期收益大小的不同和风险大小的不同。而风险不同的投资项目，即使预期收益相同，企业价值增加的数额也不相同。因此，企业可通过资本预算选择适合的投资项目，对企业价值的增加数额作出预计和规划。

（四）资本结构

资本结构会影响企业的投资报酬率和风险。广义的资本结构是指权益资本与债务资本的比例关系。一般情况下，企业借债的利息率低于其投资的预期报酬率，企业可以通过借债取得资金而提高公司的每股收益，但采取这种杠杆行为，在扩大预期每股收益的同时，会放大财务风险。一旦企业的经营情况发生变化，如销售萎缩、成本上升等，实际的报酬率就可能低于利率，则负债不但没有提高每股收益，反而减少每股收益，企业甚至可能因不能按期支付本息而破产。因此，企业应有管理资本结构的意识，选择一个适当的负债比率。

（五）股利政策

股利政策也是影响企业投资报酬率和风险的重要因素。股利政策要解决的核心问题是公司赚得的当期收益中，有多少作为股利发放给股东，有多少保留在企业内部准备再投资。股东既希望分红，又希望每股收益在未来不断增长。但两者有矛盾，前者是当前利益，后者是长远利益。加大保留盈余，会提高企业未来的报酬率，但再投资的风险比现在分红要大。因此，股利政策会影响企业的报酬率和风险，进而影响到企业价值的实现。

可见，企业在进行投资决策、资本结构决策和收益分配决策时应注意与企业价值实现的关系，应树立正确的财务管理观念，通过采取恰当的财务管理行为，提高企业价值，进而实现企业价值最大化的财务管理目标。

三、不同利益主体在财务管理目标上的利益冲突和协调

企业财务活动所涉及的不同利益主体如何进行关系协调是实现财务管理目标过程中必须解决的问题。企业只有协调好与股东、经营者和债权人的关系才有可能实现企业价值最大化的财务管理目标。

（一）所有者与经营者的利益冲突与协调

在股东和经营者分离后，他们两者之间的关系成为一种委托代理关系，各自的目标不同导致两者会产生利益冲突。股东的目标是股东财富最大化或企业价值最大化，经营者的目标是增加报酬、增加闲暇时间和避免风险。经营者的目标和股东的目标不仅不完全一致，还有可能为了实现自身的目标而背离股东的利益，从而“逆向选择”，追求较高的享受；另外，经营者还可能不尽最大努力工作，产生职业怠慢，出现“道德风险”。

为了防止经营者背离股东的目标，应采取让经营者的报酬与绩效相关联，并配以一定的监督措施来协调两者的关系，具体包括解聘、接收和激励。

解聘是一种利用所有者约束经营者的办法。如果经营者决策失误，经营不力，未能采取一切有效措施使企业价值达到最大，所有者就解聘经营者，经营者因担心被解聘就会被迫实现财务管理目标。

接收是一种利用市场约束经营者的办法。如果经营者决策失误，经营不力，未能采取一切有效措施使企业价值提高，该公司就有可能被其他公司强行接收或吞并，相应地管理者也会被解聘。为此，经营者为了避免被接收，就会被迫实现财务管理目标。

激励是把经营者的报酬同其绩效挂钩，以使经营者自觉采取能满足企业价值最大化的措施，如采用“股票选择权”方式来激励。股票选择权是这样一种激励方式，它允许经营者以固定的价格购买公司一定数量的股票。股票的市场价格高于固定行权价格越多，经营者所得的报酬就越多。经营者为了获取更多的股票上涨利益，就愿意主动采取能够提高股价的财务管理行为，从而有利于企业价值的增加。

（二）所有者与债权人的利益冲突与协调

当公司向债权人借入资金后，两者也形成一种委托代理关系。债权人把资金借给企业，希望按期收回利息并到期收回本金，但所有者的财务管理目标可能与债权人希望实现的目标产生矛盾。比如，所有者可能未经债权人同意，要求经营者投资于比债权人预计风险高的项目，这种行为会增加企业的偿债风险。高风险的项目若成功，额外的利润就会被所有者独享；但若失败，债权人却要与所有者共同负担由此而造成的损失。这对债权人来说风险与收益是不对称的。再比如，股东未经债权人同意举借新债。举借新债会使企业的负债比率上升，增加了不能按时足额偿还债务本息的可能性，进而增加了原有债务的风险，会损害到原有债权人的利益。

所有者与债权人的利益冲突通常通过以下方式协调解决：①寻求法律保护，在企业破产时，债权人优先接管、优先于股东分配剩余财产等；②在借款合同中添加限制性条款，如规定借款的用途或限制企业发行新债等；③收回借款或不再借款，当债权人发现公司有侵蚀其债权价值的意图时，可以采取收回债权或不给予公司重新放款的举措，从而保护自身的权益。

第四节 财务管理的原则

对于如何概括财务管理原则，人们的认识不完全相同。道格拉斯·R. 爱默瑞、约翰·D. 芬尼特的观点具有代表性，他们将财务管理原则概括为三类共 12 条。

一、有关竞争环境的原则

（一）自利行为原则

自利行为原则是指人们在进行决策时按照自己的财务利益行事，在其他条件相同的情况下人们会选择对自己经济利益最大的行为。

自利行为原则的依据是理性经济人假设。自利行为原则有以下两个重要应用。

自利行为原则的一个重要应用是委托代理理论。根据该理论，应当把企业看成是各种自利人的集合。如一个公司涉及的利益关系人包括普通股股东、优先股股东、债券持有者、供应商、社区等。这些人或集团，都是按自利行为原则行事的。

自利行为原则的另一个重要应用是机会成本的概念。当一个人采取某个行为时，就等于取消了其他可能的行为，因此，采用一个方案而放弃另一个方案时，被放弃方案的最大净收益就是被采用方案的机会成本，也称择机代价。

通常，公司可在下列行为中运用该原则：①公司进行投资时，常会寻找能提供风险调整后的最大期望报酬率的投资项目；②公司在金融证券投资时，常将证券卖给出价最高者；③市场参与者进行金融证券交易，必然会促使证券的市场价格趋于公平价格，否则便会存在套利者；④公司股东与公司代理人签订财务合约时，常会给代理人提供一些激励政策，以使代理人的决策有利于股东；⑤公司在给予购货方信用额度时，常会评价顾客的信用，以免发生坏账；⑥公司在购买货物时，常会检查供应商提供的产品和劳务质量是否符合自己的要求；⑦公司经常寻找获利机会；⑧公司作为债权人卷入重组活动时，常会寻找机会来增大其所能收回的价值。

（二）双方交易原则

双方交易原则是指每一项交易都至少存在两方，在一方根据自己的经济利益决策时，另一方也会按照自己的经济利益决策，并且对方和你一样聪明、勤奋和富有创造力。因此，你在决策时要正确预见对方的反应。

双方交易原则的建立依据是商业交易至少有两方、交易是"零和博弈"，以及各方都是自利的。无论是买方市场还是卖方市场，在已经成为事实的交易中，买进的资产和卖出的资产总是一样多。例如，在证券市场上卖出一股就一定有人买入一股。既然买入的总量与卖出的总量永远一样多，那么一个人的获利只能以另一个人的付出为代价。一个高的价格使购买人受损而卖方受益；一个低的价格使购买人受益而卖方受损。一方得到的与另一方失去的一样多，从总体上看双方的收益之和等于零，故称为"零和博弈"。在"零和博弈"中，双方都按自利行为原则行事，谁都想获利而不想吃亏。那么，为什么还会成交呢？买卖双方由于信息不对称，因而对金融证券产生不同的预期。不同的预期导致了证券买卖，高估股票价值的人买进，低估股票价值的人卖出，直到市场价格达到他们一致的预期时交易停止。如果对方不认为对自己有利，他就不会和你成交。因此，在决策时不仅要考虑自利行为原则，还要使对方有利，否则交易就无法实现。除非对方不自利或者很愚蠢，不知道自己的利益是什么，然而，这样估计商业对手本身就不明智。

双方交易原则要求在理解财务交易时不能"以自我为中心"，在谋求自身利益的同时要注意对方的存在，以及对方也在遵循自利行为原则行事。这条原则要求我们不要总是"自以为是"，错误地认为自己优于对手。例如，收购公司的经理经常声称他们可以更好地管理目标公司，从而提高它的价值。因此，出高价购进目标公司。实际上，他们不仅低估了目标公司管理当局的能力，更重要的是低估了市场的评价能力。这些人以为自己比市场高明，发现了被市场低估的公司。但实际经验表明，一家公司决定收购另一家公司，多数情况下收购公司的股价不是提高而是降低了，这说明收购公司的出价过高，降低了该公司的价值。

双方交易原则还要求在理解财务交易时要注意税收的影响。由于税收的存在，主要是利息的税前扣除，使得一些交易表现为"非零和博弈"。政府是不请自来的交易第三方，政府要从交易中收取税金。减少政府的税收，交易双方都可以受益。避税就是寻求减少政府税收的合法交易形式。避税的结果使交易双方受益但其他纳税人会承担更大的税收份额，从更大范围来看并没有改变"零和博弈"的性质。有的人主张，把"税收影响决策"单独作为一条财务管理原则，因为税收会影响所有的交易。

（三）信号传递原则

信号传递原则，是指行动可以传递信息，并且比公司的声明更有说服力。

信号传递原则是自利行为原则的延伸。由于人们或公司是遵循自利行为原则的，所以一项资产的买进能暗示出该资产"物有所值"，买进的行为提供了有关决策者对未来的预期或计划的信息。例如，一个公司决定进入一个新领域，反映出管理者对自己公司的实力以及对新领域的前景充满信心。

信号传递原则要求根据公司的行为判断它未来的收益状况。例如，一个经常通过配股向股东要钱的公司，很可能自身产生现金的能力较差；一个大量购买国库券的公司，很可能缺少净现值为正的投资机会；内部持股人出售股份，常常是公司盈利能力恶化的重要信号。例如，安然公司在破产前报告的利润一直不断上升，但是其内部人士在一年前就开始陆续抛售股票，并且没有任何内部人士购进安然股票。这一行动表明，安然公司的管理层已经知道公司遇到了麻烦。特别是在公司的宣告（包括它的财务报表）与其行动不一致时，行动通常比语言更具有说服力。

信号传递原则还要求公司在决策时不仅要考虑行动方案本身，还要考虑该项行动可能给人们传达的信息。在资本市场上，每个人都在利用他人交易的信息，自己交易的信息也会被别人所利用，因此，应考虑交易的信息效应。例如，当把一件商品的价格降至难以置信的程度时，人们就会认为它的质量不好，它本来就不值钱。因此，在决定降价时，不仅要考虑决策本身的收益和成本，还要考虑信息效应的收益和成本。

（四）引导原则

引导原则是指当所有办法都失败时，寻找一个可以信赖的榜样作为自己的引导。所谓“当所有办法都失败”，是指我们的理解力存在局限性，不知道如何做对自己更有利，或者寻找最准确答案的成本过高。在这两种情况下，可以直接模仿成功榜样或者大多数人的做法。例如，你在一个自己从未到过的城市寻找一个饭馆，不值得或者没时间调查每个饭馆的有关信息，你应当找一个顾客较多的饭馆去就餐，顾客很少的饭馆可能不是价格很贵就是服务很差。

引导原则是信号传递原则的一种运用。承认行动传递信号，就必然承认引导原则。但是，不要把引导原则混同于“盲目模仿”。引导原则只有在理解存在局限性，认识能力有限，找不到最优的解决办法；或是寻找最优方案的成本过高的情况下，跟随值得信任的人或者大多数人才是有利的。引导原则不会帮你找到最好的方案，却常常可以使你避免最差的行动。它是一个次优化准则，其最好结果是得出近似最优的结论，最差的结果是模仿了别人的错误。这一原则虽然有潜在的问题，但是我们经常会遇到理解力、成本或信息受到限制的情况，无法找到最优方案，需要采用引导原则解决问题。

引导原则的一个重要应用是行业标准概念。例如，资本结构的选择问题，理论不能提供公司最优资本结构的实用化模型。观察本行业成功企业的资本结构，或者多数企业的资本结构，不要与它们的水平偏离太远，就成了资本结构决策的一种简便、有效的方法。再如，对一项房地产的估价，如果系统的估价方法成本过高，不如观察一下近期类似房地产的成交价格。

引导原则的另一个重要应用就是“免费跟庄（搭便车）”概念。一个“领头人”花费资源得出一个最佳的行动方案，其他“追随者”通过模仿节约了信息处理成本。有时领头人甚至成了“革命烈士”，而追随者却成了“成功人士”。比如，许多小股民经常跟随“庄家”或机构投资者，以节约信息成本。当然，“庄家”也会利用“免费跟庄（搭便车）”现象，进行恶意炒作，损害小股民的利益。因此，各国的证券监管机构都禁止操纵股价的恶意炒作，以维持证券市场的公平性。

二、有关创造价值的原则

有关创造价值的原则，是人们对增加企业财富基本规律的认识。

（一）有价值的创意原则

有价值的创意原则，是指新创意能获得额外报酬。竞争理论认为，企业的竞争优势来源于产品（或服务）差异化和成本领先两方面。产品差异化是指产品本身、销售交货、营销渠道等客户广泛重视的方面在产业内独树一帜。任何独树一帜都来源于新的创意。创造和保持产品差异化的企业，如果其产品溢价超过了为产品的独特性而附加的成本，它就能获得高于平均水平的利润。正是许多新产品的发明，使得发明人和生产企业变得非常富有。

有价值的创意原则主要应用于直接投资项目。一个项目依靠什么取得正的净现值？它必须是一个有创意的投资项目。重复过去的投资项目或者别人的已有做法，最多只能获得平均的报酬率，维持而不是增加企业价值。新的创意迟早要被别人效仿，失去原有的优势。因此，创新的优势都是暂时的。企业长期的竞争优势，只有通过一系列的短期优势才能维持。只有不断创新，才能维持产品的差异化，不断增加企业价值。

该项原则还能应用于经营和销售活动中。例如，连锁经营方式的创意使得麦当劳的投资人变得非常富有。

（二）比较优势原则

比较优势原则是指专长能创造价值。在市场上要想赚钱，必须发挥你的专长。大家都想赚钱，你凭什么能赚到钱？你必须在某一方面比别人强，并依靠你的强项来赚钱。麦克尔·乔丹的专长是打篮球，他改行去打棒球就违背了比较优势原则。没有比较优势的人，很难取得超出平均水平的收入；没有比较优势的企业，很难增加企业价值。

比较优势原则的依据是分工理论。让每一个人去做最适合他做的工作，让每一个企业生产最适合它生产的产品，社会的经济效率才会提高。

比较优势原则的一个应用是“人尽其才、物尽其用”。在有效的市场中，你不必要求自己什么都能做得最好，但要知道谁能做得最好。对于某一件事情，如果有人比你做得更好就支付报酬让他代你去做。同时，你去做比别人做得更好的事情，让别人给你支付报酬。如果每个人都去做能够做得最好的事情，每项工作就找到了最称职的人，就会产生经济效率。每个企业要做自己能做得最好的事情，一个国家的效率就提高了。国际贸易的基础，就是每个国家生产它最能有效生产的产品和劳务，这样可以使每个国家都受益。

比较优势原则的另一个应用是优势互补。一方有某种优势，如独特的生产技术；另一方有其他优势，如杰出的销售网络，两者结合使各自的优势快速融合，并形成新的优势。

比较优势原则要求企业把主要精力放在自己的比较优势上，而不是日常的运行上。建立和维持自己的比较优势，是企业长期获利的根本。

（三）期权原则

期权是指不附带义务的权利，它是有经济价值的。期权原则是指在估价时要考虑期权的价值。

期权概念最初产生于金融期权交易，它是指期权购买人能够要求期权出售者履行期权合同上载明的交易，而期权出售者不能要求期权购买人去做任何事情。在财务上，一个明确的期权合约经常是指按照预先约定的价格买卖一项资产的权利。

广义的期权不限于财务合约，任何不附带义务的权利都属于期权。许多资产都存在隐含的期权。例如，一个企业可以决定某个资产出售或者不出售，如果价格不令人满意就什么事也不做，如果价格令人满意就出售。这种选择权是广泛存在的。一个投资项目，本来预期有正的净现值，因此，被采纳并实施了，上马以后发现它并没有原来设想的那么好。此时，决策人不会让事情按原计划一直发展下去，而会决定方案下马或者修改方案，使损失减少到最低。这种后续的选择权是有价值的，它增加了项目的净现值。在评价项目时应考虑到后续选择权是否存在以及它的价值有多大。有时一项资产附带的期权比该资产本身更有价值。

（四）净增效益原则

净增效益原则是指财务决策建立在净增效益的基础上，一项决策的价值取决于它和替代方案相比所增加的净收益。如果一个方案的净收益大于替代方案，我们就认为它是一个比替代方案好的决策，其价值是增加的净收益。在财务决策中净收益通常用现金流量计量，一个方案的净收益是指该方案现金流入与现金流出的差额，也称为现金流量净额。一个方案的现金流入是指该方案引起的现金流入量的增加额；一个方案的现金流出是指该方案引起的现金流出量的增加额。“方案引起的增加额”，是指这些现金流量依存于特定方案，如果不采纳该方案就不会发生这些现金流入和流出。

净增效益原则的应用领域之一是差额分析法，也就是在分析投资方案时只分析它们有区别的部分，而省略其相同的部分。净增效益原则初看似乎很容易理解，但实际贯彻起来需要非常清醒的头脑，需要周密地考察方案对企业现金流量净额的直接和间接影响。例如，一项新产品投产的决策引起的现金流量，不仅包括新设备投资，还包括动用企业现有非货币资源对现金流量的影响；不仅包括固定资产投资，还包括需要追加的营运资本；不仅包括新产品的销售收入，还包括对现有产品销售积极或消极的影响；不仅包括产品直接引起的现金流入和流出，还包括对公司税务负担的影响等。

净增效益原则的另一个应用是沉没成本概念。沉没成本是指已经发生、不会被以后的决策改变的成本。沉没成本与将要采纳的决策无关。因此，在分析决策方案时应将其排除。

三、有关财务交易的原则

有关财务交易的原则，是人们对于财务交易基本规律的认识。

（一）风险—报酬权衡原则

风险—报酬权衡原则是指风险和报酬之间存在一个对等关系，投资人必须对报酬和风险作出权衡，为追求较高报酬而承担较大风险，或者为减少风险而接受较低报酬。所谓“对等关系”，是指高收益的投资机会必然伴随巨大风险，风险小的投资机会必然只有较低收益。

在财务交易中，当其他条件相同时人们倾向于高报酬和低风险。如果两个投资机会除了报酬不同以外，其他条件（包括风险）都相同，人们会选择报酬高的投资机会，这是自利行为原则所决定的。如果两个投资机会除了风险不同以外，其他条件（包括报酬）都相同，人们会选择风险小的投资机会，这是“风险反感”决定的。所谓“风险反感”是指人们普遍对风险有反感，认为风险是不利的事情。肯定的 1 元钱，其经济价值要大于不肯定的 1 元钱。

如果人们都倾向于高报酬和低风险方案，而且都在按照他们自己的经济利益行事，那么竞争的结果就产生了风险和报酬之间的权衡。你不可能在低风险的同时获取高报酬，因为这是每个人都想得到的。即使你最先发现了这样的机会并率先行动，别人也会迅速跟进，竞争会使报酬率降至与风险相当的水平。因此，现实的市场中只有高风险同时高报酬和低风险同时低报酬的投资机会。如果你想有一个获得巨大收益的机会，你就必须冒可能遭受巨大损失的风险，每一个市场参与者都在他的风险和报酬之间作权衡。有的人偏好高风险、高报酬；有的人偏好低风险、低报酬，但是每个人都要求风险与报酬对等，不会去冒没有价值的风险。

（二）投资分散化原则

投资分散化原则，是指不要把全部财富投资于一个公司，而要分散投资。

投资分散化原则的理论依据是投资组合理论。马可维茨的投资组合理论认为，若干种股票组成的投资组合，其收益是这些股票的加权平均收益，但其风险要小于这些股票的加权平均风险，所以投资组合能降低风险。如果一个人把他的全部财富投资于一个公司，这个公司破产了，他就失去了全部财富。如果他投资于十个公司，只有十个公司全部破产，他才会失去全部财富。十个公司全部破产的概率，比一个公司破产的概率要小得多，所以投资分散化可以降低风险。

分散化原则具有普遍意义，不仅仅适用于证券投资，公司各项决策都应注意分散化原则。例如，不应当把公司的全部投资集中于个别项目、个别产品和个别行业；不应当把销售集中于少数客户；不应当使资源供应集中于个别供应商；重要的事情不要依赖一个人完成；重要的决策不要由一个人作出。

（三）资本市场有效原则

资本市场是指证券买卖的市场。资本市场有效原则，是指在资本市场上频繁交易的金融资产的市场价格反映了所有可获得的信息，而且面对新信息能完全迅速地作出调整。

资本市场有效原则要求财务管理重视市场对企业的估价。资本市场是企业的一面镜子，又是企业行为的校正器。股价可以综合反映公司的业绩，弄虚作假、人为地改变会计方法对于企业价值的提高毫无用处。一些公司把巨大的精力和智慧放在财务报告信息的操纵上，通过“创造性会计处理”来提高利润，企图用财务报表给使用人制造幻觉，这在有效市场中是无济于事的。用资产置换、关联交易操纵利润，只能得逞一时，最终会付出代价，甚至导致公司破产。世通就是一个很好的证明。1999 年，当世通公司股价跌落了近 60% 时，它为了继续维持在华尔街的形象，试图使用“创造性会计原则”改变财务报告给人们制造幻觉。“创造性会计原则”的确减慢了世通股价的下降速度，却无法阻止价格下跌的必然趋势。

资本市场有效原则的一个重要应用是“无套利”。这里的“无套利”是指市场中不存在无风险的收益机会。资本市场上没有稳赚不赔的机会，它提供的收益和风险是等价的，高收益意味着高风险，低风险也就对应着低收益。的确，企业可以在资本市场上利用金融工具规避风险，但同时它也自动放弃了收益的机会。所以，在本质上，用金融工具来套期保值并没有逃出资本市场“无套利”这个定律。

资本市场有效原则要求理财时慎重使用金融工具。如果资本市场是有效的，购买或出售金融工具的交易的净现值就为零。在财务管理具体应用上，企业不应试图通过在资本市场上频繁交易来增加企业价值。

资本市场有效原则的另一个应用是资产定价。例如，一个作出发行股票决策的公司，在为它的股票定价的过程中，要以资本市场有效为前提。股价应以本公司自身的价值为基准，从本公司的实际利润率出发来制定。任何弄虚作假都逃不出有效市场的检验，即资本市场有效原则要求财务管理重视市场对企业的估价。

（四）货币时间价值原则

货币时间价值原则，是指在进行财务计量时要考虑货币时间价值因素。货币时间价值是指货币在经过一定时间的投资和再投资所增加的价值。从经济学的角度看，即使在没有风险和没有通货膨胀的情况下，一定数量的货币资金在不同时点上也具有不同的价值。因此在数量上货币时间价值相当于没有风险和没有通货膨胀条件下的社会平均资金利润率。

货币时间价值原则的首要应用是现值概念。当前的一元钱的价值要大于将来的一元钱的价值，不同时间的货币价值不能直接加减运算，需要进行折算。通常，要把不同时间的货币价值折算到“现在”时点，然后进行运算或比较。把不同时点的货币折算为“现在”时点的过程称为“折现”，折现使用的百分率称为“折现率”，折现后的价值称为“现值”。财务估价中，广泛使用现值计量资产的价值。

货币时间价值的另一个重要应用是“早收晚付”观念。对于不附带利息的货币收支，与其晚收不如早收，与其早付不如晚付。货币在自己手上，可以立即用于消费而不必等将来消费，可以投资获利而无损于原来的价值，可以用于预料不到的支付，因此早收、晚付在经济上是有利的。

货币时间价值原则在财务管理实践中得到广泛的运用。长期投资决策中的净现值法、现值指数法和内含报酬率法，都要运用货币时间价值原则；筹资决策中比较各种筹资方案的资本成本、分配决策中利润分配方案的制定和股利政策的选择，都充分体现了货币时间价值原则在财务管理中的具体运用。

课后学习方案

本章重点整理

本章较为重要的内容是对财务管理目标的理解，在此，绘制了表1-1，以方便读者记忆和把握。

表1-1 主流财务管理目标的比较

观点	优点	缺点
利润最大化	简明实用，便于理解；指标容易取得与计算	没有考虑货币时间价值因素和风险价值因素；没有考虑所创造的利润与投入资本之间的关系；容易导致短期行为
每股收益最大化	揭示了所创造的利润与投入资本之间的关系，便于对比分析；指标容易取得与计算	没有考虑货币时间价值因素和风险价值因素；容易导致短期行为
股东财富最大化	考虑货币时间价值因素和风险价值因素；考虑了利润与投入资本之间的关系；有助于避免企业的短期行为	该观点只适合于上市公司；股价的高低有时不能完全反映股东财富的大小；可能会导致所有者与其他利益主体之间的矛盾和冲突
企业价值最大化	考虑货币时间价值因素和风险价值因素；考虑了利润与投入资本之间的关系；有助于避免企业的短期行为；兼顾了企业利益相关者的利益	企业价值的计算较为复杂，可操作性较差

案例分析

会计学专业大学生小张在学校里学习了“财务管理”，放假回家，到叔叔的公司参观。叔叔告诉他，他的公司出现了一些问题，主要体现在：①公司是生产纺织品的企业，由于出口下降，生产开工不足；②许多客户虽然采购了公司的产品，但迟迟不支付货款；③工厂的生产设备老化，但由于没有足够的资金更新设备，经常停工；④产品积压，资金周转困难，而供应商又在催讨货款；⑤公司的股东提出现金分红建议，但公司目前资金短缺。叔叔认为小张学过“财务管理”，能为他提供解决方案。确实，小张为叔叔作出了满意的答复。请你思考，如果你是小张，你认为公司出现的这些问题，哪些属于财务管理问题？这些财务管理问题具体属于哪个方面的财务管理问题？应如何解决？

延伸阅读

1. “财务管理理论的产生与发展”参见：王化成．公司财务管理．北京：高等教育出版社，2007：17-20.

2. “财务管理的环境”参见：刘方乐．财务管理理论与实务．北京：清华大学出版社，2009：16-26.

3. “企业财务组织形式与财务人员职责”参见：陈金龙，李四能．财务管理．北京：机械工业出版社，2009：23-31.

4. “财务管理与其他相关学科之间的区别”参见：金颖，黄艳艳，陈玲娣．财务管理学基础．北京：清华大学出版社，2010：48-50.

思考与讨论

1. 你怎样理解财务管理目标？
2. 你如何理解财务管理原则？
3. 你认为财务的本质是什么？
4. 你能谈谈影响企业财务管理目标实现的因素以及这些因素是如何影响企业价值实现的吗？
5. 试述所有者和经营者之间的矛盾及其协调。

第二章　货币时间价值

本章基本架构图

- 认识货币时间价值
  - 货币时间价值的含义
  - 货币时间价值的表示方法
  - 货币时间价值计算中几组相关概念的比较
    - 终值和现值
    - 单利和复利
    - 名义利率和实际利率
- 货币时间价值的基本计算
  - 一次性收付款项的复利终值和现值的计算
  - 不等额系列收付款项的复利终值和现值的计算
  - 年金终值和现值的计算
    - 普通年金
    - 预付年金
    - 递延年金
    - 永续年金
- 货币时间价值计算中的特殊问题
  - 利息率的计算
  - 计息期数的计算
  - 利率变动下的货币时间价值计算
  - 资本投资回收的计算
  - 偿债基金的计算

第一节　认识货币时间价值

货币时间价值是客观存在的经济范畴，贯穿于企业财务管理过程的始终。企业的财务活动都是在特定的时间下进行的，离开了货币时间价值因素，就无法正确计算不同时期资金流入和流出的“真实”量，就无法正确评价财务活动所带来的收益，也就无法作出正确的财务决策。

一、货币时间价值的含义

货币时间价值又称资金时间价值，是指资金随着时间的推移所产生的价值的增加。货币时间价值的主要理念是同样金额的资金，在不同的时点上，其价值是不一样的。但需要注意，货币时间价值的产生需要具备两个基本条件：一是资金必须投入生产经营的周转使用中；二是要有一定的时间间隔。由于货币时间价值产生的根本原因是企业将资金投入使用而创造出了新的价值，因此，只有周转使用中的资金才具有时间价值。另外，资金的循环和周转以及因此实现的资金增值需要或多或少的时间。每完成一次循环，资金就增加一定的数额。资金循环和周转的次数越多，其增值额也就越大。因此，资金随着时间的推移，其增值额不断增加，货币时间价值就表现为资金周转使用后所产生的价值的增量。

二、货币时间价值的表示方法

货币时间价值可以用绝对数形式和相对数形式来表示。货币时间价值额是绝对数表示形式，货币时间价值率是相对数表示形式。在实务中，通常采用相对数形式，即用利息率来表示货币时间价值。从量的规定性来看，货币时间价值应等于在没有风险和没有通货膨胀条件下的社会平均资金利润或社会平均资金利润率。

需要注意的是，银行存款利率、贷款利率、债券利率和股票的股利率等都可以看作投资报酬率，实质上都是利息率，但它们与货币时间价值率是有区别的。必须明确，只有在没有风险和没有通货膨胀的情况下，货币时间价值率才与上述各报酬率相等。但本章为了更好地讲解货币时间价值原理，例题中以利率代表了货币时间价值率，也就是假设没有风险和没有通货膨胀的发生。

在财务管理中，不同时点的资金不宜直接进行比较，只有把它们换算到相同的时间基点上，才能进行大小的比较。货币时间价值原理揭示了不同时点上资金之间的数量换算关系，便于对不同时点上的资金进行加总和比较。因此，货币时间价值原理常被认为是财务管理的基本观念之一，是财务决策的重要基础。

三、货币时间价值计算中几组相关概念的比较

（一）终值和现值

求终值与求现值是货币时间价值最基本的计算问题。终值又称将来值或未来值或本利和，是指现在一定数额的资金折合成未来时点货币量的价值，通常用 F 表示；现值又称折现值，是指未来某一时期一定数额的资金折合成现在时点货币量的价值，通常用 P 表示。计算货币时间价值，其实质就是进行不同时点上资金价值之间的换算，具体包括两方面内容：一是计算现在拥有的一定数额的资金，在未来某个时点将是多少数额，这是计算终值的问题；二是计算未来时点上一定数额的资金，相当于现在多少数额的资金，这是计算现值的问题。

（二）单利和复利

无论求终值还是求现值，都涉及利率。利率一般用 i 表示，如无特殊说明，本书所给出的利率均为年利率。一定的货币量乘以利率就是每期货币增值量，可称为利息。计算利息一般有两种方式，即单利和复利。在单利方式下，每期都按初始本金计算利息，当期利息即使不取出也不计入下期本金，计息基础始终不变。复利方式下，以当期末本利和为下期计息基础来计算下期利息，即利上加利或利滚利。

（三）名义利率和实际利率

复利的计息期不一定总是1年，在实际运用中，计息周期可以短于1年，有可能是季度、月或日。当利息在一年内要复利多次时，给出的年利率叫名义利率。每年复利1次的利率是实际利率，又称有效年利率，往往要用下面的公式求得。

$$实际利率=(1+r/M)^{M}-1 \tag{2.1}$$

式中，M 是1年复利的次数；r 是名义利率。当利率标明的时间单位与计息周期不一致时，名

义利率和实际利率就会出现差异。例如，本金 1 000 元，投资 5 年，年利率 8%，每季度复利 1 次，则名义利率 = 8%，周期利率 $= r/M = 8\%/4 = 2\%$，实际利率 $= (1+r/M)^M - 1 = (1+8\%/4)^4 - 1 = 8.24\%$。

第二节　货币时间价值的基本计算

一、一次性收付款项的复利终值与复利现值的计算

货币时间价值通常是按复利计算的。复利不同于单利，是"利上滚利"，也就是说，复利既涉及本金上的利息，也涉及利息上所生的利息。

（一）复利终值的计算

复利终值的一般计算公式为

$$F = P(1+i)^n = P(F/P, i, n) \tag{2.2}$$

式中，F 代表复利终值；P 代表复利现值；i 代表利息率；n 代表计息期数；$(1+i)^n$ 代表复利终值系数，可用 $(F/P, i, n)$ 来表示。

【例 2.1】 现在将 1 000 元存入银行，利息率为 6%，1 年复利 1 次，5 年后的复利终值是多少？

$$\begin{aligned} F_5 &= P(1+i)^n = 1\,000 \times (1+6\%)^5 = 1\,000 \times (F/P, 6\%, 5)^{①} \\ &= 1\,000 \times 1.338\,2 = 1\,338.2 \text{（元）} \end{aligned}$$

【例 2.2】 现在将 1 000 元存入银行，利息率为 6%，1 年复利两次，5 年后的复利终值是多少？

$$\begin{aligned} F_{10} &= P\left(1+\frac{i}{2}\right)^{2n} = 1\,000 \times (1+3\%)^{10} = 1\,000 \times (F/P, 3\%, 10) \\ &= 1\,000 \times 1.343\,9 = 1\,343.9 \text{（元）} \end{aligned}$$

比较【例 2.1】和【例 2.2】的计算结果，会发现，当利息在 1 年内要复利两次时，获得的利息 343.9 元要高于 1 年内复利 1 次的利息 338.2 元。因此，在进行货币时间价值计算时要考虑到复利计息频率和计息周期对终值和现值计算结果的影响。

（二）复利现值的计算

复利现值的一般计算公式为

$$P = \frac{F}{(1+i)^n} = F(1+i)^{-n} = F(P/F, i, n) \tag{2.3}$$

式中，P 代表复利现值；F 代表复利终值；i 代表利息率；n 代表计息期数；$(1+i)^{-n}$ 代表复利现值系数，可用 $(P/F, i, n)$ 来表示。

观察公式（2.3）和公式（2.3），会发现当利率和期数一样时，复利终值系数和复利现值

---

① $(F/P, 6\%, 5)$ 可以通过"1 元复利终值系数表"查得，该表见本书附录 1。1 元复利终值系数表中，行列示的是利息率，列列示的是期数。观察该表你会发现，若期数相同，利息率越高，复利终值系数越大；若利息率相同，期数越长，复利终值系数越大。

系数互为倒数。

【例 2.3】 大学生欣欣计划 3 年末得到 1 000 元，利息率为 6%，1 年复利 1 次，问现在欣欣要向银行存入多少钱？

$$P_0=\frac{F}{(1+i)^n}=\frac{1\ 000}{(1+6\%)^3}=1\ 000\times(1+6\%)^{-3}$$
$$=1\ 000\times(P/F,6\%,3)\text{①}$$
$$=1\ 000\times0.839\ 6=839.6\ (\text{元})$$

【例 2.4】 大学生欣欣计划 3 年末得到 1 000 元，利息率为 6%，1 年复利两次，问现在欣欣要向银行存入多少钱？

$$P_0=\frac{F}{\left(1+\frac{i}{2}\right)^{2n}}=\frac{1\ 000}{(1+3\%)^6}=1\ 000\times(1+3\%)^{-6}$$
$$=1\ 000\times(P/F,\ 3\%,\ 6)$$
$$=1\ 000\times0.837\ 5=837.5\ (\text{元})$$

比较【例 2.3】和【例 2.4】的计算结果，会发现，当 1 年复利两次时，欣欣现在往银行存入的款项比 1 年复利 1 次要少 2.1 元，对她来说较为有利。至于 1 年内要复利几次，在实践中往往要遵循惯例或谈判后在合同中约定。

二、不等额系列收付款项的复利终值与复利现值的计算

本章前面的四个例题，只涉及一个终值和一个现值，是一次性收付问题。在实践中，我们还会遇到系列收付款项复利终值和复利现值的计算问题，我们先来看不等额系列收付款项复利终值和复利现值的计算原理。

【例 2.5】 大一学生江北有个愿望，她希望在她大学 4 年中每年年末都能获得奖学金，她估计自己在 4 年中分别获得的奖学金如表 2-1 所示，假设利息率为 8%，1 年复利 1 次，问这笔不等额奖学金的复利终值和复利现值各是多少？

表 2-1 江北预期奖学金金额表

年	1 年年末	2 年年末	3 年年末	4 年年末
奖学金（元）	500	600	700	800

$$F_4=500\times(1+8\%)^3+600\times(1+8\%)^2+700\times(1+8\%)^1+800\times(1+8\%)^0$$
$$=500\times1.259\ 7+600\times1.166\ 4+700\times1.08+800$$
$$=2\ 885.69\ (\text{元})$$
$$P_0=500\times(1+8\%)^{-1}+600\times(1+8\%)^{-2}+700\times(1+8\%)^{-3}+800\times(1+8\%)^{-4}$$

---

① （P/F，6%，3）可以通过“1 元复利现值系数表”查得，该表见本书附录 2。1 元复利现值系数表中，行列示的是利息率，列列示的是期数。观察该表你会发现，若期数相同，利息率越高，复利现值系数越小；若利息率相同，期数越长，复利现值系数越小。

$=500\times0.9259+600\times0.8573+700\times0.7938+800\times0.7350$

$=2\ 120.99$（元）

观察【例 2.5】的计算结果，会发现不等额系列收付款项的复利终值等于每期收付款项的复利终值之和；不等额系列收付款项的复利现值等于每期收付款项的复利现值之和。

由于不等额系列收付款项复利终值与复利现值的计算比较复杂，建议尽量用坐标图或绘制表格的方式来标示。不等额系列收付款项复利终值和复利现值的计算过程如图 2-1、图 2-2 所示。

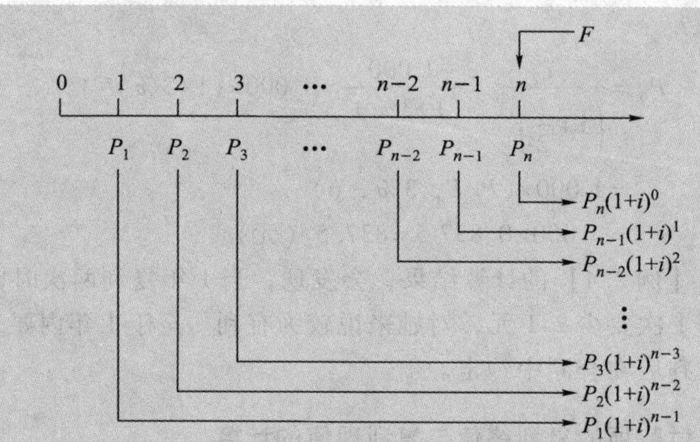

图 2-1 不等额系列收付款项复利终值计算

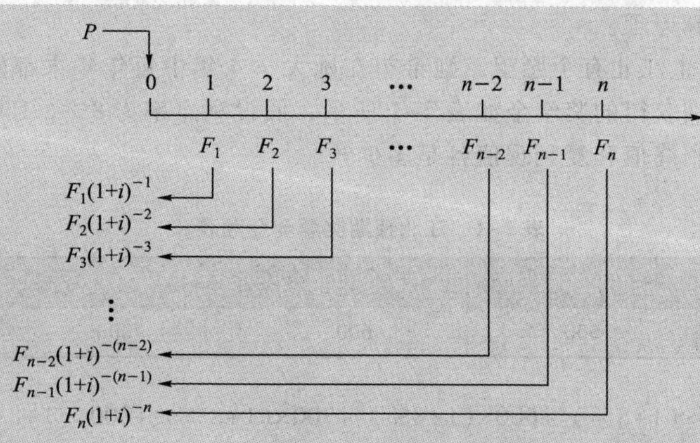

图 2-2 不等额系列收付款项复利现值计算

如图 2-1 所示，不等额系列收付款项复利终值的计算公式如下：

$$F_t=P_1(1+i)^{n-1}+P_2(1+i)^{n-2}+\cdots+P_{n-1}(1+i)^1+P_n(1+i)^0$$

$$=\sum_{t=1}^{n}P_t(1+i)^{n-t} \tag{2.4}$$

如图 2-2 所示，不等额系列收付款项复利现值的计算公式如下：

$$P_t = F_1(1+i)^{-1} + F_2(1+i)^{-2} + \cdots + F_{n-1}(1+i)^{-(n-1)} + F_n(1+i)^{-n}$$

$$= \sum_{t=1}^{n} F_t(1+i)^{-t} \qquad (2.5)$$

【例 2.6】中帅公司计划 5 年后更新设备，打算在第 1 年年末存入银行 100 000 元，第 3 年年末存入银行 200 000 元，第 4 年年末存入银行 300 000 元，银行存款利率为 2%，1 年复利 1 次，问第 5 年年末公司能为更新设备从银行拿回本息多少元？这笔不等额系列款项的复利现值是多少元？

$$F_t = \sum_{t=1}^{n} P_t(1+i)^{n-t}$$

$$F_5 = 100\ 000\times(1+2\%)^4 + 200\ 000\times(1+2\%)^2 + 300\ 000\times(1+2\%)$$

$$= 100\ 000\times1.082\ 4 + 200\ 000\times1.040\ 4 + 300\ 000\times1.02$$

$$= 622\ 320\ (元)$$

$$P_t = \sum_{t=1}^{n} F_t(1+i)^{-t}$$

$$P_0 = 300\ 000\times(1+2\%)^{-4} + 200\ 000\times(1+2\%)^{-3} + 100\ 000\times(1+2\%)^{-1}$$

$$= 300\ 000\times0.923\ 8 + 200\ 000\times0.942\ 3 + 100\ 000\times0.980\ 4$$

$$= 563\ 640\ (元)$$

三、年金终值与年金现值的计算

现实经济生活中，存在系列收付款项，但系列收付款项的复利终值与复利现值的计算比较复杂。如果每次收付款项的金额相等，就可以在一定程度上简化计算。我们将一定时期内每隔相同时期等额收付的系列款项称为年金，通常记作 A。年金的形式多种多样，如保险费、养老金、折旧、租金、等额分期收款、等额分期付款等。但要注意年金应具有两个基本特征：①每期金额和间隔时间相等；②年金是系列收付款项，要求至少两期及两期以上。

年金按发生时间的不同通常可分为普通年金、预付年金、递延年金、永续年金等。其中普通年金又称后付年金，是指每期期末有等额收付款项的年金；预付年金又称先付年金，是指每期期初有等额收付款项的年金；递延年金是指在最初若干期（m 期，$m\geq1$）没有收付款项的情况下，以后若干期（n 期）每期发生等额收付款项；永续年金是指无限期等额收付款项的年金。

企业在决策中经常会用到“普通年金”和“递延年金”求现值，要重点把握。

（一）普通年金终值与现值的计算

需要特别指出的是，每一期普通年金发生的时点都是在当期的期末。

1. 普通年金终值

前面我们介绍了不等额系列收付款项复利终值的计算方法，年金是等额系列收付款项，根据计算原理，我们知道普通年金终值是一定时期内每期期末等额收付款项的复利终值之和。计算过程图示与图 2-1 相似，唯一的差别是将 P_t 转换成 A，普通年金终值的计算用公式表示如下：

$$F_A = A(1+i)^{n-1} + A(1+i)^{n-2} + \cdots + A(1+i)^1 + A(1+i)^0$$

$$= A\sum_{t=1}^{n}(1+i)^{n-t}$$

$$= A\frac{(1+i)^{n}-1}{i} = A(F/A, i, n) \tag{2.6}$$

式中，A 表示普通年金；$\frac{(1+i)^{n}-1}{i}$代表普通年金终值系数，可用（F/A，i，n）表示。

【例 2.7】大一学生江北有个愿望，她希望在她大学 4 年中每年年末都能获得等额奖学金 800 元，假设利息率为 8%，1 年复利 1 次，问这四笔奖学金的年金终值是多少？

$$F_A = 800\times(1+8\%)^3+800\times(1+8\%)^2+800\times(1+8\%)^1+800\times(1+8\%)^0$$

$$= 800\times\frac{(1+8\%)^4-1}{8\%} = 800\times(F/A, 8\%, 4)①$$

$$= 800\times4.506\ 1 = 3\ 604.88\ (元)$$

这里，如果【例 2.7】改变复利计息频率，即由 1 年复利 1 次，变为 1 年复利两次，若江北每半年末期望获得的奖学金为 400 元，则江北在第 4 年年末所有奖学金的本利和为

$$F_A = 400\times\frac{(1+4\%)^8-1}{4\%} = 400\times(F/A, 4\%, 8)$$

$$= 400\times9.214\ 2 = 3\ 685.68\ (元)$$

2. 普通年金现值

普通年金终值是一定时期内每期期末等额收付款项的复利终值之和，普通年金现值是一定时期内每期期末等额收付款项的复利现值之和，计算过程图示与图 2-2 相似，唯一的差别是将 F_t 转换成 A，用公式表示如下：

$$P_A = A(1+i)^{-1}+A(1+i)^{-2}+\cdots+A(1+i)^{-(n-1)}+A(1+i)^{-n}$$

$$= A\sum_{t=1}^{n}(1+i)^{-t} = A\frac{1-(1+i)^{-n}}{i} = A(P/A, i, n) \tag{2.7}$$

式中，A 表示普通年金；$\frac{1-(1+i)^{-n}}{i}$代表普通年金现值系数，可用（P/A，i，n）表示。

【例 2.8】大一学生江北有个愿望，她希望在她大学 4 年中每年年末都能获得等额奖学金 800 元，假设利息率为 8%，1 年复利 1 次，问这四笔奖学金的年金现值是多少？

$$P_A = 800\times(1+8\%)^{-1}+800\times(1+8\%)^{-2}+800\times(1+8\%)^{-3}+800\times(1+8\%)^{-4}$$

$$= 800\times\frac{1-(1+8\%)^{-4}}{8\%} = 800\times(P/A, 8\%, 4)②$$

$$= 800\times3.312\ 1 = 2\ 649.68\ (元)$$

比较【例 2.7】和【例 2.8】的计算结果，若学校每年年末发放奖学金，江北在未来 4 年

---

① （F/A，8%，4）可以通过“1 元普通年金终值系数表”查得，该表见本书附录 3。1 元普通年金终值系数表中，行列示的是利息率，列列示的是期数。观察该表你会发现，若期数相同，利息率越高，年金终值系数越大；若利息率相同，期数越长，年金终值系数越大。

② （P/A，8%，4）可以通过“1 元普通年金现值系数表”查得，该表见本书附录 4。1 元普通年金现值系数表中，行列示的是利息率，列列示的是期数。观察该表你会发现，若期数相同，利息率越高，年金现值系数越小；若利息率相同，期数越长，年金现值系数越大。

每年年末获得奖学金 800 元。假若学校改变政策，在现在的时点一次性发放奖学金，和江北在未来 4 年每年年末获得奖学金 800 元等价的金额是 2 649.68 元。如果学校计划在 4 年末一次性发放奖学金，和江北在未来 4 年每年年末获得奖学金 800 元等价的金额是 3 604.88 元。

这里，如果【例 2.8】改变复利计息频率，即由 1 年复利 1 次，变为 1 年复利两次，若江北每半年末期望获得的奖学金为 400 元，则江北这四笔奖学金的年金现值为

$$P_A = 400\times\frac{1-(1+4\%)^{-8}}{4\%} = 400\times(P/A,\ 4\%,\ 8)$$

$$= 400\times6.732\ 7 = 2\ 693.08\ (\text{元})$$

（二）预付年金终值与现值的计算

1. 预付年金终值

预付年金终值是一定时期内每期期初等额收付款项的复利终值之和。用公式表示如下：

$$F_A = A\times(1+i)^n + A\times(1+i)^{n-1} + \cdots + A\times(1+i)^2 + A\times(1+i)^1$$

$$= A\sum_{t=1}^{n}(1+i)^t \tag{2.8}$$

【例 2.9】 澍荃公司连续 10 年，每年年初存入银行 2 万元，年利率为 3%，问第 10 年年末该公司能从银行取出多少钱?

$$F_A = 2\times(1+3\%)^{10} + 2\times(1+3\%)^9 + 2\times(1+3\%)^8 + 2\times(1+3\%)^7 + 2\times(1+3\%)^6 + 2\times(1+3\%)^5 + 2\times(1+3\%)^4 + 2\times(1+3\%)^3 + 2\times(1+3\%)^2 + 2\times(1+3\%)^1$$

$$= 2\times(1.343\ 9+1.304\ 8+1.266\ 8+1.229\ 9+1.194\ 1+1.159\ 3+1.125\ 5+1.092\ 7+1.060\ 9+1.030\ 0)$$

$$= 23.615\ 8\ (\text{万元})$$

这种计算比较麻烦，若我们比较预付年金终值和普通年金终值的计算公式，会发现其中有一定的关联。通常，我们会根据普通年金终值系数来求预付年金终值系数。

n 期预付年金终值和 n 期普通年金终值之间的关系如图 2-3 所示。

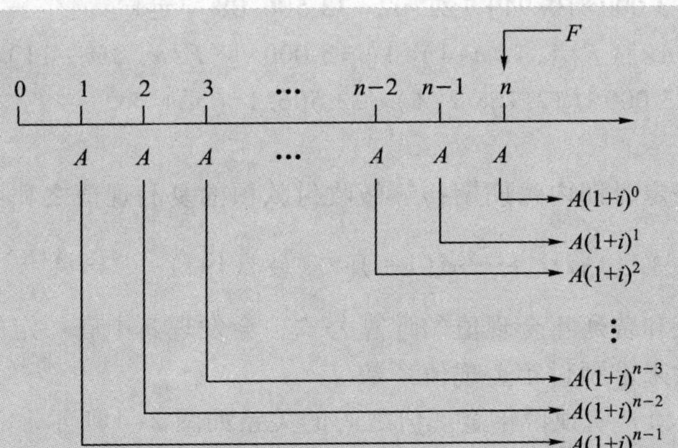

(a)

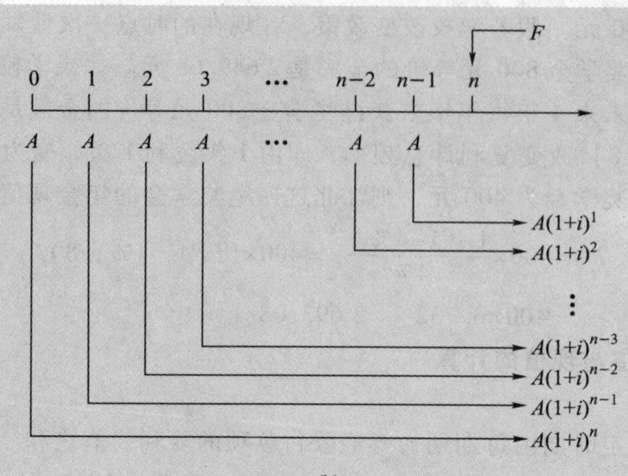

(b)

图 2-3 n 期普通年金终值和 n 期预付年金终值关系

从图 2-3 可以看出，n 期预付年金与 n 期普通年金的收付款项次数相同，但由于收付款项时点不同，n 期预付年金终值比 n 期普通年金终值多计算 1 期利息，因此，在 n 期普通年金终值系数的基础上乘上 $(1+i)$，就是 n 期预付年金终值系数。如果你再绘制一张 n 期预付年金终值和 n+1 期普通年金终值关系图，你会发现在 n+1 期普通年金终值系数的基础上减去 1 仍可得到 n 期预付年金终值系数。用公式表示如下：

$$F_A=A(F/A,\ i,\ n)\times(1+i)=A[(F/A,\ i,\ n+1)-1] \tag{2.9}$$

利用公式（2.9）重新计算【例 2.9】，得数一样吗？

【例 2.10】 大学生谭笑每年年初计划存入银行 3 000 元，计划期为 10 年，每年复利 1 次，银行存款利率为 2%，问第 10 年年末的本利和应为多少？

$$F_A=A\times(F/A,\ i,\ n)\times(1+i)=3\ 000\times(F/A,\ 2\%,\ 10)\times(1+2\%)$$
$$=3\ 000\times10.949\ 7\times1.02=33\ 506.08\ (\text{元})$$

或

$$F_A=A\times[(F/A,\ i,\ n+1)-1]=3\ 000\times[(F/A,\ 2\%,\ 11)-1]$$
$$=3\ 000\times(12.168\ 7-1)=33\ 506.1\ (\text{元})$$

2. 预付年金现值

预付年金现值是一定时期内每期期初等额收付款项的复利现值之和。用公式表示如下：

$$P_A=A(1+i)^0+A(1+i)^{-1}+\cdots+A(1+i)^{-(n-2)}+A(1+i)^{-(n-1)}=A\sum_{t=1}^{n}(1+i)^{-(t-1)}$$

比较预付年金现值和普通年金现值的计算公式，会发现其中有一定的关联，通常，我们会根据普通年金现值系数来求预付年金现值系数。

n 期普通年金现值和 n 期预付年金现值之间的关系如图 2-4 所示。

从图 2-4 可以看出，n 期预付年金与 n 期普通年金的收付款项次数相同，但由于收付款项时点不同，n 期预付年金现值比 n 期普通年金现值少贴现 1 期利息，因此，在 n 期普通年金现值系数的基础上乘上 $(1+i)$，就是 n 期预付年金现值系数。如果你再绘制一张 n 期预付年金现值和 n−1 期普通年金现值关系图，你会发现在 n−1 期普通年金现值系数的基础上加上 1 仍可

得到 n 期预付年金现值系数。用公式表示如下：

$$P_A = A(P/A,\ i,\ n)(1+i) = A[(P/A,\ i,\ n-1)+1] \tag{2.10}$$

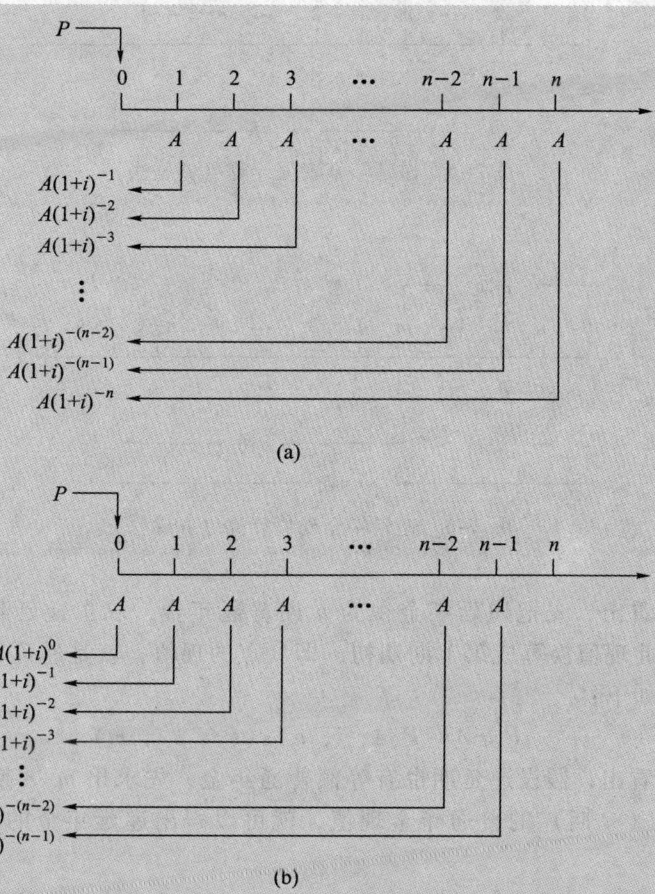

图 2-4　n 期普通年金现值和 n 期预付年金现值关系

【例 2.11】大学生谭笑每年年初计划存入银行 3 000 元，计划期为 10 年，每年复利 1 次，银行存款利率为 2%，问这些存款的现值应为多少？

$$P_A = A(P/A,\ i,\ n)(1+i) = 3\ 000\times(P/A,\ 2\%,\ 10)\times(1+2\%)$$
$$= 3\ 000\times8.982\ 6\times1.02 = 27\ 486.756\ (元)$$

或

$$P_A = A[(P/A,\ i,\ n-1)+1] = 3\ 000\times[(P/A,\ 2\%,\ 9)+1]$$
$$= 3\ 000\times(8.162\ 2+1) = 27\ 486.6\ (元)$$

（三）递延年金终值与现值的计算

递延年金，又叫延期年金，是指在最初若干期（m 期）没有收付款项的情况下，后面若干期（n 期）有等额系列收付款项的年金。递延年金终值的计算方法与普通年金终值的计算方法相似，其终值的大小与递延期限无关。因此，这里我们仅介绍延期年金现值的计算。

延期年金现值的计算方法主要有以下两种：调整法和扣除法。图 2-5、图 2-6 为递延年金现值计算图示。

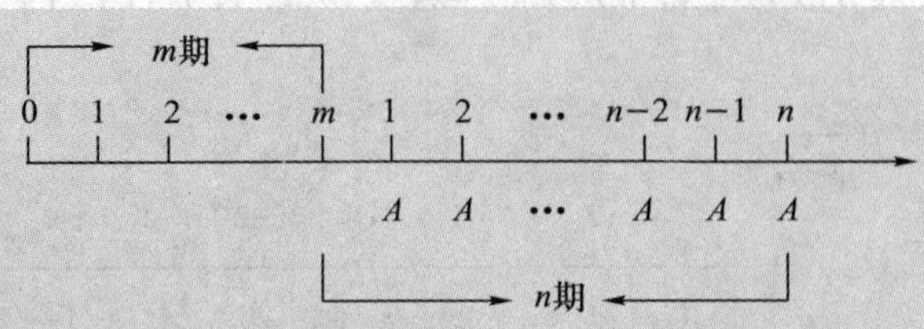

图 2-5 递延年金现值计算（调整法）

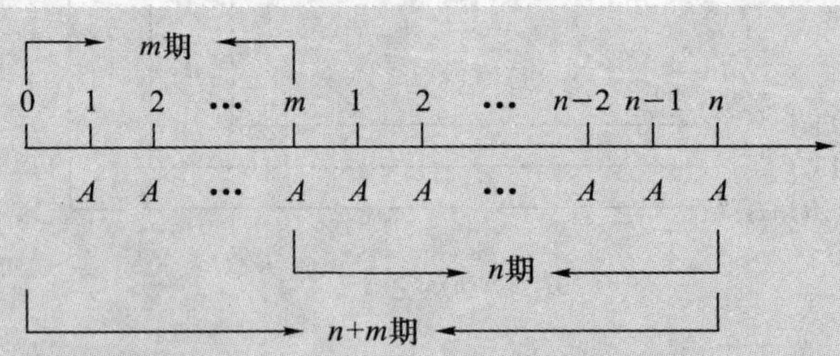

图 2-6 递延年金现值计算（扣除法）

从图 2-5 可以看出，先把递延年金视为 n 期普通年金，求出递延年金在递延期（m 期）期末的现值，再将此现值换算成第 1 期期初，即 0 点的现值，就是递延年金的现值。这就是调整法，用公式表示如下：

$$P_A=A\times(P/A,\ i,\ n)\times(P/F,\ i,\ m) \tag{2.11}$$

从图 2-6 可以看出，假设递延期也有等额普通年金，先求出 $m+n$ 期的普通年金现值，再减去假设的递延期（m 期）的普通年金现值，就可以得出递延年金的现值。这就是扣除法，用公式表示如下：

$$P_A=A\times(P/A,\ i,\ m+n)-A\times(P/A,\ i,\ m) \tag{2.12}$$

【例 2.12】 大一女生韩雪某年年初向银行借入一笔助学贷款，银行贷款利息率为 6%，1 年复利 1 次，银行要求韩雪从贷款日的第 5 年到第 10 年每年年末偿还本息 3 000 元，问这笔款项的现值为多少元？

$$P_A=3\ 000\times(P/A,\ 6\%,\ 6)\times(P/F,\ 6\%,\ 4)$$
$$=3\ 000\times4.917\ 3\times0.792\ 1=11\ 684.98\text{（元）}$$

或

$$P_A=3\ 000\times(P/A,\ 6\%,\ 10)-3\ 000\times(P/A,\ 6\%,\ 4)$$
$$=3\ 000\times(7.360\ 1-3.465\ 1)=11\ 685\text{（元）}$$

【例 2.13】 大一女生韩雪一入学就向银行借入一笔助学贷款，银行贷款利息率 6%，1 年复利 1 次，银行规定韩雪在大学毕业后开始还本付息，要求从贷款日的第 5 年到第 10 年每年年末偿还本息 3 000 元，问这笔款项的终值为多少元？

$$F_A=3\ 000\times(F/A,\ 6\%,\ 6)=3\ 000\times6.975\ 3=20\ 925.9\text{（元）}$$

（四）永续年金现值的计算

永续年金是无限期定额收付款项的年金。在实践中，永续年金是不存在的，但通常将期限很长的年金，如普通股股利、优先股股利，在计算中作永续年金处理。由于永续年金没有终止时间，因此，一般不计算其终值，只计算其现值。永续年金现值的计算公式如下：

$$P_A=A\sum_{t=1}^{n}(1+i)^{-t}$$

当 $n\to\infty$ 时，

$$(1+i)^{-n}\to 0$$

$$P_A=A\sum_{t=1}^{n}(1+i)^{-t}=\frac{A}{i} \tag{2.13}$$

【例 2.14】某公司拟设立一个永久性奖励基金，希望以后每年年末从中提取 10 万元用于奖励有突出贡献的职工，假定利息率为 4%，每年复利一次，该公司需要一次性拨出多少款项来建立该项基金？

$$P_A=\frac{A}{i}=\frac{100\ 000}{4\%}=250\ （万元）$$

第三节　货币时间价值计算中的几个特殊问题

以上介绍的都是货币时间价值计算的基本原理，现对货币时间价值计算的几个特殊问题做如下说明。

一、利息率的计算

在前面终值和现值的计算中，都假定利息率是给定的，但在财务管理中，经常会遇到已知终值或现值、计息期数，求利息率的问题。

【例 2.15】现在存入银行 5 000 元，1 年复利 1 次，在利率为多少时，才能保证在以后 10 年中每年年末得到 750 元？

我们先分析一下题目中的已知条件，5 000 元是现值，由于对应着以后 10 年中每年年末得到的 750 元，因而是年金现值；750 元是普通年金；计息期数为 10 年。根据前面公式（2.7）所示，得

$$P_A=A(P/A,\ i,\ n)$$

$$5\ 000=750\times(P/A,\ i,\ 10)$$

$$(P/A,\ i,\ 10)=\frac{5\ 000}{750}=6.666\ 7$$

然后，查“1 元普通年金现值系数表”，沿着 10 期所在的行横向查找，若能找到恰好等于 6.666 7 的数字，则该系数所对应的 i 值即为所求的利息率；如果找不到恰好等于 6.666 7 的数字，则在 10 期所在的行横向查找最为接近 6.666 7 的左右临界值和它们所对应的利息率，然后利用差值法（又称插值法、插补法）求出 i。本题中，和 6.666 7 临界的两个系数是 6.710 1 和 6.417 7，分别对应的利息率是 8% 和 9%，由此可知我们所求的利率在 8% 和 9% 之间，假设 $i=8\%+x\%$，则差值法计算 i 的过程如下：

$$\begin{array}{ll} \text{利率} & \text{年金现值系数} \\ \left.\begin{array}{l}\left.\begin{array}{l}8\% \\ 8\%+x\%\end{array}\right\}x\% \\ 9\%\end{array}\right\}1\% & \left.\begin{array}{l}\left.\begin{array}{l}6.7101 \\ 6.6667\end{array}\right\}-0.0434 \\ 6.4177\end{array}\right\}-0.2924 \end{array}$$

$$\frac{x\%}{1\%}=\frac{-0.0434}{-0.2924}$$

$$x\%=0.1484\%$$

$$i=8\%+x\%=8\%+0.1484\%=8.1484\%$$

二、计息期数的计算

【例 2.16】 坤坤公司全部用银行贷款投资兴建一个工程项目，总投资额为 6 000 万元，假设银行贷款利率为 6%，该工程当年建成投产，若该工程投产后每年流入现金 1 500 万元，全部用来偿还借款本息，坤坤公司需要多少年才能还清银行贷款？

根据题目：

$$6\ 000=1\ 500\times(P/A,\ 6\%,\ n)$$

$$(P/A,\ 6\%,\ n)=6\ 000/1\ 500=4$$

采用差值法，设 $n=4+x$，则计算过程如下：

$$\begin{array}{ll} \text{年} & \text{年金现值系数} \\ \left.\begin{array}{l}\left.\begin{array}{l}4 \\ 4+x\end{array}\right\}x \\ 5\end{array}\right\}1 & \left.\begin{array}{l}\left.\begin{array}{l}3.4651 \\ 4\end{array}\right\}0.5349 \\ 4.2124\end{array}\right\}0.7473 \end{array}$$

$$\frac{x}{1}=\frac{0.5349}{0.7473}$$

$$x=0.7158$$

$$n=4+x=4+0.7158=4.7158\ (\text{年})$$

三、利率变动下的货币时间价值计算

由于经济环境和资金市场供求状况等因素的变化，市场利率会发生变化，在利率变动的情况下，如何计算货币时间价值呢？

【例 2.17】 某企业 2008 年 1 月 1 日向银行借入 1 笔 100 万元、10 年期可变利率贷款，规定从 2008 年 12 月 31 日起按年度在每年年末等额还本付息，贷款年利率 6%，企业一直按以上条件按年度等额还本付息，但在 2012 年年底，银行宣布调整年利率为 7%，要求该企业从 2013 年 1 月 1 日起实施。试分别计算该笔借款前 5 年每年的还款金额（A）和后 5 年每年的还款金额（B）。

分析该题目，前 5 年每年的还款金额比较容易确定，因为企业在 2008 年 12 月 31 日首次还款时还不知道未来利率的改变，因此：

$$100 = A(P/A,\ 6\%,\ 10)$$

$$A = \frac{100}{7.360\ 1} = 13.586\ 8\ (万元)$$

可如何计算后5年每年的等额还款金额呢？我们知道，不管利率怎么变化，在第5年年末尚未偿还款项的现值没有改变，也就是在第5年年末这一时点，按6%、13.586 8万元年金计算到该点的价值和按7%、B万元年金计算到该点的价值应该是相等的，即：

$$13.586\ 8 \times (P/A,\ 6\%,\ 5) = B \times (P/A,\ 7\%,\ 5)$$

$$B = 13.586\ 8 \times 4.212\ 4 / 4.100\ 2 = 13.958\ 6\ (万元)$$

四、资本投资回收的计算

【例2.18】 某企业投资兴建一个工程项目，总投资额为6 000万元，假设利率为6%，该工程当年建成投产，项目寿命期是8年，1年复利1次，问每年年末至少平均收回多少现金才是有利的？

根据题目，则

$$6\ 000 = A(P/A,\ 6\%,\ 8)$$

$$A = 6\ 000/(P/A,\ 6\%,\ 8)$$

$$= 6\ 000 \times \frac{1}{6.209\ 8}$$

$$= 966.214\ 7\ (万元)$$

上式中，$(P/A,\ i,\ n)$ 的倒数称为投资回收系数，表示为 $(A/P,\ i,\ n)$，即

$$(A/P,\ i,\ n) = \frac{1}{(P/A,\ i,\ n)} = \frac{i}{1-(1+i)^{-n}} \tag{2.14}$$

五、偿债基金的计算

【例2.19】 大学生丁敏拟5年后还清10 000元的助学贷款，从现在开始她每年年末等额存入银行一笔款项，以便将来能够清偿助学贷款，假设银行存款利率为2%，问丁敏每年年末应存入银行多少元？

根据题目，则

$$10\ 000 = A(F/A,\ 2\%,\ 5)$$

$$A = 10\ 000/(F/A,\ 2\%,\ 5) = 10\ 000 \times \frac{1}{5.204\ 0} = 1\ 921.6\ (元)$$

上式中，1 921.6元是偿债基金，偿债基金是指为使年金终值达到既定金额每期期末应支付的年金数额。$(F/A,\ i,\ n)$ 的倒数为偿债基金系数，表示为 $(A/F,\ i,\ n)$，即：

$$(A/F,\ i,\ n) = \frac{1}{(F/A,\ i,\ n)} = \frac{i}{(1+i)^{n}-1} \tag{2.15}$$

课后学习方案

本章重点整理

本章较为重要的内容是货币时间价值计算公式，表2-2汇总了货币时间价值计算公式，以方便读者记忆

和把握。

表 2–2 货币时间价值计算公式汇总

项目	公式	系数符号	系数名称
复利终值	$F=P(1+i)^n$	$(1+i)^n=(F/P, i, n)$	复利终值系数
复利现值	$P=F(1+i)^{-n}$	$(1+i)^{-n}=(P/F, i, n)$	复利现值系数
普通年金终值	$F=A\frac{(1+i)^n-1}{i}$	$\frac{(1+i)^n-1}{i}=(F/A, i, n)$	普通年金终值系数
偿债基金	$A=F\frac{i}{(1+i)^n-1}$	$\frac{i}{(1+i)^n-1}=(A/F, i, n)$	偿债基金系数
普通年金现值	$P=A\frac{1-(1+i)^{-n}}{i}$	$\frac{1-(1+i)^{-n}}{i}=(P/A, i, n)$	普通年金现值系数
投资回收额	$A=P\frac{i}{1-(1+i)^{-n}}$	$\frac{i}{1-(1+i)^{-n}}=(A/P, i, n)$	投资回收系数
预付年金与普通年金的联系	预付年金现值系数$=(1+i)\times$普通年金的现值系数 或：普通年金现值系数期数减 1，系数加 1 预付年金终值系数$=(1+i)\times$普通年金终值系数 或：普通年金终值系数期数加 1，系数减 1		
递延年金现值的计算	递延年金现值$=A\times(P/A, i, n)\times(P/F, i, m)$ $=A\times(P/A, i, m+n)-A\times(P/A, i, m)$		
互为倒数关系的三组系数（同利率、同期数条件下）	复利终值系数与复利现值系数互为倒数关系 偿债基金系数与普通年金终值系数互为倒数关系 投资回收系数与普通年金现值系数互为倒数关系		

案例分析

购房按揭款的计算

小张夫妇 2009 年年末已有积蓄 20 万元，以后每月的工资收入估计有 6 000 元，除去日常生活开支每月 2 500元，每月可积蓄 3 500 元。现在他们准备购置房产，总房价为 45 万元，他们想首付一部分，余额实行银行按揭支付方式。已知银行按揭的月利率为 0.5%，按揭从 2010 年 1 月开始。小张夫妇正在商量购房付款的事宜。他俩现在有四个问题，请你帮助他们解决。

问题 1：小张夫妇考虑在现有积蓄 20 万元中留下 5 万元以备装修之用，购房时首付 15 万元，按揭年限为 10 年，采用按月等额还款方式贷款 30 万元，但不知未来是否有能力支付每月的按揭额。

问题 2：小张夫妇决定购房时首付 15 万元，按揭年限为 15 年，采用按月等额还款方式贷款 30 万元，为他们计算每月应付的按揭额是多少。

问题 3：在 15 年按揭的前提下，由于银行利率下调，银行规定从 2012 年 1 月起，按揭的月利率由原来的 0.5% 降到 0.45%，这样一来，小张夫妇每月的按揭额比原来少，为他们计算出每月少付多少。

问题 4：小张夫妇考虑，2010 年和 2011 年他俩的收入可能会超过预期水平，他们想在 2012 年 1 月将剩余的 13 年房款一次付清，请按下调后的利率计算他们在 2012 年 1 月一次支付多少价款才能还清贷款？

延伸阅读

1. “名义利率与实际利率的换算”参见：陈玉菁．财务管理．北京：中国人民大学出版社，2008：38-40.

2. “单利现值和终值的计算” 参见：刘方乐．财务管理理论与实务．北京：清华大学出版社，2009：43.

思考与讨论

1. 什么是货币时间价值，论述货币时间价值对财务管理的意义。
2. 什么是复利？为什么财务管理中要使用复利计息方式而不是单利计息方式？
3. 什么是计息频率？计息频率对复利现值和复利终值有何影响？
4. 简述年金的类型，并说明各类年金终值和现值的计算方法。
5. 简述普通年金现值与预付年金现值的关系。
6. 简述普通年金终值系数与预付年金终值系数的关系。

自测与练习

1. 大学生刘颖现将 5 000 元存入银行，定期为 3 年，银行的存款利率为 2%，按半年复利 1 次，问刘颖的这笔存款 3 年到期后能取出多少元？

2. 羽佳公司准备租赁办公设备，期限是 10 年，假设年利率是 10%，出租方提出以下几种付款方案：(1) 立即付全部款项共计 20 万元；(2) 从第 4 年开始每年年初付款 4 万元，至第 10 年年初结束；(3) 第 1 到 8 年每年年末支付 3 万元，第 9 年年末支付 4 万元，第 10 年年末支付 5 万元。要求：请你通过计算，代为选择比较合算的一种付款方案。

3. 冀氏企业在第 1 年年初向银行借入 100 万元，在以后的 10 年里，每年年末等额偿还 13.8 万元，当年利率为 6% 时，10 年的年金现值系数为 7.36，当年利率为 7% 时，10 年的年金现值系数为 7.02，要求用差值法求出该笔借款的利息率。

4. 张钰拟分期付款购入住房，需要每年年初支付 25 000 元，连续支付 15 年，假定年利率为 7%，如果该项分期付款现在一次全部支付共需支付现金多少元？

5. 戴进公司刚刚贷款 1 000 万元，1 年复利 1 次，银行要求公司在未来 3 年每年年末偿还相等的金额，银行贷款利率 6%，请你编制如表 2-3 所示的还本付息表（保留小数点后 2 位）。

表 2-3　还本付息表

年度	本年还款额	本年利息	本金偿还额	贷款余额
1				
2				
3				
合计				

6. 钰雪公司拟于 5 年后一次还清所欠债务 1 000 000 元，假定银行利息率为 4%，1 年复利 1 次，则该公司应从现在起每年年末等额存入银行的偿债基金应为多少元？

7. 小王今年 35 岁，他觉得是时候为退休做打算了，在他 60 岁之前的每年年末，他都将向其退休账户存入 10 000 元。如果存款的年利率为 10%，到小王 60 岁时其退休账户已攒下多少钱？

8. 请你分别计算在以下各种条件下 2 万元的终值：(1) 5 年后，年利率 5%；(2) 10 年后，年利率 5%；(3) 5 年后，年利率 10%。

9. 未来收到 2 万元，请你分别计算在以下各种条件下 2 万元的现值：(1) 距今天 5 年后收到，年利率 4%；(2) 距今天 10 年后收到，年利率 5%；(3) 距今天 20 年后收到，年利率 8%。

第三章　风 险 价 值

本章基本架构图

- 认识风险
  - 风险的定义和分类
  - 投资者的风险偏好
  - 风险价值
- 认识收益
  - 收益的含义
  - 收益的类型
    - 名义收益率
    - 预期收益率
    - 实际收益率
    - 必要收益率
    - 无风险收益率
    - 风险收益率
- 单项资产的风险和收益
  - 单项资产风险的度量
    - 方差 σ^2
    - 标准差 σ
    - 标准离差率 V
    - β
  - 单项资产风险和收益的关系
    - $k=R_f+b\times V$
    - $k=R_f+\beta(R_m-R_f)$
- 资产组合的风险和收益
  - 风险的度量单位
    - 组合方差
    - 组合标准差
    - 协方差
    - β_p
  - 风险和收益的关系
    - $K_p=R_f+\dfrac{R_m-R_f}{\sigma_m}\times\sigma_i$
    - $K_p=R_f+\beta_p(R_m-R_f)$

第一节　认 识 风 险

“风险”是人们常常挂在嘴边的词，那究竟什么是风险呢？在认识风险的过程中，出现过不同的对风险的解释。到目前为止，对于风险的定义仍众说纷纭，尚未有个一致的说法。

一、风险的定义

在理论上，比较有代表性的观点有三种：第一种观点是把风险视为机会，认为风险越大可能获得的回报就越大，相应地可能遭受的损失也就越大；第二种观点是把风险视为危机，认为风险是消极的事件，风险的发生可能产生损失，这常常是大多数企业所理解的风险；第三种观点介于两者之间，认为风险是预期结果的不确定性，即在决策中如果将来的实际结果与预期的结果有可能不一致，就意味着是有风险的。

财务管理中的风险概念倾向于第三种观点，是指在一定条件下和一定时期内可能发生的实际收益与预期收益的偏离程度，即预期收益的不确定性。比如某人期望得到8%的投资报酬率，但由于多种因素的影响，实际可能获得的报酬率为6%，也可能为10%，实际可能的结果与期望的报酬产生了偏离，这种偏离的程度越大，风险越高；偏离的程度越小，风险越小。

二、风险的分类

风险可以从不同的角度划分，最常见的是从风险产生的根源来划分，将风险分为系统性风险和非系统性风险。

（一）系统性风险

系统性风险也称市场风险、不可分散风险，是指由影响所有企业的因素导致的风险，如利率风险、通货膨胀风险、市场风险、政治风险等。通常，系统性风险产生的根源是企业外部的变化，比如经济的周期性波动、战争、利率的变化、通货膨胀等非预期因素。由于这些因素将影响市场中所有的资产，投资组合也不能分散掉系统性风险，因而，系统性风险是不可分散的。

（二）非系统性风险

非系统性风险也称公司特有风险、可分散风险，是指由某个行业或个别企业的特有事件造成的风险，如信用风险、财务风险、经营风险等。通常，非系统性风险来自特定企业，是这些企业所特有的，不影响其他企业，比如罢工、诉讼、新产品开发失败、失去重要的销售合同等，这类事件是非预期的，随机发生的，只影响一个或少数公司，不会对整个市场产生太大的影响。非系统性风险是可以通过多样化投资来分散的，即发生于一家公司的不利事件可以被其他公司的有利事件抵消。当代证券组合理论认为，不同股票的投资组合可以降低公司的特有风险，但随着组合中股票的种类增加，其风险分散化效应逐渐减弱。如果是充分的有效投资组合，则可以分散掉全部非系统性风险。

将总风险分为系统性风险和非系统性风险，对研究风险的度量有着重要的意义。由于非系统性风险可以通过分散化消除，因此一个充分的有效投资组合几乎没有非系统性风险。对于有效组合来说，非系统性风险可以被忽略，投资者只需关心系统性风险。通常我们假设投资者都是理智的，他们都会选择充分投资组合，非系统性风险将与资本市场无关，市场不会对非系统性风险给予任何价格补偿，但投资者必须承担系统性风险并可以获得相应的风险补偿。

三、投资者的风险偏好

投资者的风险偏好不同，意味着风险承受能力不同，风险价值也将不同。从理论上讲，投资者对待风险的态度可能有以下三种。

（一）风险厌恶

有些投资者不喜欢风险，他们厌恶风险，容不得风险。当对具有相同预期收益率的投资项目进行选择时，厌恶风险的投资者通常会选择其中风险最低的项目。然而，厌恶风险并不意味投资者不准备进行风险性投资，只是风险厌恶者对高风险的项目要求有比风险偏好者更高的收益才肯投资。

（二）风险中性

有些投资者对风险持无所谓的态度，他们不关心风险的大小，不介意一项投资是否具有比较确定或者不那么确定的结果。他们只关心预期收益率的高低，只根据预期收益率的高低来选择是否投资。这样的投资者对风险不要求补偿，他们对预期收益率相同但风险水平不同的两个项目在选择时没有偏好。

（三）风险偏好

有些投资者喜欢冒险，他们承受风险的能力往往较高，风险偏好者一般会选择具有较高风险水平的项目，以期获得可能的高收益。

虽然有些投资者是爱好风险者，另有一些投资者可能是风险中立者，但是绝大多数投资者是风险厌恶者。

四、风险价值

风险是实际结果偏离预期目标的可能性，有向好的方向偏离的可能，也有向不好的方向偏离的可能，是机会与危险的组合。由于更多的人是风险厌恶者，比起可能获得的超额收益，他们更害怕发生额外的损失。因此，风险常常被理解为，实际结果不如预期结果而遭受损失的可能性。

对于理性投资者来说，宁愿要肯定的某一报酬，而不愿要不肯定的同一报酬。对他们来说，要冒风险投资，就需要有额外的补偿。风险价值就是投资者冒风险投资而获得的超过货币时间价值和通货膨胀补偿的额外报酬。风险价值，又称风险收益、风险报酬、风险溢价或风险溢酬，它是预期收益超过无风险收益的部分，反映了投资者对风险资产投资而要求的风险补偿。

风险价值有两种表示方法，即风险收益额和风险收益率。风险收益额是投资者因冒风险投资而获得的超过货币时间价值和通货膨胀补偿的额外收益，又称为风险报酬额；风险收益率是风险收益额与投资额的比率，又称为风险报酬率。由于风险收益率或风险报酬率是相对数指标，便于比较和计算，在财务管理中通常用风险收益率或风险报酬率来表示风险价值。

风险与收益相对应的原理，否定了传统投资将预期收益最大化作为决策准则的思想。现代投资理论所确立的风险价值观念，要求投资者在选择投资品种时，将风险和预期收益结合起来分析，在权衡二者的关系后做出有利的财务决策。

第二节 认识收益

风险价值观念是财务管理的重要观念，有人戏称财务管理的第一观念是货币时间价值观念，排行第二的就是风险价值观念。风险价值观念的核心反映了风险和收益之间的关系，反映了投资者因为冒风险投资而获得的额外补偿，这种额外补偿就是超额收益。上节我们认识了风险，说风险是实际收益与预期收益偏离的程度，本节我们认识一下收益的相关概念。

一、收益的含义

收益又称报酬，一般是指初始投资的价值增量。收益可以用利润来表示，也可以用现金净流量来表示，这些都是绝对数指标。在实务中，企业利用更多的是相对数指标，即收益率或报酬率。

收益率，又称报酬率，是衡量企业收益大小的相对数指标，是收益额和投资额之比。收益率实质上就是利率，只不过是站在投资者角度衡量的利率。在财务管理中我们将用到很多收益率，它们的区分比较重要，一定要能够区别不同收益率的含义与作用。

二、收益的类型

（一）名义收益率

名义收益率又称名义报酬率，在不同的情况下，对名义收益率有不同的理解。

（1）认为名义收益率是票面收益率，比如债券的票面利率、借款协议的利率、优先股的股利率等。这时的名义收益率是指在合同中或票面中标明的收益率。

（2）按惯例，一般给定的收益率是年利率，但计息周期可能是半年、季度、月甚至日。因此，如果以年为基本计息期，给定的年利率就是名义利率或名义收益率。如果一年复利计息一次，名义收益率就等于实际收益率；如果按照短于一年的计息期计算复利，实际收益率与名义收益率就不同，名义收益率与实际收益率的换算关系是：实际收益率$=(1+r/M)^M-1$，式中，M是一年复利的次数，r是名义收益率。

（3）在存在通货膨胀的情况下，名义收益率是实际收益率、通货膨胀补偿率和实际收益率与通货膨胀补偿率之积的和，用公式表示如下：

$$r_n=r_r+i+ir_r \tag{3.1}$$

式中，r_n表示名义收益率；r_r表示实际收益率；i表示通货膨胀补偿率。一般情况下，式（3.1）中的ir_r相对其他两项来说，数值较小。所以有时为了简化计算，也可以将式（3.1）写为

$$r_n=r_r+i$$

（二）预期收益率

预期收益率又称预期报酬率，也称期望收益率，是指在不确定的环境中可能获得的收益率，是以相应的概率为权数的加权平均收益率，预期收益率$=\sum w_iK_i$。预期收益率是数学期望，并不代表将来可能获得的收益，只是反映了我们对一切可能获得的有关信息进行合理分析后，对资产未来平均获利能力的一种估计。本书将在本章第三节和第四节详细介绍单项资产的预期收益率和资产组合的预期收益率的计算方法，在此不再赘述。

（三）实际收益率

实际收益率又称实际报酬率，是相对于名义收益率和预期收益率而言的，对实际收益率的理解如下。

（1）与预期收益率相对应，实际收益率是指已经实现或确定可以实现的收益率，是个事后计算的收益率，是实实在在可以得到的收益率。

（2）与名义收益率相对应，在一年内多次复利计息的情况下，实际收益率，即有效年利率$=(1+r/M)^M-1$，式中，M是一年复利的次数，r是名义收益率。

（3）在存在通货膨胀的情况下，实际收益率近似等于名义收益率与通货膨胀补偿率的差，即$r_r=r_n-i$。

（四）必要收益率

必要收益率，也称必要报酬率，是指投资者进行投资所要求的最低报酬率，表示投资者对某项投资所要求的、合理的最低收益率。投资者进行投资是为了获得报酬，必要收益率是投资者根据市场使用资金的报酬率和风险因素预测的合理的、最低应得到的报酬。通常必要收益率在计算中只考虑因承担系统性风险而要求的风险溢价，不包括因承担非系统性风险而要求的风险溢价，因为非系统性风险可以通过多样化投资减少甚至消除，因而不给予补偿，也就是说，非系统性风险的风险溢价为零。必要收益率是一个非常重要的收益率。因为它通常可以作为投资方案的取舍率。通常来说，如果某项投资的预期收益率高于投资者要求的必要收益率，投资者就应投资；反之，则不应投资。

（五）无风险收益率

无风险收益率是指不考虑风险因素时所确定的收益率，它是货币时间价值率（纯利率）与通货膨胀补偿率之和，一般用短期国库券利率来近似衡量。

（六）风险收益率

风险收益率是风险收益额与投资额的比率，又称为风险报酬率，是投资者进行投资因承担风险而要求的超过无风险收益率部分的额外收益。考虑到风险收益，投资者的预期收益率就由无风险收益率和风险收益率两部分组成，即：

预期收益率=无风险收益率+风险收益率

用公式表示为

$$K=R_f+R_R \tag{3.2}$$

式中，K 表示预期收益率；R_f 表示无风险收益率；R_R 表示风险收益率。

其中，无风险收益率 R_f=货币时间价值率+通货膨胀补偿率

第三节 单项资产的风险与收益

风险价值观念的核心是风险—收益权衡原则，风险—收益权衡原则是风险和收益的对等原则，该原则要求投资人必须对收益和风险作出权衡，为追求较高收益而承担较大的风险，或者为减少风险而接受较低的收益。该原则告诉投资者，在进行投资决策时，需要考虑风险和收益之间的数量关系，在权衡风险和收益的基础上，作出有利的财务决策。

一、单项资产风险的度量

度量单项资产风险的单位有方差、标准差、标准离差率、β 值，其中，方差、标准差、标准离差率是用来测算单项资产总风险的度量单位；β 值只用来计量系统性风险，是系统性风险的衡量指标。关于 β 值的由来及含义将在资本资产定价模型一节详细阐述。

（一）收益期望

随机变量的各个取值，以相应的概率为权数的加权平均数，叫做随机变量的预期值或数学期望或均值。收益期望反映随机变量取值的平均化，说明未来各种可能收益的一般平均水平。收益期望能在多大程度上代表实际的收益，取决于各种情况下实际值对于期望值的偏离程度。一般说来，偏离程度越大，风险就越大；偏离程度越小，风险就越小。风险程度通常用反映概

率分布偏离程度的标准差来确定。

在已知各个变量值出现概率的情况下，收益期望可以按式（3.3）计算：

$$\overline{K} = \sum_{i=1}^{n} K_i P_i \tag{3.3}$$

式中，$\overline{K}$ 表示期望收益率或预期收益率；K_i 表示第 i 种可能结果出现后的收益率；P_i 表示第 i 种可能结果出现的概率；n 表示所有可能结果的数目。

【例 3.1】 希诚公司拟进行某项投资，现有 A、B 两个方案可供选择，投资额均为 50 000 元，其收益的概率分布如表 3-1 所示。

表 3-1　希诚公司 A、B 两方案收益的概率分布

经济情况	概率 P_i	收益额（元）	
		A 方案	B 方案
繁荣	0.2	20 000	35 000
一般	0.5	10 000	10 000
较差	0.3	5 000	−5 000

$$\overline{K}_A = \sum_{i=1}^{n} K_i P_i = \frac{20\ 000}{50\ 000} \times 0.2 + \frac{10\ 000}{50\ 000} \times 0.5 + \frac{5\ 000}{50\ 000} \times 0.3 = 21\%$$

$$\overline{K}_B = \sum_{i=1}^{n} K_i P_i = \frac{35\ 000}{50\ 000} \times 0.2 + \frac{10\ 000}{50\ 000} \times 0.5 + \frac{-5\ 000}{50\ 000} \times 0.3 = 21\%$$

（二）方差、标准差和标准离差率

1. 方差

方差是用来表示随机变量与期望值之间离散程度的一个统计量，一般用 σ^2 来表示。在随机变量的概率分布已知的情况下，收益率的方差可以按式（3.4）计算：

$$\sigma^2 = \sum_{i=1}^{n} (K_i - \overline{K})^2 \times P_i \tag{3.4}$$

在预期收益相同的情况下，方差的大小与风险的大小是对应的，方差越大，风险越大；方差越小，风险越小。

根据【例 3.1】的资料，A、B 两方案的方差为

$$\begin{aligned}\sigma_A^2 &= \sum_{i=1}^{n} (K_i - \overline{K})^2 \times P_i \\ &= (40\% - 21\%)^2 \times 0.2 + (20\% - 21\%)^2 \times 0.5 + (10\% - 21\%)^2 \times 0.3 \\ &= 0.010\ 9\end{aligned}$$

$$\begin{aligned}\sigma_B^2 &= \sum_{i=1}^{n} (K_i - \overline{K})^2 \times P_i \\ &= (70\% - 21\%)^2 \times 0.2 + (20\% - 21\%)^2 \times 0.5 + (-10\% - 21\%)^2 \times 0.3 \\ &= 0.076\ 9\end{aligned}$$

由于 A、B 两方案的期望收益相同，因 $\sigma_A^2 < \sigma_B^2$，则 A 方案的风险小于 B 方案。

2. 标准差

标准差是反映概率分布中各种可能结果对预期值的偏离程度的数值，一般用 σ 来表示。在已知各个变量值出现概率的情况下，收益率的标准差可以按式（3.5）计算：

$$\sigma = \sqrt{\sum_{i=1}^{n}(K_i - \overline{K})^2 \times P_i} \tag{3.5}$$

标准差越大，说明各种可能的结果相对于期望值的离散程度越大，在预期值相同的情况下，标准差越大，风险越大；相反，标准差越小，风险越小。

根据【例 3.1】的资料，A、B 两方案的标准差为

$$\sigma_A = \sqrt{\sum_{i=1}^{n}(K_i - \overline{K})^2 \times P_i} = \sqrt{0.010\ 9} = 0.104\ 4$$

$$\sigma_B = \sqrt{\sum_{i=1}^{n}(K_i - \overline{K})^2 \times P_i} = \sqrt{0.076\ 9} = 0.277\ 3$$

由于 A、B 两方案的期望收益相同，因 $\sigma_A < \sigma_B$，则 A 方案的风险小于 B 方案。

方差和标准差的局限性在于它们是绝对数，只适用于相同预期值决策方案风险程度的比较。另外，它们衡量的是既包括非系统性风险，也包括系统性风险的全部风险。

在随机变量的概率分布不能测算时，可计算样本方差、样本标准差，如果是资产组合，还可以计算样本协方差。计算公式如下：

$$\sigma^2 = \frac{\sum_{i=1}^{n}(K_i - \overline{K})^2}{n-1}$$

$$\sigma = \sqrt{\frac{\sum_{i=1}^{n}(K_i - \overline{K})^2}{n-1}}$$

$$\mathrm{Cov}(i,\ j) = \frac{\sum_{i=1}^{n}(K_i - \overline{K_i})(K_j - \overline{K_j})}{n-1}$$

3. 标准离差率

当两个方案的期望收益不相同时，不能根据方差和标准差的大小直接作出风险大小的判断，因为方差和标准差是度量单项资产风险的绝对数指标，这时要根据标准离差率来判断。标准离差率又称为变化系数、变异系数，是以相对数反映决策方案风险程度的指标。由于标准离差率是度量单项资产风险的相对数指标，因此，可用于比较期望收益不同方案风险的大小。

标准离差率是标准差与预期值之比，一般用 V 来表示，收益率的标准离差率可用式（3.6）计算：

$$V = \frac{\sigma}{\overline{K}} \tag{3.6}$$

标准离差率是一个相对数指标，可以比较期望收益不同方案的风险大小。在随机变量概率分布已知的情况下，标准离差率越大，风险越大；标准离差率越小，风险越小。

根据【例 3.1】的资料，A、B 两方案的标准离差率为

$$V_A=\frac{\sigma_A}{\overline{K}_A}=\frac{0.104\ 4}{0.21}=0.497\ 1$$

$$V_B=\frac{\sigma_B}{\overline{K}_A}=\frac{0.277\ 3}{0.21}=1.320\ 5$$

由于 $V_A<V_B$，A 方案的风险小于 B 方案。

标准离差率指标衡量的是全部风险，既包括非系统性风险，也包括系统性风险。标准离差率指标的适用范围较广，尤其适用于预期值不同的决策方案风险程度的比较。

二、单项资产风险和收益的数量关系

（一）标准离差率作为度量单项资产风险单位所反映的风险和收益的关系

标准离差率虽然能正确评价风险程度的大小，但不是风险收益率，无法体现风险价值。风险价值与反映风险程度的标准离差率成正比关系，投资者所冒风险程度越大，得到的风险收益率就应该越高。但标准离差率转换为风险收益率，需要引入一个参数，即风险价值系数或风险收益系数。

风险收益率、风险价值系数和标准离差率三者之间的关系见式（3.7）所示：

$$R_R=b\times V \tag{3.7}$$

式中，R_R 表示风险收益率；b 表示风险价值系数或风险收益系数；V 表示标准离差率。

在明确了风险收益率、风险价值系数和标准离差率三者之间关系的基础上，投资者要求的期望报酬率，即期望收益率可用式（3.8）来表示：

$$K=R_f+R_R=R_f+bV \tag{3.8}$$

式中，K 表示期望报酬率或期望收益率；R_f 表示无风险收益率。

至于风险价值系数 b 的确定，一般有如下三种方法。

第一种，根据以往的同类项目加以确定，可以参照以往同类项目的历史资料，运用公式（3.7）来确定。如某企业准备进行一项投资，此类项目的期望收益率约为 20%，收益率的标准差率为 0.5，无风险收益率为 8%，则由公式 $K=R_f+bV$ 得出：

$$b=\frac{K-R_f}{V}=\frac{20\%-8\%}{0.5}=0.24$$

第二种，由企业领导或企业组织有关专家确定，如果缺乏同类项目的历史资料，则可由企业管理层或企业组织有关专家确定。

第三种，由国家有关部门组织专家确定，国家有关部门可根据各行业的具体情况和有关因素，确定行业风险价值系数，供投资者参考。

在某些情况下，我们需要计算风险收益额，风险收益额的计算公式如式（3.9）所示：

$$P_R=\overline{E}\times\frac{R_R}{R_R+R_f} \tag{3.9}$$

式中，P_R 表示风险收益额；$\overline{E}$ 表示期望收益。

【例 3.2】假设景霞企业某投资项目的收益期望值为 3 000 元，风险收益率为 4%，无风险收益率为 8%，则该投资项目风险收益额为多少？

$$P_R = 3\ 000 \times \frac{4\%}{4\% + 8\%} = 1\ 000 \text{（元）}$$

（二）用 β 值度量单项资产风险所反映的风险和收益的关系

β 值，又称 β 系数，是资本资产定价模型的研究成果，β 值是反映单项资产收益率与市场上全部资产的平均收益率之间变动关系的一个量化指标，即单项资产所含的系统性风险对市场组合系统性风险的影响程度，也称为系统风险指数。一种股票 β 值的大小取决于：该股票与整个股票市场的相关性、它自身的标准差、整个市场的标准差。如果 $\beta=1$，说明该单项资产的收益率与市场平均收益率呈相同比例的变化，其风险与整个市场投资组合的风险一致；如果 $\beta>1$，说明该单项资产的风险大于整个市场投资组合的风险；如果 $\beta<1$，说明该单项资产的风险小于整个市场投资组合的风险。

资本资产定价模型的知识我们在本章第五节专门阐述。在这里，仅介绍用它来度量系统性风险所反映的风险和收益的关系。

β 值转换为风险收益率，需要引入一个参数，这个参数就是市场风险价值，又称市场风险溢酬或市场风险收益。市场风险价值是市场预期收益率和无风险收益率的差额，用 $R_m - R_f$ 来表示。风险收益率、市场风险价值和 β 值三者之间的关系可用式（3.10）表示：

$$R_R = \beta(R_m - R_f) \tag{3.10}$$

式中，R_R 表示风险收益率；R_f 表示无风险收益率；$R_m - R_f$ 表示市场风险价值。

在明确了风险收益率、市场风险价值和 β 值三者之间关系的基础上，投资者要求的最低的期望收益率，即必要收益率可用式（3.11）来表示：

$$K = R_f + \beta(R_m - R_f) \tag{3.11}$$ ①

式中，K 表示投资者要求的最低的期望收益率，即必要收益率。

【例 3.3】 华云公司股票的 β 系数为 2.5，无风险利率为 4%，市场上所有股票的平均收益率是 8%，那么，投资华云公司股票所要求的风险收益率和最低的期望收益率各是多少？

$$R_R = \beta(R_m - R_f) = 2.5 \times (8\% - 4\%) = 10\%$$

$$K = R_f + \beta(R_m - R_f) = R_f + R_R = 4\% + 10\% = 14\%$$

第四节 资产组合的风险与收益

一、资产组合的概念

根据投资分散化原则，投资者通常不把自己的全部资金投放在单一资产上，而是同时向收益和风险不相同的多项资产投资。这种同时以两个或两个以上资产作为投资对象而形成的投资，就是资产组合，又称投资组合。在理论上，资产组合会产生多样化效应。因为通过组合投

---

① 公式（3.8）和公式（3.11）所计算的收益率都等于无风险收益率和风险收益率之和。但公式（3.8）计算的是期望收益率，而公式（3.11）计算的是必要收益率。原因在于公式（3.11）是来自于资本资产定价模型的结论，这个模型有许多假设，在这些假设的前提下，投资者要求的期望收益率和必要收益率相等，因此，我们可以用公式（3.11）来求必要收益率。

资能分散单个资产风险进而降低资产组合风险，使资产组合的风险小于单独持有某一资产的投资风险。追求多样化效应正是资产组合的动因。

如果资产组合中的资产均为有价证券，则称为证券组合。证券组合关注的是证券之间的相互关系及其整体的风险收益特征。

需要说明的是，在现代投资组合理论中所涉及的证券组合，是有特定含义的。这时的证券组合往往是指在满足一定假设条件下，通过对作为投资对象的若干非同质证券的选择，保证预定收益率的前提下使风险最小化或在既定风险的前提下使预期收益率最大化的有效证券组合。

二、资产组合的预期收益率

资产组合的预期收益率是资产组合中的各种资产的预期收益率的加权平均数，其中权数是各个资产在整个资产组合中所占的比例，其计算公式如下：

$$\overline{K}_p = \sum_{i=1}^{n} w_i \overline{K}_i \tag{3.12}$$

式中，$\overline{K}_p$ 表示资产组合的预期收益率；w_i 表示投资于第 i 项资产的资金占总投资额的比例；$\overline{K}_i$ 表示投资于第 i 项资产的预期收益率；n 表示资产组合中不同资产的总个数。

【例 3.4】 卓玲公司持有 A、B、C 三种股票构成的证券组合，它们的期望收益率分别为 10%、15%、20%，它们在证券组合中所占的比重分别为 30%、50% 和 20%，试确定证券组合的期望收益率。

$$\begin{aligned}\overline{K}_p &= \sum_{i=1}^{n} w_i \overline{K}_i = 10\% \times 30\% + 15\% \times 50\% + 20\% \times 20\% \\ &= 14.5\%\end{aligned}$$

需要注意的是，资产组合的预期收益率是由多个资产预期收益率加权平均获得的，而资产组合的标准差不是组合中各项资产标准差的加权平均数，即 $\sigma_p \neq \sum w_i \sigma_i$，因此多样化投资能减少资产组合的风险。

三、资产组合风险的度量

在资产组合风险分析中，通常利用组合方差、组合标准差、协方差和 β_p 值等指标来测算资产组合风险水平。

（一）组合方差、组合标准差和协方差

在资产组合风险分析中，通常利用组合方差、组合标准差和协方差等指标来测算资产组合的总风险水平，而这三个指标的计算都与相关系数有关系。

1. 相关系数

相关系数是表示两种资产相关程度的相对值，是两个随机变量之间变动程度的线性关系的数量表现，通常用 r 来表示，可用下面的公式计算 A、B 两种资产之间的相关系数：

$$r_{AB} = \frac{\sum_{i=1}^{n}\sum_{j=1}^{n}\left[(K_{Ai} - \overline{K}_A)(K_{Bj} - \overline{K}_B)\right]p_{ij}}{\sqrt{\sum_{i=1}^{n}(K_{Ai} - \overline{K}_A)^2 p_i}\sqrt{\sum_{j=1}^{n}(K_{Bj} - \overline{K}_B)^2 p_j}}$$

相关系数 r 总是在-1 到+1 之间变动。$r=-1$ 代表完全负相关，$r=1$ 代表完全正相关，$r=0$ 则表示不相关。例如，假如某投资者持有 A 公司和 B 公司两种股票，当 $r_{AB}=1$ 时，表明这两种股票的收益率具有完全正相关关系，即股票 A 和股票 B 的收益率变化方向和变化幅度是完全相同的；当 $r_{AB}=-1$ 时，表明这两种股票的收益率具有完全负相关关系，即股票 A 和股票 B 的收益率变化幅度是相同的，但变化方向是完全相反的；当 $r_{AB}=0$ 时，表明两种股票的收益率变动完全没有关系，即股票 A 和股票 B 的收益率变化方向和变化幅度是完全不相关的。

投资组合的风险与其相关系数有关。在其他条件不变时，如果两种资产的收益率正相关，则组合的标准差与相关系数同方向变动，即相关系数越小，组合的标准差越小，表明组合中分散掉的风险越大，组合后的风险越小。如果两种资产的收益率负相关，则组合的标准差与相关系数依然是同方向变动（与相关系数绝对值反方向变动），即相关系数越小（或相关系数绝对值越大），组合的标准差越小，表明组合中分散掉的风险越大，组合后的风险越小。

2. 组合方差和组合标准差

组合方差和组合标准差是用来测算资产组合总风险的度量单位。由于组合方差和组合标准差的计算较为复杂，这里我们仅介绍两种资产组合的组合方差和组合标准差的计算。两种资产组合收益率方差和组合收益率标准差的计算公式如式（3.13）、式（3.14）所示：

$$\sigma_p^2=w_1^2\sigma_1^2+w_2^2\sigma_2^2+2w_1w_2r_{12}\sigma_1\sigma_2 \tag{3.13}$$

$$\sigma_p=\sqrt{w_1^2\sigma_1^2+w_2^2\sigma_2^2+2w_1w_2r_{12}\sigma_1\sigma_2} \tag{3.14}$$

式（3.13）和式（3.14）中，σ_p^2 表示组合方差，σ_p 表示组合标准差；σ_1 表示第一种资产的标准差；σ_2 表示第二种资产的标准差；r_{12} 表示第一种资产和第二种资产之间的相关系数；w_1 和 w_2 表示在资产组合中第一种资产的投资比例和第二种资产的投资比例。

当 $r_{12}=1$，表示第一种资产和第二种资产完全正相关，则

$$\sigma_p=\sqrt{w_1^2\sigma_1^2+w_2^2\sigma_2^2+2w_1w_2\sigma_1\sigma_2}=w_1\sigma_1+w_2\sigma_2$$

由此可见，当 $r_{12}=1$ 时，投资组合的标准差为单项资产标准差的加权平均数，投资这两种资产的组合不能消除资产组合的风险。

当 $r_{12}=-1$，表示第一种资产和第二种资产完全负相关，则

$$\sigma_p=\sqrt{w_1^2\sigma_1^2+w_2^2\sigma_2^2-2w_1w_2\sigma_1\sigma_2}=|w_1\sigma_1-w_2\sigma_2|$$

由于，当 $r_{12}=-1$ 时，投资组合的标准差是考虑权重后两种资产标准差的差额，说明投资分散化可以消除资产组合的风险。

当 $0<r_{12}<1$，即第一种资产和第二种资产不完全正相关，则

$$|w_1\sigma_1-w_2\sigma_2|<\sigma_p=\sqrt{w_1^2\sigma_1^2+w_2^2\sigma_2^2+2w_1w_2r_{12}\sigma_1\sigma_2}<w_1\sigma_1+w_2\sigma_2$$

当 $-1<r_{12}<0$，即第一种资产和第二种资产不完全负相关，则

$$|w_1\sigma_1-w_2\sigma_2|<\sigma_p=\sqrt{w_1^2\sigma_1^2+w_2^2\sigma_2^2+2w_1w_2r_{12}\sigma_1\sigma_2}<w_1\sigma_1+w_2\sigma_2$$

可见，只要两种证券的相关系数小于 1，证券组合收益率的标准差就小于各证券收益率标准差的加权平均数。当 $0<r_{12}<1$，$-1<r_{12}<0$ 时，多元化投资可以在一定程度上降低投资风险，但不能完全消除投资风险。

3. 协方差

协方差是一个用于测量投资组合中某一具体投资项目相对于另一投资项目风险的统计指

标。根据统计学原理，协方差是指两个随机变量与它们均值的偏差的乘积的概率平均数，反映两个随机变量之间的相关关系。当协方差为正值时，表示两种资产的收益率呈同方向变动；当协方差为负值时，表示两种资产的收益率呈反方向变动；当协方差为0时，表示两种资产收益率的变动不相关。两种资产组合的协方差的计算公式如式（3.15）所示：

$$\mathrm{Cov}_{1,2}=r_{12}\sigma_1\sigma_2 \tag{3.15}$$

式中，$\mathrm{Cov}_{1,2}$表示两种资产组合的协方差；r_{12}表示两种资产收益率之间的相关系数；σ_1和σ_2表示投资于第一种资产和第二种资产收益率的标准差。

比较公式（3.14）和公式（3.15），会发现可以用下面的公式计算组合标准差：

$$\begin{aligned}\sigma_p&=\sqrt{w_1^2\sigma_1^2+w_2^2\sigma_2^2+2w_1w_2r_{12}\sigma_1\sigma_2}\\&=\sqrt{w_1^2\sigma_1^2+w_2^2\sigma_2^2+2w_1w_2\,\mathrm{Cov}_{1,2}}\end{aligned}$$

分析上式可以看出，两种资产组合收益率方差和组合收益率标准差不仅取决于单个资产收益率的方差或标准差，同时也取决于反映各单个资产预期收益之间相关程度的协方差。而且，投资组合中包含的资产数目越大，协方差的影响程度也越大。通常把组合中单个资产对组合风险的贡献称为非系统风险，而把协方差对组合风险的贡献称为组合的系统风险。一般说来，投资组合的非系统性风险可以通过增加组合中资产的数目来消除，当这个数目足够大时，组合的总风险接近于它的系统性风险。

【例3.5】 卓玲公司拟分别投资于A资产和B资产，其中，投资于A资产和B资产的投资比例分别为50%和50%，投资于A资产和B资产的预期收益率的标准差均为9%，要求分别计算当A、B两项资产的相关系数分别为+1、+0.4、0、-0.4和-1时的资产组合收益率的协方差、组合方差和组合标准差。

当$r_{12}=1$时，则

$$\mathrm{Cov}_{1,2}=r_{12}\sigma_1\sigma_2=1\times9\%\times9\%=0.008\,1$$

$$\begin{aligned}\sigma_p^2&=w_1^2\sigma_1^2+w_2^2\sigma_2^2+2w_1w_2r_{12}\sigma_1\sigma_2\\&=0.5^2\times0.09^2+0.5^2\times0.09^2+2\times0.5\times0.5\times1\times0.09\times0.09\\&=0.008\,1\end{aligned}$$

$$\sigma_p=\sqrt{\sigma_p^2}=\sqrt{0.008\,1}=0.09$$

当$r_{12}=0.4$时，则

$$\mathrm{Cov}_{1,2}=r_{12}\sigma_1\sigma_2=0.4\times9\%\times9\%=0.003\,24$$

$$\begin{aligned}\sigma_p^2&=w_1^2\sigma_1^2+w_2^2\sigma_2^2+2w_1w_2r_{12}\sigma_1\sigma_2\\&=0.5^2\times0.09^2+0.5^2\times0.09^2+2\times0.5\times0.5\times0.4\times0.09\times0.09\\&=0.005\,67\end{aligned}$$

$$\sigma_p=\sqrt{\sigma_p^2}=\sqrt{0.005\,67}=0.075\,299$$

当$r_{12}=0$时，则

$$\mathrm{Cov}_{1,2}=r_{12}\sigma_1\sigma_2=0\times9\%\times9\%=0$$

$$\begin{aligned}\sigma_p^2&=w_1^2\sigma_1^2+w_2^2\sigma_2^2+2w_1w_2r_{12}\sigma_1\sigma_2\\&=0.5^2\times0.09^2+0.5^2\times0.09^2+2\times0.5\times0.5\times0\times0.09\times0.09\\&=0.004\,05\end{aligned}$$

$$\sigma_p=\sqrt{\sigma_p^2}=\sqrt{0.00405}=0.06364$$

当 $r_{12}=-0.4$ 时，则

$$\text{Cov}_{1,2}=r_{12}\sigma_1\sigma_2=-0.4\times9\%\times9\%=-0.00324$$

$$\begin{aligned}\sigma_p^2&=w_1^2\sigma_1^2+w_2^2\sigma_2^2+2w_1w_2r_{12}\sigma_1\sigma_2\\&=0.5^2\times0.09^2+0.5^2\times0.09^2+2\times0.5\times0.5\times(-0.4)\times0.09\times0.09\\&=0.00243\end{aligned}$$

$$\sigma_p=\sqrt{\sigma_p^2}=\sqrt{0.00243}=0.049295$$

当 $r_{12}=-1$ 时，则

$$\text{Cov}_{1,2}=r_{12}\sigma_1\sigma_2=-1\times9\%\times9\%=-0.0081$$

$$\begin{aligned}\sigma_p^2&=w_1^2\sigma_1^2+w_2^2\sigma_2^2+2w_1w_2r_{12}\sigma_1\sigma_2\\&=0.5^2\times0.09^2+0.5^2\times0.09^2-2\times0.5\times0.5\times1\times0.09\times0.09\\&=0\end{aligned}$$

$$\sigma_p=\sqrt{\sigma_p^2}=\sqrt{0}=0$$

（二）β_p 值

用 β 值度量系统性风险，既适用于单个股票，也适用于投资组合，且不仅适合于测算资产组合中任意两项资产组合的风险水平，也适合于多种资产组合的风险水平的测算。一般用 β_p 表示资产组合所代表的系统性风险水平，β_p 可用式（3.16）来计算：

$$\beta_p=\sum_{i=1}^{n}w_i\beta_i \tag{3.16}$$

式中，β_p 表示资产组合的 β 系数；w_i 表示投资于第 i 项资产的资金占总投资额的比例；β_i 表示投资于第 i 项资产的 β 系数；n 表示资产组合中不同资产的总个数。

投资组合的 β_p 系数的大小受到单项资产的 β 系数和各种资产在投资组合中所占比重两个因素的共同影响。

【例 3.6】 卓玲公司持有 A、B、C 三种股票构成的证券组合，它们的 β 系数分别为 0.5、1 和 2，它们在证券组合中所占的比重分别为 30%、50% 和 20%，则该证券组合的 β_p 系数是多少？

$$\beta_p=\sum_{i=1}^{n}w_i\beta_i=0.5\times30\%+1\times50\%+2\times20\%=1.05$$

四、资产组合风险和收益的数量关系

（一）以组合标准差为度量单位所揭示的任意两两资产组合的风险和收益的数量关系

以组合标准差为度量单位所揭示的任意两两资产组合的风险和收益的数量关系，可用公式（3.17）来反映。在这里，我们只介绍公式。事实上，该公式来源于马科维兹“均值—方差组合模型”和夏普的“资本资产定价模型”的研究成果，其来龙去脉我们将在本章第五节详细阐述。

$$R_{i,m}=\frac{R_m-R_f}{\sigma_m}\times\sigma_i$$

$$K_{i,m}=R_f+R_{i,m}=R_f+\frac{R_m-R_f}{\sigma_m}\times\sigma_i \tag{3.17}$$

式中，$R_{i,m}$表示资产组合的风险收益率；$K_{i,m}$表示资产组合的必要收益率；R_f表示无风险收益率；R_m表示市场组合的预期收益率；R_m-R_f表示市场风险溢价；σ_m表示市场组合的标准差；σ_i表示某种资产组合的标准差。

公式（3.17）表达的是一个直线方程，该方程表示的直线揭示了不同比例的无风险资产和市场组合情况下风险和必要收益率之间的权衡关系。但需要注意的是，该公式仅适用于无风险资产与风险资产的有效组合，而不适用于单个证券的风险和收益数量关系的确定。

【例3.7】 芳影公司拟进行投资组合，该组合既包括无风险资产，也包括风险证券，该组合是有效组合，组合期望收益率为10%，收益率方差为0.005 184，市场投资组合的收益率为8%，市场组合收益率的标准差为0.25，无风险收益率为4%，求芳影公司投资于该组合的必要收益率是多少并判断该投资方案是否可行？

$$K_{i,m}=R_f+\frac{R_m-R_f}{\sigma_m}\times\sigma_i$$

$$=4\%+\frac{8\%-4\%}{0.25}\times\sqrt{0.005\ 184}=5.152\%$$

因为期望收益率>必要收益率，所以该投资方案可行。

（二）用 β_p 值衡量资产组合风险所揭示的风险和收益的数量关系

用 β_p 值衡量资产组合风险所揭示的风险和收益的数量关系，可用公式（3.18）来反映，以 β_p 值为衡量资产组合风险的单位所揭示的风险和收益的数量关系。事实上，该公式来源于夏普的“资本资产定价模型”的研究成果，其来龙去脉我们将在本章第五节详细阐述。

$$R_p=\beta_p(R_m-R_f)$$

$$K_p=R_f+\beta_p(R_m-R_f) \tag{3.18}$$

式中，R_p 表示组合资产风险收益率；K_p 表示组合资产必要收益率；R_m 表示市场组合收益率；R_f 表示无风险收益率；β_p 表示组合资产的贝塔系数。

观察公式（3.18）我们发现，这是个直线方程式。这个直线方程反映了系统性风险与投资者要求的必要收益率之间的关系，反映了股票的必要收益率与 β 值的线性关系。根据公式，我们发现投资者要求的收益率不仅仅取决于市场风险，而且还取决于无风险收益率（截距）和市场风险补偿程度（斜率）的大小。这条直线的斜率（R_m-R_f）取决于全体投资者的风险回避态度。如果大家都愿意冒险，风险能得到很好的分散，风险程度就小，风险收益率就低，这条直线的斜率就小，直线就越平缓；如果大家都不愿意冒险，风险就得不到很好的分散，风险程度就大，风险收益率就高，这条直线的斜率就大，直线就越陡。如果投资者厌恶风险，不愿意冒险，在要求的一定的必要收益率的情况下，他会选择风险最小的投资组合；也就是说，在同等风险的前提下，他会提高要求的必要收益率，由此导致风险收益斜率提高，即提高了这条直线的斜率。

由资本资产定价模型决定的这条直线是一条市场均衡线，在均衡的市场状态下，所有资产的预期收益都应该落在这条直线上，也就是说在均衡状态下每项资产的预期收益率应该等于其必要收益率。需要注意的是，该直线方程既适用于单个股票，也适用于投资组合，且无论该组合是有效的组合还是无效的组合。

【例 3.8】卓玲公司持有 A、B、C 三种股票构成的证券组合，它们的 β 系数分别为 0.5、1 和 2，它们在证券组合中所占的比重分别为 30%、50% 和 20%，股票的市场组合收益率为 10%，无风险收益率为 4%，试确定这一证券组合的风险收益率和投资者要求的最低的收益率。

$$\beta_p = \sum_{i=1}^{n} w_i \beta_i = 0.5 \times 30\% + 1 \times 50\% + 2 \times 20\% = 1.05$$

$$R_p = \beta_p (R_m - R_f) = 1.05 \times (10\% - 4\%) = 6.3\%$$

$$K_p = R_f + \beta_p (R_m - R_f) = 4\% + 6.3\% = 10.3\%$$

比较【例 3.4】和【例 3.8】，卓玲公司的这个股票投资组合的预期收益率是 14.5%，必要收益率是 10.3%，因为组合的预期收益率大于组合的必要收益率，该方案可行。

第五节 资本资产定价模型

我们在上面阐述风险与收益关系的时候，用到了 β 值。引入 β 值后，不管是对于单项资产还是组合资产，其风险与收益之间数量关系的确定就比较简单了。

一、资本资产定价模型的由来

1952 年，马科维茨在《金融杂志》上发表题为《投资组合的选择》的论文，他在该文中确定了最小方差资产组合的思想和方法，提出如何通过投资组合分散风险，以及如何权衡收益和风险，以形成最佳的投资组合。马科维茨的投资组合理论的提出，标志着现代投资理论的诞生，奠定了投资理论发展的基石。马科维茨为此获得了诺贝尔经济学奖。

到了 20 世纪 60 年代初期，金融学家们开始研究马科维茨的模型是如何影响证券估值的，这一研究导致了资本资产定价模型的产生。现代资本资产定价模型是由夏普（1964）、林特纳（1965）和莫辛（1966）根据马科维茨投资组合理论的思想分别提出来的。其中，夏普在马科维茨投资组合理论的基础上提出了单因素模型，大大简化了寻求最优投资组合的计算，并且提出资本资产定价模型，把资产预期收益和预期风险之间的关系用一个简单的线性方程表达出来，为投资者进行投资决策提供了参考依据。

资本资产定价模型是现代财务学的理论基础，但也有学者对其有效性提出质疑，并对其进行了修正，其中 1976 年斯蒂芬·罗斯提出的套利定价理论最引人关注。关于套利定价理论，感兴趣的读者可以参阅本章课后学习方案中延伸阅读提供的参考书目，本书不再赘述。

二、资本资产定价模型的一般形式

资本资产定价模型，简称 CAPM，该模型是研究风险与收益关系的理论，用来反映任何证券或证券组合的期望收益率和系统性风险之间的关系。资本资产定价模型不仅说明了单个证券或证券组合的期望收益率与系统性风险之间的关系，而且把这种关系用简单的线性方程表示了出来。

资本资产定价模型的一般形式如下：

$$E(R_i)=R_f+\beta_i(R_m-R_f) \tag{3.19}$$

式中，$E(R_i)$ 表示第 i 种股票或第 i 种证券组合的预期收益率；β_i 表示第 i 种股票或第 i 种证券组合的 β 系数；R_f 表示无风险收益率；R_m 表示市场组合的预期收益率；R_m-R_f 表示市场风险价值。

由于假设市场是完全的、均衡的，在资本资产定价模型的理论框架下，预期收益率=必要收益率。因此，我们在前文中会利用资本资产定价模型求解必要收益率。

资本资产定价理论认为，一项投资所要求的合理的预期收益率取决于以下三个因素：

(1) 无风险收益率，通常将短期国债利率视为无风险收益率。

(2) 市场组合的预期收益率，即整个市场的平均预期收益率，如果一项投资所承担的风险与市场平均风险程度相同，则该项投资预期收益率与整个市场平均预期收益率相同。

(3) 投资组合的系统风险系数即 β 系数，β 系数是某一投资组合的风险程度与市场组合风险程度之比。

资本资产定价模型的首要意义是建立了风险与收益的关系，明确指明证券的预期收益率就是无风险收益率与风险补偿率两者之和，揭示了证券收益的内部结构；资本资产定价模型的另一个重要意义是将风险分为非系统性风险和系统性风险，并论证了通过有效投资组合能将非系统性风险分散掉，只剩下系统性风险，还在模型中引进了 β 系数来度量系统性风险的大小。

三、资本资产定价模型的基本假设

资本资产定价模型是在马科维兹“均值—方差组合模型”的基础上发展而来的，除继承了“均值—方差组合模型”的假设外，还允许所有投资者能以无风险利率无限制地借入或贷出资金。具体来说，资本资产定价模型建立在以下六条基本假设之上：

(1) 所有投资者都是风险规避者，并以各备选组合的期望收益和方差或标准差为基础进行投资选择。

(2) 所有投资者均能以无风险利率无限制地借入或贷出资金。

(3) 所有投资者拥有同样预期，即对所有资产收益的均值、方差和协方差等，投资者均有完全相同的主观估计。

(4) 所有资产均可被完全细分，拥有充分的流动性，没有税金且没有交易成本。

(5) 所有投资者均为价格接受者，即任何一个投资者的买卖行为都不会对股票价格产生影响。

(6) 所有资产的数量是给定的和固定不变的。

上述假设表明，资本资产定价模型所设定的市场是一个完全市场，投资者在相同的经济环境下具有相同的投资机会、相同的预期，并且他们都按照期望投资效用最大化来进行投资决策。

四、理解资本资产定价模型推导需掌握的基本概念

(一) 机会集和有效集

机会集也称可行集，是由 N 种资产形成的所有组合的集合，它包括了现实生活中所有可能的组合。如果是两种证券组合形成的资产组合，其机会集是一条曲线；如果是多种证券组

合，则其机会集为一个平面。

机会集包括有效集和无效集。有效集又称有效边界，是指能同时满足以下两个条件的投资组合的集合：①理性投资者总是厌恶风险而偏好收益，对于同样的风险水平，他们将会选择能提供最大预期收益率的组合；②对于同样的预期收益率，他们将会选择风险最小的组合。

去除所有有效组合后的组合的集合是无效组合，这些无效的组合形成无效集。无效集是这样一些组合的集合：①相同的标准差和较低的期望收益率；②相同的期望收益率和较高的标准差；③较低的收益率和较高的标准差。

有效集位于机会集的顶部，从最小方差组合点 M 到最高预期收益率点止，是一条向右上方倾斜的曲线，是一条向上凸的曲线，它不可能有凹陷的地方。投资者应在有效集或有效边界上寻找最优投资组合。图 3-1 中 $MCEF$ 围成的区域就是机会集，曲线 MC 为有效集。

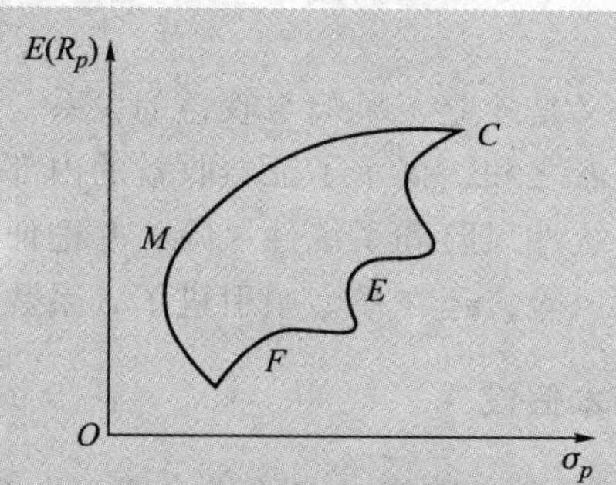

图 3-1 机会集与有效集

（二）效用和无差异曲线

从理论上说，具有独立经济利益的投资者的理性行为具有两个特征，即追求收益最大化和厌恶风险，二者的综合反映就是追求效用最大化。通常，人们只能在可接受的风险范围内寻求相对高的收益；或者只有当收益足够高时，才会去冒较大的风险。因此，投资活动的效用就是投资者权衡风险与收益后所获得的满足。

由于不同的投资者对风险的厌恶程度和对投资收益的偏好程度是不同的。为了更好地反映收益和风险对投资总额效用的影响程度，引进了无差异曲线的概念。在以风险和收益为坐标轴的平面上，效用由无差异曲线表示，如图 3-2 所示。每一条无差异曲线都是由无数种收益和风险不同的资产或资产组合构成的，但是每一条无差异曲线都代表同一种水平的效用，即这些不同的资产或资产组合给投资者带来的满足程度是相同的。在无差异曲线族中，越靠左上方，收益水平越高，效用就越大。

最优投资组合是投资者的无差异曲线和有效集的切点。有效集向上凸的特性和无差异曲线向下凹的特性决定了有效集和无差异曲线的切点只有一个，也就是说最优投资组合是唯一的。对于投资者而言，有效集是客观存在的，它是由证券市场决定的，而无差异曲线则是主观的，它是由投资者风险偏好决定的。厌恶风险程度越高的投资者，其无差异曲线的斜率越大，厌恶风险程度越低的投资者，其无差异曲线的斜率越小。风险中性的投资者其无差异曲线则是水平线。

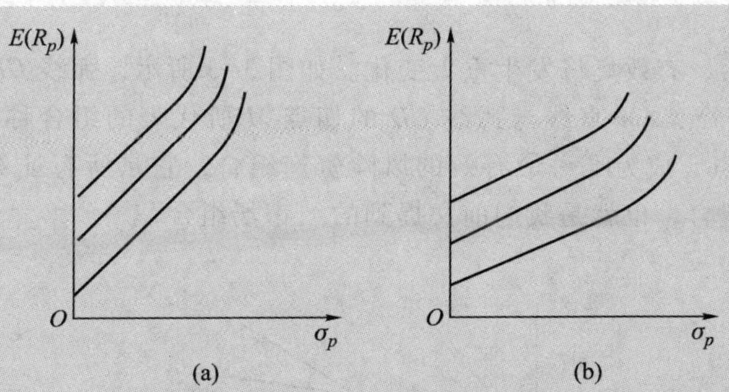

图 3-2　风险厌恶者和风险偏好者的无差异曲线

（三）分离定理

根据资本资产定价模型的假定，投资者对风险资产的预期收益率、方差和协方差有着相同的看法，这就意味着投资者对风险和收益的偏好与该投资者风险资产组合的最优构成是无关的。投资者个人对风险的态度仅影响借入或贷出的资金量，而不影响最佳风险资产组合，即对不同风险偏好的投资者来说，只要能以无风险利率自由借贷，他们都会选择市场组合 M。CAPM 的这一特性称为分离定理。分离定理成立的原因在于有效集是线性的。

（四）市场组合

通常将所有证券以各自的总市场价值为权数的加权平均组合，称为市场组合，常用 M 来表示。这样，根据分离定理，在投资市场处于均衡状态的条件下，最优风险投资组合就是市场组合，投资者选择了市场组合就等于选择了最优风险投资组合。

市场组合是一个非常重要的概念，它在资本资产定价模型中扮演了重要角色。尽管它是理论上的一个抽象概念，在实践中也很难对其观测，但是，在现实的资本市场上市场组合确实反映着某些重要信息，如上海证券交易所的上证指数与深圳证券交易所的深证综合指数、深证成分指数等。由于编制股票价格指数时，一般都考虑了入选股票的代表性与广泛性，因此，通过这些指数，可以比较合理地反映市场组合的大部分信息，从而它们通常可以作为市场组合的近似代替。

若投资者持有市场组合，则投资者要求得到的预期收益率 R_m 与无风险收益率 R_f 之间的差额，就是投资者因承担市场风险而得到的补偿，称为市场风险溢价或市场风险价值。

五、资本资产定价模型一般形式的导出

（一）夏普引入无风险借贷，形成资本市场线

无风险资产是预期收益率确定且方差为零的资产，也就是说无风险资产的收益率在投资期初就是确定的。

假设存在无风险资产，投资者可以在资本市场上借到钱，将其纳入自己的投资总额，或者可以将多余的钱贷出。无论借入和贷出，利息都是固定的，都表现为无风险资产的收益率。存在无风险资产的情况下，投资人可以通过贷出资金减少自己的风险，当然同时也会降低预期收益率。最厌恶风险的人可以将资金全部贷出，例如购买政府债券并持有至到期。偏好风险的人可以借入资金，即对无风险资产的负投资，他们用无风险利率贷入款项并购买风险资产，以使

预期收益率增加。

引入无风险贷款后，有效集将发生重大变化。如图 3-3 所示，弧线 *CD* 代表马科维茨有效集，*A* 点表示无风险资产，*AM* 直线与弧线 *CD* 的切点 *M* 所代表的组合称为切点处投资组合。切点 *M* 这个市场均衡点，成为唯一最有效的风险资产组合，它是所有证券以各自的总市场价值为权数的加权平均组合，也就是我们前文提到的“市场组合”。

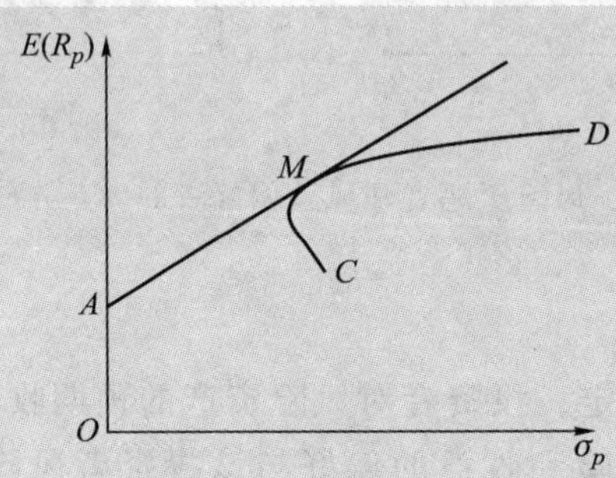

图 3-3 引入无风险资产后的有效集

引入 *AM* 线段后，*CM* 弧线将不再是有效集。因为对于 *M* 点左边的有效集而言，在预期收益率相等的情况下，*AM* 线段上风险均小于马科维茨有效集上组合的风险，而在风险相同的情况下，*AM* 线段上的预期收益率均大于马科维茨有效集上组合的预期收益率。由于 *AM* 线段上的组合是可行的，因此引入无风险贷款后，新的有效集由 *AM* 线段和 *MD* 弧线构成。在允许无风险借款的情形下，投资者可以通过无风险借款并投资于最优风险资产组合 *M*，使有效集由 *MD* 弧线变成 *AM* 线段向右边的延长线。这样，在允许无风险借贷的情况下，马科维兹有效集 *CMD* 弧线变成过 *A*、*M* 点的直线在 *A* 点右边的部分。

如果 *A* 点所对应的预期收益率为 R_f，*M* 点所对应的预期收益率为 R_m，*M* 点所对应的组合标准差为 σ_m，这条直线可用下面的方程来表示：

$$E(R_p)=R_f+\frac{R_m-R_f}{\sigma_m}\times\sigma_p$$

这条直线是在允许无风险借贷情况下的有效集，被命名为资本市场线。资本市场线的横坐标是标准差，纵坐标是投资组合的预期收益率。资本市场线是有效组合的预期收益率和标准差之间线性关系的一条射线，它是沿着投资组合的有效边界，由风险资产和无风险资产构成的投资组合，如图 3-4 所示。

图 3-4 中所示的直线就是资本市场线，揭示了不同比例的无风险资产和市场组合情况下风险和预期收益率之间的权衡关系。切点 *M* 是市场均衡点，它代表唯一最有效的风险资产组合。直线的截距表示无风险利率；斜率表示风险的市场价格，即标准差增长某一幅度时相应要求的收益率的增长幅度。在 *M* 点的左侧，表示同时持有无风险资产和风险资产组合；在 *M* 点的右侧，表示仅持有市场组合 *M*，并且会借入资金以进一步投资于组合 *M*。

需要注意的是，资本市场线实际上反映的是收益率与系统性风险之间的线性关系。只不过从形式上来看，资本市场线的横坐标是标准差，给大家的感觉好像是资本市场线反映的是全部风险，即既包括系统性风险又包括非系统性风险。实际上从该直线的形成过程来看，非系统性风险已经被全部分散掉了。资本市场线仅仅适用于有效的投资组合，而不适用于单个证券。

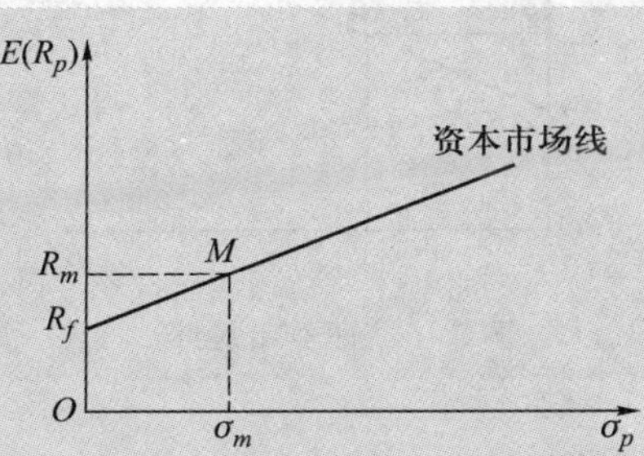

图 3-4　资本市场线

（二）夏普假设 $\beta=\frac{r_{i,m}\sigma_i}{\sigma_m}$，将资本市场线转换成证券市场线

假设投资人都是理智的，都会选择充分投资组合。一个充分的投资组合几乎没有非系统性风险，因而理智的投资者只关心系统性风险。这样，非系统性风险将与资本市场无关，市场不会对它给予任何价格补偿，但投资者必须承担系统性风险，并可以获得相应的投资回报。因此，在资本市场线的基础上我们绘制了如图 3-5 所示的直线。与资本市场线不同的是，图 3-5 所表示的直线，横轴不再是组合标准差，而被转化为协方差，因为协方差主要是用来度量资产组合的系统性风险的计量单位。图 3-5 所示的这条直线描述的是单个证券的预期收益率与市场组合的协方差之间的均衡关系。

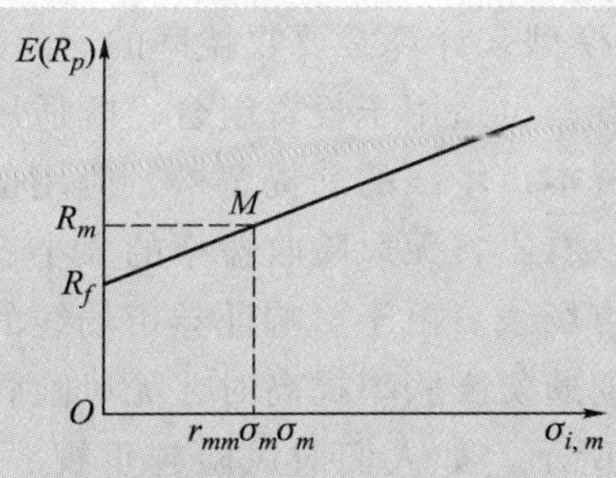

图 3-5　证券市场线推出的过渡线

这条直线可用下面的方程来表示：

$$E(R_p)=R_f+\frac{R_m-R_f}{\sigma_m^2}\times\sigma_{i,m}$$

假设：$\beta=\frac{\mathrm{Cov}(i,\ m)}{\sigma_m^2}=\frac{r_{i,m}\sigma_i}{\sigma_m}$，则

$$\frac{R_m-R_f}{\sigma_m^2}\times\sigma_{i,m}=\frac{(R_m-R_f)r_{i,m}\sigma_i\sigma_m}{\sigma_m\sigma_m}=(R_m-R_f)\beta$$

形成：

$$E(R_i)=R_f+\beta_i(R_m-R_f)$$

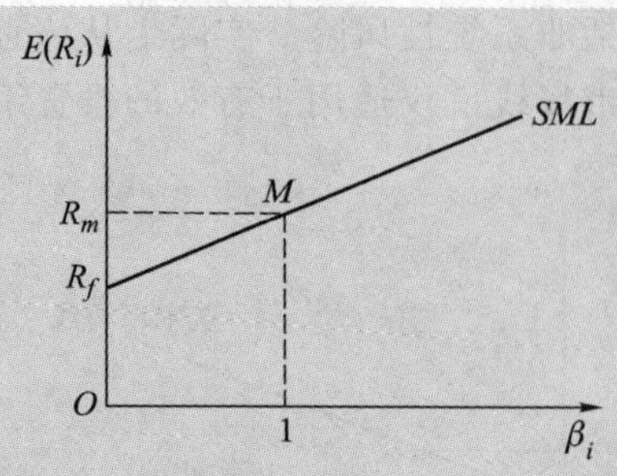

图 3-6 证券市场线

由于，无风险资产没有风险，因此无风险资产的β值为零；市场组合与其本身的系统性风险是相等的，因此市场组合的β值为1。可将这个公式用图3-6中的直线表示，这条直线被称为证券市场线。证券市场线的纵轴为预期收益率，横轴为系统性风险，即β值。

证券市场线的斜率表示风险厌恶的程度，证券市场线的斜率（R_m-R_f）取决于全体投资者的风险回避态度。如果大家都愿意冒险，风险能得到很好的分散，风险程度就小，风险收益率就低，证券市场线的斜率就小，证券市场线就平缓；如果大家都不愿意冒险，风险就得不到很好的分散，风险程度就大，风险收益率就高，证券市场线的斜率就大，证券市场线就陡。如果投资者厌恶风险，即不愿意冒险，在要求的一定的必要收益率的情况下，他会选择风险最小的投资组合，也就是说，在同等风险的前提下，他会提高他所要求的必要收益率，由此导致风险收益斜率提高，即提高了证券市场线的斜率。

由于资本资产定价模型假设市场是完美、均衡的，预期收益率就必然等于必要收益率。因此，证券市场线也就可以用来反映股票的必要收益率与β值的线性关系。本章【例3.3】和【例3.8】都是借用资本资产定价模型来计算必要收益率的。

证券市场线既适用于单个证券，也适用于投资组合；既适用于有效投资组合，也适用于无效投资组合。由于证券市场线比资本市场线的前提宽松，应用也就更广泛。

从证券市场线的线性方程可以看出，无风险收益率的大小、市场组合的预期收益率和投资者对待风险的态度都会影响证券市场线。由于影响证券市场线的因素始终处于变动中，所以证券市场线也不会一成不变。如预期通货膨胀率提高时，无风险收益率就会随之提高，进而导致证券市场线向上平移，如图3-7所示。如人们对风险越重视，越回避风险，证券市场线的斜

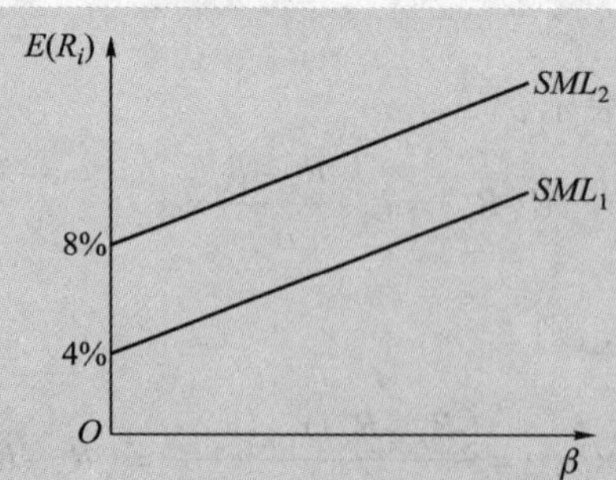

图 3-7 通货膨胀对证券市场线的影响

率就越大；反之，证券市场线的斜率就越小，如图 3-8 所示。

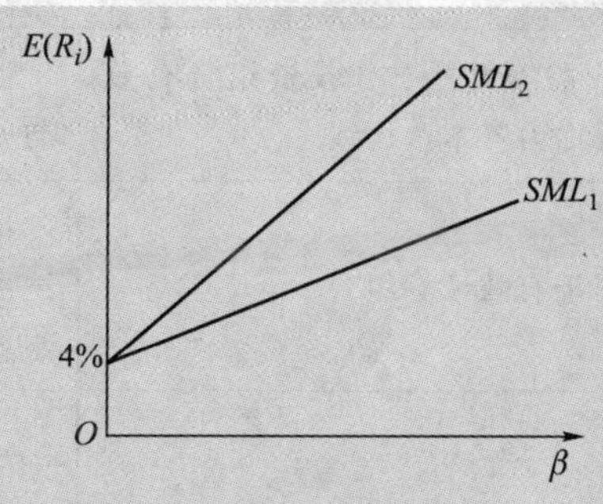

图 3-8　风险规避程度对证券市场线的影响

课后学习方案

本章重点整理

本章较为重要的内容是风险和收益的关系，在此，绘制了表 3-2 和表 3-3，以方便读者记忆和把握。

表 3-2　单项资产风险的衡量

名称	含义	计算公式	适用范围
预期值	预期值是随机变量的各个取值，以相应的概率为权数的加权平均数。它是随机变量取值的平均化	$\overline{K}=\sum_{i=1}^{n}K_iP_i$	在已知各个变量值出现概率的情况下
标准差	标准差是反映概率分布中各种可能结果对预期值的偏离程度的一个数值	在已知各个变量值出现概率的情况下，标准差可以按下式计算：$\sigma=\sqrt{\sum_{i=1}^{n}(K_i-\overline{K})^2\times P_i}$	标准差是以绝对数来衡量风险的，在预期值相同的情况下，标准差越大，风险越大；相反，标准差越小，风险越小。标准差的局限性在于，它是一个绝对数，只适用于相同预期值的方案风险程度的比较。另外，它衡量的是全部风险，既包括非系统性风险，也包括系统性风险
变化系数（标准离差率）	变化系数（标准离差率）是标准差与预期值之比	$V=\frac{\sigma}{\overline{K}}\times100\%$	变化系数（标准离差率）是以相对数来衡量决策方案风险的，一般情况下，变化系数越大，风险越大；变化系数越小，风险越小。变化系数指标的适用范围较广，尤其适用于预期值不同的决策方案风险程度的比较。另外，它衡量的是全部风险，既包括非系统性风险，也包括系统性风险

表 3-3 资本市场线与证券市场线的比较

	资本市场线	证券市场线
含义	从无风险资产的收益率开始，作投资组合有效边界的切线，该直线称为资本市场线	证券市场线反映股票的预期收益率与β值（系统性风险）的线性关系
适用范围	资本市场线只适用于有效证券组合	证券市场线既适用于单个证券，也适用于投资组合；既适用于有效投资组合，也适用于无效投资组合
直线方程	$K_i=R_f+\frac{R_m-R_f}{\sigma_m}\times\sigma_i$	$K_i=R_f+\beta(R_m-R_f)$
直线斜率	资本市场线的斜率反映每单位风险的超额收益（组合的收益率超出无风险收益率的部分），即风险的价格，可表示为$\frac{R_m-R_f}{\sigma_m}$	证券市场线的斜率反映单个证券或证券组合每单位系统性风险的超额收益，即 R_m-R_f
关注的问题	证券市场线的斜率和资本市场线的斜率都取决于全体投资者的风险回避态度	

案例分析

小栗今年大学毕业了，准备自主创业，她想投资 50 万元开一家快餐店，预计快餐店在同一营销策略下可能获得的净利润及概率分布的数据如表 3-4 所示。

表 3-4 快餐店净利润与概率分布

市场情况	概率	净利润（万元）
良好	0.3	15
一般	0.5	10
较差	0.2	5

经估算，快餐业的风险价值系数为 0.6，无风险收益率为 8%，请你从风险和收益关系的角度帮小栗分析和评价开快餐店的可行性。

延伸阅读

1. “资本资产定价模型的首创者——威廉·夏普”，参见：张菲洲. 经济学大智慧：20 世纪经济学诺贝尔获得者. 吉林：吉林人民出版社，2003：278-287.

2. “CAPM 的几个前提假设与实际市场环境的偏离”，参见：傅元略. 财务管理理论. 厦门：厦门大学出版社，2007：196-201.

3. “证券组合理论：马可维兹的研究”，参见：陆正飞，王化成，宋献中. 当代财务管理主流. 大连：东北财经大学出版社，2004：212-223.

4. “套利定价理论”，参见：吴晓求，季冬生. 证券投资学. 北京：中国金融出版社，2004：109-117.

思考与讨论

1. 怎样度量资产的风险？

2. 什么是风险价值？如何理解风险与收益的基本关系？

3. 资产收益率或投资收益率是指什么？你能区分期望收益率和必要收益率吗？

4. β 系数的含义是什么？资本资产定价模型揭示的是什么问题？

5. 资本市场线与证券市场线的联系与区别？

自测与练习

1. 倩倩公司拟进行股票投资，现有甲、乙两只股票可供选择，具体资料如表 3-5 所示。要求计算：

（1）甲、乙股票收益率的期望值、标准差。

（2）计算甲、乙股票收益标准离差率，并比较其风险大小。

（3）如果公司管理层是风险回避者，公司应试选择哪支股票进行投资？

表 3-5　甲、乙两只股票收益率概率分布情况

经济情况	概率	甲股票预期收益率	乙股票预期收益率
繁荣	0.3	60%	50%
复苏	0.2	40%	30%
一般	0.3	20%	10%
衰退	0.2	-10%	-15%

2. 兰兰公司拟进行股票投资，计划购买 A、B、C 三种股票，已知三种股票的 β 系数分别为 1.5、1.2 和 0.5，它们在投资组合下的投资比重为 50%、30% 和 20%，同期市场上所有股票的平均收益率为 12%，无风险收益率为 8%。

要求计算：

（1）按照资本资产定价模型计算 A 股票的必要收益率。

（2）按照资本资产定价模型计算 B 股票的必要收益率。

（3）计算投资组合的 β 系数、风险收益率和必要收益率。

3. 假定资本资产定价模型成立，表 3-6 列示了三种股票、无风险资产和市场组合的有关资料，表中的数字是相互关联的，要求计算表中用字母表示的数字。

表 3-6　各种资产风险、收益关系数据

资产	必要收益率	标准差	与市场组合的相关系数	β 系数
无风险资产	A	C	F	I
市场组合	B	0.1	G	J
甲股票	0.22	D	0.65	1.3
乙股票	0.16	0.15	H	0.9
丙股票	0.31	E	0.2	K

4. 某项投资的预期收益率为 8%，方差为 0.005 184，市场投资组合的预期收益率为 10%，其标准差为 0.2，无风险收益率为 4%，要求判定该项投资的可行性。

5. 假定无风险借、贷利率均为 4%，风险性证券预期收益率为 10%，标准差为 5%，W_A 为风险性证券比重，W_B 为无风险借贷款比重，要求计算完成表 3-7。

表 3-7 组合投资风险与收益计算表

投资组合	投资结构（W_A，W_B）	组合期望收益率 $E(R_p)$	组合标准差 σ_p
A	（0，100%）		
B	（25%，75%）		
C	（50%，50%）		
D	（75%，25%）		
E	（100%，0）		
F	（125%，-25%）		
G	（150%，-50%）		
H	（175%，-75%）		
I	（200%，-100%）		

第四章　财务估价

本章基本架构图

- 财务估价原理
  - 几组相关概念的比较
    - 内在价值
    - 账面价值
    - 市场价值
    - 清算价值
  - 折现现金流量法
    - 确定现金流量
    - 确定折现率
    - 确定资产价值
- 债券估价
  - 债券的概念
  - 债券的基本要素
    - 债券面值
    - 债券票面利率
    - 债券到期日
    - 债券付息方式
  - 债券的价值评估
    - 债券估价的一般模型
    - 影响债券估价的因素
      - 必要收益率
      - 到期时间
      - 利息支付频率
      - 计息方式
    - 债券估价的其他模型
      - 永久债券
      - 零息债券
  - 债券收益率的测算
- 股票估价
  - 股票的概念
  - 股票估价模型
    - 普通股估价的一般模型
    - 零增长模型
    - 不变增长模型或匀速增长模型
    - 多元增长模型
  - 股票收益率的测算
- 企业估价
  - 认识企业价值
  - 企业估价要了解的基础概念
    - 股权自由现金流量
    - 公司自由现金流量
  - 股权自由现金流量贴现模型
  - 公司自由现金流量贴现模型

第一节 财务估价原理

财务估价是财务管理的核心。财务估价是指对一项资产价值的估计。财务估价涉及的价值是指资产的经济价值，又称内在价值或者理论价值。财务估价涉及的资产可能是股票、债券等金融资产，也可能是一条生产线等实物资产，甚至可能是一个企业。

一、财务估价中几组相关概念的比较

（一）内在价值

内在价值又称理论价值、经济价值，是指用适当的折现率计算资产预期未来现金流量的现值。它与账面价值、市场价值和清算价值既有联系，又有区别。

（二）账面价值

账面价值是指资产负债表上列示的资产价值，它以交易为基础，主要使用历史成本计量。资产的账面价值经常与其市场价值相去甚远，决策的相关性较差。不过，账面价值具有良好的客观性，可以重复验证。

（三）市场价值

市场价值是指一项资产在交易市场上的价格，它是买卖双方竞价后产生的双方都能接受的价格。内在价值与市场价值密切相关。如果市场是有效的，内在价值与市场价值应当相等；如果市场不是完全有效的，内在价值与市场价值会在一段时间里不相等。如果内在价值高于市场价值，投资者通常认为资产被市场低估了，他会决定买进。投资者购进被低估的资产，会使资产价格上升，回归到资产的内在价值。

（四）清算价值

清算价值是指企业清算时对一项资产单独拍卖产生的价格。清算价值是以清算为假设情景，而内在价值是以持续经营为假设情景，这是两者的主要区别。清算价值是在“迫售”状态下预计现金流量的现值，通常会低于正常交易的价格；内在价值则是在正常交易状态下预计现金流量的现值。

二、折现现金流量法

财务估价的主要方法是折现现金流量法，折现现金流量法又称贴现现金流量法。该方法涉及三个基本的概念：货币时间价值、风险价值和现金流量。需要注意的是，采用折现现金流量法进行财务估价，需要有一个适当的折现率来折现未来预期现金流量。

折现现金流量法的基本步骤如下。

（一）确定现金流量

每一项投资都可以分解成一系列现金流量，因而每一个投资者进行某项投资时都会面临支付或收取一次或多次的现金流量。折现现金流量法的第一步便是确定现金流量。例如，对于在到期前不能赎回的债券而言，债券的现金流量包括两部分：①每期的利息；②到期时的票面价值。对于普通股而言，普通股的现金流量通常也包括两部分：①每期预期现金股利；②出售时得到的价格收入。

（二）确定折现率

考虑到风险价值，折现率的选择应该与投资的风险程度相关。债券发行主体在发行债券时本身就对债券确定了一个票面利率，以此确定对投资者的债息支付。票面利率一经给定，只要不存在违约风险，由此决定的利息回报率就是确定的。对于投资者而言，投资债券时会存在一个对该投资的预期收益率，它可能与票面利率相等，也可能与票面利率不等。从每个投资者的主观愿望出发，对于同一种债券投资工具，每个投资者的预期收益率可能不同，所作的投资选择也就不一致。但在完全竞争市场中，一种债券投资工具的收益率往往不是由某个投资者的主观期望收益率和某个投资者的实际投资行为所决定的，而是由所有参与者的彼此博弈决定的。所以，在论及收益率的确定性时，必须意识到它是与投资者的主观预期有关的，同时又是一个客观的过程。每个投资者在作实际的投资决策时，一方面要考虑自己的主观预期；另一方面也要参照市场中已经存在的外在于他本人主观愿望的"均衡收益率"，即必要收益率，以此作为投资收益率的参考标准。例如，对于股票投资者而言，要参照市场中已经存在的外在于他本人主观愿望的"均衡收益率"，即必要收益率。股票的必要收益率通常可以用资本资产定价模型求得，并用来折现相应的未来预期现金流量。

（三）确定资产价值

估计出某一资产的现金流量和折现率，就具备了折现现金流量法的计算基础。考虑到复利在投资分析中的广泛应用，本章将主要在复利计算的基础上说明资产价值的确定。另外本章所阐述的财务估价的内容，是偏向于原理性的。为了分析方便，财务估价中主要考虑了一些关键性因素或变量，而没有全面考虑现实中影响资产定价的所有因素或变量。

第二节　债券估价

证券市场上有着种类繁多的有价证券，最为基本的有价证券就是债券和股票，本章选择债券和股票为例来介绍有价证券的估价原理。

一、债券的概念

债券是国家、地方政府、企业和金融机构为筹集资金，按法定程序发行的、在约定时间还本付息的有价证券。其中，企业债券是由企业发行的，约定在一定时期内支付给投资者一定利息，并到期偿还本金的一种有价证券。

企业运用债券从资本市场上筹资，必须要知道它如何定价。理解债券定价是有用的，如果定价偏低，企业要因此发行更多债券才能满足企业对资金的需求；如果定价偏高，企业债券发行可能会失败。对债券进行估价，对发行债券的企业具有重要的实际意义。另外，对债券进行估价，对债券投资人也具有实际意义，债券投资人可通过对债券现时市场价格与内在价值的比较，决定是否投资该债券。

二、债券的基本要素

构成债券的基本要素通常包括债券面值、票面利率、债券的到期日、付息方式等。

（一）债券面值

债券面值指发行债券时设定的票面金额，是债务人对债权人在债券到期后所应偿还本金的数额，也是债务人对债权人按期支付利息的计算依据。债券面值包括币种和票面金额两个基本内容。币种是规定以何种货币作为债券价值的计算标准；票面金额是指债券票面所表明的金额。

（二）票面利率

票面利率也称票息率，是由发行者确定，在票面上载明的年利息率。债券的票面利率是债券发行者承诺在一定时期后支付给债券持有人利息的计算标准。债券规定的票面利率与债券发行时的市场利率可能一致，也可能不一致。因此，债券的票面利率又称为名义利率。

（三）债券的到期日

债券的到期日是规定债务人偿还本金的日期。在到期日当天，债券发行者会将本金和最后一次利息一起偿还给债券的持有者。通常将从债券的发行日至到期日之间的这段时间，称为“偿还期”或“到期期间”。

（四）付息方式

债券的付息方式规定了债券利息如何支付。债券利息可以是到期一次性支付，也可以是在债券偿还期内分期支付；债券的计息可使用单利，也可使用复利，如我国国内发行的一次还本付息债券多以单利方式计息。例如，某公司于 2012 年 1 月 1 日发行 5 年期公司债券，每张债券的票面值为 1 000 元，票面利率 6%，单利计息，每半年付息一次，到期一次还本。我们来分析一下：该公司债券票面值为 1 000 元，意味着 5 年后，在到期日 2016 年 12 月 31 日该公司就每张债券向投资者支付 1 000 元本金；在偿还期内每隔半年支付一次利息。

三、债券的价值评估

在对债券进行估价时，采用折现现金流量法，因此，首先要确认一张债券在偿还期内所有的现金流量，即每期票面利息与到期支付的本金；然后选择与各期现金流量相匹配的折现率。与债券相关的未来现金流量和折现率确定后，利用货币时间价值原理计算出债券的未来现金流量现值之和，即债券的内在价值。

（一）债券估价的一般模型

典型的债券是固定利率、分期计息、到期还本的平息债券。按照这种债券的特点，我们归纳了债券估价的一般模型：

$$PV=\frac{I_1}{(1+i)^1}+\frac{I_2}{(1+i)^2}+\cdots+\frac{I_n}{(1+i)^n}+\frac{M}{(1+i)^n} \tag{4.1}$$

式中，PV 代表债券价值；I_t 代表第 t 期债券的利息；i 代表折现率，在估价模型中一般采用当时的市场利率或投资者要求的必要收益率，n 代表至债券到期日的时间间隔；M 代表债券到期日的票面金额。

【例 4.1】 占梅公司于×××2 年 1 月 1 日发行 3 年期公司债券，每张债券的票面值为 1 000 元，票面利率 6%，复利计息，一年付息一次，到期一次还本，同等风险投资的必要收益率为 8%，该债券所涉及的现金流量如图 4-1 所示。

则该债券的价值为

$$PV=\frac{I_1}{(1+i)^1}+\frac{I_2}{(1+i)^2}+\frac{I_3}{(1+i)^3}+\frac{M}{(1+i)^3}$$

$$=\frac{60}{(1+8\%)}+\frac{60}{(1+8\%)^2}+\frac{60}{(1+8\%)^3}+\frac{1\ 000}{(1+8\%)^3}$$

$$=60\times(P/A,\ 8\%,\ 3)+1\ 000\times(P/F,\ 8\%,\ 3)$$

$$=948.426\ (元)$$

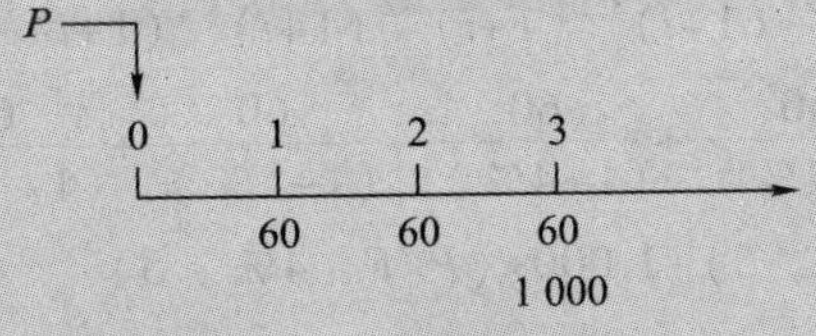

图 4-1 现金流量分布

(二) 影响债券估价的因素

我们来分析式(4.1)所列示的公式，影响债券价值大小的因素有必要收益率、到期时间、利息支付频率和计息方式等。

1. 必要收益率对债券估价的影响

【例 4.2】 月芹公司于×××2 年 1 月 1 日发行 3 年期公司债券，每张债券的票面值为 1 000 元，票面利率 6%，复利计息，一年付息一次，到期一次还本，同等风险投资的必要收益率为 6%，则该债券的价值为

$$PV=\frac{I_1}{(1+i)^1}+\frac{I_2}{(1+i)^2}+\frac{I_3}{(1+i)^3}+\frac{M}{(1+i)^3}$$

$$=\frac{60}{(1+6\%)}+\frac{60}{(1+6\%)^2}+\frac{60}{(1+6\%)^3}+\frac{1\ 000}{(1+6\%)^3}$$

$$=60\times(P/A,\ 6\%,\ 3)+1\ 000\times(P/F,\ 6\%,\ 3)$$

$$=999.980\approx 1\ 000\ (元)$$

【例 4.3】 文婷公司于×××2 年 1 月 1 日发行 3 年期公司债券，每张债券的票面值为 1 000 元，票面利率 6%，复利计息，一年付息一次，到期一次还本，同等风险投资的必要收益率为 4%，则该债券的价值为

$$PV=\frac{I_1}{(1+i)^1}+\frac{I_2}{(1+i)^2}+\frac{I_3}{(1+i)^3}+\frac{M}{(1+i)^3}$$

$$=\frac{60}{(1+4\%)}+\frac{60}{(1+4\%)^2}+\frac{60}{(1+4\%)^3}+\frac{1\ 000}{(1+4\%)^3}$$

$$=60\times(P/A,\ 4\%,\ 3)+1\ 000\times(P/F,\ 4\%,\ 3)$$

$$=1\ 055.506\ (元)$$

比较【例 4.1】、【例 4.2】和【例 4.3】不难看出，债券价值与必要收益率有着密切的关系。我们发现，折现率越小，债券价值越大。另外，当同等风险投资的必要收益率高于票面利率时，债券价值低于票面价值；当同等风险投资的必要收益率等于票面利率时，债券价值等于票面价值；当同等风险投资的必要收益率低于票面利率时，债券价值高于票面价值。

2. 到期时间对债券估价的影响

【例 4.4】 明月公司于×××2 年 1 月 1 日发行 5 年期公司债券，每张债券的票面值为 1 000 元，票面利率 6%，复利计息，一年付息一次，到期一次还本，同等风险投资的必要收益率为 4%，则该债券的价值为

$$PV=\frac{I_1}{(1+i)^1}+\frac{I_2}{(1+i)^2}+\frac{I_3}{(1+i)^3}+\frac{I_4}{(1+i)^4}+\frac{I_5}{(1+i)^5}+\frac{M}{(1+i)^5}$$

$$=\frac{60}{(1+4\%)}+\frac{60}{(1+4\%)^2}+\frac{60}{(1+4\%)^3}+\frac{60}{(1+4\%)^4}+\frac{60}{(1+4\%)^5}+\frac{1\ 000}{(1+4\%)^5}$$

$$=60\times(P/A,\ 4\%,\ 5)+1\ 000\times(P/F,\ 4\%,\ 5)$$

$$=1\ 089.008\ (元)$$

比较【例 4.3】和【例 4.4】，我们发现，债券价值大小也受到到期时间的影响。若将【例 4.3】所涉及的债券看做是【例 4.4】中已过发行期整两年的债券，则在必要收益率不变的情况下，溢价发行债券的价值将下降，且随着到期时间的临近，债券价值会向债券面值 1 000元靠拢。我们也可以再试着计算一下，如果到期日缩短至 2 年，在必要收益率为 4% 时，【例 4.4】所涉及的债券的价值为

$$PV=\frac{I_1}{(1+i)^1}+\frac{I_2}{(1+i)^2}+\frac{M}{(1+i)^2}=\frac{60}{(1+4\%)}+\frac{60}{(1+4\%)^2}+\frac{1\ 000}{(1+4\%)^2}$$

$$=60\times(P/A,\ 4\%,\ 2)+1\ 000\times(P/F,\ 4\%,\ 2)$$

$$=1\ 037.766\ (元)$$

我们看到，在必要收益率为 4% 时，当离到期日还有整 5 年，债券价值是 1 089. 008 元；当离到期日还有整 3 年，债券价值降低到 1 055. 506 元；当离到期日还有整 2 年，债券价值再降至 1 037. 766。可见，在溢价发行的情况下，随着到期时间的临近，债券价值逐渐向票面价值 1 000 元靠拢，在到期日，债券价值等于票面价值 1 000 元。

同样的，你也可以计算一下，在收益率为 8% 时，不同到期期间债券的价值。你会发现，折价发行的债券价值会随着到期日的临近，价值逐渐升高，且向票面值 1 000 元靠拢；在到期日，债券价值等于票面价值 1 000 元。

到期时间对债券估价的影响如图 4−2 所示。

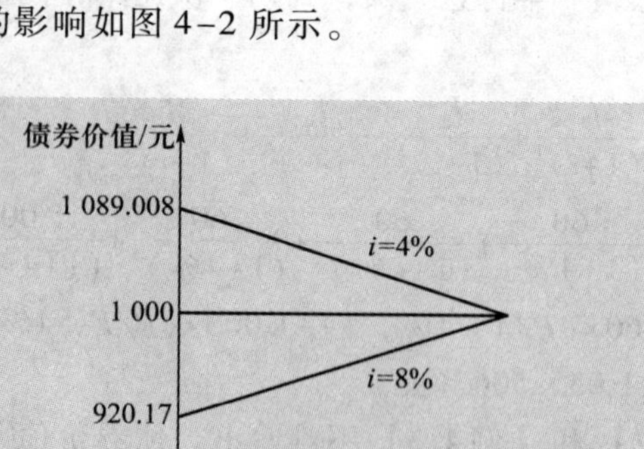

图 4−2　债券估价与到期时间关系

3. 利息支付频率对债券估价的影响

利息支付频率是一年内支付利息的次数，前面的例题我们都是假设一年支付利息一次。但在实际的经济生活中，有可能按半年计息或按季度计息。不同的利息支付频率，也对债券价值产生影响。

【例 4.5】 婷婷公司于×××2 年 1 月 1 日发行 3 年期公司债券，每张债券的票面值为 1 000 元，票面利率 6%，复利计息，一年付息两次，到期一次还本，同等风险投资的必要收益率为 8%，该债券所涉及的现金流量如图 4-3 所示。

则该债券的价值为

$$PV=\frac{I_1}{(1+i)^1}+\frac{I_2}{(1+i)^2}+\frac{I_3}{(1+i)^3}+\frac{I_4}{(1+i)^4}+\frac{I_5}{(1+i)^5}+\frac{I_6}{(1+i)^6}+\frac{M}{(1+i)^6}$$

$$=\frac{30}{(1+4\%)}+\frac{30}{(1+4\%)^2}+\frac{30}{(1+4\%)^3}+\frac{30}{(1+4\%)^4}+\frac{30}{(1+4\%)^5}+\frac{30}{(1+4\%)^6}+\frac{1\ 000}{(1+4\%)^6}$$

$$=30\times(P/A,\ 4\%,\ 6)+1\ 000\times(P/F,\ 4\%,\ 6)$$

$$=947.563\ (元)$$

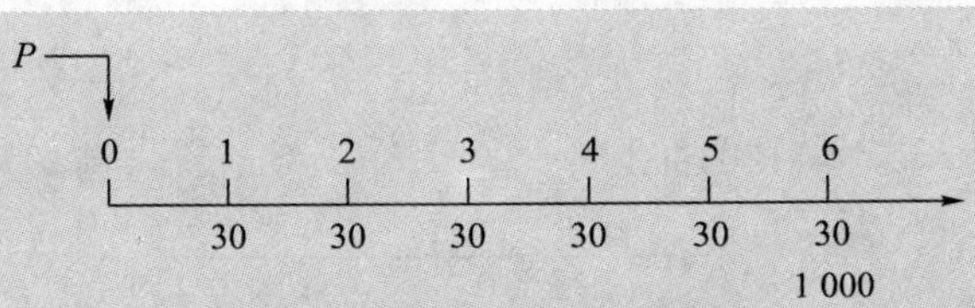

图 4-3 现金流量分布

比较【例 4.1】和【例 4.5】，你会发现折价发行债券情况下，一年计息两次的债券价值小于一年计息一次的债券价值，即当债券票面利率小于必要报酬率时，一年内付息频率越高，债券价值越小。一般来说，在债券折价出售时，债券价值随利息支付频率的加快而下降；在债券溢价出售时，债券价值随利息支付频率的加快而上升。

4. 计息方式对债券价值的影响

【例 4.6】 常亮公司×××2 年 1 月 1 日发行票面值为 1 000 元，票面利率为 10% 的 5 年期债券，一次还本付息，复利计息，一年复利一次。假设×××4 年 1 月 1 日某投资者准备在二级市场上购买并持有到期。若折现率为 12%，常亮公司该债券目前市场价格为 950 元，问该投资者是否应该购买?

分析此题，需要计算常亮公司该债券在×××4 年 1 月 1 日的内在价值，然后与 950 元的市场价格进行比较。如果该债券在×××4 年 1 月 1 日的内在价值大于 950 元，则该投资者购买该债券的预期收益率大于必要收益率 12%，该投资者应购买；反之，该投资者不应购买。

该债券所涉及的现金流量如图 4-4 所示。

则该债券的价值为

$$PV=1\ 000\times(F/P,\ 10\%,\ 5)\times(P/F,\ 12\%,\ 3)$$

$$=1\ 000\times1.610\ 5\times0.711\ 8$$

$$=1\ 146.35\ (元)$$

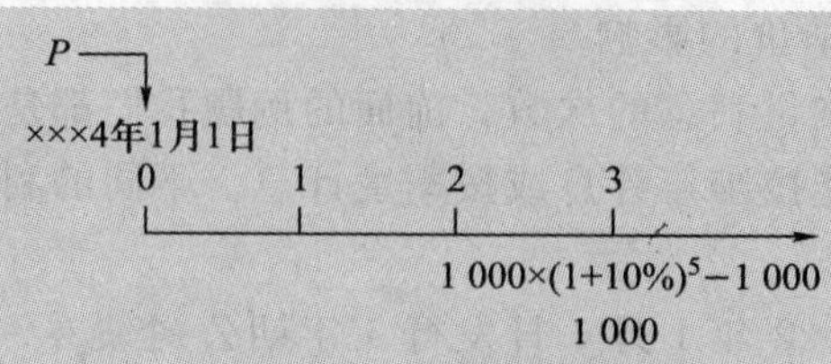

图 4-4 现金流量分布

因为该债券的内在价值为 1 146.35 元，高于现时市场价格 950 元，该投资者应该购买。

【例 4.7】段洁公司×××2 年 1 月 1 日发行票面值为 1 000 元，票面利率为 10% 的 5 年期债券，一次还本付息，单利计息。假设×××4 年 1 月 1 日某投资者准备在二级市场上购买并持有到期。若折现率为 12%，该债券目前市场价格为 950 元，问该投资者是否应该购买？

值得注意的是，计算债券价值都要用复利折现。因此，债券利息支付方式是单利还是复利，只影响利息的数额。

【例 4.7】的债券所涉及的现金流量如图 4-5 所示。

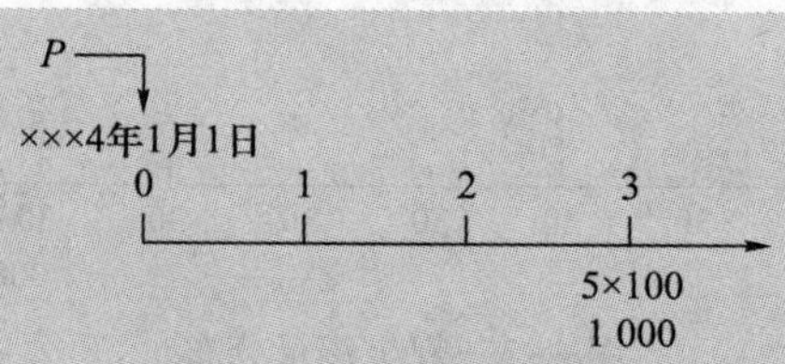

图 4-5 现金流量分布

则该债券的价值为

$$PV=1\ 500\times(P/F,\ 12\%,\ 3)=1\ 500\times0.711\ 8=1\ 067.7\ (\text{元})$$

图 4-5 中，单利终值 $F=P\times(1+i\times n)$，其中，$i\times n$ 为各期利息之和。

因为债券价值 1 067.7 元高于现时市场价格 950 元，投资者应该购买。

比较【例 4.6】和【例 4.7】的计算结果，我们发现由于债券计息方式不同，在一次还本付息的条件下，单利计息债券的价值 1 067.7 元小于复利计息债券的价值 1 146.35 元。

如果【例 4.6】和【例 4.7】，将一次还本付息变为每年年末支付利息，其他条件不变，请计算该债券在×××4 年 1 月 1 日的价值，并为该投资者作出是否购买的决策。

复利计息条件下，该债券所涉及的现金流量如图 4-6 所示。

则该债券的价值为

$$\begin{aligned}PV&=\frac{I_1}{(1+i)^1}+\frac{I_2}{(1+i)^2}+\frac{I_3}{(1+i)^3}+\frac{M}{(1+i)^3}\\&=100\times(P/A,\ 12\%,\ 3)+1\ 000\times(P/F,\ 12\%,\ 3)\\&=100\times2.401\ 8+1\ 000\times0.711\ 8\\&=951.98\ (\text{元})\end{aligned}$$

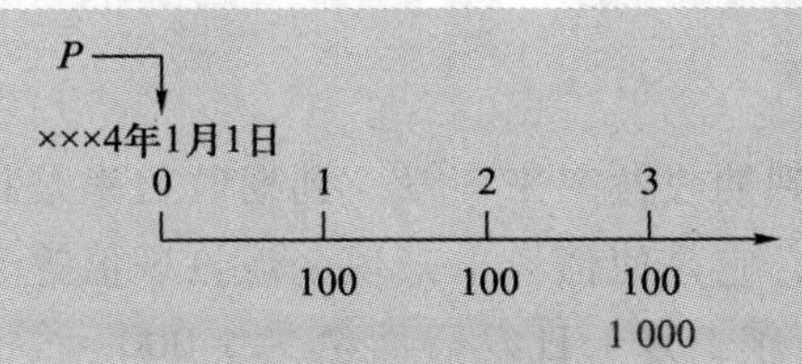

图 4-6　现金流量分布

因为债券价值 951.98 元高于现时市场价格 950 元，投资者应该购买。

若每年年末支付利息，单利计息条件下，该债券的现金流量如何用图示表示，你能计算出该债券的价值吗？

（三）债券估价的其他模型

1. 永久债券估价模型

永久债券是一种没有到期日的债券，永久债券的现值等于无限期的利息流量的复利现值之和。如果每年的利息支付是固定的，可用公式（4.2）计算永久债券的价值：

$$PV=\frac{I}{i} \tag{4.2}$$

式中，I 为每期的利息；i 为折现率，一般采用当时的市场利率或投资人要求的必要收益率。

【例 4.8】 假设有一种永久债券，每年可得 50 元利息，市场同等风险债券的利率是 10%，那么该债券的价值是

$$PV=\frac{I}{i}=\frac{50}{10\%}=500\ （元）$$

如果一年计息两次，每半年得到利息 25 元，则该债券的价值是

$$PV=\frac{I}{i}=\frac{25}{5\%}=500\ （元）$$

2. 零息债券估价模型

零息债券又称纯贴现债券，是指在到期前的各个期间都不向持有人支付利息，只承诺在到期日支付本金的债券。也就是说，零息债券的投资者收到的唯一现金是到期日的债券面值。可用公式（4.3）计算零息债券的价值。

$$PV=M\times(P/F,\ i,\ n) \tag{4.3}$$

式中，M 为零息债券面值；i 为折现率，一般采用当时的市场利率或投资人要求的必要收益率。

【例 4.9】 有一纯贴现债券，面值 1 000 元，10 年期，市场同等风险债券的利率是 10%，那么该债券的价值是

$$PV=M\times(P/F,\ i,\ n)=1\ 000\times(P/F,\ 10\%,\ 10)=385.5\ （元）$$

需要特别强调的是，在对债券估价时，要注意计息规则和折现规则的统一，即按照周期利率计息，则应按照周期利率折现；如果按照有效年利率计息，则应按照有效年利率折现。另外，要和第六章第一节债券资本成本的估算相比较来学习。要记住在计算债券价值时，是不考虑利息的所得税抵税效应的。

四、债券收益率的测算

债券的收益水平通常要用到期收益率来衡量。到期收益率是指以特定的价格购买债券并持有至到期日所能获得的收益率，它是使债券未来现金流量现值等于债券购入价格的折现率。

【例 4.10】芳瑜公司×××1 年 1 月 1 日发行面值为 1 000 元，票面利率为 10% 的 5 年期债券，每年年末付息，一次还本，复利计息，假设×××3 年 1 月 1 日投资者用 950 元在二级市场上购买该债券并持有到期，问该债券到期收益率为多少？

$$PV=\frac{I_1}{(1+i)^1}+\frac{I_2}{(1+i)^2}+\frac{I_3}{(1+i)^3}+\frac{M}{(1+i)^3}$$

$$950=100\times(P/A,\ i,\ 3)+1\ 000\times(P/F,\ i,\ 3)$$

求解 i 用“试误法”，试误法又称逐笔测试法，计算步骤如下：

当 $i=12\%$ 时，$100\times(P/A,\ 12\%,\ 3)+1\ 000\times(P/F,\ 12\%,\ 3)=951.98$

当 $i=13\%$ 时，$100\times(P/A,\ 13\%,\ 3)+1\ 000\times(P/F,\ 13\%,\ 3)=929.22$

可见，该债券到期收益率介于 12% 和 13% 之间，设债券到期收益率为 $12\%+x\%$，用差值法求解即可。

$$\text{到期收益率}\quad\left.\begin{matrix}\left.\begin{matrix}12\%\\12\%+x\%\end{matrix}\right\}x\%\\13\%\end{matrix}\right\}1\%\qquad\qquad\text{购买债券价格}\quad\left.\begin{matrix}\left.\begin{matrix}951.98\\950\end{matrix}\right\}-1.98\\929.22\end{matrix}\right\}-22.76$$

$$\frac{x\%}{1\%}=\frac{-1.98}{-22.76}$$

$$x\%=0.09\%$$

$$i=12\%+x\%=12\%+0.09\%=12.09\%$$

在【例 4.9】中，我们计算了零息债券的价值。假设该零息债券发行一年后，投资者用 350 元在二级市场上购买该零息债券并持有至到期，问该零息债券的到期收益率为多少？

第三节 股票估价

一、股票的有关概念

股票是股份有限公司发行的，用以证明股东身份的有价证券。股票持有者即为该公司的股东，对该公司净资产有要求权。

按股东所享有的权利，股票可分为普通股和优先股。普通股股票是最基本的股票，代表投资者对公司的最终所有权；优先股是股份有限公司发行的，在分配公司收益和剩余财产方面比普通股具有优先权的股票。

股票可以像商品一样买卖和抵押，是资本市场上主要的金融工具。但股票只是代表资本所有权的证书，不是真实资本，是独立于实际资本之外的虚拟资本。

二、股票估价模型

股票的理论价值是指其预期未来现金流量的现值，又称股票的内在价值。股票内在价值的评估方法与债券相同，也采用折现现金流量法。在折现现金流量法下，首先要确认股票预期的所有现金流量，即预期的每期现金股利和出售时所得到的价格收入。但由于股票是永久性资本证券，如果投资者打算长期持有，则出售时得到的价格收入的现值非常小，通常可以忽略不计。然后，选择与各期现金流量相匹配的折现率。与股票相关的未来现金流量和折现率确定后，就利用货币时间价值原理计算出与股票相关的未来现金流量现值之和，即股票的内在价值。股票的内在价值评估中，与债券不相同的地方是债券所涉及的未来利息是确定的，而股利却通常是不确定的。

（一）普通股估价的一般模型

由于普通股股票是永久性资本证券，如果投资者打算长期持有，持有期间的现金流入是每期预期现金股利，且是一个永续现金流入。这时的普通股股票的内在价值可用公式（4.4）来计算。

$$P_0=\sum_{t=1}^{\infty}\frac{D_t}{(1+R_s)^t} \tag{4.4}$$

式中，D_t 表示 t 年的股利；R_s 为股票的必要收益率。

如果投资者在持有普通股股票一段时间后将其出售，则持有期间的现金流入是每期预期现金股利和出售时得到的价格收入，这时的普通股股票的内在价值可用公式（4.5）来计算。

$$P_0=\sum_{t=1}^{n}\frac{D_t}{(1+R_s)^t}+\frac{P_t}{(1+R_s)^t} \tag{4.5}$$

式中，D_t 表示第 t 年的股利；R_s 表示普通股股票的必要收益率；P_t 表示在第 t 年出售普通股股票所获得的现金流入。

假设投资者买入普通股股票时的价格为 P_0，一年后卖出时的价格为 P_1，期间获得的股利为 D_1，那么

$$P_0=\frac{D_1}{1+R_s}+\frac{P_1}{1+R_s}$$

同理可以得到

$$P_1=\frac{D_2}{1+R_s}+\frac{P_2}{1+R_s}$$

将后式代入前式，可得

$$P_0=\frac{D_1}{1+R_s}+\frac{\frac{D_2}{1+R_s}+\frac{P_2}{1+R_s}}{1+R_s}=\frac{D_1}{1+R_s}+\frac{D_2}{(1+R_s)^2}+\frac{P_2}{(1+R_s)^2}$$

依此类推，一直将上述过程延续下去，可以得到

$$P_0=\sum_{t=1}^{\infty}\frac{D_t}{(1+R_s)^t}$$

因此，将公式（4.4）称为普通股估价的一般模型，该模型又称基本模型，但普通股估价的一般模型中 $n\to\infty$，很难计算，为了增加该模型的可操作性，通常选取下面介绍的几种有规律的未来预期现金股利分布，以简化股票价值的计算。

（二）零增长模型

假设未来股利保持不变，其支付过程是永续年金，因此，零增长股票价值就相当于永续年金现值，可用公式（4.6）来计算：

$$P_0=\sum_{t=1}^{\infty}\frac{D_t}{(1+R_s)^t}=\sum_{t=1}^{\infty}\frac{D}{(1+R_s)^t}=\frac{D}{R_s} \tag{4.6}$$

式中，D 表示每期相等的股利；R_s 表示股票的必要收益率。

零增长模型的应用受到相当的限制，因为假定某一种股票永远支付固定的股利是不合理的。但在决定股票的价值时，这种模型是相当有用的，尤其是在决定优先股的内在价值时。

（三）不变增长模型或匀速增长模型

一般来说，股利不是固定不变的，而是不断增长的。假设股利按固定的成长率增长，增长率为 g，则普通股股票价值可用下列公式来计算：

$$P_0=\sum_{t=1}^{\infty}\frac{D_t}{(1+R_s)^t}=\sum_{t=1}^{\infty}\frac{D_0(1+g)^t}{(1+R_s)^t}$$

当 g 为常数，且 $R_s>g$ 时，上式可简化为

$$P_0=\frac{D_0\times(1+g)}{R_s-g}=\frac{D_1}{R_s-g} \tag{4.7}$$ ①

式中，g 表示固定的股利增长率；D_0 表示最近刚支付的股利（当前股利）；D_1 表示 1 年后的股利（第 1 年股利）；R_s 表示股票的必要收益率。

【例 4.11】 海燕股票刚刚分红，每股股利为 0.5 元，预计年股利增长率为 10%，投资者投资海燕股票所要求的最低收益率为 15%，问海燕股票的内在价值是多少？

$$P_0=\frac{D_0(1+g)}{R_s-g}=\frac{0.5\times(1+10\%)}{15\%-10\%}=11\text{（元）}$$

如果当时海燕股票的市价不等于 11 元，当投资者按照低于 11 元的价格购买时，投资该股票的预期收益率将高于 15% 的必要收益率。

（四）多元增长模型

在现实生活中，有些公司的股利是不固定的，应采用分段计算的方法。具体又可以分为两种情况。

1. 非固定增长后的零增长模型

如果普通股股利在前面一段时间内是不固定的，或是高速增长阶段，随后进入固定不变阶段，则符合该条件的普通股价值是不固定股利的现值或高速增长阶段股利的现值与固定股利阶段现值的和。

【例 4.12】 希诚公司股票前 2 年股利高速增长，增长率第一年 25%，第二年 20%，此后股利预计保持不变，最近一次支付的股利为 3 元，投资者投资该股票所要求的最低收益率为 15%，问该普通股的内在价值是多少？

根据图 4-7 所列示的未来现金股利分布状况，该普通股的内在价值为

---

① 公式（4.7）是建立在 $R_s>g$ 的基础上推导出来的；另外，要注意公式中的股利是 D_1。

$$P_0=\frac{3.75}{1+15\%}+\frac{4.5}{(1+15\%)^2}+\frac{4.5}{15\%}\times(P/F,\ 15\%,\ 2)$$

$$=3.2609+3.4026+22.6830=29.3465\ (\text{元})$$

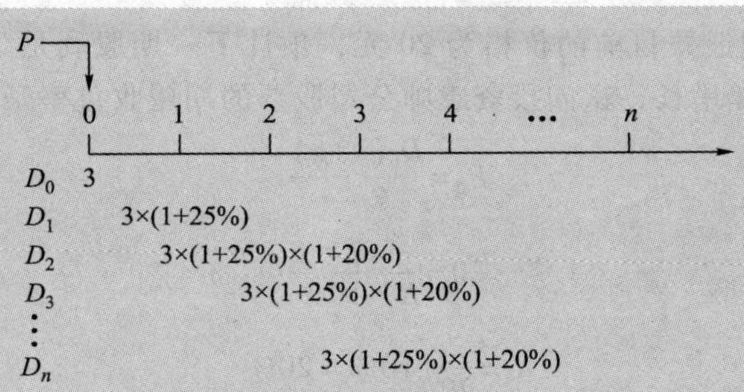

图 4-7　现金流量分布

或
$$P_0=\frac{3.75}{1+15\%}+\frac{4.5}{15\%}\times(P/F,\ 15\%,\ 1)$$

$$=3.2609+26.0870=29.3479\ (\text{元})$$

2. 非固定增长后的固定增长模型

如果普通股股利在前面一段时间内是不固定的，或是高速增长阶段，随后进入固定增长阶段，则符合该条件的普通股价值是不固定股利的现值或高速增长阶段股利的现值与股利固定增长阶段现值的和。

【例 4.13】 希诚公司股票前 2 年股利高速增长，增长率第一年 25%，第二年 20%，此后正常增长率 12%，最近一次支付的股利为 3 元，投资者投资该股票所要求的最低收益率为 15%，问该普通股的内在价值是多少？

根据图 4-8 所列示的未来现金股利分布状况，该普通股的内在价值为

$$P_0=\frac{3.75}{1+15\%}+\frac{4.5}{(1+15\%)^2}+\frac{4.5\times(1+12\%)}{15\%-12\%}\times(P/F,\ 15\%,\ 2)$$

$$=3.2609+3.4026+127.0248=133.6883\ (\text{元})$$

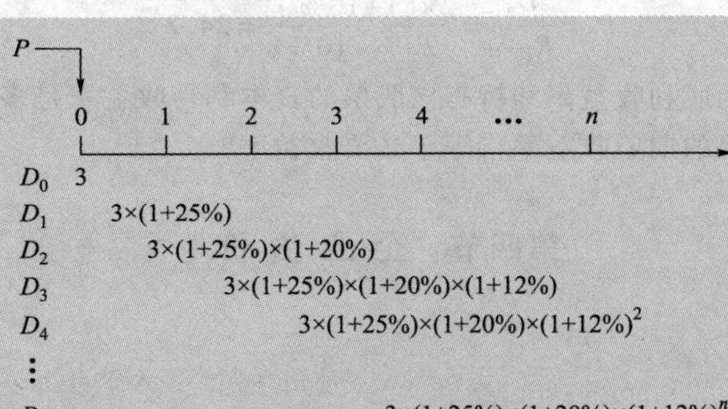

图 4-8　现金流量分布

三、股票收益率的测算

股票的收益水平通常要用期望收益率来衡量，在股票市场处于均衡状态时，股票的期望收益率等于必要收益率。

【例 4.14】 袁帅公司股票目前的价格为 20 元，预计下一期股利是 2 元，该股票现金股利预计将以 10% 的速度持续增长，试问投资袁帅公司股票的期望收益率是多少？

$$P_0=\frac{D_0(1+g)}{R_s-g}$$

$$20=\frac{2}{R_s-10\%}$$

则

$$R_s=\frac{2}{20}+10\%=20\%$$

我们总结一下【例 4.14】揭示的公式：

股票期望收益率=股利收益率+股利增长率

【例 4.15】 某投资者拟投资袁帅公司股票，该股票目前的价格为 20 元，预计下一期股利是 2 元，该股票现金股利预计将以 10% 的速度持续增长，该投资者打算持有一年，拟在一年后以按照同等风险股票所要求的最低收益率 20% 计算的第一年年末的股票价值 P_1 为售价出售股票，试问投资袁帅公司股票的期望收益率是多少？

我们已经知道，持有股票的收益包括股利收益率和资本利得收益率，则

股票期望收益率=股利收益率+资本利得收益率

$$P_1=\frac{D_2}{R_s-g}=\frac{2\times(1+10\%)}{20\%-10\%}=22\ (\text{元})$$

则投资袁帅公司股票的股票期望收益率为

$$K_s=\frac{2}{20}+\frac{22-20}{20}=20\%$$

当资本市场是有效的，股票的期望收益率将等于必要收益率。

对于【例 4.15】，我们假设该投资者打算持有两年，拟在两年后按照同等风险股票所要求的最低收益率 20% 计算的第二年年末的股票价值 P_2 为售价出售股票，则

$$P_2=\frac{D_3}{R_s-g}=\frac{2\times(1+10\%)^2}{20\%-10\%}=24.2$$

那么，持有该股票的股利收益率和持有该股票的资本利得收益率是多少呢？是否能说明当资本市场是有效的，股票的期望收益率将等于必要收益率？

第四节 企业估价

一、认识企业价值

公司是依照《中华人民共和国公司法》（以下简称《公司法》）组建并登记的以营利为目的的企业法人。2006 年 1 月 1 日起开始实施的《公司法》第二条，规定《公司法》所称公司

是指依照该法在中国境内设立的有限责任公司和股份有限公司。其中，有限责任公司的股东以其认缴的出资额为限对公司承担责任；股份有限公司的股东以其认购的股份为限对公司承担责任。

在现实经济生活中，往往出现把一个企业作为一个整体进行转让、合并等情况，就涉及企业整体价值评估的问题。企业价值一般是指可持续经营企业的整体价值。本节所指的企业价值是企业的内在价值或经济价值，是企业的公平市场价值，通常用该企业预期现金流量以恰当的折现率折现的现值来计量。目前，世界知名的投资银行几乎都以企业价值或与价值相关的指标作为评价企业及其股票价值的主要依据。

在对企业进行价值评估时，可采用折现现金流量法，也可采用经济利润模型和相对价值模型等，其中折现现金流量法，是评估企业价值最直接、最有效的方法。折现现金流量法在应用时可以采用股利现金流量贴现模型、股权自由现金流量贴现模型和公司自由现金流量贴现模型。

股利现金流量贴现模型、股权自由现金流量贴现模型和公司自由现金流量贴现模型这三种模型均有单阶段、两阶段和三阶段模型之分。如果预计公司现金流量增长率将长期保持一个稳定的、略低于宏观经济增长率的数值，则应采用单阶段现金流量贴现模型；如果预计公司先保持一定时间的高速增长，然后增长率下降到一个稳定的、略低于宏观经济增长率的数值，并一直保持下去，则应采用两阶段现金流量贴现模型；如果预计公司先保持一段时间的高速增长，然后增长率经过一段时间的稳步下降，最终稳定在一个略低于宏观经济增长率的数值，则应采用三阶段现金流量贴现模型。

股利现金流量贴现模型、股权自由现金流量贴现模型和公司自由现金流量贴现模型这三种现金流量贴现模型的主要差别在于对现金流量的不同定义，股利现金流量贴现模型中的预期现金流量是股利；股权自由现金流量贴现模型中的预期现金流量是股权自由现金流量；公司自由现金流量贴现模型中的预期现金流量是公司自由现金流量。

由于股票估价模型实际上就是股利现金流量贴现模型，本节我们只阐述股权自由现金流量贴现模型和公司自由现金流量贴现模型。

二、企业估价要了解的基本概念

（一）股权自由现金流量和公司自由现金流量

1. 股权自由现金流量

公司股权资本投资者拥有的是对该公司产生的现金流量的剩余要求权，即他们拥有公司在履行了包括偿还债务在内的所有财务义务和满足了再投资需要之后的全部剩余现金流量。股权现金流量是一定时期内企业可以提供给股权投资人的现金流量，它等于除去经营费用、本息偿还和为保持预定现金流量增长率所需的全部资本性支出之后的现金流量。股权自由现金流量的计算公式为：

$$\begin{aligned}\text{股权自由现金流量} = & \text{净利润} + \text{折旧与摊销} - \text{资本性支出} - \text{营运资本追加额} - \\ & \text{偿还债务本金} + \text{新发行债务}\end{aligned} \tag{4.8}$$

通常将新发行债务与偿还债务本金的差额称为债务净增加；将资本性支出和营运资本追加额之和减去折旧与摊销的差额称为净投资。如果企业的“债务净增加”和“净投资”保持固定比例关系，并定义：

$$负债率=\frac{债务净增加}{净投资}$$

则

股权自由现金流量=净利润-(资本性支出+营运资本追加额-折旧与摊销)+债务净增加
=净利润-净投资+债务净增加
=净利润-(净投资-债务净增加)
=净利润-(净投资-净投资×负债率)
=净利润-净投资×(1-负债率) (4.9)

或：股权自由现金流量=净利润-(资本性支出+营运资本追加额-折旧与摊销)×(1-负债率) (4.10)

其中，净投资×(1-负债率)的计算结果也被称为股权净投资，因此股权自由现金流量还等于净利润和股权净投资的差额。

股权自由现金流量是满足了公司所有的财务要求和投资要求之后的剩余现金流量。它可能为正，也可能为负。如果股权自由现金流量为负，则公司将不得不通过发行股票或发行认股权证来筹集新的股权资本；如果股权自由现金流量为正，则公司就可能以股票现金红利的形式将剩余现金流量发放给股权资本投资者。有一些公司奉行将其所有的股权自由现金流量都作为红利支付给股东的政策，但大多数公司都或多或少地保留部分股权自由现金流量在企业内部。

2. 公司自由现金流量

公司的全部价值属于公司各种权利要求者，这些权利要求者主要包括普通股股东、债券持有者和优先股股东，公司自由现金流量是所有这些权利要求者的现金流量的总和。一般来说，公司自由现金流量就是在支付了经营费用和所得税之后，向公司所有权利要求者支付现金之前的全部现金流量。

公司自由现金流量的计算方法有两种，一种方法是把公司不同的权利要求者的现金流量加总在一起，即：

公司自由现金流量=股权自由现金流量+债权自由现金流量+优先股权自由现金流量 (4.11)

另一种方法是对息前税后利润进行调整。从息前税后利润开始，加回折旧与摊销数额，并扣除资本性支出和营运资本追加额，就得到公司自由现金流量，即：

公司自由现金流量=息税前利润×(1-税率)+折旧与摊销-资本性支出-营运资本追加额 (4.12)

或：公司自由现金流量=息税前利润×(1-税率)-(资本性支出+营运资本追加额-折旧与摊销)
=息税前利润×(1-税率)-净投资
=息前税后利润-净投资 (4.13)

由于公司自由现金流量是偿还债务之前的现金流量，所以它不受公司负债比率的影响。对于任何一个有财务杠杆的公司而言，公司自由现金流量通常高于股权自由现金流量，但对于一个无财务杠杆的公司来说，两者应该是相等的。

（二）股权价值和实体价值

股权价值是股权的公平市场价值。企业全部资产的总体价值，称为企业实体价值，企业实体价值是股权价值、债权价值和优先股权价值之和。

（三）息税前利润、税前利润、息前税后利润和净利润

息税前利润是支付利息和缴纳所得税之前的利润，一般用*EBIT*来表示；税前利润是缴纳所得税之前的利润；息前税后利润是支付利息之前的税后利润；净利润是已经扣除了利息和所得税之后的利润。

要注意的是，这四个利润之间有着相互换算的关系，例如：

$$\text{息税前利润}=\text{税前利润}+\text{利息}$$

$$\text{净利润}=\text{税前利润}-\text{所得税}=\text{税前利润}\times(1-\text{所得税税率})$$

$$\begin{aligned}\text{息前税后利润}&=\text{息税前利润}-\text{所得税}\\&=\text{息税前利润}\times(1-\text{所得税税率})\end{aligned}$$

三、企业价值评估的股权自由现金流量贴现模型

运用折现现金流量法的前提是要明确参数，包括预测期的年数、预期现金流量和折现率。其中，所选择的折现率应与预期现金流量相匹配，与股权自由现金流量相匹配的是股权资本成本；与公司自由现金流量相匹配的是加权平均资本成本。

需要注意的是，在大部分企业价值评估活动中将预测的时期分为两个阶段，第一阶段是有限的、明确的预测期，称为“详细预测期”，简称“预测期”，通常 5 至 7 年；第二阶段是预测期以后的无限时期，称为“后续期”或“永续期”。在明确参数后，可利用折现现金流量法的原理用式（4.14）来计算股权价值。

$$\text{股权价值}=\sum_{t=1}^{\infty}\frac{\text{股权自由现金流量}_t}{(1+\text{股权资本成本})^t}\tag{4.14}$$

（一）单阶段模型

单阶段模型即永续增长模型，它是建立在企业未来长期稳定、可持续增长假设基础之上的。单阶段模型的一般表达公式如下：

$$\text{股权价值}=\frac{\text{下期股权自由现金流量}}{\text{股权资本成本}-\text{永续增长率}}\tag{4.15}$$

【例 4.16】芳影公司是一家上市公司，该公司的规模和行业特性决定了该公司是一个稳定增长的公司。该公司×××2 年的相关数据如下：每股红利 0.15 元；每股收益 0.50 元；每股资本性支出 0.45 元；每股折旧 0.42 元；每股营运资本追加额 0.20 元；负债比率 35%；预计增长率 6%；公司股票的 β 值 1.5；无风险利率 3%；市场平均股票预期收益率 11%。则股权资本成本为

$$R_s=3\%+1.5\times(11\%-3\%)=15\%$$

$$\begin{aligned}\text{股权自由现金流量}&=\text{净利润}-(\text{资本性支出}+\text{营运资本追加额}-\text{折旧与摊销})\times(1-\text{负债率})\\&=0.50-(1-35\%)\times(0.45+0.20-0.42)=0.3505\ (\text{元})\end{aligned}$$

则芳影公司的每股股权价值为

$$\frac{0.3505\times(1+6\%)}{15\%-6\%}=4.1281\ (\text{元})$$

（二）两阶段模型

两阶段股权自由现金流量贴现模型适用于那些预计会在一定时间内快速增长，然后再进入

稳定增长阶段的公司。该模型假设股票的价值由两部分组成：一是超常增长时期中每年股权自由现金流量现值，这个阶段是有限的、明确的预测期，简称预测期；二是超常增长时期结束时的期末价值的现值，这个阶段是预测期以后的无限期，称为后续期或永续期。

两阶段模型的一般表达公式如下：

$$股权价值=预测期股权现金流量现值+后续期现金流量现值$$

假设预测期为 n 年，则

$$预测期股权现金流量现值=\sum_{t=1}^{n}\frac{股权自由现金流量_t}{(1+股权资本成本)^t}$$

$$后续期现金流量现值=\frac{股权自由现金流量_{n+1}\div(股权资本成本-永续增长率)}{(1+股权资本成本)^n}$$

$$股权价值=\sum_{t=1}^{n}\frac{股权自由现金流量_t}{(1+股权资本成本)^t}+\frac{股权自由现金流量_{n+1}\div(股权资本成本-永续增长率)}{(1+股权资本成本)^n} \tag{4.16}$$

【例 4.17】翠芬公司是一家高科技公司，2010 年每股销售收入 20 元，预计 2011—2015 年的销售收入增长率维持在 20% 的水平，到 2016 年增长率下滑到 3%。目前该公司经营营运资本占销售收入的 40%，预计经营营运资本与销售收入同步增长。目前每股资本支出 3.7 元，每股折旧与摊销 1.7 元，每股资本支出和每股折旧与销售收入同比增长。负债比率为 10%，销售增长时保持该负债比率不变。目前每股净利润 4 元，预计与销售收入同步增长。2010 年翠芬公司的 β 值为 1.375，预计公司从 2016 年将进入稳定阶段，β 值降为 0.875，短期国库券利率为 4%，市场组合的预期收益率为 12%。要求计算翠芬公司目前的股权价值。

与预测期现金流量相匹配的股权资本成本为

$$R_s=4\%+1.375\times(12\%-4\%)=15\%$$

与永续期现金流量相匹配的股权资本成本为

$$R_s=4\%+0.875\times(12\%-4\%)=11\%$$

翠芬公司的股权价值评估如表 4-1 所示。

表 4-1 翠芬公司的股权价值评估

年份	2010	2011	2012	2013	2014	2015	2016
1. 每股收入（元）	20	24	28.8	34.56	41.47	49.77	51.26
2. 经营营运资本（元）	8	9.6	11.52	13.82	16.59	19.91	20.50
3. 经营营运资本增加（元）	1.33	1.6	1.92	2.3	2.76	3.32	0.59
4. 资本支出（元）	3.7	4.44	5.33	6.39	7.67	9.21	9.49
5. 折旧与摊销（元）	1.7	2.04	2.45	2.94	3.53	4.23	4.36
6.（1-负债率）	90%	90%	90%	90%	90%	90%	90%
7.（3+4-5）×6	3	3.6	4.32	5.18	6.22	7.46	5.15
8. 每股净利润（元）	4	4.8	5.76	6.91	8.29	9.95	10.25

续表

年份	2010	2011	2012	2013	2014	2015	2016
9. 每股股权现金流量（元）	1	1.2	1.44	1.73	2.07	2.49	5.1
10. 股权资本成本（元）		15%	15%	15%	15%	15%	11%
11. 折现系数		0.869 6	0.756 1	0.657 5	0.571 8	0.497 2	
12. 预测期价值（元）	5.69	1.04	1.09	1.14	1.18	1.24	
13. 后续期价值（元）	31.7					63.75	
14. 每股股权价值（元）	37.39						

（三）三阶段模型

三阶段模型包括一个高速增长阶段、一个增长率递减的转换阶段和一个永续增长的稳定阶段。该模型的使用条件是被评估企业的增长率应当与模型假设的三个阶段特征相符合。

假设增长期为 n 年，转换期为 m 年，则三阶段模型的一般表达公式如下：

股权价值=增长期现金流量现值+转换期现金流量现值+后续期现金流量现值

$$\text{增长期现金流量现值}=\sum_{t=1}^{n}\frac{\text{增长期股权自由现金流量}_t}{(1+\text{股权资本成本})^t}$$

$$\text{转换期现金流量现值}=\sum_{t=n+1}^{n+m}\frac{\text{转换期股权自由现金流量}_t}{(1+\text{股权资本成本})^t}$$

$$\text{后续期现金流量现值}=\frac{\text{股权自由现金流量}_{n+m+1}\div(\text{股权资本成本}-\text{永续增长率})}{(1+\text{股权资本成本})^{n+m}}$$

$$\text{股权价值}=\sum_{t=1}^{n}\frac{\text{增长期股权自由现金流量}_t}{(1+\text{股权资本成本})^t}+\sum_{t=n+1}^{n+m}\frac{\text{转换期股权自由现金流量}_t}{(1+\text{股权资本成本})^t}+\frac{\text{股权自由现金流量}_{n+m+1}\div(\text{股权资本成本}-\text{永续增长率})}{(1+\text{股权资本成本})^{n+m}} \quad (4.17)$$

四、企业价值评估的公司自由现金流量贴现模型

利用折现现金流量法的原理，用式（4.18）来计算股权价值：

$$\text{实体价值}=\sum_{t=1}^{\infty}\frac{\text{公司自由现金流量}_t}{(1+\text{加权平均资本成本})^t} \quad (4.18)$$

实体价值的折现现金流量法也有三种模型，即单阶段模型、两阶段模型和三阶段模型。在形式上它们分别与股权自由现金流量贴现模型的三种模型一样，只是输入的参数不同。公司自由现金流量将代替股权自由现金流量，加权平均资本成本将代替股权资本成本。

（一）单阶段模型

单阶段模型即永续增长模型，它是建立在企业未来长期稳定、可持续增长假设基础之上的。单阶段模型的一般表达公式如下：

$$\text{实体价值}=\frac{\text{下期公司自由现金流量}}{\text{加权平均资本成本}-\text{永续增长率}} \quad (4.19)$$

【例 4.18】芳影公司是一家上市公司，该公司的规模和行业特性决定了该公司是一个稳定增长的公司。该公司×××2 年的相关数据如下：每股红利 0.15 元，每股息税前收益 0.80 元，每股收益 0.5 元，每股资本性支出 0.45 元，每股折旧与摊销 0.42 元，每股营运资本追加额 0.20 元，负债比率 35%，预计增长率 6%，当前的加权平均资本成本为 12%，股权资本成本为 15%，企业的平均所得税税率是 30%，债务的市场价值按账面价值计算，每股债务账面价值 1.701 1 元，求芳影公司的实体价值。

公司×××2 年自由现金流量＝息税前利润×(1－税率)＋折旧与摊销－资本性支出－营运资本追加额

$$=0.80\times(1-30\%)-(0.45+0.20-0.42)$$

$$=0.33\text{（元）}$$

则芳影公司的每股实体价值为

$$\frac{0.33\times(1+6\%)}{12\%-6\%}=5.83\text{（元）}$$

股权自由现金流量＝0.5－(1－35%)×(0.45＋0.20－0.42)＝0.350 5（元）

或：

$$\text{实体价值}=\text{股权价值}+\text{债权价值}$$

$$\text{每股股权价值}=\frac{0.3505\times(1+6\%)}{15\%-6\%}=4.1289\text{（元）}$$

$$\text{实体价值}=4.1289+1.7011=5.83\text{（元）}$$

（二）两阶段模型

两阶段公司自由现金流量贴现模型适用于那些预计会在一定时间段内快速增长，然后再进入稳定增长阶段的公司。该模型假设公司的价值由两部分组成：一是超常增长时期中每年公司自由现金流量现值，这个阶段是有限的、明确的预测期，简称预测期；二是超常增长时期结束时的期末价值的现值，这个阶段是预测期以后的无限期，称为后续期或永续期。两阶段模型的一般表达公式如下：

$$\text{实体价值}=\text{预测期公司现金流量现值}+\text{后续期现金流量现值}$$

假设预测期为 n 年，则

$$\text{预测期公司现金流量现值}=\sum_{t=1}^{n}\frac{\text{公司自由现金流量}_t}{(1+\text{加权平均资本成本})^t}$$

$$\text{后续期现金流量现值}=\frac{\text{公司自由现金流量}_{n+1}\div(\text{加权平均资本成本}-\text{永续增长率})}{(1+\text{加权平均资本成本})^n}$$

$$\text{实体价值}=\sum_{t=1}^{n}\frac{\text{公司自由现金流量}_t}{(1+\text{加权平均资本成本})^t}+\frac{\text{公司自由现金流量}_{n+1}\div(\text{加权平均资本成本}-\text{永续增长率})}{(1+\text{加权平均资本成本})^n}\tag{4.20}$$

【例 4.19】方伟公司 2010 年年底的债务账面价值为 9 678 万元，市场价值为 10 000 万元，公司股票价格为每股 33 元，流通在外普通股股数为 375 万股，本年销售收入为 3 070 万元，息税前利润为 1 225 万元，资本支出 1 172 万元被等额的折旧与摊销所抵消，营运资本为 220 万元，加权平均资本成本为 12%，公司平均所得税税率为 30%，预计 2011—2015 年的息税前利润增长率为 8%，2016 年以后将稳定为 6%，资本支出、折旧、营运资本和销售收入与息税前利润增长率同步增长。预计 2016 年后，加权平均资本成本将下降为 10%，试分别计算方伟公司实体价值和股权价值？

由于实体价值减去债务价值等于股权价值，本题可先计算出实体价值，计算过程列示在表4-2中。

表4-2　方伟公司实体价值评估　　单位：万元

项目	2010	2011	2012	2013	2014	2015	2016
EBIT	1 225	1 323	1 428.84	1 543.15	1 666.60	1 799.93	1 907.93
息前税后利润	857.50	926.10	1 000.19	1 080.20	1 166.62	1 259.95	1 335.55
资本支出	1 172	1 265.76	1 367.02	1 476.38	1 594.49	1 722.05	1 825.38
营运资本	220	237.6	256.61	277.14	299.31	323.25	342.65
营运资本增加		17.6	19.01	20.53	22.17	23.94	19.4
折旧	1 172	1 265.76	1 367.02	1 476.38	1 594.49	1 722.05	1 825.38
实体现金流量		908.5	981.18	1 059.67	1 144.45	1 236.01	1 316.15
现值系数		0.892 9	0.797 2	0.711 8	0.635 5	0.567 4	
现值		811.20	782.20	754.27	727.30	701.31	
预测期现金流量现值	3 776.28						
后续期现金流量现值	18 669.59						
实体价值	22 445.87						
债务价值	10 000						
股权价值	12 445.87						

$$后续期公司自由现金流量现值=\frac{1\ 316.15}{10\%-6\%}\times(1+12\%)^{-5}=18\ 669.59\text{（万元）}$$

（三）三阶段模型

三阶段模型包括一个高速增长阶段、一个增长率递减的转换阶段和一个永续增长的稳定阶段。该模型的使用条件是被评估企业的增长率应当与模型假设的三个阶段特征相符合。

假设增长期为 n 年，转换期为 m 年，则三阶段模型的一般表达公式如下：

实体价值=增长期现金流量现值+转换期现金流量现值+后续期现金流量现值

$$增长期现金流量现值=\sum_{t=1}^{n}\frac{增长期公司自由现金流量_t}{(1+加权平均资本成本)^t}$$

$$转换期现金流量现值=\sum_{t=n+1}^{n+m}\frac{转换期公司自由现金流量_t}{(1+加权平均资本成本)^t}$$

$$后续期现金流量现值=\frac{公司自由现金流量_{n+m+1}\div(加权平均资本成本-永续增长率)}{(1+加权平均资本成本)^{n+m}}$$

$$实体价值=\sum_{t=1}^{n}\frac{增长期公司自由现金流量_t}{(1+加权平均资本成本)^t}+\sum_{t=n+1}^{n+m}\frac{转换期公司自由现金流量_t}{(1+加权平均资本成本)^t}+$$

$$\frac{\text{公司自由现金流量}_{n+m+1} \div (\text{加权平均资本成本}-\text{永续增长率})}{(1+\text{加权平均资本成本})^{n+m}} \tag{4.21}$$

课后学习方案

本章重点整理

本章较为重要的内容是债券和股票估价模型，在此，绘制了表 4-3 和表 4-4，以方便读者记忆和把握。

表 4-3 债券价值评估模型

模型	公式	备注
债券估价的一般模型	$PV=\frac{I_1}{(1+i)^1}+\frac{I_2}{(1+i)^2}+\cdots+\frac{I_n}{(1+i)^n}+\frac{M}{(1+i)^n}$ $=\sum_{t=1}^{n}\frac{I_t}{(1+i)^t}+\frac{M}{(1+i)^n}$	公式里的 i 一般是年利率，若一年内多次计息，则贴现率为 i/m，贴现期为 mn，其中 m 是一年付息次数
永久债券估价模型	$PV=\frac{I}{i}$	持续支付固定利息债券是永久债券，通常也用这个公式计算优先股的价值
零息债券估价模型	$PV=M\times(P/F,\ i,\ n)$	零息债券，即纯贴现债券，这里的公式计算的是没有利息、到期还本的零息债券价值

表 4-4 股票价值评估模型

模型	公式	备注
普通股估价的一般模型	$P_0=\sum_{t=1}^{\infty}\frac{D_t}{(1+R_s)^t}$	普通股的价值是公司未来所有股利的现值的和
零增长模型	$P_0=\sum_{t=1}^{\infty}\frac{D_t}{(1+R_s)^t}=\frac{D}{R_s}$	每期股利固定不变
不变增长模型或匀速增长模型	$P_0=\frac{D_0\times(1+g)}{R_s-g}=\frac{D_1}{R_s-g}$	g 为常数，且 $R_s>g$
多元增长模型	包括非固定成长后的零增长模型和非固定成长后的固定增长模型	分段计算

案例分析

永博是一家民营企业的 CEO，公司主营纺织品，在同行业中公司的规模属于中等偏下的水平。到 2009 年年底，永博接管这家公司已经有五六年了，这家公司经营稳定，正处于缓慢发展期。公司还没有上市，目前发行普通股 1 000 万股。永博对公司的业绩还比较满意，虽然他希望公司的业绩能够增长得更快一些，然而公司的股利政策却限制了公司的进一步发展。永博觉得公司上市的时机已经到了，公司一旦上市，股东就可以通过出售股票获得资本利得，这样就会降低对较高股利的依赖，同时公司也可以通过股票上市获得资金，满足投资的需要。但永博不知该如何定价才能使公司股票发行成功？

公司最近几年的每股收益、每股股利和每股未分配利润情况如表4-5所示。

表4-5　每股收益、每股股利和每股未分配利润情况　　单位：元

年份	2005	2006	2007	2008	2009
每股收益	9.7	9.9	11.8	12.3	12.5
每股股利	6.8	6.9	8.3	8.6	8.8
每股未分配利润	2.9	3.0	3.5	3.7	3.7

公司最近经过调查，认为公司未来盈利情况非常乐观，从2010年起的未来5年每股收益将先高速增长，增长率为10%，随后公司将进入稳定增长期，增长率为5%。如果公司上市成功，公司将进行技改项目投资，公司计划降低现在的股利支付率水平，认为未来几年股利支付率保持在0.5比较合适。公司预计未来几年的每股收益、每股股利和每股未分配利润情况如表4-6所示。

表4-6　预计未来几年每股收益、每股股利和每股未分配利润情况　　单位：元

年份	2010	2011	2012	2013	2014	2015
每股收益	13.8	15.2	16.7	18.4	20.2	21.21
每股股利	6.9	7.6	8.35	9.2	10.1	10.605
每股未分配利润	6.9	7.6	8.35	9.2	10.1	10.605

永博决定去请教公司的CFO，公司的CFO小刘回答，可以按表4-6所示的增长模式对公司普通股进行估价，并提出必要收益率为15%。之后，小刘补充说，国内同类纺织品企业的平均收益率为12%。

请问：你同意小刘给公司股票的定价思路吗？如果按照他的这一想法，公司股票价格应是多少？

延伸阅读

1. “剩余现金流量与自由现金流量的比较”，参见：王斌. 财务管理. 北京：高等教育出版社，2007：99-100.

2. “相对价值法”，参见：中国注册会计师协会. 财务成本管理. 北京：中国财政经济出版社，2010：193-202.

思考与讨论

1. 什么是现金流量贴现法？

2. 试从债券估价的基本模型分析影响债券价值的因素。

3. 如何利用股票的内在价值来进行投资决策？

4. 试从股票估价的基本模型分析影响股票价值的因素。

5. 讨论在股票市场处于均衡状态时，股票的期望收益率与必要收益率的关系。

6. 如何理解自由现金流量？

7. 如何理解企业价值？企业价值评估的意义何在？

自测与练习

1. ABC公司前一次收益分配中每股派发现金股利0.54元，某投资者欲购买该公司的股票，他预计ABC公司以后每年的股利将按8%的固定比率增长。假设该股票的β系数为1.5，无风险收益率为5%，而市场所

有股票的平均收益率为15%。要求：

(1) 利用资本资产定价模型计算投资ABC公司股票的必要收益率。

(2) 按照固定增长股票估价模型计算该公司股票的价值。

2. 有一种5年期国库券，面值100元，票面利率5%，单利计息，到期一次还本付息。假设投资者要求的必要收益率8%，一年复利一次，问该债券的内在价值是多少？

3. 假设甲公司未来3年的股利会高速增长，增长率达30%，随后，公司进入股利稳定不变阶段，公司新近支付的股利是每股现金股利3元，投资者要求的必要收益率为10%，请对该股票进行价值评估。

4. 某债券面值为1 000元，票面利率为10%，期限为5年，每半年付息一次，有一企业拟对该债券进行投资，期望最低收益率为12%，该债券的价格为920元，请计算并说明该企业是否进行债券投资？

5. 甲、乙两家公司同时于×××1年1月1日发行面值为1 000元、票面利率为10%的5年期债券，甲公司债券规定利随本清，一次还本付息，不计复利，乙公司债券规定每年6月30日和12月31日付息，到期还本。要求：

(1) 若×××3年1月1日甲公司债券的必要收益率为12%，市价为1 050元，问甲公司债券是否被市场高估？

(2) 若×××3年1月1日乙公司债券必要收益率为12%，市价为1 050元，问该资本市场是否完全有效。

(3) 若×××4年1月1日甲公司债券市价为1 150元，计算×××4年1月1日甲公司债券到期收益率(复利)。

(4) 若×××4年1月1日乙公司债券市价为1 020元，计算×××4年1月1日乙公司债券到期收益率（复利）。

(5) 若丙公司×××4年4月1日购入乙公司债券，必要收益率为12%，则该债券购买价格的上限为多少？

6. 铭堃公司2010年的相关指标如下：每股净利润为2.4元，每股资本支出为1.2元，每股折旧为0.6元，每股销售收入为10元，每股营运资本为4元，每股营运资本增加为1元。预计在2011—2015年间，其净利润增长率可保持在20%的水平。在此后的5年转换期中，净利润增长率将线性减少直至5%，随后保持不变。资本支出、折旧、营运资本和销售收入的预期增长率与净利润增长率相同。公司负债比率10%，这一政策预计不会改变。当前铭堃公司β值是1.3，并预计在2011—2015年间的高增长期保持不变，在此后的5年转换期中，铭堃公司的β值将线性减少直至0.8，在稳定阶段β值保持0.8不变。短期国库券利率为2%，市场组合预期收益率为12%，试利用表4-7和表4-8来估计铭堃公司每股股权价值。

表4-7 铭堃公司高增长阶段股权价值评估表 单位：元

项目 \ 年份	2010	2011	2012	2013	2014	2015
1. 净利润						
2. 资本支出						
3. 营运资本						
4. 营运资本增加						
5. -资本支出×(1-负债率)						
6. -营运资本增加×(1-负债率)						
7. 折旧×(1-负债率)						
8. 股权自由现金流量						
9. 股权资本成本						

续表

项目＼年份	2010	2011	2012	2013	2014	2015
10. 现值系数						
11. 现值						
12. 高增长阶段股权价值						

表 4-8　铭堃公司转换阶段股权价值评估表　　单位：元

项目＼年份	2010	2016	2017	2018	2019	2020	2021
1. 净利润增长率							
2. 净利润							
3. 资本支出							
4. 营运资本							
5. 营运资本增加							
6. -资本支出×(1-负债率)							
7. -营运资本增加×(1-负债率)							
8. 折旧							
9. 折旧×(1-负债率)							
10. 股权自由现金流量							
11. β 值							
12. 股权资本成本							
13. 现值系数							
14. 现值							
15. 转换阶段股权价值							

第五章　长期资金的筹措

本章基本架构图

- 认识筹资
  - 筹资的概念
  - 筹资的动机
  - 筹资的渠道
  - 长期筹资方式
    - 吸收直接投资
    - 发行股票
    - 发行债券
    - 长期借款
    - 融资租赁
  - 筹资类型的划分
  - 筹资数量预测
- 权益资金的筹措
  - 吸收直接投资
    - 吸收直接投资种类
    - 吸收直接投资筹资评价
  - 发行股票
    - 股票种类
    - 股票发行
      - 股票发行方式
      - 股票发行价格
      - 股票销售方式
    - 股票上市
    - 股票筹资评价
- 负债资金的筹措
  - 长期借款筹资
    - 长期借款的种类
    - 长期借款的信用条件
    - 长期借款的保护性条款
    - 长期借款的筹资评价
  - 发行债券
    - 债券的概念
    - 债券的种类
    - 债券的发行
    - 债券的信用评级
    - 债券上市
    - 债券的筹资评价
  - 融资租赁
    - 租赁的含义与类型
    - 融资租赁的特征
    - 融资租赁的主要形式
    - 融资租赁的程序
    - 融资租赁的租金
    - 融资租赁的评价
- 混合筹资方式
  - 发行优先股
    - 优先股的含义与特征
    - 优先股的种类
    - 优先股的筹资评价
  - 发行可转换债券
    - 可转换债券的含义与特征
    - 可转换债券的发行条件
    - 可转换债券的转换
    - 可转换债券的筹资评价
  - 发行认股权证

第一节 认识筹资

一、企业筹资的概念

提到筹资，简单地说就是企业的资金从哪里来。有了一定数量的资金，企业才能设立，才能在生产经营过程中，购买设备、材料，支付日常经营业务的各项费用；另外，企业为了扩大经营规模，对外进行投资，也需要筹集一定数量的资金；甚至，企业为了降低资本成本，控制财务风险，有时也需要通过筹资活动来调整资本结构。

企业筹资又称企业融资，是企业作为筹资主体根据其生产经营、对外投资和调整资本结构的需要，通过一定的筹资渠道，运用适当的筹资方式，经济有效地筹措和集中资本的财务活动。

筹资管理的核心问题就是通过科学的筹资方式，利用恰当的筹资渠道，在合适的筹资时机下，及时地筹集到足额的资金来满足企业的资金需求。同时，应尽可能地提高资本的利用效率，尽可能地合理确定企业的资本结构，控制企业的财务风险。

二、企业筹资动机

筹资动机是探讨企业为什么要筹措资金。一般来说，将企业的筹资动机归纳为以下三种基本类型：扩张性筹资动机、调整性筹资动机和混合性筹资动机。

（一）扩张性筹资动机

扩张性筹资动机是指企业为了满足扩大经营规模或增加对外投资的资本需要而产生的筹资动机。扩张性筹资活动在筹资的时间和数量上都应服从投资决策和投资计划的要求。扩张性筹资活动会导致企业资产总额增加，也可能使企业的资本结构发生变化。一般来说，处于成长阶段、具有良好发展前景的企业常常会进行扩张性筹资活动。

（二）调整性筹资动机

调整性筹资动机是指企业出于优化资本结构的需要而产生的筹资动机。调整性筹资的目的是调整和优化资本结构，而不是为了生产经营活动的需要追加资本，因此，这种筹资通常不会增加资产总额。企业产生调整性筹资动机的原因有很多，如企业现有的资本结构是合理的，但因有些债务即将到期，需要偿还，为了保持现有的资本结构不变，企业会举借新债以偿还旧债。再比如，企业现有的资本结构不合理，需要优化资本结构。如果企业的资产负债率过高，企业就可能需要采用权益性筹资方式筹集一定数量的权益资本来偿还部分债务，从而降低资产负债率，使资本结构得到优化；反之，如果企业的资产负债率过低，财务杠杆的作用会较小，这时，企业就可能需要筹集一定数量的负债资本，并回购部分股票，以提高资产负债率，达到优化资本结构的目的。

（三）混合性筹资动机

混合性筹资动机是指企业为了满足扩大生产经营规模和调整资本结构两种目的而产生的筹资动机。混合性筹资动机兼具扩张性筹资动机和调整性筹资动机的特性，它不仅会增加资产总额，同时也会改变资本结构。

三、企业筹资的渠道

企业筹资的渠道是探讨资金的源泉问题，即回答资金在哪里。认识和了解筹资渠道，有助于企业正确利用筹资渠道，筹集到企业所需的资本。

（一）政府财政资金

政府财政资金是国有企业筹资的主要渠道，现有国有企业的资金大部分是由国家财政以直接拨款方式形成的。政府财政资金这一筹资渠道具有稳固的基础，今后仍然会是国有企业权益资本筹资的主要渠道。

（二）银行信贷资金

银行对企业的各种贷款是各类企业重要的资本来源。我国的商业银行为各类企业提供商业贷款；政策性银行为特定企业提供政策性贷款。

（三）非银行金融机构资金

非银行金融机构主要包括信托公司、保险公司、租赁公司、证券公司、企业集团财务公司等。这些机构可以通过一定的途径和方式为企业提供资金或相关服务。

（四）其他企业资金

企业在生产经营中，往往形成部分暂时闲置的资金，可在企业之间以各种方式调剂使用。如在市场经济条件下，企业间的购销业务可以通过商业信用的方式来完成，从而形成企业之间的债权债务关系，形成债务人对债权人短期资金的占用。再如，企业之间的相互投资，也将形成被投资企业对投资企业资金的占用。随着企业集团的发展，企业之间的资金融通将得到更大的发展。

（五）民间资金

企业可以通过发行债券和发行股票等方式，将企业职工和城乡居民个人闲置的资金筹集起来。这些资金虽然零散，但随着人们生活水平的逐步提高，这种筹资渠道的作用会越来越大。

（六）企业自留资金

企业自留资金是在企业内部形成的资金，是企业内部积累资金，主要是企业留存收益转化成的生产经营资金，包括计提的折旧、提取的公积金和未分配利润等。企业自留资金是直接由企业内部自动生成或转移而来的，没有筹资费用。

（七）境外资金

境外资金是指我国大陆境外投资者，包括我国香港、澳门、台湾地区和外国投资者投入的资金。引进大陆境外的资金，可增强企业资金实力。

四、企业长期筹资方式

企业筹资方式是企业筹集资本所采取的具体形式，即企业怎样取得资金。

（一）吸收直接投资

吸收直接投资是企业筹集所有权资本的重要筹资方式。它是企业按照“共同投资、共同经营、共享收益、共担风险”的原则，以协议的形式直接吸收国家、法人、自然人资金的一种筹资方式。这种筹资方式因不以股票为融资工具，主要适用于非股份制企业。在这种筹资方式下，筹资方与投资方经过协商达成协议，规定双方的权利与义务。吸收直接投资是非股份制企业筹集自有资金的基本方式。

（二）发行股票

发行股票是股份有限公司筹集股权资本的基本筹资方式。它是股份有限公司依据国家有关法律法规以及公司章程，以发售股票的形式筹集资本。通过发行股票所筹集的资金，企业可以永久占用，属于企业的自有资金。这种筹资方式仅适用于股份有限公司，并且必须以股票为媒介。

（三）发行债券

发行债券是企业根据国家有关法律法规以及债券发行协议，以发售债券的形式筹集负债资本的一种直接融资方式。在我国，并非所有的企业都具备发行债券的资格。按照我国《公司法》的规定，股份有限公司、国有独资公司和两个以上的国有企业或者其他两个以上的国有投资主体设立的有限责任公司才有资格发行公司债券。

（四）银行借款

银行借款是企业筹集负债资本的重要筹资方式。它是企业按照与银行等金融机构签订借款合同借入款项的一种间接筹资方式。这种筹资方式适合于各类企业，既有助于企业筹集长期负债资本，也有助于企业筹集短期负债资本，灵活、方便。

（五）融资租赁

融资租赁是企业与租赁公司签订租赁合同，按照合同约定从租赁公司租入资产从而筹集资本的一种间接筹资方式。这种融资方式筹集的是负债资本，适用于各种类型的企业。融资租赁是将融资与融物相结合，使筹资企业可以快捷、方便地得到所需要的资产。

五、企业筹资类型

公司从不同渠道、利用不同筹资方式筹集的资金，由于具体的来源、方式、期限等不同形成了不同的筹资类型。

（一）按照资本性质的不同分为权益性筹资、负债性筹资和混合性筹资

权益性筹资是指所筹集到的资本属于权益资本的筹资活动。权益资本也称股权资本或自有资本，是企业依法取得并长期拥有、自主调配的资本。权益资本是代表企业资信状况的一个主要指标，企业的权益资本可以通过吸收直接投资、发行股票等筹资方式取得。

负债性筹资是指所筹集到的资本属于负债资本的筹资活动。负债资本也称债务资本或借入资本，是企业依法取得的将来需要按期偿还的资本。企业的负债资本主要通过银行借款、发行债券、融资租赁、商业信用等筹资方式取得。

混合性筹资是指兼具权益性筹资与负债性筹资双重性质的筹资活动。混合性筹资所筹集到的资本既具有一定的权益资本的特性，也具有一定的负债资本的特性，常见的混合性筹资方式有发行优先股、发行可转换证券等。

（二）按照是否通过金融机构分为直接筹资和间接筹资

直接筹资是指企业不以银行等金融机构为中介，直接向资本所有者筹措资本的一种筹资活动。企业可通过发行股票、发行债券、发行短期融资券等筹资方式进行直接筹资。在我国，随着金融市场的不断发展，直接筹资将越来越多地被广大企业采用。

间接筹资是指企业通过银行等金融机构来筹措资本的一种筹资活动。间接筹资是一种传统的筹资类型，主要包括银行借款、融资租赁等。间接筹资手续简便，方便快捷，筹资费用较低，对筹资企业的要求也比直接筹资低。所以，间接筹资一直乐于为企业所采用。目前，我国大多数企业的筹资活动仍然以间接筹资为主。

（三）按照资本来源的范围分为内部筹资和外部筹资

内部筹资是指企业通过留存收益的形式从企业内部筹措资本的筹资活动。内部筹资是在企业内部通过利润留存自然形成的，其数额大小主要取决于企业可供分配利润的规模以及企业的利润分配政策。内部筹资一般无须支付筹资费用，因此，可以降低资本成本，企业在进行筹资活动时，应首先利用内部筹资，然后再考虑外部筹资。

外部筹资是指企业向外部筹措资本的一种筹资活动。在企业内部筹资无法满足企业资本需要的情况下，企业应当从外部筹集资本。外部筹资的方式有很多，如吸收直接投资、发行股票、发行债券、融资租赁、银行借款等都属于外部筹资方式。外部筹资一般都需要支付一定的筹资费用，如股票、债券的发行费用，向银行借款需支付的手续费等。

（四）按照资金的使用期限分为短期筹资和长期筹资

短期筹资是指企业所筹集的资金使用期限在 1 年以内的筹资活动。短期筹资所筹集的资金是企业的短期资本，需要在 1 年之内偿还。短期资本的主要筹资方式有短期银行借款、商业信用和发行短期融资券等。通常短期筹资的资本成本较低，但是企业承担的财务风险较大。

长期筹资是指企业所筹集的资金使用期限在 1 年以上的筹资活动。长期筹资所筹集的资金是企业的长期资本，主要包括长期负债资本和权益资本。长期资本的主要筹资方式有吸收直接投资、发行股票、发行债券、长期银行借款、融资租赁等。通常长期资本的资本成本比短期资本高。

六、企业筹资数量的预测：销售百分比法

预测筹资数量是要回答企业到底需要多大规模的资金才能满足企业需要的问题。一般来说，企业筹资数量的预测可以使用销售百分比法、趋势预测法、线性回归法等，其中，销售百分比法是预测资金需要量的常用方法，它是以未来销售收入变动为主要参数，预测未来资金需要量的一种方法。

（一）销售百分比法的基本原理

销售百分比法建立在一定的假设基础之上，即在一定期间内，利润表项目以及大多数资产负债表项目的金额与销售收入的比率保持不变。通常情况下，这种假设是合理的。在资产负债表中，有些项目与销售收入之间存在固定不变的百分比关系，它们直接随销售额的变动而变动；有些项目与销售收入之间不存在直接的关系，往往不随销售额的变动而变动。通常将前者称为敏感项目或经营项目，将后者称为非敏感项目或非经营项目。需要注意的是，对于不同的企业，敏感项目和非敏感项目不一定相同，要根据企业的实际情况来分析。

在建立了这个基本假设的基础上，再根据“资产=负债+所有者权益”这个会计恒等式所确立的资产、负债与所有者权益之间的关系，确定外部融资需要量。

（二）销售百分比法的基本步骤

应用销售百分比法预测外部融资需要量，通常需要经过以下步骤：

（1）预计销售额增长率；

（2）确定经营项目和非经营项目；

（3）确定需要增加的资金数额；

（4）确定当年留存收益增加额；

（5）根据有关财务指标的约束确定对外筹资数额。

（三）销售百分比法的增量模型

由于资产=负债+所有者权益，当区分出敏感项目与非敏感项目后，有下式成立：

敏感资产+非敏感资产=敏感负债+非敏感负债+所有者权益

敏感资产-敏感负债+非敏感资产=非敏感负债+所有者权益

由于所有者权益=投入资本+留存收益，则

敏感资产-敏感负债+非敏感资产=非敏感负债+投入资本+留存收益

假设Δ投入资本=0，Δ非敏感资产=0，则

Δ敏感资产-Δ敏感负债-Δ留存收益=Δ非敏感负债　　（5.1）

式（5.1）中，Δ非敏感负债代表的是非敏感负债的增量，表示外部债务资金需求量。

如果Δ非敏感资产=0，Δ投入资本≠0，则

Δ敏感资产-Δ敏感负债-Δ留存收益=Δ非敏感负债+Δ投入资本　　（5.2）

式（5.2）中，Δ非敏感负债+Δ投入资本表示外部资金总需求量，包括外部权益筹资和外部债务筹资。

比较公式（5.1）和公式（5.2），我们发现不管Δ投入资本是否为零，外部资金需要量都可以用式（5.3）来计算：

外部资金需要量=Δ敏感资产 Δ敏感负债-Δ留存收益　　（5.3）

但需要注意的是，公式（5.3）仍假设Δ非敏感资产=0，即期初和期末的非敏感资产相同，不发生变化。如果Δ非敏感资产≠0，则

外部资金需要量=Δ敏感资产-Δ敏感负债-Δ留存收益+Δ非敏感资产　　（5.4）

由于：

Δ敏感资产=Δ销售额×敏感资产销售百分比

Δ敏感负债=Δ销售额×敏感负债销售百分比

Δ留存收益=计划销售净利率×预计销售额×(1-股利支付率)

则

外部资金需要量=Δ销售额×(敏感资产销售百分比-敏感负债销售百分比)-
计划销售净利率×预计销售额×(1-股利支付率)+
Δ非敏感资产　　（5.5）

利用上面的几个公式求外部资金需要量的方法就是销售百分比法的增量模型，即根据销售的增加额和预计资产、预计负债、预计所有者权益的增加额，确定外部筹资需求。

【例 5.1】 华云公司×××4 年销售收入为 20 000 万元，销售净利润率为 12%，净利润的 60% 分配给投资者。×××4 年 12 月 31 日的资产负债表（简表）如表 5-1 所示。

表 5-1 资产负债表（简表）

×××4 年 12 月 31 日 单位：万元

资产	期末余额	负债及所有者权益	期末余额
现金	1 000	应付账款	1 000
应收账款	3 000	应付票据	2 000
存货	6 000	长期借款	9 000
固定资产净值	7 000	实收资本	4 000
无形资产	1 000	留存收益	2 000
资产总计	18 000	负债与所有者权益总计	18 000

华云公司×××5 年计划销售收入比上年增长 30%。据历年财务数据分析，公司现金、应收账款和存货是敏感资产；应付账款和应付票据是敏感负债。敏感资产与敏感负债随销售额同比率增减。假定华云公司其他非敏感资产和非敏感负债不发生变动，华云公司×××5 年的销售净利率和利润分配政策与上年保持一致，适用的企业所得税税率为 25%，则华云公司×××5 年外部筹资需求量为：

外部资金需要量 = Δ销售额×（敏感资产销售百分比−敏感负债销售百分比）−预计销售额×计划销售净利率×(1−股利支付率)+Δ非敏感资产

其中：

$$敏感资产销售百分比=\frac{1\ 000+3\ 000+6\ 000}{20\ 000}=50\%$$

$$敏感负债销售百分比=\frac{1\ 000+2\ 000}{20\ 000}=15\%$$

则

$$外部资金需要量=20\ 000\times 30\%\times(50\%-15\%)-20\ 000\times(1+30\%)\times 12\%\times(1-60\%)=852\ （万元）$$

在【例 5.1】中，如果华云公司为实现销售收入增长 30% 的目标需要新增设备一台，也需要增加无形资产的投入，预计新增设备所需资金为 150 万元，增加无形资产需要投入资金 100 万元，则华云公司×××5 年外部资金需要量 = 852+150+100 = 1 102 万元。

第二节 权益资金的筹措

权益资金没有固定的到期日，无须偿还，是企业的永久性资本。权益资本作为企业最基本的资本，代表了公司的资本实力。通常企业可以通过吸收直接投资、发行股票和利用留存收益等形式筹集权益资金。其中，吸收直接投资和发行普通股属于外部筹资方式，利用留存收益属于内部筹资方式。

一、吸收直接投资

吸收直接投资，也称投入资本筹资，是指非股份制企业以签订投资协议的形式吸收投资者直接投入资本的一种筹资方式。吸收直接投资不以股票为媒介，只适用于非股份制企业，是非股份制企业筹集权益资本的一种基本方式。无论在企业设立时，还是在企业存续期间，非股份制企业都可以采用吸收直接投资的方式筹集权益资本。

（一）吸收直接投资的种类

吸收直接投资的种类很多，公司可以根据自身的需要和有关规定选择采用，以便顺利地筹措所需要的权益资本。

1. 按出资人的出资结构分类

吸收直接投资按出资人结构可分为吸收国家投资、吸收法人投资、吸收社会公众投资、吸收外商投资，分别形成国家资本金、法人资本金、个人资本金和外商资本金。

吸收国家投资产权归属国家，资金的运用和处置受国家约束较大，在国有企业中采用比较广泛。

吸收法人投资发生在法人单位之间，以参与公司利润分配或控制为目的，出资方式灵活多样。

吸收社会公众投资这种方式，一般参加投资的人员较多，每人投资的数额相对较少，投资者投资的目的是参与企业的利润分配。

吸收外商投资是通过合资经营或合作经营的方式吸收外商直接投资，即与其他国家的投资者共同投资，创办中外合资经营企业或者中外合作经营企业，共同经营、共担风险、共负盈亏、共享利益。

2. 按出资人的出资形式分类

吸收直接投资按出资人的出资形式分为吸收现金投资、吸收实物投资、吸收无形资产投资等。吸收现金投资是指吸收投资者用货币资金对企业的投资，它是直接投资中最重要的出资方式。我国《公司法》第 27 条第三款规定，全体股东的货币出资金额不得低于有限责任公司注册资本的 30%。

吸收实物投资是指吸收以房屋、建筑物、设备等固定资产和材料、燃料、商品等流动资产所引进的投资。企业吸收实物投资时，必须在企业的合同、协议、章程中明确规定，实物的种类、数量、质量标准等以及未达到投资标准的经济责任。同时，投资者以实物投资，还必须出具拥有资产所有权和处置权的有效证明，投资者不得以租赁的资产或者已作为抵押的资产投资。

吸收无形资产投资是指吸收所有者以专利权、商标权、非专利技术、土地使用权等无形资产作价投入的资本。企业吸收的无形资产，除土地使用权外一般不得超过注册资本的 20%。如果情况特殊，含有高新技术，经有关审批部门审批后，也可超过 20%，但最高不得超过 30%。

需要注意的是，我国《公司法》第 27 条第二款规定，对作为出资的非货币财产应当评估作价，核实财产，不得高估或者低估作价。法律、行政法规对评估作价有规定的，从其规定。

（二）吸收直接投资评价

吸收直接投资是我国国有企业、集体企业、合资或联营企业普遍采用的筹资方式。这种筹资方式与其他筹资方式相比，有如下优缺点。

1. 吸收直接投资的优点

（1）吸收直接投资所筹集的资本属于企业的自有资本，与借入资本相比，它能提高企业的资信度和借款能力，对扩大企业经营规模、壮大企业实力具有重要作用。

(2) 吸收直接投资不仅可以取得现金，而且能够直接获得企业所需要的先进设备与技术，这与仅筹集现金的筹资方式相比，能更快形成生产经营能力。

(3) 采用吸收直接投资的筹资方式，企业向投资者分配利润可视企业经营情况而定，比较灵活，其筹资风险较低。

(4) 吸收直接投资的手续相对比较简单，筹资费用较低。

2. 吸收直接投资的缺点

(1) 筹资成本较高。相对于股票筹资而言，投资者往往要求将大部分盈余作为股利分配，资本成本较高。

(2) 容易分散企业的控制权。采用吸收直接投资方式筹集资金，有时需要引进新的投资者，新的投资者一般都要求获得与投资数量相当的经营管理权，会分散企业原有的控制权。

(3) 以吸收直接投资方式筹集的资本，由于没有证券作为中介，不利于产权的交易和转让。

二、发行普通股筹资

股份有限公司的资本划分为股份，每一股的金额相等，这些股份采取股票的形式。股票是公司签发的证明股东所持股份的凭证。公司股东作为投资人，依法享有公司管理权、分享盈余权、出售或转让股份权、优先认股权和剩余财产要求权等权利；同时，股东应遵守公司章程、缴纳股款、以其认购的股份为限对公司承担责任。股份有限公司可以根据公司需要及投资者的投资意愿，发行不同类型的股票。按照股东享有的权利和承担的义务通常将股票分为普通股和优先股。其中，普通股是股份有限公司依法发行的具有管理权而股利不固定的股票。普通股具有股票的最一般特征，通常情况下，股份有限公司只发行普通股。普通股所代表的是公司的所有者权益。普通股的持有者是公司最终的所有者，他们集体拥有公司，同时也承担与公司所有权相联系的最终风险。

（一）普通股的种类

1. 按照票面有无记名分为记名普通股和无记名普通股

记名普通股是指在普通股票面上记载股东姓名或者名称，并将其列入公司股东名册的股票。记名普通股的转让、继承都要办理过户手续。

无记名普通股是指在普通股上不记载股东姓名或名称的股票。无记名普通股的转让、继承无须办理过户手续，只要将股票交给受让人，就可产生转让效力。

2. 按照票面上有无金额分为有面值普通股和无面值普通股

有面值普通股是指在普通股的票面上记载每股金额的普通股。股票面值的主要功能是确定每股股票在公司中所占有的份额。另外，还表明股东对每股股票所负有限责任的最高限额。

无面值普通股是指在普通股的票面上不记载每股金额的普通股。无面值普通股仅表示每一股在公司全部普通股股票中所占有的比例，也就是说，这种股票只在票面上注明每股占公司总股本的投资比例。

3. 按发行对象和上市地区的不同分为 A 股、B 股、H 股、N 股和 S 股

我国上市公司的股票有 A 股、B 股、H 股、N 股、S 股等的区分，这主要依据股票的上市

地点和所面对的投资者而定。

A 股的正式名称是人民币普通股票，它是由我国境内的公司发行的，以人民币认购和交易的普通股。

B 股的正式名称是人民币特种股票，它是由我国境内的公司发行的，以人民币标明面值，以外币认购和买卖的普通股。

H 股，即注册地在内地、上市地在我国香港的普通股。香港的英文是 Hong Kong，取其字首，在我国香港上市的普通股就叫做 H 股。依此类推，美国纽约的第一个英文字母是 N，新加坡的第一个英文字母是 S，在美国纽约和新加坡上市的普通股分别叫做 N 股和 S 股。

（二）普通股的发行

1. 普通股的发行方式

普通股的发行方式主要分为公开招股发行、非公开发行、向股东配股和向第三者配股等。

公开招股发行方式亦即公募发行，它是以不特定的多数投资者为发行对象公开招募认购股票。它可以是直接公募发行，也可以是间接公募发行。其中，直接公募发行是发行公司向社会公众发售股票，发行公司承担发行责任与风险；间接公募发行是发行公司通过承销机构发行股票。通常的做法是发行公司与承销人之间签订承销合约，由承销人向社会公众发售。

非公开发行方式属于私募发行，它是指不公开对外发行股票，只向少数特定的对象直接发行的方式。非公开发行一般无须经中介机构承销，但发行方自己若找不到这些“少数特定的对象”（确定的投资人），或基于其他原因也可以找中介机构承销。我国股份有限公司采用发起设立方式和以不向社会公开募集的方式发行新股的做法，属于股票的非公开发行。这种发行方式弹性较大，手续简单，发行迅速，节约发行费用，但发行范围小，股票变现性差。

向股东配股的股票发行方式是指赋予现有股东按配股价格优先认购新股的发行方式。通常是按原股东持有股数的一定比例配予优先认购的新股数。这种发行方式不会引起股权结构发生大的变化。如，2012 年 11 月 26 日甘肃祁连山水泥集团股份有限公司配股发行公告中称，以股权登记日 2012 年 11 月 26 日上海证券交易所收市后“祁连山”股本总数 474 902 332 股为基数，按每 10 股配 3 股的比例向全体股东配售，共计可配股票总数量为 142 470 699 股。按本次配股价格 6. 26 元/股，预计可筹集约 9 亿元资金。

向第三者配股的股票发行方式即公司在新股票发行时，给予与公司有特定关系的第三者（如其他公司或银行）以新股认购权。这种做法多在公司经营不景气，筹资困难时才予采用。

2. 普通股的发行价格

公司发行新股，股东大会应当对新股种类及数额、新股发行价格、新股发行的起止日期以及向原有股东发行新股的种类及数额等事项作出决议。其中，股票发行价格的确定非常重要。如果发行价格过高，可能导致发行失败；发行价格过低，则可能导致资本筹集不足，同时也会损害到原有股东的利益。因此，合理确定发行价格是保证发行成功的关键。

按照发行价格与其面值的关系，股票的发行价格通常有以下几种。

（1）平价发行，即将股票面值作为股票的发行价格。

（2）市价发行，即将公司现有流通在外股票的市场价格或同类股票的现行价格作为股票的发行价格。

（3）中间价发行，即股票发行价格介于股票面值和市场价格之间。

如果是初次公开发行股票（IPO），股票价格的确定相对复杂。初次公开发行股票价格的确定涉及公司账面价值、经营业绩、发展前景、股票发行数量、行业特点、股票市场当前状况、市场投资者的价格接受底线等。从实践上来看，国际通行的定价方式主要有以下两种。

（1）累积订单方式。累积订单方式在美、英等国证券市场使用较为普遍。这与其投资者结构中机构投资者所占比重较大是分不开的。美国证券市场上重要的机构投资者大都是以投资证券市场业务作为主要活动领域，运作相对规范，对证券市场熟悉。这些机构投资者经常参与新股发行，对不同特点的发行公司的投资价值判断比较准确。因此，以这些机构投资者的报价作为定价的主要依据相对可靠。

（2）固定价格方式。固定价格方式是新股发行中比较简单的一种，通常在新兴市场中比较常用，如马来西亚、新加坡等，或用于发行量比较小的股票，如美国采用代销方式承销的小盘股有时也采用固定价格方式。

总的来看，累积订单方式是目前新股发行定价中使用较多的方式。而且，各国证券监管机构往往根据本国证券市场的实际情况，将不同定价方式结合使用。自2005年年初，我国的新股定价实行询价制度，从性质上看属于累积订单方式，改变了过去延续十多年的与市盈率挂钩的固定价格方式。

需要注意的是，我国《公司法》规定，同次发行的同种类股票，每股的发行条件和价格应当相同；任何单位或者个人所认购的股份，每股应当支付相同金额。股票发行价格可以和票面金额相同，也可以超过票面金额，但不得低于票面金额。

3. 股票的销售方式

股票的销售方式有自销和承销两种方式。

（1）自销。股票发行的自销方式是指股份有限公司自己直接将股票销售给认购者。这种销售方式可由发行公司直接控制发行过程，实现发行意图，并可以节省发行费用。但这种销售方式，往往筹资时间长，发行公司要承担全部发行风险，并需要发行公司有较高的知名度、信誉和实力。

（2）承销。我国《公司法》规定股份有限公司向社会公开发行股票，必须与依法设立的证券经营机构签订承销协议，由证券经营机构承销。承销又分包销、代销两种方式。股票发行的包销是由发行公司与证券经营机构签订承销协议，全权委托证券承销机构代理股票的发售业务。采用这种办法，一般由证券承销机构买进股份公司公开发行的全部股票，然后将所购股票转销给社会上的投资者。在规定的募股期限内，若实际招募股份数达不到预定发行股份数，剩余部分由证券承销机构全部承购下来。股票发行的代销是由证券经营机构代理股票发售业务。根据《中华人民共和国证券法》（以下简称《证券法》）第35条的规定，股票发行采用代销方式的，代销期限届满，向投资者出售的股票数量未达到拟公开发行股票数量70%的，为发行失败。发行人应当按照发行价并加算银行同期存款利息返还股票认购人。因此，只有股票发行采用代销方式，才会出现发行失败。如果采用包销方式，不存在发行失败问题。

（三）股票的上市

股票上市是指股份有限公司符合规定条件，经过申请批准后在证券交易所作为挂牌交易的对象。经批准在证券交易所上市交易的股票，称为上市股票；经批准能在证券交易所上市交易股票的公司，称为上市公司。

1. 股票上市的条件

发行人首次公开发行股票后，申请其股票在上海证券交易所和深圳证券交易所上市，应当符合下列条件。

(1) 股票经国务院证券监督管理机构核准已公开发行。

(2) 公司股本总额不少于人民币3 000万元。

(3) 公开发行的股份达到公司股份总数的25%以上；公司股本总额超过人民币4亿元的，公开发行股份的比例为10%以上。

(4) 公司最近3年无重大违法行为，财务会计报告无虚假记载。

(5) 上海证券交易所和深圳证券交易所要求的其他条件。

如果证券交易所同意其股票上市，发行人应当于股票上市前5个交易日内，在指定媒体或者证券交易所网站上披露上市公告书、公司章程、上市保荐书、法律意见书以及证券交易所要求的其他文件。上述文件还应当备置于公司住所，供公众查阅。发行人在提出上市申请期间，未经证券交易所同意，不得擅自披露与上市有关的信息。

2. 股票上市的影响

股份有限公司申请股票上市，基本目的是为了增加本公司股票的吸引力。股票上市对上市公司而言，主要有以下有利的影响。

(1) 提高了公司的知名度，便于筹措新资金。

(2) 提高了股票的流动性和变现性，促进了股权的流通和转让。

(3) 促进股权分散化，避免股权过于集中。

(4) 便于确定公司价值，有利于公司实现价值最大化目标。

但股票上市也会产生不利的影响。

(1) 上市成本较高，手续复杂严格。

(2) 公司将负担较高的信息披露成本。

(3) 信息公开的要求可能会暴露公司的商业机密。

(4) 股价有时会歪曲公司的实际情况，影响公司声誉。

(5) 可能会分散公司的控制权，造成管理上的困难。

(四) 普通股筹资评价

1. 普通股筹资的优点

(1) 普通股筹资没有固定的股利负担。若公司盈利较多，并认为适合于分配股利，就可以派发股利；若公司盈利较少，或虽有盈利但资金短缺或有更好的投资机会，也可以少支付或不支付股利。通过发行债券或借款筹资，无论公司是否有盈利以及不管盈利有多少，筹资者都必须按期足额向投资者支付利息。

(2) 普通股股本没有固定的到期日。股本没有固定的到期日，无须偿还，是公司的永久性资本。普通股股本是公司的永久性资本，是公司最稳定的资本来源，除非公司破产清算才予以偿还。这对于保证公司对资本的最低需求，促进公司长期持续稳定经营具有重要意义。

(3) 发行普通股能增强公司的信誉。股本以及由此产生的资本公积和留存收益是公司的权益资本，可以成为公司筹措债务资本的基础。较多的权益资本有利于提高公司的信用价值，同时也为利用更多的债务筹资提供了强有力的支持。

2. 普通股筹资的缺点

(1) 普通股筹资成本高。这是因为投资人投资于股票的风险大，所要求的收益率高；并且股利是以税后利润支付的，无抵税作用。此外，普通股的发行成本也较高，这些都决定了普通股的筹资成本较高。

(2) 发行普通股容易分散公司的控制权。公司若增发普通股就会增加新股东，这可能改变原有的股权结构。因此，与负债筹资方式相比，通过发行普通股筹资，容易分散公司原有的控制权。

第三节 负债资金的筹措

企业的负债资金是通过负债筹资方式筹集的资金，负债筹资与权益筹资性质不同。与权益筹资相比，负债筹资筹集的资金需到期归还，而且不论企业经营好坏，都要支付固定的债务利息，从而形成企业固定的财务负担，但其筹资成本一般低于权益筹资方式的筹资成本。

一、长期借款筹资

长期借款是企业根据借款合同从银行以及其他非银行金融机构借入的偿还期在 1 年以上的款项。

（一）银行长期借款的种类

1. 按有无抵押品分为信用贷款和抵押贷款

信用贷款是借款人不提供任何担保品，仅凭借款公司的信誉或其保证人的信用而发放的贷款。此种贷款通常适用于资信良好的公司。目前我国各商业银行向资信良好的国有企业发放的贷款，大多属于信用贷款。

抵押贷款是指以特定的抵押品作为担保的贷款。其抵押品可以是不动产或其他资产，但要求能在市场上出售。若贷款到期时借款企业无法或不愿偿还贷款，银行或其他金融机构有权取消企业对抵押品的赎回权，并将其变卖，所得款项将用于归还贷款。

2. 按提供贷款的金融机构分为政策性银行贷款、商业银行贷款和非银行金融机构贷款

政策性银行的长期贷款利率一般比商业银行的低，期限也较长。由于政策性银行只经营指定范围的金融业务和提供专门的金融服务，所以，能够选择政策性银行借款的企业通常都是一些特定行业或从事特定业务的企业。例如，中国进出口银行主要为大型设备的进出口提供买方信贷或卖方信贷。

企业的长期借款大部分来自商业银行贷款，商业银行贷款是企业银行借款筹资的主要形式。

非银行金融机构贷款也是企业长期借款的一种重要形式。这种长期借款一般较商业银行贷款的期限更长，相应地，利率也较高，但对借款企业的信用要求和担保的选择也比较严格。在我国，非银行金融机构贷款会受到一定的限制。

（二）银行长期借款的信用条件

参照国际惯例，银行发放贷款时，往往涉及信用额度、周转信贷协定、补偿性余额、抵押

担保等信用条款。

1. 信用额度

信用额度是借款企业与银行间正式或非正式协议规定的企业借款的最高限额。通常在信用额度内，企业可随时按需要向银行申请借款。在正式协议下，约定某企业的信用额度为100万元，该企业已借用60万元且尚未偿还，则该企业仍可申请借款40万元，银行将予以保证。而在非正式协议下，如果企业信誉不好，即使银行曾经答应按贷款限额提供贷款，企业也可能得不到借款，此时银行并不承担按最高借款限额保证贷款的法律义务。

2. 周转信贷协定

周转信贷协定又称周转信用协议，是银行有法律义务承诺提供不超过某一个最高限额的贷款协定，是一种正式的信用额度。企业享用周转信贷协定，通常要就贷款限额的未使用部分支付给银行一定的承诺费用。

【例5.2】某银行给予某企业×××5年周转信贷额度1 000万元，承诺费率为0.5%，借款企业在×××5年1月1日借入600万元，并在×××5年12月31日归还，其余款项未动用，则该企业应向银行支付的承诺费为400×0.5%=2（万元）。

承诺费用是银行向企业提供周转信贷协定的附加条件。但对于借款企业而言，承诺费的支付提高了借款企业的实际利率。因为借款企业不仅要支付所贷款项的银行利息，还应就贷款限额的未使用部分支付给银行承诺费用。

3. 补偿性余额

补偿性余额是银行要求借款企业将借款的一定比例留存银行，一般为借款的10%～20%。从银行的角度来看，补偿性余额有利于银行降低贷款风险；但对于借款企业而言，补偿性余额提高了借款的实际利率。

【例5.3】某企业按利率6%向银行借款1 000万元，银行要求维持10%的补偿性余额，则企业实际可动用金额是1 000×(1−10%)=900（万元），该项借款的实际利率为

$$\frac{1\ 000\times6\%}{900}=6.67\%$$

4. 抵押担保

如果企业的财务状况较差，银行在发放贷款的同时会要求企业提供抵押品担保，以降低银行贷款风险。借款的抵押品通常为企业的应收账款、存货、有价证券以及房屋等。当银行接受抵押品后，将根据抵押品的价值给予企业一定数额的贷款，一般为抵押品账面价值的30%～50%，其比例的大小取决于抵押品的变现能力和金融机构对投资风险的态度。

抵押贷款往往被银行看作风险贷款，银行将收取较高的利息，同时银行对该种贷款的管理也较严格，往往收取一定的手续费。银行有时要求企业为取得借款而做出其他承诺，如及时提供财务报告，保持资产的流动性等。如企业违背所作出的承诺，银行可以要求企业立即偿还全部贷款。

（三）银行长期借款的保护性条款

由于长期借款的期限长，风险大，按照国际惯例，银行通常会在贷款合同中提出一些有助于保证贷款按时足额偿还的条件，这些条件一般被称为保护性条款。归纳起来，保护性条款大致有例行性保护条款、一般性保护条款和特殊性保护条款三类。

1. 例行性保护条款

例行性保护条款作为例行常规，在大多数借款合同中都会出现。例行性保护条款主要包括：①要求定期向提供贷款的金融机构提交财务报表，以使债权人随时掌握公司的财务状况和经营成果；②不准在正常情况下出售较多的非产成品存货，以保持企业正常生产经营能力；③如期清偿应缴纳税金和其他到期债务，以防被罚款而造成不必要的现金流失；④不准以资产作其他承诺的担保或抵押；⑤不准贴现应收票据或出售应收账款，以避免或有负债等。

2. 一般性保护条款

一般性保护条款是对企业资产的流动性及偿债能力等方面的要求条款，这类条款应用于大多数借款合同。一般性保护条款主要包括：①保持企业资产的流动性，一般要求企业需持有一定最低限度的货币资金及其他流动资产，以保持企业资产的流动性和偿债能力，一般规定企业必须保持最低的营运资金数额和最低的流动比率数值；②限制企业非经营性支出，如限制支付现金股利、购入股票和职工加薪的数额规模，以减少企业资金的过度外流；③限制企业资本支出的规模，通过控制企业资产结构中长期资产的比例，以减少公司日后变卖固定资产偿还贷款的可能性；④限制公司再举债规模，用以防止其他债权人取得对公司资产的优先索偿权；⑤限制公司的长期投资，如规定公司不准投资于短期内不能收回资金的项目，不能未经银行等债权人同意与其他公司合并等。

3. 特殊性保护条款

这类条款是针对某些特殊情况而出现在部分借款合同中的条款。特殊性保护条款主要包括：限制高级职员的薪金和奖金总额；要求主要领导人在合同有效期内担任领导职务；要求主要领导人购买保险等。

（四）长期借款筹资评价

1. 长期借款筹资的优点

与发行股票和发行债券等长期筹资方式相比，长期借款筹资具有以下优点。

（1）筹资速度快。发行股票、债券筹集长期资本的程序比较复杂，所需时间较长。发行股票、债券筹集资金必须得到证券管理部门的审批，并做好发行前的各种准备工作。而利用长期借款筹资，一般所需时间较短，程序也较为简单，可以使企业快速获得现金。

（2）筹资成本较低。与发行股票和债券筹资相比，利用长期借款筹资的资本成本较低。这是由于借款的利息可在所得税前列支，可以减少企业实际负担的利息费用，因此比股票筹资的成本要低得多。而与发行债券相比，长期借款的利率一般低于债券利率，并且借款属于间接筹资，筹资费用也比发行债券所需费用少得多。

（3）银行借款弹性较大。在借款时，企业与银行直接商定贷款的时间、数额和利率等。在用款期间，企业如因财务状况发生某些变化，亦可与银行再行协商，变更借款数量及还款期限等。因此，长期借款筹资对企业来说，具有较大的灵活性。

（4）企业利用借款筹资可以发挥财务杠杆作用。由于借款的利息固定，且在税前计入成本，能为股东带来财务杠杠效益，增加股东和公司的财富。

2. 长期借款筹资的缺点

长期借款筹资也存在一些缺点，主要有以下三个方面。

（1）筹资风险较高。借款筹资必须按期还本付息，在企业经营不景气的情况下，会给企业带来较大的财务负担，甚至会产生不能偿付的风险，因此，企业利用长期借款筹资风险较高。

（2）限制条件较多。企业利用长期借款筹资需要与银行签订借款合同。在借款合同中，通常会有一些限制性条款，这些限制性条款可能影响企业以后的筹资、投资和收益分配活动。

（3）筹资数量有限。通常银行不会给企业审批数额太大的贷款，因此，借款筹资一般不像发行股票和债券那样可以一次筹集到大笔资本。

二、发行债券

（一）债券的概念

公司债券是企业筹集长期债务资金常用的方式。公司债券是企业为了筹集资金而向债权人发行的有价证券，发行企业承诺按一定利率到期支付利息和偿还本金。

我国公司债券的发行主体只限于股份有限公司、国有独资公司和两个以上的国有企业或两个以上的国有投资主体设立的有限责任公司。其他任何公司、企业或个人都不能发行公司债券。

（二）债券的种类

1. 按债券是否记名分为记名债券和无记名债券

记名债券是指在债券存根簿上记有债权人姓名或名称，并由发行企业或代理机构进行登记的债券。记名债券记录的具体内容包括：债券持有人的姓名或名称、住所；债券持有人取得债券的日期及债券编号；债券总额、票面金额、利率、还本付息的期限和方式；债券的发行日期等。这种债券转让时必须由债券持有人背书并向发行企业登记，办理过户手续；发债公司凭债券存根簿上记录的姓名或名称，或背书及其印鉴偿还本息。无记名债券是指在债券存根簿上不记录持有人姓名或名称的债券，债券持有人即为债权人。无记名债券存根簿上只记录债券发行总额、利率、偿还方式和期限、发行日期和债券编号等。这种债券的转让不需过户，还本付息时也以债券为凭证。

2. 按有无抵押担保品分为信用债券和抵押债券

信用债券又称为无担保债券，是指没有抵押品，完全靠发行公司良好的信誉而发行的债券。通常只有经济实力雄厚、信誉良好的企业才有能力发行信用债券。

抵押债券是指发行公司以某种资产作为担保发行的债券。根据担保品的不同，又可分为不动产抵押债券、抵押信托债券和设备信托债券。不动产抵押债券的担保财产一般是不动产；抵押信托债券一般是以实际资产之外的证券类资产作为担保品；设备信托债券一般是为购买大型设备而发行的，借款人只有在偿还债务之后才能取得设备的所有权。

3. 按利率能否浮动分为固定利率债券与浮动利率债券

固定利率债券是指在债券偿还期内，利率固定不变的债券。当预期市场利率上升时，发行固定利率债券有利于企业降低筹资成本。浮动利率债券是指在债券偿还期内，根据市场利率变化定期调整利率的债券，一般6个月或1年调整一次。通常，在市场利率波动幅度较大时，发行浮动利率债券可在投资者和发行企业之间分摊利率风险。

4. 按偿还方式分为一次还本付息债券与分期还本付息债券

一次还本付息债券是指债券到期时一次性还清本息，这是一种最常见的债券。分期还本付息债券是指分期偿付债券本息，这种债券又分为三种形式：一种是债券的本金和利息都分期偿付；另一种是债券的本金分期偿还，债券的利息到期一次性支付；还有一种是利息分期支付，本金到期一次付清。

5. 按是否可赎回，分为可赎回债券和不可赎回债券

可赎回债券是指发行公司可以按照发行时规定的条款，依一定的条件和价格在公司认为合适的时间收回的债券。一般来讲，债券的赎回价格要高于债券面值，高出的部分称为“赎回溢价”。

6. 按照债券是否上市分为上市债券与非上市债券

上市债券是指经批准可以在证券交易所交易的债券。债券上市对发行公司和投资者都有一定的好处：①上市债券因其符合一定的标准，信用度较高，出售的价格一般较高；②债券上市有利于提高发行公司的知名度；③上市债券成交速度快，变现能力强，更易于吸收投资者。

（三）债券的发行

1. 债券发行的条件

由于公司债券是向社会公众发行的，社会公众是否购买公司债券，完全要视该公司的资信情况而定。根据我国《公司法》的规定，发行公司债券必须符合下列条件。

（1）股份有限公司的净资产额不低于人民币 3 000 万元，有限责任公司的净资产额不低于人民币 6 000 万元。

（2）累计债券总额不超过公司净资产的 40%，累计债券总额是指公司成立以来发行的所有债券的尚未偿还部分。

（3）最近 3 年平均可分配利润足以支付公司债券一年的利息，可分配利润是指公司依法缴纳各种税款，弥补亏损，提足法定公积金、公益金后所余的利润。

（4）筹集的资金投向符合国家产业政策。

（5）债券的利率不得超过国务院限定的利率水平。

（6）国务院规定的其他条件。

此外，我国《公司法》还就公司再次发行公司债券的条件作了限制性规定，即前一次发行的公司债尚未募足的；对已发行的公司债券或者其他债务有违约或者延迟支付本息的事实，且仍处于继续状态的，不得再次发行公司债券。

2. 发行公司债券的程序

发行债券要经过一定的程序，办理规定的手续。一般为以下几个程序。

（1）作出决议或决定。公司在实际发行债券之前，必须作出发行债券的决议，具体决定公司债券的发行总额、票面金额、发行价格、募集方法、债券利率、偿还日期及方式等内容。我国股份有限公司、有限责任公司发行公司债券，应由董事会制定方案，经由股东大会作出决议；国有独资公司发行债券，应由国家授权投资的机构或者国家授权的部门作出决定。非公司制国有企业发行企业债券应由政府有关部门批准。

（2）报请有关部门批准。公司发行公司债券，在本公司的权利机关作出决议后，还须报经国务院证券管理部门批准。公司在向国务院证券管理部门报批时，应提交下列文件：公司登记证明、公司章程、公司债券募集办法、资产评估报告和验资报告。

（3）制定募集办法，并予以公告。发行公司债券的申请经批准后，公开向社会发行债券，

应当向社会公告债券募集办法。根据我国《公司法》的规定，公司债券募集办法中应当载明公司名称、本次发行债券总额和债券面值、债券利率、还本付息的期限与方式、债券发行的起止日期、公司净资产额、已发行而尚未到期的公司债券总额、债券的承销机构等事项。

(4) 募集资金。公司发出债券募集公告后，在公告所定的期限内募集借款。公司债券的发行方式一般有公司直接向社会发行和由证券经营机构承销发行两种。

(5) 交割。发行公司公开发行公司债券，由证券承销机构发售时，投资者直接向承销机构付款购买，承销机构代理收取券款并交付债券；然后，发行公司向承销机构收缴债券并结算手续费。

(四) 债券的信用评级

我国目前的公司债券信用评级业务，既包括对债券的信用评级，也包括对发行债券企业主体的信用评级，两者在方法上类似，但评级目的有所不同。对工商企业进行信用评级的目的是为企业开展信用活动提供信息服务。对债券信用评级是以有价证券为评级主体的信用评级业务，是为投资者购买债券提供信息服务。

公司发行债券，一般要经独立的信用评级机构评级，以反映该债券的风险程度。公司债券的信用等级表示公司债券质量的优劣，它反映了债券发行公司还本付息的能力强弱和债券投资风险的高低，同时也反映债券违约的可能性大小。

按照国际惯例，可以把债券的级别按风险程度的大小分为三等九级两大类。其中两大类是指投资类和投机类。一般一等的 AAA、AA、A 级和二等的 BBB 级属于投资类；二等的 BB、B 级和三等的 CCC、CC、C 级属于投机类。

(五) 债券上市

公司申请公司债券上市交易，应当符合下列条件：

(1) 公司债券的期限为 1 年以上；

(2) 公司债券实际发行额不少于人民币 5 000 万元；

(3) 公司申请债券上市时仍符合法定的公司债券发行条件。

申请公司债券上市交易，应当向证券交易所报送下列文件：①上市报告书；②申请公司债券上市的董事会决议；③公司章程；④公司营业执照；⑤公司债券募集办法；⑥公司债券的实际发行数额；⑦证券交易所上市规则规定的其他文件。

申请可转换为股票的公司债券上市交易，还应当报送保荐人出具的上市保荐书。

公司债券上市交易申请经证券交易所审核同意后，签订上市协议的公司应当在规定的期限内公告公司债券上市文件及有关文件，并将其申请文件置备于指定场所供公众查阅。

(六) 债券筹资评价

1. 公司债券筹资的优点

发行公司债筹资的主要优点表现在以下四个方面。

(1) 债券筹资成本低。与股票筹资相比，债券投资者要求的预期收益率通常低于普通股股东；债券利息在所得税前支付，具有节税功能。因此，债券筹资成本也相对较低。

(2) 债券筹资具有财务杠杆作用。由于债券的利息固定，且在税前计入成本，能为股东带来财务杠杠利益，增加股东和公司的财富。

(3) 债券筹资有利于保障股东对公司的控制权。债券持有者无权参与企业管理决策，因此，通过债券筹资既不会稀释股东对公司的控制权，又能扩大公司的投资规模。

(4) 有利于调整资本结构。企业如果适时选择可转换债券或可提前收兑债券，可使企业资本结构富有弹性，对企业主动调整其资本结构十分有利。

2. 公司债券筹资的缺点

发行公司债券筹资的主要缺点有以下三个方面。

(1) 筹资风险高。债券有固定的到期日，并且定期支付利息，发行公司必须承担还本付息的义务。在公司经营不景气时，也需要向投资者支付本息，这会给公司带来更大的筹资风险，有时甚至会导致公司破产。

(2) 限制条件较多。发行债券的限制条件往往比租赁融资的限制条件要多，且更严格，从而限制了公司对债券筹资方式的使用，某些限制条件有时还会影响到公司以后的筹资能力。

(3) 筹资数量有限。利用债券筹资在数量上有一定的限度，当公司的负债比率超过了一定程度后，债券筹资成本就要上升，有时甚至会发行不出去。

三、融资租赁

(一) 租赁的含义与类型

1. 租赁的含义

租赁是指在约定的期间内，出租人将资产的使用权转让给承租人以获取租金的协议。租赁通常是每月、每季度或每半年付款一次。第一笔租赁款通常在租约签署的那一天支付，支付额一般是平均的。在市场经济条件下，租赁业务作为企业筹资的重要形式，需求日益增长，越来越多的企业通过租赁的形式获取相关资产的使用权。

2. 租赁的类型

(1) 按服务的范围分为完全服务租赁和纯租赁。在完全服务租赁下，出租人应负责资产的维修和保险，以及支付所有有关该资产的到期财产税。在纯租赁下，由承租人负担这些费用。

(2) 按照期限以及合约约束程度的不同分为经营租赁和融资租赁。经营租赁又称服务性租赁，是为满足承租人临时使用资产而产生的租赁行为。经营租赁期限较短，在租赁期结束以前，承租人一般有权选择取消租约。经营租赁的承租人租入资产的真正目的并不在于融资，而是要满足短期的生产经营需要。一般地，经营租赁要求出租人对租赁设备提供维修服务，维修的所有费用计入租赁支出。通常情况下，在经营租赁中，出租人无法通过租金收入得到完全的补偿，也就是讲，租金收入不能弥补出租人资产的全部成本，所以出租人资产的剩余成本只能通过资产的再次出租或者资产的出售加以弥补。

融资租赁又称财务租赁，是由租赁公司按照承租企业的要求，在契约或合同规定的较长期限内，提供给承租企业使用的信用性业务，它是现代租赁的主要类型。

(二) 融资租赁的特征

融资租赁这种筹资方式筹集的是负债资本，适用于各种类型的企业。融资租赁筹资方式将融资与融物相结合，使筹资企业可以快捷、方便地得到所需要的资产。融资租赁的特征如下：

(1) 租赁设备由承租人选定，出租人只负责设备购入，然后交给承租人使用。

(2) 融资租赁的租期较长，一般是租赁设备寿命期的75%或更长。

(3) 融资租赁合同是一种不可撤销的合同。在租赁期内，双方都必须严格遵守，都无权单方面解除合同。这样，一方面保证了承租人可以长期使用租赁设备；另一方面又能保证出租人在租赁期内收回投资。

(4) 承租人负责租赁设备的维修保养和保险。

(5) 租赁期满后，租赁设备的处置方式可以是由出租人收回，即退租，但较少见；也可以是租赁双方重新签订租赁合同，即续租；还可以是由承租人廉价将设备买下，即留购。其中，留购是最常见的形式。

(三) 融资租赁的主要形式

1. 直接租赁

直接租赁是融资租赁的典型形式。在直接租赁下，承租人确认自己所需要的资产，它要么直接从厂家将该资产租过来；要么向租赁公司等金融机构提出申请，由出租人先从厂家处买入该资产，再租给承租人。

2. 售后租回

在售后租回这种形式下，企业按照协议先将其资产卖给租赁公司，再作为承租企业将所售的资产租回使用，并按期向租赁公司支付租金。采用这种融资形式，承租企业因出售资产而获得一笔现金，同时因将其租回而保留了对该资产的使用权。

3. 杠杆租赁

杠杆租赁一般要涉及承租人、出租人和贷款人三方当事人。从承租人的角度看，杠杆租赁与其他融资租赁形式并无区别。但对于出租人却不同，出租人只需垫支购买资产所需现金的一部分，一般为20%～40%，其余部分则以该资产为担保向贷款人借款支付，这种融资租赁形式，租赁公司既是出租人又是贷款人，既要收取租金又要承担债务。由于租赁收益一般大于借款成本，出租人因此可获得财务杠杆利益，故称为杠杆租赁。

(四) 融资租赁的程序

1. 作出租赁决策

当企业需要长期使用某项设备而又没有购买该项设备所需资金时，一般有两种选择：一种是筹措资金购买该项设备；另一种是融资租入该项设备。通常可以通过融资租赁决策作出合适的抉择。

2. 选择租赁公司

当企业决定采用融资租赁方式取得某项设备时，即应开始选择租赁公司。比较租赁公司实力、融资条件、租赁费等有关资料，择优选定。

3. 办理租赁委托

当企业选定租赁公司后，便可向其提出申请，办理委托。这种委托包括填写“租赁申请书”及提供财务状况的文件资料。

4. 签订购货协议

租赁公司受理租赁委托后，即由租赁公司与承租企业的一方或双方选择设备的制造商或销售商，与其进行技术与商务谈判，签订购货协议。

5. 签订租赁合同

租赁合同由承租企业与租赁公司签订。租赁合同用以明确双方的权利与义务，它是租赁业务最重要的文件，具有法律效力。

6. 办理验货及投保

承租企业收到租赁设备，要进行验收。验收合格后签发租赁设备收据及验收合格证并提交租赁公司，租赁公司据以向制造商或销售商付款。同时，承租企业向保险公司办理投保事宜。

7. 交付租金

承租企业在租赁期内按合同规定的租金数额、交付日期、交付方式，向租赁公司交付租金。

8. 租赁期满的设备处理

融资租赁合同期满，承租企业可按合同规定对租赁设备留购、续租或退还。一般来说，租赁公司会把租赁设备在期满时以低价甚至无偿转给承租企业。

（五）融资租赁的租金

在融资租赁方式下，承租公司必须按合同规定支付租金。租金的数额和支付方式会对承租公司未来的财务状况产生直接影响，因此租金是融资租赁的重要依据。公司财务管理人员应熟悉租金的构成及租金的计算方法，以便为公司的筹资决策提供财务支持。

1. 租金的构成因素

（1）租赁设备的购置成本。租赁设备的购置成本具体又包括设备买价、运费及途中保险费三大因素。设备的买价一般要根据现行市价确定。为了防止出租人在租赁设备买价上弄虚作假，承租人可考虑直接与供应商洽谈，商定购价等主要条款后再与出租人谈判。另外，如果设备的运费和途中保险费已由承租人支付，这两项费用在确定租金时就应从设备购置成本中扣除。

（2）利息。利息是指租赁公司为承租人购置设备融资而应计的利息。融资租赁的实质是一种融资行为，因此，出租人按一定利率计收利息是理所当然的。利息的高低取决于市场平均利率、租赁公司的筹资费用、税收因素等。此外，租金支付方式对利息的高低也有影响。因为，不同的租金支付方式，意味着承租人与出租人双方资金安排的不同。

（3）手续费。手续费是指出租人为补偿各种日常经营支出和获取一定利润而收取的费用。租赁手续费的高低并无固定标准，通常由承租企业与租赁公司协商确定。但通常来讲，手续费是按资产价款的一定比例收取的，手续费率的高低主要视租赁业务的难易程度而定。

（4）安装调试费。在一般的设备购置过程中，设备的价款中包含设备安装调试费。但在租赁业务中，租金中是否包含安装调试费需视具体情况而定。如果设备的安装调试由出租人负责，那么，租金中就要包括这部分安装调试费；如果设备的安装调试由承租人负责，那么，租金中就不应包括这部分费用。

（5）保险费。这里的保险费是指设备使用过程中的保险费。在融资租赁方式下，如果设备的最终所有权归承租人所有，那么，保险费多由承租人支付。如果设备的最终所有权仍归出租人所有，则保险费既可由承租人直接支付，也可由出租人先行支付，然后在确定租金时予以考虑。

（6）租金的支付方式。每期租金的多少，除取决于上述构成租金的各要素外，还取决于租金的支付方式。一般而言，在一个确定的租赁期内，租金的支付次数越多，每次的支付额就越小。租金的支付方式多种多样，按支付间隔期，可分为年付、半年付、季付、月付等；按在期初或期末支付，分为先付和后付；按每次是否等额支付，分为等额支付和不等额支付。其中，后付等额年金是实务中最为常见的一种租金支付方式。

2. 确定租金的方法

租金的计算方法很多，目前国际上流行的融资租赁实务中，大多采用平均分摊法、等额年金法和平均支付本金法。

（1）平均分摊法。平均分摊法是指先以商定的利率和手续费率计算租赁期间的利息和手续费，然后连同设备成本按支付次数平均的方法。在这种方法下，每次应该支付的租金按式（5.6）计算：

$$A=\frac{(C-S)+I+F}{N} \tag{5.6}$$

式中，A 表示每期支付的租金；C 表示租赁设备购置成本；S 表示租赁设备预计残值；I 表示租赁期间利息；F 表示租赁期间手续费；N 表示租赁期间。

【例 5.4】 某企业于×××2 年 1 月 1 日从租赁公司租入一套设备，价值 60 万元，租期 6 年，租赁期满时预计残值 5 万元，归租赁公司。年利率 8%，复利计息。租赁手续费为设备价款的 2%。租金每年年末支付一次，则

$$A=\frac{(C-S)+I+F}{N}=\frac{(60-5)+[60\times(1+8\%)^6-60]+60\times2\%}{6}=15.2354\text{（万元）}$$

（2）等额年金法。等额年金法是运用年金现值原理来计算每期应付租金的方法。在这种方法中，通常将利率和手续费率综合考虑，来确定一个租赁费率，作为计算年金的贴现率。

根据后付年金现值的计算公式，可推导出计算后付等额租金方式下每期末支付租金的公式为式（5.7）：

$$A=\frac{P_A}{(P/A,\ i,\ n)} \tag{5.7}$$

式中，A 表示每期支付的租金；P_A 表示等额租金的现值；$(P/A,\ i,\ n)$ 表示等额租金的现值系数；i 表示资本成本率；n 表示支付租金的期数。

【例 5.5】 某企业于×××2 年 1 月 1 日从租赁公司租入一套设备，价值 60 万元，租期 6 年，租赁期满时预计残值 5 万元，归租赁公司，年利率 8%，租金每年年末支付一次，则

$$A=\frac{P_A}{(P/A,\ i,\ n)}=\frac{60-5\times(P/F,\ 8\%,\ 6)}{(P/A,\ 8\%,\ 6)}=\frac{60-5\times0.6302}{4.6229}=12.2973\text{（万元）}$$

【例 5.5】中没有考虑租赁手续费，若考虑租赁手续费，则应分两种情况。如果租赁手续费一次性支付，由于通常是单独支付这部分费用，可不并入租金计算；如果租赁手续费分期支付，则应在上例中每年租金的计算结果上加入每年应负担的租赁手续费。

【例 5.6】 某企业于×××2 年 1 月 1 日从租赁公司租入一套设备，价值 60 万元，租期 6 年，租赁期满时预计残值 5 万元，归租赁公司。年利率 8%，租赁手续费率每年支付，每年支付金额为设备价款的 2%。租金每年年末支付一次，则

每年租金 $=[60-5\times(P/F,\ 8\%,\ 6)]/(P/A,\ 8\%,\ 6)+60\times2\%=13.4973$（万元）

为了便于有计划地安排租金的支付，承租企业可编制租金摊销计划表。根据【例 5.6】的有关资料编制租金摊销计划如表 5-2 所示。

表 5-2 租金摊销计划　　单位：元

时间	租金			应计利息	支付本金	未付本金
	①	②	合计①+②	④	⑤=①-④	⑥
×××2 年年初						600 000
×××2 年年末	122 973	12 000	134 973	48 000	74 973	525 027
×××3 年年末	122 973	12 000	134 973	42 002	80 971	444 056
×××4 年年末	122 973	12 000	134 973	35 524	87 449	356 607
×××5 年年末	122 973	12 000	134 973	28 529	94 444	262 163
×××6 年年末	122 973	12 000	134 973	20 973	102 000	160 163
×××7 年年末	122 973	12 000	134 973	12 810 *	110 163	50 000
合计	737 838	72 000	809 838	187 838	600 000	—

* 是倒挤出的数字，即 122 973-110 163=12 810（元）

（3）平均支付本金法。平均支付本金法又称递减式计算法，该方法下，租金分两部分，即本金平均分摊在每期租金中的部分和当期实际占有资金的利息。由于当期实际占有资金的利息随着本金的偿还逐渐减少，所以该方法下每期的租金是递减的。每期租金的计算方法是，将租赁资产成本除以期数，作为每期应归还的本金；每期应付的利息则以期前的本金余额为基数计算。

【例 5.7】 某企业于×××2 年 1 月 1 日从租赁公司租入一套设备，价值 60 万元，租期 6 年，租赁期满时无残值，年利率 10%，租金每年年末支付一次，则

$$第一年年末支付租金=\frac{60}{6}+60\times10\%=16（万元）$$

$$第二年年末支付租金=\frac{60}{6}+(60-10)\times10\%=15（万元）$$

$$第三年年末支付租金=\frac{60}{6}+(60-10-10)\times10\%=14（万元）$$

$$第四年年末支付租金=\frac{60}{6}+(60-10-10-10)\times10\%=13（万元）$$

$$第五年年末支付租金=\frac{60}{6}+(60-10-10-10-10)\times10\%=12（万元）$$

$$第六年年末支付租金=\frac{60}{6}+(60-10-10-10-10-10)\times10\%=11（万元）$$

（六）融资租赁评价

1. 融资租赁筹资的优点

融资租赁筹资是一种特殊的筹资方式，其优点主要表现在以下五个方面。

（1）能迅速获得所需资产。融资租赁集融资与融物于一体，因而通常要比先行取得借款再购置设备来得更为迅速。这样，就能使企业尽快形成生产能力。

（2）可适当降低公司不能偿付的风险。全部租金通常在整个租赁期内分散支付，不用到

期归还大量本金，可适当降低公司不能偿付的风险。

（3）增加了筹资的灵活性。租赁可以避免长期借款所附加的多种限制性条件，从而为公司经营活动提供了更大的弹性空间。

（4）可以避免设备陈旧过时的风险。随着现代科学技术的不断进步，设备陈旧过时的风险很高，而多数租赁协议规定此种风险由出租人承担，承租公司可因此避免这种风险。

（5）有利于减轻公司的所得税负担。租赁费用相对固定不变，且可在所得税前支付，这样可获得财务杠杆利益，减轻公司的税收负担。

2. 融资租赁筹资的缺点

融资租赁筹资的缺点主要表现在以下三个方面。

（1）租赁筹资成本高。尽管租赁没有明显的利息成本，但出租人所获得的收益隐含于租金中。一般而言，许多租赁的租金要高于债券利息，其租金总额通常要高于设备价值的30%左右。

（2）丧失资产的残值。租赁期满，除非承租公司购买该资产，否则其残值一般归出租人所有，这也是承租企业的一种机会损失。

（3）难以改良资产。未经出租人同意，承租人不得擅自对租赁资产加以改良。

第四节　混合筹资方式

混合性筹资是指兼具权益性筹资与负债性筹资双重性质的筹资活动。混合性筹资所筹集到的资本既具有一定的权益资本的特性，也具有一定的负债资本的特性。常见的混合筹资方式主要有发行优先股、发行可转换债券和发行认股权证等。

一、优先股

（一）优先股的含义与特征

1. 优先股的含义

优先股又称特别股，是指优先于普通股股东分得公司收益和剩余资产的一种股票。优先股股东的优先权是相对于普通股股东而言的，这种优先权主要表现在优先分配股利和优先分配剩余财产两个方面。

（1）优先分配股利。优先股股东可以从本公司当年可供分配的利润中优先得到按固定股利率支付的股利。公司在支付完优先股股利之后，若有剩余，普通股股东才可能获得股利。如果当年公司经营欠佳，可供分配的利润不足以支付优先股股利，持有累积优先股股票的股东还可以把未发足的股利累积起来，由以后年度可供分配的利润优先补足。

（2）优先分配剩余财产。公司破产或歇业清算时，在清偿了所有债务后，剩余财产应先偿还优先股股本，如有剩余才能按股份比例对普通股股东进行分配，所以优先股都设有票面价值，以便清偿。同时，优先股在某些权益上也受到一定限制，例如，优先股股利是固定的股利率，即使公司的盈利很大，优先股股利仍只能以约定的股利率为限，除非投资者购买的是参与优先股；优先股一般无表决权，即没有对公司的控制权，除非公司在一定时期内未能支付优先股股利或者在合同条款中特别允许时，优先股股东才享有表决权，但其表决权远远小于普通股股东。

从法律意义上讲，优先股与普通股一样构成股东权益，属于权益资本而非负债范畴。

2. 优先股具有的普通股特征

优先股是一种股息固定的股票，既类似于债券，又具有普通股的某些特性，优先股属于混合权益证券。优先股与普通股同属于企业权益资金，具有普通股特征，表现在以下四个方面。

（1）发行优先股所筹集资金的性质为权益资金，优先股股票持有者也是公司的股东。

（2）优先股筹资构成公司股本，大部分情况下没有明确的到期日，股利的支付也不是一种义务。

（3）优先股股息在税后收益中支付，不具节税作用。

（4）优先股股东对其财产的求偿权仅限于股票面额，并承担有限责任。

3. 优先股具有的债务特征

优先股所具有的债务特征表现在以下几个方面。

（1）优先股的股息固定，其股利通常按面值的一定百分比来发放或按定额股利发放，一般不受公司经营状况和盈利水平的影响。

（2）优先股股东一般没有表决权和管理权，即优先股股东没有选举权、被选举权和对公司的控制权。

（3）优先股的发行契约中可能规定有收回或赎回条款，有的还有偿债基金条款，即赋予其一个不确定的到期日，使其具有还本的特性。

（4）附转换权的优先股可在一定条件下转换为普通股。

（5）由于优先股的股利固定，对普通股股东权益而言，具有财务杠杆的作用。

（二）优先股的种类

1. 按股利在年度之间可否累积分为累积优先股和非累积优先股

累积优先股是指在任何营业年度内未支付的股利可以累积起来，由以后年度的盈利一起支付的优先股股票。当公司的营业状况不好，无力支付固定股利时，可将股利累积起来，当公司的营业状况好转时再补发这些股利。一般而言，一个公司只有把所欠的优先股股利全部支付以后，才能支付普通股股利。非累积优先股是仅按当年利润分配股利而不予累积支付的优先股股票。显然非累积优先股不利于保护该类股票持有人的权益，因此累积优先股比非累积优先股具有更大的吸引力。

2. 按能否与普通股一同参与利润分配可分为参与优先股和非参与优先股

参与优先股是指优先股股东不仅能获取固定股利，而且还有权与普通股股东一同参加公司剩余利润的分配。其中，全部参与优先股股东有权与公司普通股股东等额分享公司剩余利润；部分参与优先股股东只能在规定限额内参与公司剩余利润的分配。非参与优先股是指只能领取固定股利，不能参与公司剩余利润分配的优先股。

3. 按可否转换为普通股分为可转换优先股和不可转换优先股

可转换优先股是指股东有权在一定时期内，按一定比例将优先股转换为普通股的股票。不可转换优先股是指只能获取固定股利，不能转换为普通股的优先股。可转换优先股的转换比例是事先确定的，转换权的行使取决于优先股和普通股的现行市价。如果公司普通股价格上升，优先股股东将行使这一权利，从中获利；如果公司普通股价格下降，优先股股东将放弃这一权利，继续享受优先股的好处。可转换优先股使其股东在公司经营不稳定时受到保护，在公司盈利时又可分享好处。可转换优先股出售价格通常较高，有利于发行公司筹集更多的资金。

4. 按可否赎回分为可赎回优先股和不可赎回优先股

可赎回优先股是指在有关发行优先股的合同条款中，赋予股份公司有权在发行该股票之后，按照事先规定的价格和方式收回的优先股。这种优先股与可转换优先股的选择权刚好相反，可转换优先股的转换选择权在优先股股东，可赎回优先股的选择权在发行公司。优先股的可赎回性给予公司筹资一定的灵活性，因此，可赎回优先股发行价格较低，而赎回价格一般高于股票的面值。不可赎回优先股是指在有关优先股的发行合同条款中，没有赋予公司赎回权利的优先股。发行公司如要收回这类股票，只能在证券市场上按市价购买，或者以其他证券调换优先股。

（三）优先股筹资评价

1. 优先股筹资的优点

优先股筹资的主要优点表现在以下四个方面。

（1）优先股股利的支付既固定又具有一定的弹性。一般来说，优先股都采用固定股利，但固定股利的支付并不构成公司法定的义务。如果公司财务状况欠佳，可暂时推迟股利支付，即使如此，优先股股东也不会像债权人一样迫使公司破产。

（2）发行优先股可以保持普通股股东的控制权。因为大部分优先股没有投票权或只有有限的投票权，因此发行优先股一般不会稀释原有普通股股东的控制权。

（3）与发行债券筹资相比，优先股一般没有固定的到期日，不用偿还本金。公司发行优先股筹资，实际上是得到了一笔无限期的资金，不承担还本义务，不像债券那样必须定期、如数地履行还本义务，也无须做再筹资计划。

（4）从公司债权人的角度看，优先股股本是公司的权益资本，发行优先股可以增强公司未来的偿债能力，保护债权人的利益，使公司更容易进行债务筹资活动。

2. 优先股筹资的缺点

利用优先股筹资也有其不足，主要表现在以下三个方面。

（1）优先股的筹资成本较高。优先股股利是以税后利润支付的，因而不能获得税收上的好处，其筹资成本一般高于债券的筹资成本。

（2）发行优先股的限制较多。发行优先股通常有许多限制条件，例如，对普通股股利支付上的限制，对公司负债筹资的限制等。

（3）优先股的固定股息可能会成为公司的一项财务负担。由于优先股股息固定，且需在税后支付，因此，当公司盈利较低时，优先股股息会成为公司一项较重的财务负担。虽然可以延期支付，但延期支付也会损害公司的形象。

二、可转换债券

可转换证券主要有可转换债券和可转换优先股。可转换债券在现实生活中的应用更为普遍，所以下面主要介绍可转换债券的有关内容。

（一）可转换债券的含义与特征

可转换债券是指发行人依法定程序发行，在一定时间内依据约定的条件可以转换成普通股股票的公司债券。可转换债券是一张比债券市场利率低的公司债券，附上一个转换价格较股票市价略高的转换权，也就是债券投资人以牺牲一些利息为代价，换取未来一定时间内逢股价大幅上扬时，以事先约定的转股价格转换成股票，从而获取差价收益的选择权。

可转换债券的特性主要包括期权性、赎回性和双重性。

1. 期权性

可转换债券的期权性主要体现在它给予投资者的选择权上。在规定的期限内，投资者可以选择将债券转换为普通股票，也可以放弃转换权利。由于可转换债券持有人具有将来买入股票的权利，因此，它实质上是一种买入期权，期权的卖方为发行公司。

2. 赎回性

可转换债券一般都有赎回条款，它规定发行公司在可转换债券转换前，可以按照一定条件赎回债券。发行公司行使赎回权的目的，通常是为了迫使投资者将债券转换为股票。

3. 双重性

可转换债券在转换之前，属于债券性质。若在转换期间，投资人未将其转换为标的股票，则发行公司到期必须无条件支付本金及利息；而同时，只要投资者愿意，可按约定条件随时将可转换债券转换为标的股票，成为公司的股权投资者。

（二）可转换债券的发行条件

目前，我国只有上市公司和重点国有企业具有发行可转换债券的资格，它们在具备了有关条件之后，可以经证监会批准发行可转换债券。

1. 上市公司发行可转换债券的条件

（1）最近3年连续盈利，且最近3年净资产收益率平均在10%以上。属于能源、原材料、基础设施类的公司最近3年的净资产收益率可以略低，但不能低于7%。

（2）发行可转换债券后，公司的资产负债率不能高于70%。

（3）发行可转换债券后，公司的累计债券余额不能超过公司净资产的40%。

（4）发行可转换债券所募集资金的投向符合国家产业政策。

（5）可转换债券的利率不超过同期银行存款利率的水平。

（6）可转换债券的发行额不小于人民币1亿元。

（7）证券监管部门规定的其他条件。

2. 重点国有企业发行可转换债券的条件

重点国有企业发行可转换债券，需符合上述第三条到第七条的条件，除此之外，还应符合以下条件：①最近3年连续盈利；②有明确、可行的企业改制和上市计划；③有可靠的偿债能力；④有具有清偿能力的保证人担保。

（三）可转换债券的转换

1. 转换比率

转换比率是可转换债券合约最重要的内容，它是指每张可转换债券能转换为普通股的数量。例如，ABC公司发行期限为15年的可转换债券，面值100元，规定在这15年内每张债券可转换为2股普通股票，则可转换债券的转换比率为每张债券2股。

2. 转换价格

与转换比率相关的是转换价格，即可转换债券在转换为普通股时，投资者应支付的每股价格。如前例 ABC 公司的可转换债券的转换价格为 50 元。通常，转换价格高出可转换债券发行时股票市价的 10% ~30%。在可转换债券出售后，通常都要随着股票的分割和股利分配调整其转换价格。中国证监会 2006 年发布的《上市公司证券发行管理办法》规定，转股价格应不低于募集说明书公告日前 20 个交易日该公司股票交易均价和前一交易日的均价。

3. 转换期限

转换期限是指可转换债券持有人行使转换权利的有效期限。一般来说，在发行结束 6 个月后至债券到期前，持有人可随时行使转换权利。

4. 赎回条款

可转换债券通常在合约中规定发行公司可以在到期日前按照约定价格提前赎回的条款。所谓赎回是指发行人股票价格在一段时期内连续高于转股价格达到某一幅度时，发行人按事先约定的价格买回未转换的公司债券。赎回条款是为了保护发行人而设计的，旨在迫使转债持有人提前将可转换债券转换成标的股票，从而达到增加股本、降低负债的目的，也避免了利率下调造成的利率损失。

赎回条件满足时，发行人可以全部或按一定比例赎回未转换为股份的可转换公司债券，也可以不行使赎回权。赎回实质上是买权，是赋予发行公司的一种权利，发行公司可以根据市场的变化而选择是否行使这种权利。一般来讲，赎回条款包括赎回条件、价格、时间等。如唐钢转债设定的赎回条款为，本次发行可转换公司债券进入转股期后，本公司股票在任意连续 30 个交易日中的收盘价不低于当期转股价格的 130% 时，本公司董事会有权决定按面值加当期应计利息的价格赎回全部或部分未转股的可转换公司债券。本公司每年可按以上约定条件行使一次赎回权，但若在首次满足赎回条件不实施赎回的，当年不得再行使赎回权。此外，当本次发行可转换公司债券未转股余额不足 3 000 万元时，本公司董事会有权决定按面值加当期应计利息的价格赎回全部未转股的可转换公司债券。

5. 回售条款

可转换债券通常在合约中规定发行公司可以在到期日前按照约定价格提前回售的条款。所谓回售是发行人股票价格在一段时间内连续低于转股价格后达到一定的幅度时，转债持有人按事先约定的价格将所持有债券卖给发行人。回售条款是为投资者提供的一项安全性保障，当可转换公司债券的转换价值远低于债券面值时，持有人必定不会执行转换权利，此时投资人依据一定的条件可以要求发行公司以面额加计利息补偿金的价格收回可转换公司债券。

为了降低投资风险吸引更多的投资者，发行公司通常设置回售条款。它在一定程度上保护了投资者的利益，是投资者向发行公司转移风险的一种方式。回售实质上是一种卖权，是赋予投资者的一种权利，投资者可以根据市场的变化选择是否行使这种权利。一般来讲，回售条款包括回售条件、价格、时间等。如南化转债设定的回售条款为：本公司股票未能在距转债到期之日 12 个月以前上市，转债持有人有权将持有的可转债全部或部分回售给本公司，回售价为可转债面值加上按年利率 5.6%（单利）计算的四年期利息，应扣除本公司已支付的利息。又如，2012 年 5 月 31 日，中国船舶重工股份有限公司公开发行可转换公司债券发行公告中约定的赎回条款为，本次发行的可转债最后两个计息年度，如果发行人股票在任何连续 30 个交易日的收盘价格低于当期转股价格的 80% 时，可转债持有人有权将其持有的可转债全部或部分按债券面值加上当期应计利息的价格回售给发行人。

（四）可转换债券筹资的评价

1. 可转换债券筹资的优点

（1）发行可转换债券筹资有利于降低筹资成本。可转换债券的利率一般低于普通债券，转换前可转换债券的筹资成本低于普通债券；转换为普通股股票后，又可节约普通股的发行成本，从而降低普通股的筹资成本，并可对企业资本结构进行调整，增强负债的财务保障，将有利于公司的进一步发展。

（2）发行可转换债券筹资有利于企业顺利筹资。可转换债券对投资者具有双重吸引力，在企业经营之初，购买此类债券能取得较稳定的债息收入；当企业经营正常时，将可转换债券转为普通股，就有更多的机会取得更大的收益。故而，可转换债券筹资较易成功。

（3）发行可转换债券筹资有利于企业调整资本结构。可转换债券是一种兼具债务和权益双重属性的筹资方式，转换前可转换债券筹集的资金属于公司的债务，转换为普通股后筹集的资金属于公司的权益资本。若公司希望持有人转股，还可借助一些方法，促进投资者转股，达到调整资本结构的目的。

（4）发行可转换债券筹资有利于减轻股权稀释时对每股收益的影响。有些公司在股票市价偏低的情况下，如要筹集相同数量的资金需要发行更多的普通股，就会稀释原有股权。这时公司可采用先发行可转换债券的方式筹集长期资本，在预计将来随着企业盈利潜力的发挥，每股盈利额不断增长，普通股股价上升后，促使投资者转股或再增发普通股，这样既可以筹集资金，又减少了普通股的数量。

2. 可转换债券筹资的缺点

可转换债券筹资的缺点一般为以下四个方面。

（1）如果可转换债券转股时的股价高于转换价格，将使公司遭受筹资损失。

（2）如果确需普通股筹资，但股价并未上升，可转换债券持有人不愿转股时，发行公司将承受债务压力，这将导致企业的信誉下降，使企业增筹资金发生困难。

（3）可能损害原有股东的利益。当可转换债券转换为普通股时，若该债券并非全部由原股东按比例持有，则在转换后会造成股权的稀释，削弱原股东对于公司的控制权；若转换价格低于公司原每股权益，则在转换后每股权益将降低，对原有股东不利。

（4）可转换债券转股后将失去利率降低的好处。一旦完成债券的转换，其筹资成本较低的优势不仅不存在了，筹资成本还会进一步增加。

三、认股权证

（一）认股权证的含义和特征

1. 认股权证的含义

认股权是依特定的价格购买一定数量普通股股票的选择权。认股权证是由股份公司发行的可认购公司股票的一种权利证书，它赋予持有者在一定期间以特定价格优先购买一定股份的权利。从本质上看，认股权证是以股票或其他类型证券为标的物的一种买进期权。

2. 认股权证的特征

认股权证的特征主要有以下四个方面。

（1）认股权证实质上是给予持有者的一种期权，持有人既可以在将来实施这种权利，也可以不实施这种权利。

(2) 认股权证经常和公司的其他证券，通常是长期债券一起发行，以增加这些证券对投资者的吸引力。如当公司准备发行利率较低的长期债券时，往往附带认股权证的发行，目的是刺激投资者购买这些证券。

(3) 可分离性。一般情况下，认股权证同原有的债券或股票是可以分离的，即认股权证发行以后可以与其基础证券相脱离，具有独立的价值，可以在证券市场上单独进行交易。

(4) 认股权证的持有者一般不参加公司股利的分配，也没有对公司的控制权和投票权，对公司的资产和收入也没有要求权。

(二) 认股权证的基本要素

1. 权证存续期

存续期是指认股权证的有效期。一般说来，权证存续期越长，认股权证的价格就越高。认股权证存续期的长短，不同国家、不同地区、不同市场，会有所不同，通常为2~10年。如长虹CWB1认股权证的存续期为两年，自认股权证上市之日起24个月，即2009年8月19日至2011年8月18日。

2. 认股数量

认股数量也称行权比例，通常可以用两种方式进行约定：确定每一单位认股权证可以认购若干股公司发行的普通股；确定每一单位认股权证可以认购多少金额的普通股。其中，第一种方式较为常见，如长虹CWB1认股权证的行权比例为1∶1，即每一份认股权证代表认购一股长虹公司发行的A股股票的权利。

3. 认股价格

认股价格也称行权价格，一般以认股权证发行时发行公司的股票价格为基础，或者以公司股价的轻微溢价发行。如果公司股份有所变动，可能会对认股价格进行调整。比如，长虹CWB1认股权证原行权价格为5.23元/股，截至2011年6月1日，长虹CWB1认股权证除权除息调整后的新行权价格为3.48元/股，行权比例为1∶1.5，即持有人每持有1份长虹CWB1认股权证，能够以3.48元/股的价格认购1.5股四川长虹A股股票。

4. 认股期限

认股期限是指认股权证的行权期。在此期间，认股权证的持有者可以随时认购股份，超过此期限，认股权证将失效。如长虹CWB1权证的行权期是2011年8月12日至2011年8月18日，超过行权期后仍存续的权证将会被注销。

(三) 认股权证的分类

1. 根据行权时间可分为美式权证、欧式权证和百慕大式权证

美式权证持有人在权证到期日前的任何交易时间均可行使其权利。

欧式权证持有人只可以在权证到期日当日行使其权利。但在我国实践中，欧式权证的行权期往往设定在存续期的最后几个交易日。如宝山钢铁股份有限公司发行的宝钢CWB1认股权证的存续期为2008年7月4日至2010年7月3日，行权期为2010年6月28日至2010年7月3日。

百慕大式权证综合了美式权证和欧式权证的特点，可以在事先指定的存续期内的若干个交易日行权。如马钢有2007年11月15日至11月28日和2008年11月17日至11月28日两段

行权期。

2. 根据发行主体分为公司权证和备兑权证

公司权证属于狭义的认股权证，是指由权证标的证券发行人所发行的认股权证。如2010年8月2日，中国平安董事会通过发行认股权证的决议，公告认购人可以无偿获得公司派发的一定比例的认股权证，所派发的认股权证行权比例为2：1，即每2份认股权证代表1股中国平安发行的A股股票的认购权利。

备兑权证属于广义的认股权证，它也给予持有者以某一特定价格购买标的资产的权利，其标的资产可以为个股、一揽子股票、指数以及其他衍生产品。但和一般的认股权证不同，备兑权证是由权证标的证券发行人以外的第三者发行的。发行人通常都是资信卓著的金融机构，这些金融机构持有大量的认股对象公司股票以供投资者到时兑换，或是有雄厚的资金实力作担保，能够依照备兑权证所列的条款向投资者承担责任。

（四）认股权证的发行

认股权证一般可以采用两种方式发行，即单独发行和附在其他证券上发行。

1. 单独发行

认股权证可与证券分离而单独流通。在此种发行方式下，认股权证的发行与普通股、公司债券或优先股的发行没有内在联系。如深发展2007年单独发行的认股权证。深发展该次发行的认股权证是按原股东持股数量的一定比例对股东发放的，作为对原股东的一种回报。

2. 认股权证附于有关证券

这种方式较为常见，认股权证通常作为发行普通股、公司债或优先股时的附带权利，投资者无须支付认购款项。在此种发行方式下，认股权证将随股份或债券凭证一同发给认购者或者一并由中央登记结算公司划入投资者账户。这种发行方式，可以增强公司股票和债券的吸引力。近年来，国内的多家上市公司发行了分离交易的可转换公司债券，这种分离交易的可转换公司债券是指公司发行债券时，按比例向债券认购人附送一定数量的认股权证，约定在未来某一时间，认股权证持有人有权按照事先约定的价格认购公司股份。其中“分离交易”是指公司债券和认股权证分别上市交易。

（五）认股权证筹资评价

1. 促进其他筹资方式的运用

在公司发行债券或优先股等有价证券时，给予投资者购买普通股的选择权，可以有效刺激投资者的投资欲望，使公司能比较容易地筹集到所需的资金。

2. 为公司筹集额外资金

认股权证除吸引投资者关注公司的普通股、债券等筹资工具外，由于其本身具有独立的价值，所以还能够为发行公司筹集一笔额外资金，从而增强公司的资本实力和运营能力。

课后学习方案

本章重点整理

本章较为重要的内容是对各种筹资方式的比较，在此，绘制了表5-3、表5-4和表5-5，以方便读者记忆和把握。

表 5-3 企业筹资类型划分

分类标志	类型	方式	特点
按企业所取得资本的性质不同	权益筹资	吸收直接投资、发行股票、留存收益等	一般不用还本，形成企业的永久性资本，因而筹资风险小，但筹资成本相对较高
	债务筹资	发行债券、向金融机构借款、融资租赁等	具有较大的财务风险，但筹资成本相对较低
	混合性筹资	可转换债券、认股权证	具有期权性质，赋予持有人一定的选择权
按是否以金融机构为中介	直接筹资	发行股票、发行债券、吸收直接投资等	既可以筹集权益资金，也可以筹集债务资金
	间接筹资	银行借款、融资租赁等	形成的主要是债务资金
按资金的来源范围不同	内部筹资	利用留存收益	数额大小主要取决于企业可供分配利润的多少和利润分配政策，一般无须花费筹资费用，从而可降低筹资成本
	外部筹资	吸收直接投资、发行股票、发行债券、向金融机构借款、融资租赁等	需要花费一定的筹资费用，从而提高了筹资成本
按所筹集资金的使用期限不同	长期筹资	吸收直接投资、发行股票、发行债券、取得长期借款、融资租赁等	使用期限在一年以上
	短期筹资	商业信用、短期借款、短期融资券等	使用期限在一年以内

表 5-4 各种权益筹资方式的比较

项目	吸收直接投资	发行普通股	留存收益
生产能力形成	能够尽快形成	不易尽快形成生产能力	—
筹资成本	最高（投资者往往要求将大部分盈余作为红利分配）	居中（没有固定的股息负担）	最低
筹资费用	手续相对比较简便，筹资费用较低	手续复杂，筹资费用高	没有筹资费用
公司的控制权	公司控制权集中	分散公司控制权	维持公司的控制权分布
产权交易	不利于产权交易	促进股权流通和转让	—
公司与投资者的沟通	公司与投资者容易进行信息沟通	公司与投资者不容易进行信息沟通	—
筹资数额	筹资数额较大	筹资数额较大	筹资数额有限

表 5-5 各种长期负债资金筹集方式的比较

项目	银行借款	发行公司债券	融资租赁
筹资速度	快	慢	快
筹资的限制条件	最多	较少	最少
筹资弹性	大	小	—
筹资数量	有限	大	有限
社会声誉	—	提高	—
发行资格	—	要求高，手续复杂	—
设备陈旧风险	承担	承担	免遭设备陈旧过时的风险
筹资成本	低	较高	最高

案例分析

中国宝安企业（集团）股份有限公司为解决业务发展所需要的资金，1992 年底向社会公开发行 5 亿元可转换债券，并于 1993 年 2 月 10 日在深圳证券交易所挂牌交易。宝安可转换债券是我国资本市场第一个上市可转换债券。

宝安可转换债券的主要发行条件是：发行总额为 5 亿元人民币，按债券面值每张 5 000 元发行，期限是 3 年（1992 年 12 月—1995 年 12 月），票面利率为年利率 3%，每年付息一次。债券载明两项限制性条款，其中可转换条款规定债券持有人自 1993 年 6 月 1 日起至债券到期日前可选择以每股 25 元的转换价格转换为宝安公司的人民币普通股 1 股；推迟可赎回条款规定宝安公司有权利但没有义务在可转换债券到期前半年内以每张 5 150 元的赎回价格赎回可转换债券。

从当时我国国内金融市场的状况来看，三年期银行储蓄存款利率为 8.28%，三年期企业债券利率为 9.94%，1992 年发行的三年期国库券的票面利率为 9.5%。国际市场上可转换公司债券的票面利率通常为其普通公司债券利率的 2/3，而宝安可转换公司债券的票面利率却比同期企业债券低了将近 7 个百分点。优厚的发行条件为发债企业筹集了大量廉价资金，这无疑表明宝安可转换公司债券的发行是相当成功的。

但是，宝安可转换公司债券的转股却遭到了失败。1995 年底，可转换公司债券到期，深宝安股价在 2.8 元左右，而除权除息后的转换价格却高达 19.39 元。这样宝安可转换公司债券转换成股票的比例只有发行额的 2.7%。因此宝安公司在 1996 年 1 月到期日支付了约 5 亿元的现金。宝安公司为偿还这 5 亿多元的债务，只能提前 1 年作出准备，其间不得不放弃许多投资机会，从而造成该年度的利润下降。最终，宝安公司顺利完成可转换债券的还本付息工作，确保了公司的信誉。

请你根据以上资料回答：(1) 为什么宝安可转换债券在发售之初被抢购一空？(2) 为什么宝安可转换债券的多数持有人最终放弃转股？(3) 宝安可转换债券发行成功，转换失败所引发的经验与教训是什么？

延伸阅读

1. “我国 IPO 定价方法的演变过程”，参见：杨丹．财务管理．北京：中国人民大学出版社，2009：129-130.

2. “企业信用评估”，参见：宋献中，吴思明．中级财务管理．大连：东北财经大学出版社，2009：203-208.

3. “企业资金需要量的预测”，参见：顾晓安．财务管理学——原理·运用·案例．上海：立信会计出版社，2008：177-182.

4. “租赁的决策分析”，参见：中国注册会计师协会．财务成本管理．北京：中国财政经济出版社，

2010：357-368.

5. 上海证券交易所股票上市规则（2008 年修订）。

6. 深圳证券交易所股票上市规则（2008 年修订）。

7. 首次公开发行股票并上市管理办法（2006）。

8. 上市公司证券发行管理办法（2006）。

思考与讨论

1. 试比较股票筹资和债券筹资的优缺点。

2. 什么是可转换债券筹资？可转换债券筹资的优缺点有哪些？

3. 什么是融资租赁？与经营租赁有什么区别？

4. 简述融资租赁租金的影响因素。

5. 简述可转换债券的基本要素。

自测与练习

1. 谭笑公司×××2 年资产负债表有关资料如表 5-6 所示。

表 5-6　谭笑公司资产负债表

×××2 年 12 月 31 日　　　　单位：万元

资产	金额	与销售收入的关系	负债及所有者权益	金额	与销售收入的关系
现　金	2 000	变动	应付费用	5 000	变动
应收账款	28 000	变动	应付账款	13 000	变动
存货	30 000	变动	短期借款	12 000	不变动
长期资产	40 000	不变动	公司债券	12 000	不变动
			股本	1 000	不变动
			资本公积	32 000	不变动
			留存收益	25 000	不变动
合计	100 000		合计	100 000	不变动

公司×××2 年的销售收入为 100 000 万元，销售净利率为 1%，×××2 年分配的股利为 800 万元，如果×××3 年的销售收入增长率为 20%，假定销售净利率仍为 1%，所得税税率为 25%，分配股利占净利润的比例不变。要求：

（1）预计×××3 年的净利润及其应分配的股利。

（2）按销售百分率分析法预测×××3 年需从外部追加的资金。

2. 某银行给予丽缦企业×××2 年周转信贷额度 1 000 万元，利率为 6%，承诺费率为 0.5%。借款企业在×××2 年 1 月 1 日借入 600 万元，在×××2 年 12 月 31 日归还；在×××2 年 7 月 1 日借入 100 万元，在×××2 年 12 月 31 日归还；其余款项未动用。请问该企业应向银行支付的利息和承诺费为多少元？

3. 翠香企业向租赁公司租入一套价值为 130 万元的设备，租赁合同规定，租期 5 年，租金每年年初支付一次，利率为 6%，租赁手续费按设备成本的 2% 计算，并且双方约定租赁手续费平均分摊在租赁期内，租赁期满后设备归企业所有。问每期租金是多少元？并根据计算结果编制下面的租金计划分摊表（见表 5-7）。（计算结果保留整数）

表 5-7 租金摊销计划

单位：元

时间	租金			应计利息	支付本金	未付本金
	①	②	合计①+②	④	⑤=①-④	⑥
第一年年初						
第一年年初						
第二年年初						
第三年年初						
第四年年初						
第五年年初						
合计						

4. 某跨国公司×××1 年 4 月 10 日签订某一贷款协议，贷款额 10 000 万美元，期限 5 年，承担期为半年（到 10 月 10 日止），并规定从贷款协议签订日一个月后（即 5 月 10 日起）收取承担费，承担费率（年率）为 0.25%。请填写表 5-8 中的有关数据，计算借款人实际支用贷款情况和应付承担费用。

表 5-8 借款人实际支用贷款情况和应付承担费用计算

日期		支用金额（万美元）	未支用金额（万美元）	应计算承担费用时间		承担费率（日率）	承担费金额（美元）
月	日			起讫	天数		
		(1)	(2)	(3)	(4)	(5)	(6)
4	15	2 000					
5	5	4 000					
6	12	1 000					
8	8	1 000					
10	10	1 200					
合计							

第六章　筹资决策

本章基本架构图

- 认识资本成本
  - 资本成本的含义
  - 资本成本的作用
  - 资本成本的类别
  - 影响资本成本的因素
  - 资本成本的计算
    - 个别资本成本
      - 银行借款资本成本
      - 债券资本成本
      - 优先股资本成本
      - 普通股资本成本
      - 留存收益资本成本
    - 加权平均资本成本
      - 账面价值法
      - 市场价值法
      - 目标价值法
    - 边际资本成本
- 杠杆理论
  - 经营杠杆
    - 经营杠杆的概念
    - 经营杠杆的度量
    - 经营杠杆与经营风险
  - 财务杠杆
    - 财务杠杆的概念
    - 财务杠杆的度量
    - 财务杠杆与财务风险
  - 联合杠杆
    - 联合杠杆的概念
    - 联合杠杆的度量
    - 联合杠杆与联合风险
- 资本结构决策
  - 资本结构的概念
  - 资本结构理论的核心问题
  - 资本结构理论概述
    - 早期资本结构理论
    - 现代资本结构理论
  - 最优资本结构决策
    - 每股收益分析法
    - 资本成本比较法
    - 企业价值分析法

第一节　认识资本成本

资本成本是企业筹资、投资管理的重要依据，是连接企业投资和筹资的纽带。正确评估资本成本是企业筹资决策的需要；合理降低资本成本，是企业筹资管理的目标。企业的投资决策也必须建立在资本成本的基础上，只有当投资项目的预期收益率高于其资本成本，投资才是可行的。本节着重从企业长期资本的角度，阐述资本成本的定义、种类、作用和估算方法。

一、资本成本的含义

（一）定义资本成本的主要理论流派

从“最低投资收益”的角度和从“资金筹集使用支付代价”的角度来解释资本成本，是定义资本成本的两个主要理论流派。

1. 最低收益理论

最低收益理论是从投资者的角度来定义资本成本的，认为资本成本是投资者要求的必要收益率或最低收益率。这一观点被西方财务理论界普遍认同。这一观点强调了资本成本是投资者所要求的最低收益率，突出了资本成本在投资决策中的作用。

2. 使用代价理论

使用代价理论认为资本成本是企业筹集和使用资金而承付的代价，其中企业在筹措资金过程中为获得资金而付出的费用称为筹资费用，如股票、债券的发行费用以及借款的手续费等；企业在生产经营、投资过程中因使用资金而付出的费用称为用资费用，如利息、股利等。用资费用是企业获取资本之后所发生的费用，筹资费用通常是在筹措资金时一次性支付的费用，在用资过程中不再发生。因此，筹资费用通常可视为筹资金额的一项扣除。这种从资金筹集和使用代价的角度定义资本成本的观点得到我国学术界的普遍认同。这一观点对于指导资本成本的计算具有很强的实用价值。

（二）资本成本的表示方法

资本成本可以用绝对数来表示，也可用相对数来表示。用绝对数来表示资本成本就是资本成本额，用相对数来表示资本成本就是资本成本率。例如，向银行借款 10 000 元，假定年借款利率为 8%，则每年需要支付的借款利息为 800 元，在不考虑筹资费用和所得税的情况下，800 元就是 10 000 元银行借款的资本成本额，8% 就是银行借款的资本成本率。在财务管理中一般用相对数，即资本成本率来表示资本成本。如果年用资费用相同，则资本成本率是年用资费用与实际筹集资金的比率，即：

$$资本成本=\frac{每年的用资费用}{筹资总额-筹资费用}$$

（三）理解资本成本要注意的问题

（1）资本成本不是实际支付的成本，是机会成本，是将资本用于本项目投资所放弃的其他投资机会的收益。

（2）货币时间价值是资本成本的基础，资本成本既包括货币时间价值，又包括投资风险价值和通货膨胀补偿。

（3）资本成本是企业投资人要求的最低收益率。企业的资本成本与资本市场有关，如果市场上其他投资机会的收益率升高，企业的资本成本也会上升。

（4）不同资本来源的资本成本不同。由于风险不同，每一种资本来源要求的收益率不同。企业的资本成本是各种来源资本成本的加权平均值，表示企业取得资本使用权的平均代价。

二、资本成本的作用

（一）资本成本在企业筹资决策中的作用

资本成本是企业选择筹资方式、确定资本结构的一个重要依据。不同筹资方式所筹集的资本的成本不同。企业在筹资时总是要尽可能地降低资本成本，为此，必须分析、比较各种资本成本的高低，并合理安排各种资本之间的比例关系。总体来讲，资本成本在企业筹资决策中的重要作用主要表现在以下几方面。

1. 资本成本是影响企业筹资总额的一个重要因素

随着筹资数量的增加，资本成本会发生变化。一般来说，当筹资规模扩大时，企业的边际资本成本会随之上升，当边际资本成本超过企业的承受能力时，企业就不能再增加筹资数量。因此，边际资本成本是限制企业筹资数量的一个重要因素，也是选择追加筹资方案的一个依据。

2. 资本成本是选择资本来源的依据

企业可以从不同的筹资渠道，采用不同的筹资方式筹集资本。不同的筹资渠道和筹资方式筹集到的资本的成本是不相同的。企业选择哪种筹资渠道，采用哪种筹资方式，主要应考虑个别资本成本的高低。

3. 资本成本是确定最优资本结构必须考虑的因素

企业的全部资本是由各种不同的资本组合形成的。企业的资本结构不同，其资本成本和财务风险也不同。企业筹资有多个组合方案可供选择时，应比较不同筹资组合的综合资本成本的高低。在其他条件相同的情况下，只有使企业综合资本成本最低的资本结构才是最优的资本结构。

需要注意的是，资本成本不是企业筹资决策中所要考虑的唯一因素，企业筹资还要考虑财务风险、资金期限、偿还方式、限制条件等相关因素。

（二）资本成本在企业投资决策中的作用

资本成本是评价投资项目、比较投资方案和进行投资决策的经济标准。一般而言，一个投资项目，只有当其预期投资收益率高于其资本成本时，在经济上才是合理的；否则，该项目将无利可图，甚至会发生亏损。因此，国际上通常将资本成本看成一个投资项目必须赚得的最低收益率，视为是否采纳一个投资项目的“取舍率”，进而作为比较选择投资方案的一个决策标准。总体来讲，在企业进行投资决策时，资本成本的重要作用具体表现在以下两个方面。

（1）在利用净现值指标进行决策时，常以资本成本为贴现率。当净现值大于零时，说明投资项目是可行的；当净现值小于零时，说明投资项目是不可行的。

（2）在利用内部收益率指标进行决策时，一般以资本成本为基准率。当投资项目的内部收益率大于资本成本时，说明投资项目是可行的；当投资项目的内部收益率小于资本成本时，说明投资项目是不可行的。

三、资本成本的类别

资本成本按用途可以分为个别资本成本、加权平均资本成本和边际资本成本。

（一）个别资本成本

个别资本成本是指各种不同筹资方式形成的资本的成本。例如，股票资本成本、债券资本成本、长期借款资本成本、优先股资本成本、留存收益资本成本等。不同筹资方式的资本成本是不同的，企业在选择筹资方式时，需要比较个别资本成本的大小。

（二）加权平均资本成本

加权平均资本成本，又称综合资本成本，是以各种资本所占的比重为权数，对各种资本的成本进行加权平均计算所求出的成本。企业可以利用综合资本成本进行资本结构的决策。

（三）边际资本成本

边际资本成本是指企业每增加一元资本而增加的成本。企业在追加筹资方案的选择中，通常需要运用边际资本成本来进行决策。

四、影响资本成本的因素

（一）外部因素

利率、市场风险溢价和税率是影响资本成本的主要外部因素。市场利率提高，公司的资本成本提高；市场风险溢价提高，股权资本成本提高，股权资本成本提高时，各公司会增加债务筹资，并推动债务资本成本上升；税率变化直接影响税后债务成本。

（二）内部因素

资本结构、股利政策和投资政策是影响资本成本的主要内部因素。随着资本结构中负债比率的提高，风险加大，资本成本也会发生变化；股利政策选择的实质是内部筹资决策，如果企业将更多的现金分配给股东，则在资金短缺时，企业可能选择债务筹资，风险加大，资本成本会发生变化；如果企业投资于高风险项目，会增加企业风险，引起资本成本的变化。

五、资本成本的计算

在不考虑货币时间价值情况下，资本成本的测算方法比较简单。一般而言，资本成本是年用资费用与筹资净额之间的比率。在考虑货币时间价值情况下，资本成本可以采用贴现现金流量模型来估算。

（一）个别资本成本的计算

个别资本成本是各种筹资方式的成本，可分为负债资本成本和权益资本成本两大类。其中，负债资本成本包括银行借款资本成本、债券资本成本；权益资本成本包括优先股资本成本、普通股资本成本和留存收益资本成本。

1. 银行借款资本成本的估算

银行借款的筹资费用较低，并且利息可以计入税前利润中，因此，具有抵减所得税的作用。短期借款与长期借款资本成本的测算方法基本相同。只是短期借款的期限较短，因此无须考虑货币时间价值的影响。而长期借款的期限较长，受货币时间价值的影响程度较大，一般应考虑货币时间价值的影响。下面介绍银行借款资本成本的测算方法。

（1）不考虑货币时间价值情况下的银行借款资本成本的估算。短期借款资本成本的测算不必考虑货币时间价值的影响。对于长期借款来说，如果期限不是很长，或者在不要求精确测算资本成本的情况下，也可以忽略货币时间价值的影响。在不考虑货币时间价值的情况下，银行借款的资本成本的测算公式见式（6.1）所示：

$$K_l=\frac{I(1-T)}{L(1-F)} \tag{6.1}$$

式中，K_l 表示银行借款资本成本；I 表示银行借款的年利息额；T 为所得税税率；L 为银行借款的筹资额，即借款本金；F 为银行借款的筹资费率，即借款手续费率。

【例 6.1】芳影公司向银行借入一笔借款 1 000 万元，手续费率为 0.5%，借款的年利息率为 6%，期限 1 年，到期一次还本付息。公司所得税税率为 25%。请测算这笔银行借款的资本成本。

根据公式（6.1），该笔银行借款的资本成本为：

$$K_l=\frac{I(1-T)}{L(1-F)}=\frac{1\ 000\times6\%\times(1-25\%)}{1\ 000\times(1-0.5\%)}=4.53\%$$

一般而言，银行借款的筹资费用很少，可以忽略不计。这样，银行借款的资本成本就可以用下面的公式（6.2）来估算：

$$K_l=i(1-T) \tag{6.2}$$

式中，K_l 表示银行借款资本成本；i 表示银行借款的年利息率；T 为所得税税率。

【例 6.2】芳影公司向银行借入一笔借款 1 000 万元，借款的年利息率为 6%，期限 1 年，到期一次还本付息，公司所得税税率为 25%。若不考虑手续费率，则这笔银行借款的资本成本为：

$$K_l=i(1-T)=6\%\times(1-25\%)=4.5\%$$

如果银行借款合同中有补偿性余额条款，那么企业可动用的银行借款额应扣除补偿性余额，此时银行借款的资本成本将会上升，其测算公式如式（6.3）所示：

$$K_l=\frac{I(1-T)}{L(1-F)(1-C)} \tag{6.3}$$

式中，K_l 表示银行借款资本成本；I 表示银行借款的年利息额；T 为所得税税率；L 为银行借款的筹资额，即借款本金；F 为银行借款的筹资费率，即借款手续费率；C 为补偿性余额的百分比。

【例 6.3】芳影公司向银行借入一笔借款 1 000 万元，手续费率为 0.5%，借款的年利息率为 6%，期限 1 年，到期一次还本付息。公司所得税税率为 25%。银行借款合同规定这笔借款的补偿性余额比例为 20%，约定手续费按扣除补偿性余额后的金额收取，则这笔银行借款的资本成本为：

$$K_l=\frac{I(1-T)}{L(1-F)(1-C)}=\frac{1\ 000\times6\%\times(1-25\%)}{1\ 000\times(1-0.5\%)\times(1-20\%)}=5.65\%$$

（2）考虑货币时间价值情况下的银行借款的资本成本。由于长期借款的期限较长，货币时间价值对资本成本的影响比较大，为了更精确地测算长期借款的资本成本，需要考虑到货币时间价值因素。考虑货币时间价值的银行借款资本成本的计算可利用贴现现金流量模型来测算。基本公式如式（6.4）所示：

$$L(1-F)=\sum_{t=1}^{n}\frac{I(1-T)}{(1+K_l)^t}+\frac{L}{(1+K_l)^n} \tag{6.4}$$

式中，K_l 表示银行借款资本成本；I 表示银行借款的年利息额；T 为所得税税率；L 为银行借款的筹资额，即借款本金；F 为银行借款的筹资费率，即借款手续费率；n 为银行借款的期限。

【例 6.4】芳影公司向银行借入一笔长期借款，借款本金为 5 000 万元，年借款利率为 8%，借款期限为 5 年，每年付息一次，到期偿还借款本金。银行借款的手续费率为 0.5%，企业所得税税率为 25%。则该笔长期借款的资本成本为：

$$5\ 000\times(1-0.5\%)=\sum_{t=1}^{5}\frac{5\ 000\times 8\%\times(1-25\%)}{(1+K_l)^t}+\frac{5\ 000}{(1+K_l)^5}$$

用试误法，知 K_l 在 6% 和 7% 之间，利用差值法可求出该笔长期借款的资本成本为：

$$\begin{array}{ll} \text{利率} & \text{筹资净额} \\ \left.\begin{array}{l} \left.\begin{array}{l} 6\% \\ 6\%+x\% \end{array}\right\} x\% \\ 7\% \end{array}\right\} 1\% & \left.\begin{array}{l} \left.\begin{array}{l} 5\ 000.22 \\ 4\ 975 \end{array}\right\} -25.22 \\ 4\ 795.06 \end{array}\right\} -205.16 \end{array}$$

$$\frac{x\%}{1\%}=\frac{-25.22}{-205.16}$$

$$x\%=0.123\%$$

$$i=6\%+x\%=6\%+0.123\%=6.123\%$$

当银行借款的筹资费用忽略不计时，考虑货币时间价值情况下的银行借款的资本成本可用下式计算：

$$K_l=i(1-T)$$

式中，K_l 表示银行借款资本成本；i 表示银行借款的年利息率；T 为所得税税率。

将上式与前述公式（6.2）进行比较，会发现如果银行借款的筹资费用可以忽略不计，考虑货币时间价值情况下的银行借款的资本成本和不考虑货币时间价值情况下的银行借款的资本成本估算方法相同。

2. 债券资本成本的估算

发行债券的成本主要包括债券利息和筹资费用，企业债券的利息费用也在所得税前列支。因此，债券资本成本的估算方法类似于银行借款的估算，也分为两类，即不考虑货币时间价值情况下的债券资本成本估算方法和考虑货币时间价值情况下的债券资本成本的估算方法。只不过是债券的筹资费用一般较高，在计算资本成本时一般不能忽略不计，应予以考虑。另外，债券的发行价格有平价、溢价和折价三种，债券利息要按照票面额和票面利率确定，但债券的筹资额应按照具体发行价格计算。

（1）不考虑货币时间价值情况下的债券资本成本的估算。不考虑货币时间价值情况下的债券资本成本的计算公式为：

$$K_b=\frac{I(1-T)}{B(1-F)} \tag{6.5}$$

式中，K_b 表示债券资本成本；I 表示债券的年利息额；T 为所得税税率；B 为债券的筹资额；F 为债券的筹资费率。

【例 6.5】莉莉公司决定按面值的 105% 溢价发行票面利率为 8% 的债券，面值为1 000元，筹资费率为 3%，企业所得税税率为 25%。该债券每年付息一次，到期一次还本，则该债券的资本成本为：

$$K_b=\frac{I(1-T)}{B(1-F)}=\frac{1\ 000\times 8\%\times(1-25\%)}{1\ 000\times 105\%\times(1-3\%)}=5.9\%$$

（2）考虑货币时间价值情况下的债券资本成本的估算。考虑货币时间价值情况下的债券资本成本的计算公式为：

$$B(1-F)=\sum_{t=1}^{n}\frac{I(1-T)}{(1+K_b)^t}+\frac{B_o}{(1+K_b)^n}\tag{6.6}$$

式中，K_b 表示债券资本成本；I 表示债券的年利息额；T 为所得税税率；B 为债券的筹资额；B_o 为债券的面值；F 为债券的筹资费率；n 为债券的期限。

【例 6.6】 翥华公司决定按面值的105%溢价发行票面利率为8%的10年期债券，面值为1 000元，筹资费率为3%，企业所得税税率为25%。该债券每年付息一次，到期一次还本，则该债券的资本成本为：

$$1\ 000\times 105\%\times(1-3\%)=\sum_{t=1}^{10}\frac{1\ 000\times 8\%\times(1-25\%)}{(1+K_b)^t}+\frac{1\ 000}{(1+K_b)^{10}}$$

用试误法，知 K_l 在5%和6%之间，利用差值法可求出该笔长期借款的资本成本为5.044 6%。

利率	筹资净额
5%	1 021.702
5% +x%	1 018.5
6%	949.906

$$\left.\begin{matrix}5\%\\5\%+x\%\end{matrix}\right\}x\%\quad \text{（5%至6%）}\ 1\% \qquad \left.\begin{matrix}1\ 021.702\\1\ 018.5\end{matrix}\right\}-3.202\quad \text{（1 021.702至949.906）}\ -71.796$$

$$\frac{x\%}{1\%}=\frac{-3.202}{-71.796}$$

$$x\%=0.044\ 6\%$$

$$i=5\%+x\%=5\%+0.044\ 6\%=5.044\ 6\%$$

3. 优先股资本成本的估算

优先股要定期支付股息，但是没有到期日。优先股的股息用税后利润支付，不能获得税收优惠。股息在税后支付，而利息在所得税前列支，这是权益资本成本和债务资本成本在计算中的最大的不同。如果优先股股息每年相等，则优先股股息可视为永续年金，可采用式（6.7）计算优先股资本成本：

$$K_p=\frac{D_p}{P_0(1-F)}\tag{6.7}$$

式中，K_p 表示优先股资本成本；D_p 表示优先股年股利；P_0 为优先股的筹资额；F 为优先股的筹资费率。

【例 6.7】 芮敏公司准备发行一批优先股，每股发行价格5元，发行费用每股0.2元，预计年股利0.5元，该优先股资本成本为：

$$K_p=\frac{0.5}{5-0.2}=10.42\%$$

4. 普通股资本成本的估算

估计普通股资本成本通常有三种方法：资本资产定价模型、股利折现模型和债券收益加风险溢价法。三种方法各有优点和缺点，只是资本资产定价模型使用得最为广泛。

（1）资本资产定价模型。资本资产定价模型揭示了普通股投资的必要收益率与无风险收益率和 β 系数的关系，利用资本资产定价模型求解普通股资本成本的计算如下式所示：

$$K_s=R_f+\beta(R_m-R_f)$$

【例 6.8】芮敏公司发行普通股股票，该股票的 β 值为 1.5，市场收益率为 10%，无风险收益率为 6%，则该股票的资本成本计算如下：

$$K_s=6\%+1.5\times(10\%-6\%)=12\%$$

（2）股利折现模型。股利折现模型的基本表达式本书在第四章第三节介绍过，公式如下：

$$P_0=\sum_{t=1}^{\infty}\frac{D_t}{(1+R_s)^t}$$

式中，D_t 表示 t 年的股利；R_s为股票必要收益率。

本章我们用 K_s 表示普通股资本成本，如果每年股利固定，普通股资本成本的估算可以用式（6.8）：

$$K_s=\frac{D}{P_0(1-F)} \tag{6.8}$$

式中，K_s 表示普通股资本成本；D 表示普通股年股利；P_0 为普通股的筹资额；F 为普通股的筹资费率。

【例 6.9】芮敏公司拟发行普通股股票，发行价格为每股 10 元，每股筹资费率 3%，预计每年分派现金股利每股 0.5 元，则该股票的资本成本计算如下：

$$K_s=\frac{0.5}{10\times(1-3\%)}=5.15\%$$

若每年股利不断以固定增长率 g 增加，则普通股资本成本的计算公式如下：

$$K_s=\frac{D_1}{P_0(1-F)}+g \tag{6.9}$$

式中，K_s 表示普通股资本成本；D_1 表示预期第 1 年末的普通股股利；P_0 为普通股的筹资额；F 为普通股的筹资费率；g 表示固定的股利增长率。

【例 6.10】芮敏公司拟发行普通股股票，发行价格为每股 10 元，每股筹资费率 3%，预计第一年分派现金股利每股 0.5 元，以后每年股利增长 5%，则该股票的资本成本计算如下：

$$K_s=\frac{0.5}{10\times(1-3\%)}+5\%=10.15\%$$

（3）债券收益加风险溢价法。债券收益加风险溢价法，又称债券收益风险调整模型，这种方法认为风险越大，投资者要求的收益率越高。由于普通股股东的投资风险大于债券投资者，因而在债券投资者要求的收益率的基础上再加上一定的风险溢价，就可以计算出权益资本成本。计算公式如下式所示：

普通股资本成本＝债券资本成本+风险溢价

【例 6.11】希诚公司发行的长期债券属于 AAA 级，税后资本成本为 6%，而普通股股东所要求的风险收益率为 5%，则普通股资本成本计算如下：

$$K_s=6\%+5\%=11\%$$

这种方法确定的普通股资本成本，计算简便，但由于主观性较强，误差较大。

5. 留存收益资本成本的估算

留存收益是由公司的税后利润形成的，属于权益资本。从表面上看，公司留用利润并不花费资本成本。但是股东对这部分投资与以前缴给企业的出资额一样，也要求有一定的收益，故留存收益也要估算资本成本。留存收益资本成本的实质是普通股股东出资额的机会成本。留存收益资本成本的估算方法与普通股相同，也有资本资产定价模型、股利折现模型和债券收益风险调整模型三种方法，但在利用股利折现模型估算留存收益成本时不考虑筹资费用。因此，当每年股利固定的情况下，留存收益资本成本的计算如式（6.10）所示：

$$K_c=\frac{D}{P_0} \tag{6.10}$$

式中，K_c 表示留存收益资本成本；D 表示普通股年股利；P_0 为普通股的筹资额。

若每年股利不断以固定年增长率 g 增加，则留存收益资本成本的计算如式（6.11）所示：

$$K_c=\frac{D_1}{P_0}+g \tag{6.11}$$

式中，K_c 表示留存收益资本成本；D_1 表示预期第 1 年末的普通股股利；P_0 为普通股的筹资额；g 表示固定的股利增长率。

【例 6.12】 芮敏公司发行普通股股票，发行价格为每股 10 元，每股筹资费率 3%，预计第一年分派现金股利每股 0.5 元，以后每年股利增长 5%，则芮敏公司留存收益资本成本计算如下：

$$K_c=\frac{0.5}{10}+5\%=10\%$$

（二）加权平均资本成本的计算

加权平均资本成本是以个别资本在公司总资本中的比重为权数，计算出的各项资本成本的加权平均数。加权平均资本成本由个别资本成本和个别资本在总资本中所占的比重两个因素共同决定，计算公式如下：

$$K_w=\sum_{i=1}^{n}K_iW_i \tag{6.12}$$

式中，K_w 表示加权平均资本成本；K_i 表示第 i 种资本的个别资本成本；W_i 表示第 i 种资本在总资本中所占的权重。

如何确定各类资本在总资本中所占的比重，是正确计算加权平均资本成本的关键。一般有三种加权方案可供选择：账面价值加权、市场价值加权和目标价值加权。如果企业向目标资本结构发展，目标价值加权是最有意义的。

1. 账面价值法

账面价值法是以公司资产负债表列示的债券、股票等资本的账面价值为基础，计算各类资本占总资本的比重，并以此作为权数计算加权平均资本成本的一种方法。此方法计算加权平均资本成本时，其权数的确定较为容易。而且，以公司单项资本账面价值为基础计量公司资本成本与公司对外公布的数据一致，便于对公司进行事后评价。但是，如果公司债券、股票的市价与其账面价值偏离较大，则会对加权平均资本成本估算的准确性影响较大。

【例 6.13】 希诚公司×××2 年资产负债表中长期借款 100 万元，年利率 10%；长期债券

200 万元，年利率 12%，面值发行，筹资费率 4%；普通股 500 万元，每股面值 6 元，面值发行，筹资费率 5%，当年股利为每股 0.1 元，股利年增长率 10%；留存收益 200 万元。公司所得税率 25%。希诚公司的加权平均资本成本计算如下：

首先，计算个别资本成本如下：

长期借款的资本成本：$K_l = 10\% \times (1-25\%) = 7.5\%$

公司债券的资本成本：$K_b = \dfrac{200\times12\%\times(1-25\%)}{200\times(1-4\%)} = 9.375\%$

普通股的资本成本：$K_s = \dfrac{0.1\times(1+10\%)}{6\times(1-5\%)} + 10\% = 11.93\%$

留存收益的资本成本：$K_c = \dfrac{0.1\times(1+10\%)}{6} + 10\% = 11.83\%$

其次，计算个别资本的权重如下：

长期借款的权重：$W_l = \dfrac{100}{1\ 000} = 10\%$

公司债券的权重：$W_b = \dfrac{200}{1\ 000} = 20\%$

普通股的权重：$W_s = \dfrac{500}{1\ 000} = 50\%$

留存收益的权重：$W_c = \dfrac{200}{1\ 000} = 20\%$

最后，计算加权平均资本成本如下：

$$K_w = \sum_{i=1}^{n} K_i W_i = 7.5\%\times10\% + 9.375\%\times20\% + 11.93\%\times50\% + 11.83\%\times20\% = 11.106\%$$

上述计算过程可以列表计算，如表 6-1 所示。

表 6-1 以账面价值为基础测算加权平均资本成本

资本种类	账面价值	各类资本权重	个别资本成本	加权平均资本成本
长期借款	100	10%	7.5%	0.75%
公司债券	200	20%	9.375%	2.025%
普通股	500	50%	11.93%	5.965%
留存收益	200	20%	11.83%	2.366%
合　计	1 000	100%	—	11.106%

2. 市场价值法

市场价值法是以债券、股票等资本的市场价值为基础，计算各类资本占总资本的比重，并以此作为权数计算加权平均资本成本的一种方法。从决策的相关性角度来看，这种方法更能反映实际的资本成本水平，有利于当前的筹资决策。但由于证券市场的数据变动频繁，计算所需的数据不易取得，且取得数据也已经过时，不利于未来的筹资决策。

【例 6.14】仍按上例，若公司长期债券的市场价值比账面价值高出6%，普通股在账面价值的基础上上涨10%。其他条件不变。

计算个别资本的权重如下：

长期借款的权重 $W_l=\frac{100}{1\ 062}=9.42\%$

公司债券的权重 $W_b=\frac{212}{1\ 062}=19.96\%$

普通股的权重 $W_s=\frac{550}{1\ 062}=51.79\%$

留存收益的权重 $W_e=\frac{200}{1\ 062}=18.83\%$

计算的加权平均资本成本如下：

$$K_w=\sum_{i=1}^{n}K_iW_i=7.5\%\times9.42\%+9.375\%\times19.96\%+11.93\%\times51.79\%+11.83\%\times18.83\%=10.99\%$$

上述计算过程可以列表计算，如表6-2所示。

表 6-2　以市场价值为基础测算加权平均资本成本

资本种类	市场价值	各类资本权重	个别资本成本	加权平均资本成本
长期借款	100	9.42%	7.5%	0.71%
公司债券	212	19.96%	9.375%	1.87%
普通股	550	51.79%	11.93%	6.18%
留存收益	200	18.83%	11.83%	2.23%
合　计	1 062	100%	—	10.99%

3. 目标价值法

目标价值法是以债券、股票等未来预计的目标市场价值计算各类资本占总资本的比重，并以此作为权数计算加权平均资本成本的一种方法。从理论上说，每一个公司都有其目标资本结构，即在该结构下公司各种资本要素的组合最优。因此，公司应按目标资本结构筹集新的资本。从这一点看，目标价值对于公司筹集新的资本，反映预期的资本结构是有益的。但是目标价值确定的主观性，会对计算结果产生一定的影响。

【例 6.15】仍用上例，公司预计在现1 000万元长期资金的基础上，通过发行长期债券的形式增加到1 500万元。新增债券500万元，年利率12%，面值发行，筹资费率4%，其他条件不变。

计算单项资本的权重如下：

长期借款的权重 $W_l=\frac{100}{1\ 500}=6.67\%$

公司债券的权重 $W_b=\frac{700}{1\ 500}=46.67\%$

普通股的权重 $W_s=\frac{500}{1\ 500}=33.33\%$

留存收益的权重 $W_e=\frac{200}{1\ 500}=13.33\%$

计算的加权平均资本成本如下：

$$K_w=\sum_{i=1}^{n}K_iW_i=7.5\%\times6.67\%+9.375\%\times46.67\%+11.93\%\times33.33\%+11.83\%\times13.33\%=10.44\%$$

上述计算过程可以列表计算，如表 6-3 所示。

表 6-3　以目标价值为基础测算加权平均资本成本

资本种类	目标价值	各类资本权重	个别资本成本	加权平均资本成本
长期借款	100	6.67%	7.5%	0.50%
公司债券	700	46.67%	9.375%	4.38%
普通股	500	33.33%	11.93%	3.98%
留存收益	200	13.33%	11.83%	1.58%
合　计	1 500	100%	—	10.44%

（三）边际资本成本的计算

随着公司筹资规模的扩大和筹资条件的变化，新增资本的成本会发生变化。一般来说，随着追加筹资规模的扩大，个别资本成本会增加。因此，公司在未来追加筹资时，不能仅考虑目前使用的资本成本，还要考虑新筹资成本，即边际资本成本。

公司在追加筹资时经常会出现以下两种情况：一是改变现行的资本结构，例如，当现行资本结构中负债比例过高，通过发行普通股或优先股或将两者组合进行追加筹资，以降低公司的资产负债率；二是不改变现行的资本结构，即认为现行的资本结构为最佳资本结构，并按照目前的资本结构追加筹资。在追加多种筹资组合的情况下，边际资本成本需要按加权平均法来计算。

在不改变现行资本结构，保持目标资本结构的前提下，边际资本成本的计算步骤如下：

（1）测算各种资本的个别边际资本成本；

（2）计算各种筹资方式的筹资总额分界点；

（3）根据各种筹资方式的筹资总额分界点确定筹资总额范围；

（4）计算不同筹资总额范围的加权边际资本成本。

【例 6.16】 希诚公司目前拥有长期资本 100 万元，其中，长期债务 20 万元，优先股 5 万元，普通股 75 万元。为了适应追加投资的需要，公司准备筹措新资金，在保持原有资本结构的前提下，试测算希诚公司的边际资本成本。

第一步，测算各种资本的个别边际资本成本。财务人员分析了资本市场状况和公司的筹资能力后，认定随着公司筹资规模的扩大，各种资本的资本成本率会发生变动，测算结果如表6-4所示。

表 6-4　希诚公司各种资本的个别边际资本成本测算

资本种类	目标资本结构	追加筹资数量范围	个别边际资本成本
长期债务	20%	10 000 元以内	6%
		10 000～40 000 元	7%
		40 000 元以上	8%
优先股	5%	2 500 元以内	10%
		2 500 元以上	12%
普通股	75%	22 500 元以内	14%
		22 500～75 000 元	15%
		75 000 元以上	16%

第二步，测算各种筹资方式的筹资总额分界点。根据公司目标资本结构和各种资本的个别边际资本成本变动的分界点，测算各种筹资方式的筹资总额分界点。其测算公式见式（6.13）：

$$BP_i = \frac{TF_i}{W_i} \tag{6.13}$$

式中，BP_i 代表筹资总额分界点；TF_i 代表第 i 种筹资方式的成本分界点；W_i 代表目标资本结构中第 i 种筹资方式所占的比重。

希诚公司各种筹资方式的筹资总额分界点的测算如表 6-5 所示。

表 6-5　希诚公司各种筹资方式的筹资总额分界点测算

资本种类	目标资本结构	追加筹资数量范围	筹资总额分界点
长期债务	20%	10 000 元以内	$\frac{10\ 000}{20\%}=50\ 000$
		10 000～40 000 元	
		40 000 元以上	$\frac{40\ 000}{20\%}=200\ 000$
优先股	5%	2 500 元以内	$\frac{2\ 500}{5\%}=50\ 000$
		2 500 元以上	
普通股	75%	22 500 元以内	$\frac{22\ 500}{75\%}=30\ 000$
		22 500～75 000 元	
		75 000 元以上	$\frac{75\ 000}{75\%}=100\ 000$

第三步，确定筹资总额范围。根据各种筹资方式的筹资总额分界点的测算结果，从小到大排序，就可以确定出筹资总额范围。希诚公司的筹资总额分界点依次为30 000元、50 000元、100 000元、200 000元，因此筹资总额范围依次为30 000元以内、30 000～50 000元、50 000～100 000元、100 000～200 000元和200 000元以上。

第四步，计算不同筹资总额范围的加权边际资本成本。根据以上步骤可知，有五个筹资总额范围，对这五个筹资总额范围分别测算其加权边际资本成本，就可得到各种筹资总额范围对应的边际资本成本，计算情况如表6-6所示。

表6-6 希诚公司边际资本成本测算

序号	筹资总额范围	资本种类	目标资本结构	个别边际资本成本率	边际资本成本率
1	30 000元以内	长期债务	20%	6%	1.2%
		优先股	5%	10%	0.5%
		普通股	75%	14%	10.5%
					12.2%
2	30 000～50 000元	长期债务	20%	6%	1.2%
		优先股	5%	10%	0.5%
		普通股	75%	15%	11.25%
					12.95%
3	50 000～100 000元	长期债务	20%	7%	1.4%
		优先股	5%	12%	0.6%
		普通股	75%	15%	11.25%
					13.25%
4	100 000～200 000元	长期债务	20%	7%	1.4%
		优先股	5%	12%	0.6%
		普通股	75%	16%	12%
					14%
5	200 000元以上	长期债务	20%	8%	1.6%
		优先股	5%	12%	0.6%
		普通股	75%	16%	12%
					14.2%

第二节 杠杆理论

为了理解杠杆理论，必须首先熟悉几个基本概念。如固定成本、变动成本、边际贡献、息税前利润和每股收益。这些基本概念和各种杠杆系数的计算息息相关。

一、应熟悉的几组基本概念

（一）固定成本和变动成本

成本性态是研究杠杆理论的基础，成本性态是指成本与业务量之间的依存关系。

根据成本与业务量之间的依存关系，营业成本费用分为固定成本和变动成本。固定成本是指在相关的产销量范围内，不受业务量变动的影响，其成本总额是固定不变的成本。因此，在相关的产销量范围内，随着产销量的增加，单位产品所负担的固定成本将逐渐降低。例如，企业按直线法计提的固定资产折旧、管理人员的工资、保险费等都可视为固定成本。这些费用每年的支出水平基本相同，在产销量变动的一定范围内是固定的，因而，随着产销量的增加，每单位产品所负担的固定成本将逐渐变小。

变动成本是指在相关的产销量范围内，随业务量变动而成正比例变动的成本，例如，企业在生产过程中发生的直接材料、直接人工、制造费用中的产品包装费、按工作量计算的固定资产折旧费、按销售量支付的销售佣金等。在相关的产销量范围内，变动成本总额随业务量的变动而变动，但单位变动成本是固定不变的。

需要注意的是，相关的产销量范围是指不改变固定成本、变动成本性质的业务量的特定范围。在相关范围内，固定成本总额不变，单位固定成本反比例变动；变动成本总额正比例变动，单位变动成本不变。超过了相关范围，固定成本和变动成本的特性就不存在了。以后，我们在讲固定成本、变动成本时，都是指在它们的相关范围内。

在营业成本中，有些成本虽然也随业务量的变动而变动，但不成同比例变动，这类成本通常称为混合成本，如机器设备的维护保养费等。混合成本不能简单地归入变动成本或固定成本，往往需要通过成本分解的方法归入变动成本或固定成本。

（二）边际贡献、息税前利润、每股收益

边际贡献、息税前利润的概念与成本习性有关，是本量利分析的基本关系。本量利分析是指在成本性态分析的基础上，运用数学模型来分析成本、业务量、利润三者之间的依存关系，研究其变动规律，最终揭示变动成本、固定成本、销售量、销售单价、利润之间的内在规律。本量利分析需以一些基本假设为前提条件。有了这些假设，能够比较容易地建立模型，清楚地反映各因素之间的关系，如成本性态分析假设、相关范围及线性假设、产销平衡假设等。

1. 边际贡献

边际贡献是销售收入中扣除了变动成本总额后的差额。用公式列示如下：

$$M=PQ-V \tag{6.14}$$

式中，M 表示边际贡献；P 表示单价；Q 表示销售量；V 表示变动成本总额。

边际贡献除了用总量 M 表示外，还可以用单位边际贡献和边际贡献率来表示，单位边际贡献是单价减去单位变动成本后的差额，一般记作 CM；边际贡献率是边际贡献与销售收入之比，一般记作 CMR。

2. 息税前利润

息税前利润是支付利息和缴纳所得税以前的利润。企业产品的边际贡献抵补固定成本后的余额就是企业的息税前利润。用公式表示如下：

$$EBIT=PQ-V-F=M-F \tag{6.15}$$

式中，$EBIT$ 表示息税前利润；M 表示边际贡献；P 表示单价；Q 表示销售量；V 表示变动成本总额；F 表示固定成本总额。

息税前利润除了用总量 $EBIT$ 表示外，还可以用单位息税前利润来表示。

3. 每股收益

每股收益，又称每股盈余、每股利润，是反映股份公司获利能力大小的指标，是净利润扣除优先股股利后的余额与发行在外的普通股加权平均股数之比。用公式表示如下：

$$EPS=\frac{(EBIT-I)(1-T)}{N} \tag{6.16}$$

式中，EPS 表示每股收益；$EBIT$ 表示息税前利润；T 表示所得税税率；I 表示年债务利息；N 表示发行在外的普通股加权平均股数。

【例 6.17】常芳企业一定时期内的固定成本为 7 000 元，该期间生产一种产品，计划产销 2 000 件，单位售价 15 元，单位变动成本 9 元，则该产品的边际贡献和息税前利润为：

$$M=PQ-V=15\times2\ 000-9\times2\ 000=12\ 000\text{ 元}$$
$$EBIT=PQ-V-F=15\times2\ 000-9\times2\ 000-7\ 000=5\ 000\text{ 元}$$

二、经营杠杆

财务管理中的杠杆原理是由于固定成本的存在，当业务量发生比较小的变动时，利润会产生比较大的变化。这种杠杆作用包括经营杠杆、财务杠杆和联合杠杆。

（一）经营杠杆的概念

经营杠杆的产生是由于对固定生产成本的利用。由于存在固定生产成本而造成的息税前利润变动率大于产销量变动率的现象，称为经营杠杆或营业杠杆。经营杠杆作用最为典型的例子是航空行业，航空行业经营成本中的很大比例是固定成本，经营杠杆作用较为明显。

（二）经营杠杆的度量

固定生产成本的存在给企业带来了经营杠杆，但不同企业经营杠杆的作用程度并不完全一致。通常用经营杠杆系数来度量经营杠杆作用度。经营杠杆系数是息税前利润变动率相当于产销量变动率的倍数。其计算公式如下：

$$DOL=\frac{\Delta EBIT/EBIT_0}{\Delta Q/Q_0} \tag{6.17}$$

式中，DOL 表示经营杠杆系数；$\Delta EBIT$ 表示息税前利润变动额；$EBIT_0$ 表示基期息税前利润；ΔQ 表示产销量变动额；Q_0 表示基期产销量。

经营杠杆系数还可以通过简化公式计算，若单价 P、单位变动成本 v 和固定成本总额 F 保持不变，则公式（6.17）中：

$$EBIT_0=PQ_0-vQ_0-F$$
$$\Delta EBIT=\Delta Q\times P-\Delta Q\times v=\Delta Q\times(P-v)$$

将上面两式带入公式（6.17），可得：

$$DOL=\frac{\Delta EBIT/EBIT_0}{\Delta Q/Q_0}=\frac{\dfrac{\Delta Q\times(P-v)}{Q_0\times(P-v)-F}}{\dfrac{\Delta Q}{Q_0}}$$

$$=\frac{Q_0\times(P-v)}{Q_0\times(P-v)-F}=\frac{M_0}{EBIT_0} \quad (6.18)$$

式中，M_0 表示基期边际贡献；$EBIT_0$表示基期息税前利润。

【例 6.18】钰雪公司甲产品销售量 15 000 件，预计市场售价 300 元，销售额为 450 万元，单位变动成本为 180 元，该产品承担的固定成本总额为 60 万元。则钰雪公司营业杠杆系数计算如下：

$$DOL=\frac{15\ 000\times(300-180)}{15\ 000\times(300-180)-600\ 000}=1.5$$

上述计算结果表明，当甲产品的销售额增长 10%，息税前利润将以 15% 的幅度增长，也就是息税前利润的增长幅度是销售额增长的 1.5 倍；同样，当销售额下降 10%，息税前利润将以 15% 的幅度下降。可见，经营杠杆在此对息税前利润起了放大 1.5 倍的作用。

经营杠杆知识对企业财务经理有什么用处？财务经理可以预先知道销售收入的一个可能变动对息税前利润产生的影响。这样可以根据预先得到的信息对企业的销售政策或成本结构作某些变动，以影响经营杠杆作用度的大小。一般来说，企业并不会在很高的营业杠杆水平上经营。因为，经营杠杆的运用是一把“双刃剑”，经营杠杆的放大效应在企业销售量增加时会产生经营杠杆利益；当销售量下降时，这种放大效应依然存在，但却放大了企业的经营风险。当企业在很高的营业杠杆水平上经营，销量很小的一点下降就可能导致息税前利润的较大幅度的下降。

（三）经营杠杆与经营风险

经营风险是与企业生产经营活动有关的风险，是指企业经营的不确定性。经营风险的影响是导致 *EBIT* 的不确定性。经营风险产生的根源是市场、企业的生产经营和技术状况的不确定性，而不是经营杠杆本身，经营杠杆只是放大了经营风险。经营风险的影响因素主要有产品市场需求的变动、产品价格的变动、产品单位变动成本的变动和固定成本的变动。

只要存在固定生产成本，就存在经营杠杆现象。经营杠杆扩大了市场和生产等不确定因素对息税前利润的影响。在固定成本不变的情况下，销售额越大，经营杠杆系数越小，经营风险也就越小；反之销售额越小，经营杠杆系数越大，经营风险也就越大。经营杠杆系数越高，息税前利润变动越激烈，企业的经营风险就越大。一般来说，在其他因素不变的情况下，固定成本越高，经营杠杆系数越大，经营风险越大。

三、财务杠杆

（一）财务杠杆的概念

财务杠杆的产生是由于对固定筹资成本的利用，如债务资本的固定利息、固定租金、优先股的固定股利等。由于这些固定财务费用的存在，使得普通股每股收益的变动幅度大于息税前利润的变动幅度，这种现象称为财务杠杆。

（二）财务杠杆的度量

固定筹资成本的存在给企业带来了财务杠杆，但不同企业财务杠杆的作用程度不完全一致。通常用财务杠杆系数来度量财务杠杆作用度。财务杠杆系数是普通股每股收益变动率相当于息税前利润变动率的倍数。其计算公式如下：

$$DFL=\frac{\Delta EPS/EPS_0}{\Delta EBIT/EBIT_0} \tag{6.19}$$

式中，DFL 表示财务杠杆系数；EPS_0 表示基期每股收益；ΔEPS 表示每股收益变动额；$EBIT_0$ 表示基期息税前利润；$\Delta EBIT$ 表示息税前利润变动额。

财务杠杆系数还可以通过简化公式计算，若利息 I、所得税税率 T 和发行在外的普通股平均股数 N 保持不变，则公式（6.19）中：

$$EPS_0=\frac{(EBIT_0-I)(1-T)}{N}$$

$$\Delta EPS=\frac{\Delta EBIT\times(1-T)}{N}$$

将上面两式带入公式（6.19），可得：

$$DFL=\frac{\Delta EPS/EPS_0}{\Delta EBIT/EBIT_0}=\frac{\dfrac{\dfrac{\Delta EBIT\times(1-T)}{N}}{\dfrac{(EBIT_0-I)(1-T)}{N}}}{\dfrac{\Delta EBIT}{EBIT_0}}=\frac{EBIT_0}{EBIT_0-I} \tag{6.20}$$

【例 6.19】钰雪公司资本总额为 8 000 万元，其中债券为 3 000 万元，年利率为 10%，今年的息税前利润为 1 500 万元，则钰雪公司的财务杠杆系数的计算如下：

$$DFL=\frac{1\ 500}{1\ 500-3\ 000\times10\%}=1.25$$

上述计算结果表明，当财务成本固定不变时，息税前利润增长 10%，每股收益将以 12.5% 的幅度增长，也就是每股收益的增长幅度是息税前利润增长幅度的 1.25 倍；同样，当息税前利润下降 10%，每股收益将以 12.5% 的幅度下降。可见，财务杠杆在此对每股收益起了放大 1.25 倍的作用。

当企业发行优先股时，优先股的股息 D_p 也属于固定性的财务成本，由于股息在税后利润中进行分配，财务杠杆系数的计算公式为：

$$DFL=\frac{EBIT_0}{EBIT_0-I-\dfrac{D_p}{1-T}} \tag{6.21}$$

财务杠杆知识对企业财务经理有什么用处？财务经理可以预先知道息税前利润的一个可能变动对每股收益产生的影响。这样可以根据预先得到的信息对企业的筹资政策作某些变动，以影响财务杠杆作用度的大小。一般来说，企业并不会在很高的财务杠杆水平上经营。因为，财务杠杆的运用是一把“双刃剑”，财务杠杆的放大效应在企业息税前利润增加时会产生财务杠杆利益；当息税前利润下降时，这种放大效应依然存在，但却放大了企业的财务风险。当企业在很高的财务杠杆水平上经营，息税前利润很小的一点下降就可能导致每股收益较大幅度的下降。

（三）财务杠杆与财务风险

财务风险是指企业为了取得财务杠杆利益而利用负债、优先股等方式筹资而增加了丧失偿债能力的可能和增加了每股收益大幅度波动的可能，从而给企业带来的风险。财务风险产生的根源是负债筹资，而不是财务杠杆本身，财务杠杆只是放大了财务风险。财务风险的影响因素主要有债务资本的供求关系、市场利率的变化和息税前利润的取得能力等。

只要存在固定筹资成本，就存在财务杠杆现象。财务杠杆扩大了负债筹资等不确定因素对每股收益的影响。在利息等固定筹资成本不变的情况下，息税前利润越大，财务杠杆系数越小，财务风险也就越小；反之息税前利润越小，财务杠杆系数越大，财务风险也就越大。财务杠杆系数越高，每股收益变动越激烈，企业的财务风险就越大。一般来说，在其他因素不变的情况下，利息等固定筹资成本越高，财务杠杆系数越大，财务风险越大。企业可以通过适度举债，合理安排资本结构，使财务杠杆利益抵消财务风险增大的不利影响。

四、联合杠杆

（一）联合杠杆的概念

固定生产经营成本和固定财务成本的存在，使得每股收益变动率远远大于销售量变动率的现象是联合杠杆。联合杠杆是经营杠杆和财务杠杆共同作用的结果。

（二）联合杠杆的度量

通常用联合杠杆系数来度量联合杠杆作用度。联合杠杆系数是普通股每股收益变动率相当于销售量变动率的倍数，它是经营杠杆系数和财务杠杆系数的乘积。其计算公式如下：

$$DTL=\frac{\Delta EPS/EPS_0}{\Delta Q/Q_0} \tag{6.22}$$

或：

$$DTL=DOL\times DFL \tag{6.23}$$

或：

$$DTL=\frac{Q_0(P-V)}{Q_0(P-V)-F-I} \tag{6.24}$$

式中，DTL 表示联合杠杆系数；EPS_0 表示基期每股收益；ΔEPS 表示每股收益变动额；ΔQ 表示产销量变动额；Q_0 表示基期产销量。

【例 6.20】 钰雪公司的经营杠杆系数是 1.5，财务杠杆系数是 1.25，则钰雪公司的联合杠杆系数为：

$$DTL=DOL\times DFL=1.5\times1.25=1.875$$

上述计算结果表明，产销量增长 10%，每股收益将以 18.75% 的幅度增长，也就是每股收益的增长幅度是产销量增长幅度的 1.875 倍；同样，当产销量下降 10%，每股收益将以 18.75% 的幅度下降。可见，联合杠杆在此对每股收益起了放大 1.875 倍的作用。

（三）联合杠杆与联合风险

与经营杠杆和财务杠杆一样，联合杠杆会带来联合杠杆收益，而利用不当也会产生风险。由联合杠杆作用使得每股收益大幅度波动而造成的风险称为联合风险或总风险。在其他因素不变的情况下，联合杠杆系数越大，联合风险越大；联合杠杆系数越小，联合风险越小。

第三节　资本结构决策

负债筹资是一把双刃剑，其带来的财务杠杆效应可能是正效应，也可能是负效应。所以，一个企业要适度负债。总体来说，资本结构理论主要研究的就是负债资本的比率问题，即负债在企业全部资本中的比重。

一、资本结构的概念

资本结构有广义和狭义之分。广义的资本结构是指企业各种资本，包括长期资本和短期资本的构成及其比例关系；狭义的资本结构是指长期资本结构，主要指长期债务资本与权益资本的比例关系。

一定程度的负债有利于降低企业资本成本，合理举债有助于实现财务杠杆利益，但过度负债可能会引发财务风险，增加破产的可能性。因此，企业在安排负债融资时，需要对负债的杠杆收益与财务风险进行权衡，合理安排负债。

二、资本结构理论研究的核心问题

资本结构理论是围绕企业价值这一概念展开的，企业价值是市场对企业的评价，通常企业价值以企业发行股票和债券的市价之和计算。这是因为有价证券在资本市场上市价的涨落反映了投资者对企业发展前景的评估与预期。但是，只有在成熟资本市场中有价证券的市价才能较好地反映企业价值。所以，通常用该企业预期现金流量以恰当的贴现率折现的现值来计算企业价值。

资本结构理论研究的基本内容是围绕着资本结构如何制约和影响企业价值，即是否存在最优资本结构。如果存在，如何建立优化模型等问题的定性与定量分析。总括来说，资本结构理论研究的两个核心问题是：①以债务资本代替权益资本能提高企业价值吗？②如果提高债务资本在资本结构中的比重能增加企业价值，债务资本的比重是否有限度，这个限度如何确定？

影响企业价值的直接因素之一是综合资本成本。企业只有获得超过综合资本成本以上的投资收益率，才能增加企业价值。而综合资本成本，不仅取决于个别资本成本，还取决于企业的资本结构。因此，优化资本结构，以最低的综合资本成本，实现企业价值最大化，是资本结构管理的核心问题。

三、资本结构理论概述

（一）早期的资本结构理论

朴素资本结构理论认为优化资本结构的意义就在于使公司加权平均资本成本最低，加权平均资本成本最低时公司价值最大。1952 年大卫·杜兰德最早公开了资本结构理论的上述思想，被称为朴素资本结构理论。早期资本结构理论有三种流派：净收益理论、净经营收益理论和传统折中理论。

1. 净收益理论

净收益理论认为，随着总资本中负债比例的增加，综合资本成本将趋于下降，同时公司价值将趋于上升，即利用负债资本总是有利的。若债务资本成本与权益资本成本固定不变，公司应尽可能提高负债比例，最优的资本结构为 100% 的负债。净收益理论的缺点是夸大了财务杠杆利益，忽视了财务风险。净收益理论的基本观点如图 6-1 所示。

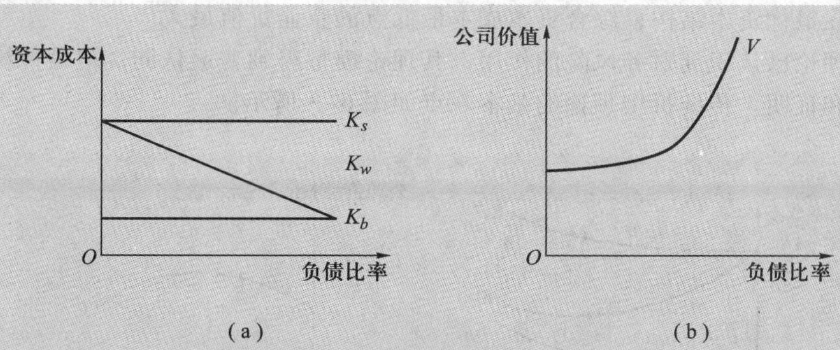

图 6-1 净收益理论下的资本结构、资本成本和公司价值的关系

图 6-1 中，K_s、K_w、K_b 分别代表权益资本成本、综合资本成本和债务资本成本，V 表示公司价值。当负债比率越高时，综合资本成本越小，企业价值越大；反之，当负债比率越低时，综合资本成本越大，企业价值越小。

2. 净经营收益理论

净经营收益理论认为，不论负债比率如何，综合资本成本都是固定不变的。因为增加资本成本较低的负债资金会增加企业的风险，这会使得权益资金的资本成本提高，一升一降互相抵消，使得综合资本成本保持不变，即公司的资本成本和公司价值并不随负债比例的增长而发生改变。因此，净经营收益理论认为资本结构和资本成本对企业的价值毫无影响，企业不存在最优资本结构。

净经营收益理论是一种极端的资本结构理论，这种观点虽然认识到债务资本比例的变动会产生财务风险，也可能影响企业的债务资本成本，但实际上企业的加权平均资本成本不可能是一个常数。净经营收益理论过分夸大了财务风险的作用，忽视了资本结构与资本成本之间的内在联系。

净经营收益理论的基本观点如图 6-2 所示。

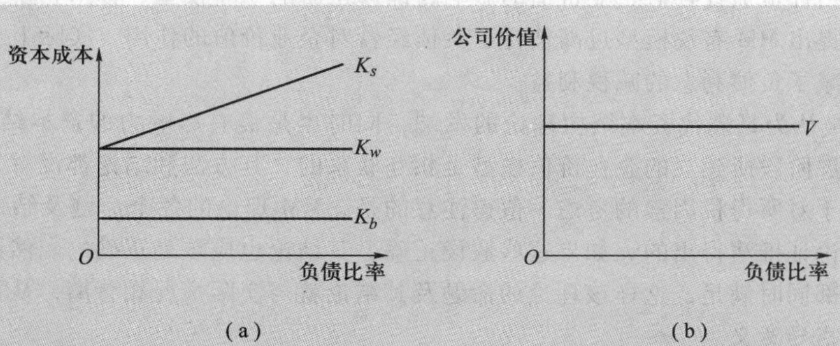

图 6-2 净经营收益理论下的资本结构、资本成本和公司价值的关系

3. 传统折中理论

传统折中理论认为，当企业的负债比率发生变化时，企业的债务资本成本与权益资本成本都不会固定不变，企业可以通过财务杠杆的使用降低综合资本成本，并增加企业价值。折中理

论认为企业存在最优资本结构，综合资本成本最低点的企业价值最大。

传统折中理论已认识到财务风险的作用，其理论模型得到普遍认同。但是传统折中理论缺乏严格的推理和证明。传统折中理论的基本观点如图 6-3 所示。

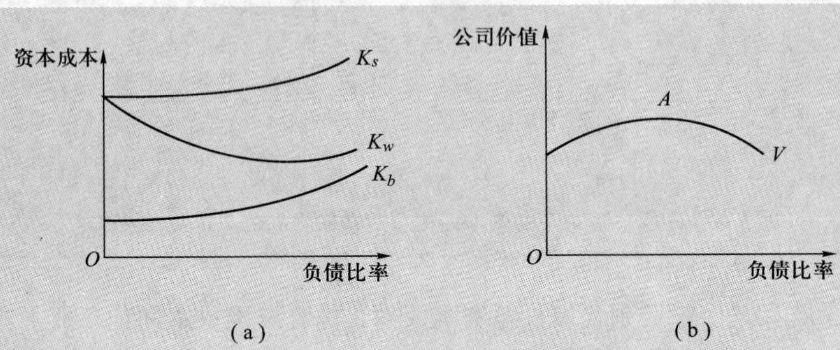

图 6-3 传统折中理论下的资本结构、资本成本和公司价值的关系

（二）现代的资本结构理论

现代的资本结构理论包括 MM 理论、权衡理论和信息不对称理论。

1. MM 理论

MM 理论是由美国经济学家米勒和莫迪里亚尼于 1958 年发表在《美国经济评论》上的《资本成本、公司财务和投资理论》一文中提出的，最初是不考虑公司所得税的 MM 无税模型。不考虑公司所得税的 MM 无税模型的结论是，在无税的情况下，企业的资本结构不会影响企业的价值和加权平均资本成本。1963 年，由于 MM 无税模型忽视了税收因素，他们在《公司所得税和资本成本：一个修正》一文中提出了考虑公司税的 MM 有税模型，MM 有税模型的结论是企业的负债为 100% 时，综合资本成本最低，企业价值最大，即公司的最佳资本结构是 100% 负债。1976 年米勒在《负债与税收》一文中，提出一个把公司所得税与个人所得税包括在内的模型来估计负债杠杆对企业价值的影响，即修正后的 MM 模型，称米勒模型。米勒模型的基本思想是提出 MM 有税模型过高估计了负债经营对企业价值的作用，实际上个人所得税在某种程度上抵减了负债利息的减税利益。

MM 理论被认为是现代资本结构理论的发端，同时也是最有影响力的资本结构理论。MM 理论的三个发展阶段所建立的企业价值模型是相互联系的，其方法和结论都没有发生根本性改变，区别仅在于对所得税因素的考虑。值得注意的是，MM 理论的各个命题及结论都是基于严格的假设前提论证推演得出的，如果这些假设正确，其结论也应该是正确的。然而在现实中这些假设无法全部同时满足，这样该理论的命题及其结论就与实际情况相背离，从而在一定程度上失去了现实指导意义。

2. 权衡理论

由于 MM 理论只考虑负债带来的纳税利益，却忽略了负债带来的风险和额外费用。因此，既考虑负债带来的利益也考虑负债带来的各种成本，并对他们进行适当平衡来确定资本结构的理论，即权衡理论出现了。权衡理论认为财务拮据成本和代理成本是研究资本结构必须考虑的两个因素。因此，权衡理论又分为财务拮据成本观点与代理成本观点。

拮据成本观点提出企业最佳资本结构应当是在负债价值最大化和债务上升带来的财务拮据成本之间的平衡。代表人物主要有博克斯特、克劳斯和利兹伯格、斯科特、戈登和马尔基尔。

代理成本观点的创始人是詹森和麦克林。代理成本观点提出代理成本的存在会提高负债成本而降低负债利益，均衡的企业所有权结构是由股权代理成本和债权代理成本之间的平衡关系来决定的。

权衡理论通过加入财务拮据成本和代理成本使得资本结构理论更加符合实际，同时指明企业存在最优资本结构，但是该理论无法准确计算财务拮据成本和代理成本的价值，也就是说，权衡理论只是指明了财务拮据成本和代理成本是随着负债的增加而不断增加的，但却无法找到这之间的确切的函数关系，最佳资本结构难以找到。

3. 信息不对称理论

权衡理论松动了 MM 理论的许多假设但没触动充分信息的假设。根据这一假设，企业管理人员和投资者对企业未来信息的掌握程度是一样的，而比较接近现实的假设是企业管理人员比投资者能更多、更快地了解企业内部的信息，是一个典型的信息不对称的环境。因此众多学者开始从不对称信息的角度来研究企业资本结构问题，从而把资本结构理论研究推向一个新的阶段。他们试图通过不对称信息理论中的信号、动机、激励等概念，从企业内部因素来展开企业资本结构问题的分析，将权衡理论问题转化为结构或制度设计问题，为融资理论的研究开辟了新的研究方向。20 世纪 70 年代，美国经济学家罗斯最早将信息不对称理论引入企业的资本结构分析。之后，迈尔斯和梅罗夫于 1984 在唐纳森提出的“先后顺序论”的基础上，发表《企业知道投资者所不知道信息的融资和投资决策》一文，系统论证了“先后顺序论”，建立了迈尔斯-梅罗夫模型，提出信息不对称理论的存在使企业的投资成本增加了。因为企业通过发行股票融资时，会被市场误解，认为其前景不佳，由此新股发行总会使股价下跌。所以在这种情况下，企业资本结构的顺序是：先是内部集资，然后是发行债券，最后才是发行股票，称新优序融资理论或择优观点。新优序融资理论的一个重要贡献就是将企业融资问题通过信号的传递与证券市场的反应充分直接地联系起来，避免了以前理论中必须通过资本资产定价模型才能间接联系的情况，而使得企业融资问题通过证券市场得到大量的实证分析。信息不对称理论对资本结构理论研究作出了重要贡献，大大丰富了资本结构理论研究内容。信息不对称理论得出的结论与实际统计结果更趋于一致，但根据信息不对称理论仍无法找到各种筹资方式之间的最佳比例关系，即无法确定资本结构的最佳点。

20 世纪 90 年代控制权理论研究学派在延续了詹森和麦克林的基本研究思路的基础上，建立了资本结构的控制权理论。代表成果是哈里斯-雷斯夫模型（1990）以及阿洪-伯尔顿模型（1992）。哈里斯-雷斯夫模型主要探讨了詹森和麦克林所提出的股东与管理者之间利益冲突所引发的代理成本问题，他们分别用静态和动态两个模型说明了管理者在通常情况下是不会从股东的利益最大化出发的，因此他们必须被监督和戒律，而债务正是一种惩戒工具，债务不仅使股东具有法律上的权利，强制管理者提供有关企业各方面的信息，让股东能够通过对信息的分析决定是否继续经营，还是进行清偿，所以最优的负债数量取决于在信息和惩戒管理者机会的价值与发生调查成本的概率之间的平衡。阿洪和伯尔顿在交易成本和合约不完全的基础上提出一种与财产控制权非常相关的企业融资理论，认为：①如果融资方式是发行普通股票（有投票权的股票），那么投资者掌握剩余控制权；②如果融资方式是发行优先股票（无投票权的股票），那么企业家掌握剩余控制权；③如果融资方式是发行债券，那么在企业家能按期偿还债务的前提下，他掌握剩余控制权，否则剩余控制权便由企业家转移到投资者手中，即企业破产。阿洪与伯尔顿的理论中，剩余控制权产生了，而且不完全合约是剩余控制权的前提。

总体来说，现代企业资本结构理论已发展成为一个比较成熟的理论，并在西方各国的企业筹资行为中起到了理论上的指导作用。

四、最优资本结构的决策方法

资本结构决策是企业筹资决策的核心，所谓最优资本结构是指在适度财务风险前提下，使预期综合资本成本最低，同时使企业的预期收益或企业价值达到最大的资本结构。目前，较为常见的最优资本结构决策方法有每股收益分析法、比较资本成本法和企业价值分析法。

（一）每股收益分析法

每股收益的高低受资本结构和销售水平的影响。每股收益分析法比较的是各种资本结构下的每股收益大小，认为较高每股收益所对应的资本结构较优。每股收益分析法是一种财务规划方法，通常利用每股收益无差别点进行资本结构决策。

每股收益无差别点，又称筹资无差别点，是指两种或两种以上筹资方案下普通股每股收益相等时的息税前利润或销售额。当息税前利润或销售水平在无差别点时，无论采用债务融资还是权益融资都具有相同的每股收益。但是，当预计息税前利润或销售水平超过无差别点时，由于将产生财务杠杆的正效应，采用较多债务融资方式的每股收益将高于较多权益融资方式的每股收益；反之，当预计息税前利润或销售水平低于无差别点时，由于将产生财务杠杆的负效应，采用较多债务融资方式的每股收益将低于较多权益融资方式的每股收益。如图 6-4 所示，图中$\overline{EBIT}$表示无差别点时的息税前利润。

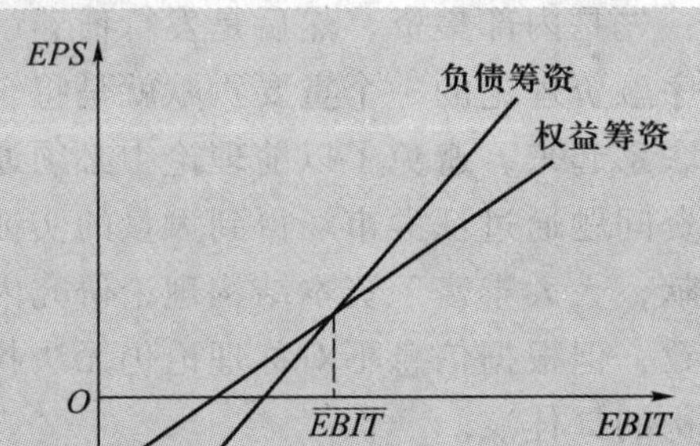

图 6-4 每股收益无差别点分析

由于 *S-EPS* 和 *EBIT-EPS* 的计算原理相同，在此只介绍 *EBIT-EPS* 法。

如果是比较两种筹资方案，根据定义，则

$$EPS_1=EPS_2$$

由于
$$EPS=\frac{(EBIT-I)(1-T)}{N}$$

则
$$\frac{(\overline{EBIT}-I_1)(1-T)}{N_1}=\frac{(\overline{EBIT}-I_2)(1-T)}{N_2} \tag{6.25}$$

式中，$\overline{EBIT}$表示每股收益无差别点时的息税前利润；I_1、I_2 分别为两种筹资方式下的年利息额；N_1、N_2 分别为两种筹资方式下的流通在外的普通股平均股数。

若预期的 $EBIT>\overline{EBIT}$，应选择负债资本所占比重较大的资本结构；若 $EBIT<\overline{EBIT}$，则应选择负债资本比重较小的资本结构。

【例 6.21】 大明公司原有资本 1 000 万元，其中，债务资本 300 万元，每年负担利息 27 万元，权益资本 700 万元，发行在外的普通股 14 万股，每股面值 50 元。该公司所得税税率为 25%。由于扩大业务需要，需要追加筹资 200 万元，有两个方案可供选择：

（1）方案 A，全部发行普通股，增发 4 万股，每股面值 50 元；

（2）方案 B，全部筹措长期债务，债务年利率 9%，利息 18 万元。

预计公司未来的息税前利润为 120 万元，要求运用每股收益分析法进行筹资决策。

第一步，计算无差别点下的息税前利润：

$$\frac{(\overline{EBIT}-27)\times(1-25\%)}{14+4}=\frac{(\overline{EBIT}-27-18)\times(1-25\%)}{14}$$

$$\overline{EBIT}=108\text{（万元）}$$

第二步，比较预测的 $EBIT$ 和 $\overline{EBIT}$：

因 120 万元>108 万元，应选择更多负债筹资的方案，即方案 B。

如果公司有优先股，则在计算无差别点下的息税前利润时应采用式（6.26）计算：

$$\frac{(\overline{EBIT}-I_1)(1-T)-D_{p1}}{N_1}=\frac{(\overline{EBIT}-I_2)(1-T)-D_{p2}}{N_2} \tag{6.26}$$

式中，$\overline{EBIT}$表示每股收益无差别点时的息税前利润；I_1、I_2 分别为两种筹资方式下的年利息额；N_1、N_2分别为两种筹资方式下的流通在外的普通股平均股数；D_{p1}、D_{p2}分别为两种筹资方式下的年优先股股息。

（二）资本成本比较法

资本成本比较法是一种分别计算各备选方案的加权平均资本成本，并根据加权平均资本成本的高低来确定最优资本结构的方法。资本成本比较法认为较低加权平均资本成本所对应的资本结构较优。

【例 6.22】 玉诺公司初创时需要 4 000 万元的资金，有两个筹资方案可供选择，有关资料如表 6-7 所示。

表 6-7　玉诺公司筹资方案资料　　单位：万元

筹资方式	方案 A			方案 B		
	资本成本	资金额	权重	资本成本	资金额	权重
长期借款	5.5%	800	20%	5%	1 000	25%
公司债券	7%	1 200	30%	6.5%	1 200	30%
普通股	12%	2 000	50%	12%	1 800	45%
合计	—	4 000	100%	—	4 000	100%

方案 A 和方案 B 的加权平均资本成本计算如下：

$$K_{wA}=5.5\%\times20\%+7\%\times30\%+12\%\times50\%=9.2\%$$

$$K_{wB}=5\%\times25\%+6.5\%\times30\%+12\%\times45\%=8.6\%$$

由上述计算结果可知，方案 B 的加权平均资本成本低于方案 A，若只以加权平均资本成本作为决策标准，则方案 B 对应的资本结构为最优资本结构。

资本成本比较法还可用于追加筹资的资本结构决策。一般有两种计算方法：一种是直接测算法，即直接测算各追加筹资方案的加权边际资本成本，以最低的加权边际资本成本的追加筹资方案所对应的资本结构为最优；另一种是将追加筹资方案与原来的最佳资本结构的数据汇总，测算汇总方案下的加权平均资本成本，选择加权平均资本成本最低的方案。

（三）企业价值分析法

与前两种方法相比，企业价值分析法充分考虑了财务风险和资本成本等因素的影响，更符合企业价值最大化的理财目标。但企业价值分析法测算过程较为复杂。

企业价值分析法下，确定最优资本结构的步骤如下：

第一步，计算企业总价值。企业总价值 V 应等于其权益资本的折现价值 S 和长期债务的折现价值 B，其计算公式为：

$$V=S+B$$

为简化计算，假设长期债务的现值等于其面值，股票的现值用式（6.27）计算：

$$S=\frac{(EBIT-I)(1-T)}{K_s} \tag{6.27}$$

公式（6.27）中，K_s 为权益资本成本，可利用资本资产定价模型计算。

第二步，计算企业的综合资本成本，其计算公式如下：

$$K_w=K_b\times\frac{B}{V}\times(1-T)+K_s\times\frac{S}{V} \tag{6.28}$$

式中，K_b 为税前债务成本；K_s 为权益资本成本。

第三步，分别计算各备选方案的企业价值，从中选取加权平均资本成本最低和企业价值最大的方案，该方案所确定的资本结构就是最优的资本结构。

【例 6.23】凯尔悦公司息税前利润为 500 万元，目前公司的全部资本由普通股构成，股票票面价值为 2 000 万元，公司的所得税税率为 25%，公司认为目前的资本结构不太合理，希望通过举借债务的方式予以调整。

经咨询测算，目前的长期债务年利率和普通股资本成本情况如表 6-8 所示。

表 6-8 不同债务水平下的公司债务资本成本和普通股资本成本测算

B（万元）	K_b	β	R_f	R_m	K_s
0	—	1.20	10%	14%	14.80%
200	8%	1.25	10%	14%	15.00%
400	10%	1.30	10%	14%	15.20%
600	12%	1.50	10%	14%	16.00%

续表

B（万元）	K_b	β	R_f	R_m	K_s
800	14%	1.80	10%	14%	17.20%
1 000	16%	2.10	10%	14%	18.40%

根据表 6-8 的资料，运用企业价值计算公式，就可以计算出筹集不同金额的债务资本时，企业价值和资本成本的数据，计算结果如表 6-9 所示。

表 6-9　企业价值和资本成本测算

B（万元）	S（万元）	V（万元）	K_b	K_s	K_w
0	2 533.78	2 533.78	—	14.80%	14.80%
200	2 420	2 620	8%	15.00%	14.31%
400	2 269.74	2 669.74	10%	15.20%	14.05%
600	2 006.25	2 606.25	12%	16.00%	14.39%
800	1 691.86	2 491.86	14%	17.20%	15.05%
1 000	1 385.87	2 385.87	16%	18.40%	15.72%

在表 6-9 中，当债务资本为 0 万元时，$K_s=14.80\%$，则

$$S=\frac{500\times(1-25\%)}{14.80\%}=2\ 533.78\text{（万元）}$$

$$V=0+2\ 533.78=2\ 533.78\text{（万元）}$$

当债务资本为 200 万元时，此时 $K_b=8\%$，$K_s=15\%$，则

$$S=\frac{(500-200\times8\%)\times(1-25\%)}{15\%}=2\ 420\text{（万元）}$$

$$V=200+2\ 420=2\ 620\text{（万元）}$$

$$K_w=8\%\times\frac{200}{2\ 620}\times(1-25\%)+15\%\times\frac{2\ 420}{2\ 620}=14.31\%$$

当债务资本为 400 万元时，此时 $K_b=10\%$，$K_s=15.20\%$，则

$$S=\frac{(500-400\times10\%)\times(1-25\%)}{15.20\%}=2\ 269.74\text{（万元）}$$

$$V=400+2\ 269.74=2\ 669.74\text{（万元）}$$

$$K_w=10\%\times\frac{400}{2\ 669.74}\times(1-25\%)+15.20\%\times\frac{2\ 269.74}{2\ 669.74}=14.05\%$$

当债务资本为 600 万元时，此时 $K_b=12\%$，$K_s=16\%$，则

$$S=\frac{(500-600\times12\%)\times(1-25\%)}{16\%}=2\ 006.25\text{（万元）}$$

$$V=600+2\ 006.25=2\ 606.25\text{（万元）}$$

$$K_w=12\%\times\frac{600}{2\ 606.25}\times(1-25\%)+16\%\times\frac{2\ 006.25}{2\ 606.25}=14.39\%$$

当债务资本为 800 万元时，此时 $K_b=14\%$，$K_s=17.20\%$，则

$$S=\frac{(500-800\times14\%)\times(1-25\%)}{17.20\%}=1\ 691.86\text{（万元）}$$

$$V=800+1\ 691.86=2\ 491.86\text{（万元）}$$

$$K_w=14\%\times\frac{800}{2\ 491.86}\times(1-25\%)+17.20\%\times\frac{1\ 691.86}{2\ 491.86}=15.05\%$$

当债务资本为 1 000 万元时，此时 $K_b=16\%$，$K_s=18.40\%$，则

$$S=\frac{(500-1\ 000\times16\%)\times(1-25\%)}{18.40\%}=1\ 385.87\text{（万元）}$$

$$V=1\ 000+1\ 385.87=2\ 385.87\text{（万元）}$$

$$K_w=16\%\times\frac{1\ 000}{2\ 385.87}\times(1-25\%)+18.40\%\times\frac{1\ 385.87}{2\ 385.87}=15.72\%$$

从表 6-9 中，当长期债务为 400 万元时，企业的资本结构最佳，此时企业价值最大，加权平均资本成本最小。

课后学习方案

本章重点整理

本章较为重要的内容是各种筹资方式的资本成本以及杠杆系数的计算，为此，绘制了表 6-10 和表 6-11，以方便读者记忆和把握。

表 6-10 个别资本成本计算方法

种类	计算公式	备注
银行借款资本成本	$K_l=\frac{I(1-T)}{L(1-F)}$	不考虑货币时间价值，若忽略筹资费用，$K_l=i(1-T)$
	$L(1-F)=\sum_{t=1}^{n}\frac{I(1-T)}{(1+K_l)^t}+\frac{L}{(1+K_l)^n}$	考虑货币时间价值，若忽略筹资费用，$K_l=i(1-T)$
债券资本成本	$K_b=\frac{I(1-T)}{B(1-F)}$	不考虑货币时间价值
	$B(1-F)=\sum_{t=1}^{n}\frac{I(1-T)}{(1+K_b)^t}+\frac{B_o}{(1+K_b)^n}$	考虑货币时间价值
普通股资本成本	$K_s=R_f+\beta(R_m-R_f)$	资本资产定价模型
	$K_s=\frac{D}{P_0(1-F)},K_s=\frac{D_1}{P_0(1-F)}+g$	股利折现模型
	普通股资本成本=债务资本成本+风险溢价	债券收益加风险溢价法
留存收益资本成本	$K_c=K_s=R_f+\beta(R_m-R_f)$	资本资产定价模型
	$K_c=\frac{D}{P_0}$，$K_c=\frac{D_1}{P_0}+g$	股利折现模型
	留存收益资本成本=债务资本成本+风险溢价	债券收益加风险溢价法

表 6-11 杠杆系数的计算公式

种类	计算公式	备注
经营杠杆系数	$DOL=\dfrac{\Delta EBIT/EBIT_0}{\Delta Q/Q_0}$	根据定义而来
	$DOL=\dfrac{Q_0(P-V)}{EBIT_0}$	推导而来
财务杠杆系数	$DFL=\dfrac{\Delta EPS/EPS_0}{\Delta EBIT/EBIT_0}$	根据定义而来
	$DFL=\dfrac{EBIT_0}{EBIT_0-I}$	推导而来
总杠杆系数	$DTL=\dfrac{\Delta EPS/EPS_0}{\Delta Q/Q_0}$	根据定义而来
	$DTL=DOL\times DFL$	根据定义而来
	$DTL=\dfrac{Q_0(P-V)}{Q_0(P-V)-F-I}$	推导而来

案例分析

B、C、D 三家企业的资本构成情况及各种指标计算如表 6-12 和表 6-13 所示，其他有关情况三家企业完全一致。要求：分别计算三家企业的每股收益、每股收益标准差及标准离差率和财务杠杆系数，并分析三家企业的财务杠杆效应。

（1）普通股面值均为每股 10 元。

（2）C 企业负债的年利率为 7%，D 企业负债的年利率为 10%

表 6-12 B、C、D 三家企业经营活动资料 单位：万元

项目	B 企业	C 企业	D 企业
资本总额	3 000	3 000	3 000
普通股	3 000	2 000	2 000
负债	0	1 000	1 000
负债利息	0	70	100

表 6-13 各种指标计算

企业名称	经济情况	概率	息税前利润（万元）	利息	利润总额（万元）	所得税税额	净利润（万元）	普通股股数（万股）	每股利润（元）
B	好	0.25	400	0	400	132	268	300	0.89
	中	0.50	300	0	300	99	201	300	0.67
	差	0.25	100	0	100	33	67	300	0.22

续表

企业名称	经济情况	概率	息税前利润（万元）	利息	利润总额（万元）	所得税税额	净利润（万元）	普通股股数（万股）	每股利润（元）
C	好	0.25	400	70	330	108.9	221.1	200	1.11
	中	0.50	300	70	230	75.9	154.1	200	0.77
	差	0.25	100	70	30	9.9	20.1	200	0.1
D	好	0.25	400	100	300	99	201	200	1.01
	中	0.50	300	100	200	66	134	200	0.67
	差	0.25	100	100	0	0	0	200	0

延伸阅读

1. “财务两平点分析”，参见：宋献中，吴思明. 中级财务管理. 大连：东北财经大学出版社，2009：112-113.

2. “盈亏平衡点分析”，参见：吴树畅，胡国强. 财务管理. 成都：西南财经大学出版社，2006：194-198.

思考与讨论

1. 什么是资本成本？资本成本的作用是什么？

2. 简述如何选择综合资本成本计算中的权数。

3. 简述经营杠杆与经营风险的关系。

4. 简述财务杠杆与财务风险的关系。

5. 什么是资本结构？资本结构理论研究的核心问题是什么？

6. 早期资本结构理论的主要流派有哪些？试简要说明其基本观点。

7. 如何确定最优资本结构？

自测与练习

1. 晓一公司拟筹资 5 000 万元，投资于一条新的生产线，准备采用以下三种方式：

（1）向银行借款 1 750 万元，借款年利率为 5%，借款手续费率为 1%；

（2）按面值发行债券 1 000 万元，债券年利率为 8%，债券发行费用占发行总额的 4.5%；

（3）按面值发行普通股 2 250 万元，预计第一年股利率为 15%，以后每年增长 5%，股票发行费用为 101.25 万元。

该公司所得税税率为 25%。预计该项目投产后，每年可获得收益额 825 万元。

要求：（1）计算个别资本成本；（2）计算该方案的加权平均资本成本；（3）分析此方案的可行性如何。

2. 华云公司只生产和销售甲产品，其总成本习性模型为 $y=1\ 000\ 000+4x$。假定该公司×××2 年度产品销售量为 100 万件，每件售价为 6 元，每股收益为 1.2 元；按市场预测×××3 年产品的销售数量将增长 10%，固定生产经营成本和单位边际贡献不变，不增发新股，所得税税率不变。

要求计算：（1）计算×××2 年的边际贡献总额；（2）计算×××3 年预计的边际贡献总额；（3）计算×××3 年的经营杠杆系数；（4）计算×××3 年息税前利润增长率；（5）假定公司×××2 年利息费用为 20 万元，预计×××3年不变，且无融资租赁租金和优先股，计算×××3 年财务杠杆系数和复合杠杆系数以及每股收益。

3. 已知袁帅公司当前资本结构如表 6-14：

表 6-14 袁帅公司当前资本结构

筹资方式	金额（万元）
长期债券（年利率 8%）	1 000
普通股（2 000 万股）	2 000
留存收益	4 500
合计	7 500

因生产发展需要，公司年初准备增加资金 2 500 万元，现有两个方案：甲方案为增加发行 1 000 万股普通股，每股发行价 2.5 元；乙方案为按面值发行每年年末付息、票面利率为 10% 的公司债券 2 500 万元。假定股票与债券的发行费用均可忽略不计，适用的企业所得税率为 25%。

要求计算：

（1）两种筹资方案下每股收益无差别点的息税前利润和对应的每股收益；

（2）如果公司预计息税前利润为 1 200 万元，指出该公司应采用的筹资方案；

（3）如果公司预计息税前利润为 800 万元，指出该公司应采用的筹资方案。

4. 晶晶公司现有长期资本 200 万元，其中债务资本 80 万元，权益资本 120 万元。已知该结构为公司最佳资本结构。公司准备追加筹资，并维持目前的资本结构。随着筹资额的增加，各种资本成本变化如下：发行债券筹资，若追加筹资额在 30 万元及 30 万元以下，其资本成本为 8%，超过 30 万元，其资本成本为 9%；发行普通股筹资，若追加筹资额在 60 万元及 60 万元以下，其资本成本为 15%，超过 60 万元，其资本成本为 16%。请计算各筹资方式的筹资总额分界点、筹资总额范围以及相应的筹资总额范围的边际资本成本。

5. 彦泽公司拟筹资 1 000 万元，现有 A、B 两个方案可供选择，有关资料经测算列入表 6-15，要求测算 A、B 两个方案的综合资本成本，并据以选择最优筹资方案。

表 6-15 A、B 两个方案的综合资本成本

筹资方式	A 方案		B 方案	
	筹资额（万元）	个别资本成本	筹资额（万元）	个别资本成本
长期借款	160	7%	420	7.5%
长期债券	240	8.5%	80	9%
普通股	600	14%	500	14%
合计	1 000	—	1 000	—

第七章　项目投资管理

本章基本架构图

- 认识项目投资
  - 项目投资概念
  - 项目投资内容
  - 项目投资财务决策过程
  - 项目投资评估原理
- 投资项目的现金流量估计
  - 现金流量的概念与类型
  - 估计现金流量应注意的问题
  - 现金流量的估计
- 项目投资决策的财务评价方法
  - 非贴现法
    - 投资回收期法
    - 会计收益率法
  - 贴现法
    - 净现值法
    - 现值指数法
    - 内含报酬率法
- 无风险项目投资决策实务
  - 无风险项目投资决策应注意的问题
  - 新建固定资产投资决策
  - 固定资产更新决策
- 风险性项目投资决策实务
  - 风险调整贴现率法
  - 调整现金流量法
    - 肯定当量法
    - 概率法

第一节　认识项目投资

企业投资是指企业对现有所持资金的一种运用，一般包括项目投资和证券投资。项目投资是一种生产性投资，主要指企业对长期生产性资产的投资。项目投资是一种以特定项目为对象，直接与新建项目或更新改造项目有关的长期投资行为。如投资购买机器设备、更新厂房等。项目投资决定企业经营活动创造现金流量的能力，进而决定企业价值的创造。

一、项目投资的概念

企业的生产性投资一般可划分为营运资产投资和资本资产投资，其中资本资产就是指企业对内投资所形成的长期资产，通常包括固定资产、无形资产等。

项目投资的主要特点有：①项目投资数额大；②项目投资涉及的时间长；③项目投资不经常发生；④项目投资风险大。

基于项目投资的重要性，应对整个投资项目建成后可能取得的收益进行科学的分析和预测，从而作出该项目是否值得投资的决策。由于项目投资的决策是通过投资预算进行的，因此，项目投资决策也称为资本预算。

二、项目投资的内容

项目投资主要分为新建项目投资和更新改造项目投资。新建项目是以新建生产能力为目的的外延式扩大再生产。新建项目按其涉及内容又可细分为单纯固定资产投资项目和完整工业投资项目。单纯固定资产投资项目简称固定资产投资，其特点在于在投资中只包括为取得固定资产而发生的垫支资本投入而不涉及周转资本的投入。完整工业投资项目，其特点在于不仅包括固定资产投资，而且涉及流动资产投资，甚至包括无形资产等其他长期资产投资。更新改造项目是以恢复或改善生产能力为目的的内涵式扩大再生产，因此涉及继续使用旧设备还是更新设备的财务选择。

三、项目投资的财务决策过程

对任何投资机会的财务评价都应包含以下 5 个步骤：

（1）提出备选方案。在进行投资可行性研究后，可提出若干备选方案。

（2）估计各个方案的相关现金流量。根据增量现金流量原则估计每个备选方案所涉及的现金流量，包括初始现金流量、营业现金流量和终结点现金流量。

（3）计算投资方案的价值指标。在选定折现率后，计算各个方案的净现值、现值指数或计算方案本身的内含报酬率等价值指标，并对备选方案按相应的价值指标大小排队。

（4）价值指标与可接受标准的比较。在计算出各价值指标后，与可接受指标进行对比，以判断投资项目的财务可行性。如果有多个可行方案，则选择最为有利的方案。

（5）对已接受方案的再评价。对可行方案应进行再评价，编写评价报告，并作出相应的投资预算，报请批准。

四、项目投资评估的原理

判断一个投资项目是否可行，应看采取这个项目是否给企业带来价值的增加。如对于一个投资项目，每年债权人的利息要求是 20 万元，股东每年的股息要求是 60 万元，则企业的资本成本共计 80 万元。如果投资项目每年的现金净流量是 100 万元，则企业的价值将提高；如果每年的现金净流量是 50 万元，则企业的价值将下降。也就是说，当投资项目的收益率超过资本成本时，企业的价值将增加；当投资项目的收益率小于资本成本时，企业价值将减少。因此，只要期望收益率大于资本成本，投资方案就能给企业带来价值的增加，并以此为依据采用净现值、现值指数、内含报酬率等多种技术指标对项目投资方案进行判断和选择。

第二节　投资项目的现金流量估计

一、现金流量的概念与类型

现金流量是评价项目投资方案是否可行时必须事先计算的一个基础性数据。所谓现金流量是指在投资项目周期内由生产经营活动形成的现金流入和现金流出的现金活动的增量。这里的现金不仅包括各种货币资金，而且包括投资项目所需的非货币资产的变现价值。

（一）现金流量按照现金流动的方向分类

按照现金流动的方向，可将投资活动的现金流量分为现金流入量、现金流出量和现金净流量。

1. 现金流入量

一个方案的现金流入量是指某项目引起的企业现金收入的增加额，即以产品销售收入、营业外收入、项目终结时回收的固定资产余值和回收的流动资金等形式所体现的现金流入。

2. 现金流出量

一个方案的现金流出量是指某项目引起的企业现金支出的增加额，即以投资成本、付现成本、税金、营业外支出等形式所体现的现金流出。

3. 现金净流量

现金净流量是一定期间内现金流入量和现金流出量的差额，它可能为正值、负值和零。

（二）现金流量按照现金流量的发生时间分类

按照现金流量的发生时间，可将投资活动的现金流量分为初始现金流量、营业现金流量和终结现金流量。

1. 初始现金流量

初始现金流量通常是现金流出量，一般包括以下几个部分：固定资产上的投资、无形资产上的投资、垫支的流动资金、其他与长期投资有关的费用等。

2. 营业现金流量

营业现金流量是营业期间内每年的现金流入量和现金流出量的差额。营业期间内的现金流入量主要是指营业现金收入，营业期间内的现金流出量主要是指营业现金支出和缴纳的所得税。由于营业收入中有现销形成的收入和赊销形成的收入，当年营业收入未必等于营业现金收入。但由于应收账款的信用期通常在一年以内，因此，一般假设投资项目每年的营业收入等于营业现金收入。那么，一个投资项目的年营业现金流量可用式（7.1）计算：

$$营业现金流量=营业收入-付现成本-所得税 \tag{7.1}$$

3. 终结现金流量

终结现金流量是投资项目在终结点所发生的现金流量，通常为现金流入量。终结现金流量一般包括：固定资产的残值收入或变价收入（扣除所需上缴的税金等支出后的净收入）、原有垫支在各种流动资产上的资金的收回等。

二、估计现金流量应注意的问题

在估计某投资项目的现金流量时，要牢牢把握相关性原则，凡是属于非相关成本，一律不予考虑。另外，在估计与投资项目相关的现金流量时，应遵循的原则是，只有增量现金流量才是与投资项目有关的现金流量，也就是只有采纳了某一方案而引起的现金流入的增量，才是该方案的现金流入；只有采纳了某一方案而引起的现金流出的增量，才是该方案的现金流出。具体来说，在估计现金流量时应注意以下几个问题。

（一）要考虑相关成本

通常来说，差异成本、未来成本、可避免成本、重置成本、机会成本是相关成本，而沉没成本、账面成本、不可避免成本通常是非相关成本，不应予以考虑。特别要注意不要忽视机会成本。在若干互斥方案的选择中，由于选择了某一个方案而放弃的其他方案的收益，就是被选择方案的机会成本。如在固定资产更新决策中，如果继续使用旧设备，就不能将旧设备出售，从而丧失旧设备的变价收入扣除相关税金后的净收益。机会成本是一种相关成本，在投资决策的现金流量估计中必须予以考虑。

（二）要考虑所得税和折旧与摊销对现金流量的影响

1. 所得税对营业现金流量的影响

如果不考虑所得税，营业现金流量就等于营业收入和付现成本的差额。但企业的收益要缴纳所得税，因此，在考虑所得税的情况下：

$$营业现金流量=营业收入-付现成本-所得税$$

在处置固定资产时也会涉及免税和补税的问题。固定资产残值及提前更新固定资产的变价收入与账面净值不相等时，其差额也影响纳税所得，进而影响所得税。当投资项目到期，其固定资产残值可以变卖，若预计残值清理净收入低于固定资产的账面净值，则可扣减所得税，从而增加现金流量。在更新决策中，处置旧设备的变卖收入如果低于旧设备的账面净值，可扣减所得税，从而增加现金流量。如，某企业提前更新生产线 A，A 生产线原值 1 000 万元，累计折旧 400 万元，净值 600 万元，该生产线在二手市场上的市价为 500 万元，变卖该生产线可获得收入 500 万元，所得税税率若为 25%，则变卖 A 生产线可节约所得税 $(600-500)\times25\%=25$（万元），处置 A 生产线给企业带来 525 万元的现金流入。

2. 折旧与摊销对营业现金流量的影响

折旧与摊销是成本的一部分，折旧与摊销是非付现成本，但折旧与摊销要计入费用，从而减少所得税税额，折旧与摊销对企业应纳所得税的影响称为折旧与摊销的抵税作用，由此而少纳的所得税税金称为折旧与摊销节税额。在不考虑摊销费用的情况下，折旧节税额可按式（7.2）进行计算：

$$折旧节税额=折旧额\times所得税税率 \tag{7.2}$$

如果假设折旧是投资项目唯一的非付现成本，则

$$营业成本=付现成本+折旧$$

$$付现成本=营业成本-折旧 \tag{7.3}$$

将公式（7.3）代入公式（7.1），则

$$\begin{aligned}营业现金流量&=营业收入-付现成本-所得税\\&=营业收入-(营业成本-折旧)-所得税\\&=营业收入-营业成本-所得税+折旧\\&=净利润+折旧 \qquad (7.4)\end{aligned}$$

由于：

$$净利润=税前利润\times(1-所得税税率)$$

将上式代入公式（7.4），则

$$\begin{aligned}营业现金流量&=净利润+折旧\\&=税前利润\times(1-所得税税率)+折旧\\&=(营业收入-营业成本)\times(1-所得税税率)+折旧\\&=(营业收入-付现成本-折旧)\times(1-所得税税率)+折旧\end{aligned}$$

$$=营业收入\times(1-所得税税率)-付现成本\times(1-所得税税率)+折旧\times所得税税率 \tag{7.5}$$

3. 要考虑营运资金对投资方案的影响

一个新项目投产后，存货和应收账款等流动资产的需求随之增加，同时应付账款等流动负债也会增加。因此，投资项目建成后，必须垫支一定的营运资金才能正常运营。这些与项目相关的新增流动资产与流动负债的差额即净营运资金，应计入项目的现金流量。另外，在营业期间，由于销量的变动，营运资金也随之变动，因此，要牢记垫支及收回营运资金原则也是增量现金流量原则。例如，某企业计划进行一项固定资产投资，拟用来生产新产品，该设备预计使用寿命5年，期初预计垫支营运资金100万元，预计两年后该产品市场份额将增加，由此导致销量增加20%，销量在以后几年将保持稳定，预计需要在第二年年初再投入营运资金30万元才能保证生产计划的顺利进行，所有垫支的营运资本130万元到项目终结时才能收回。这个例子中，期初预计垫支营运资金100万元是初始现金流出量，一年后预计再垫支营运资金30万元是现金流出量，终结点将收回垫支营运资金130万元是现金流入量。

4. 要考虑投资方案对企业其他部门的影响

在估计一个新的投资项目的现金流量时，还要考虑它的实施对企业其他部门所产生的影响。这种影响主要有两种，一是新项目与企业原有项目之间是互补关系，即新项目投产后会导致原有产品销量的增加，那么应将这部分由于销量增长而增加的收益计入新项目的现金流入量；二是新项目与企业原有项目之间是竞争关系，即新项目投产后会导致原有产品销量的下降，那么应将这部分由于销量下降而减少的收益从新项目的现金流入量中剔除。

5. 要注意项目计算期对现金流量的影响

项目计算期是指投资项目从投资建设开始到最终清理结束的全部时间，用 n 表示。项目计算期通常以年为单位，第0年称为建设起点，若建设期不足半年，可假定建设期为零；项目计算期最后一年年末，即第 n 年年末称为终结点，可假定项目最终报废或清理均发生在终结点，但更新改造除外。项目计算期包括建设期和生产经营期，从项目投产日到终结点的时间间隔称为生产经营期，也叫寿命期。项目计算期是建设期和经营期的和。所以，现金净流量可分为建设期的现金净流量和经营期的现金净流量。由于在建设期通常没有现金流入量，所以建设期的现金净流量总为负值。其次，建设期现金净流量还取决于投资额的投入方式是一次投入还是分次投入。

三、投资项目现金流量的估计

由于估计项目投资的现金流量是一项很复杂的工作，为了便于估计现金流量，本节简化了现金流量的计算过程。假设在估计项目的现金流量时，不论是自有资金还是借入资金，都将其视为自有资金，即不考虑利息；项目的原始总投资不论是一次投入还是分次投入，均假设它们是在建设期内投入的；假设项目主要固定资产的折旧年限或使用年限与其经营期相同；假设现金流量所涉及的价值指标，不论是时点指标还是时期指标，均按照年初或年末的时点处理，建设投资在建设期内有关年度的年初发生，垫支的流动资金在建设期的最后一年年末即经营期的第一年年初发生，经营期内各年的营业收入、付现成本、折旧（摊销等）、利润、所得税等项目的确认均在年末发生，项目最终报废或清理（中途出售项目除外），回收流动资金均发生在经营期最后一年年末。

【例 7.1】羽佳公司计划进行一项投资，设备价值 50 万元，在期初一次投入，使用寿命 5 年，直线法计提折旧，期末无残值。期初垫支营运资金 5 万元，在终结点回收。使用该设备每年给企业带来营业收入 30 万元，付现成本 18 万元。该企业所得税税率为 25%，则羽佳公司该项目每年的现金净流量如表 7-1 所示。

表 7-1　羽佳公司投资项目的现金流量测算　单位：万元

年份	0	1	2	3	4	5
固定资产投资	-50					
垫支营运资金	-5					
营业现金流量		11.5	11.5	11.5	11.5	11.5
固定资产残值						0
营运资金回收						5
合计	-55	11.5	11.5	11.5	11.5	16.5

$$\text{折旧额}=50/5=10\ (\text{万元})$$

$$\begin{aligned}\text{每年营业现金流量}&=\text{营业收入}\times(1-\text{所得税税率})-\text{付现成本}\times\\&\quad(1-\text{所得税税率})+\text{折旧}\times\text{所得税税率}\\&=30\times(1-25\%)-18\times(1-25\%)+10\times25\%\\&=11.5(\text{万元})\end{aligned}$$

或：

$$\begin{aligned}\text{每年营业现金流量}&=\text{净利润}+\text{折旧}=(30-18-10)\times(1-25\%)+10\\&=11.5(\text{万元})\end{aligned}$$

【例 7.2】段洁公司某项目投资总额为 150 万元，其中固定资产投资 110 万元，建设期为 2 年，于建设起点分 2 年平均投入。无形资产投资 20 万元，于建设起点一次投入。流动资金投资 20 万元，于投产开始时垫付。该项目经营期 10 年，固定资产按直线法计提折旧，期满有 10 万元净残值；无形资产于投产开始后分 5 年平均摊销；流动资金在项目终结时可一次全部收回，另外，预计项目投产后，前 5 年每年可获得 40 万元营业收入，并发生 38 万元总营业成本；后 5 年每年可获得 60 万元营业收入，发生 40 万元付现成本。所得税税率为 25%，则段洁公司该项目投资所涉及的现金流量估算如下：

（1）建设期现金流量的估计：

$$NCF_0=-550\ 000-200\ 000=-750\ 000\ (\text{元})$$

$$NCF_1=-550\ 000\ \text{元}$$

$$NCF_2=-200\ 000\ \text{元}$$

（2）经营期现金净流量的估计：

$$\text{固定资产年折旧额}=\frac{1\ 100\ 000-100\ 000}{10}=100\ 000\ (\text{元})$$

$$\text{无形资产年摊销额}=\frac{200\ 000}{5}=40\ 000\ (\text{元})$$

$$NCF_{3-7}=(400\ 000-380\ 000)\times(1-25\%)+100\ 000+40\ 000=155\ 000(\text{元})$$

$$NCF_{8-12}=600\ 000\times(1-25\%)-400\ 000\times(1-25\%)+100\ 000\times25\%=175\ 000(\text{元})$$

(3) 终结现金净流量的估计：

$$NCF_{12}=200\ 000+100\ 000=300\ 000(\text{元})$$

在估计现金流量时，如果项目寿命期较长，建议采用表 7-1 或图 7-1 的形式来估算，可在一定程度上减少差错的发生。

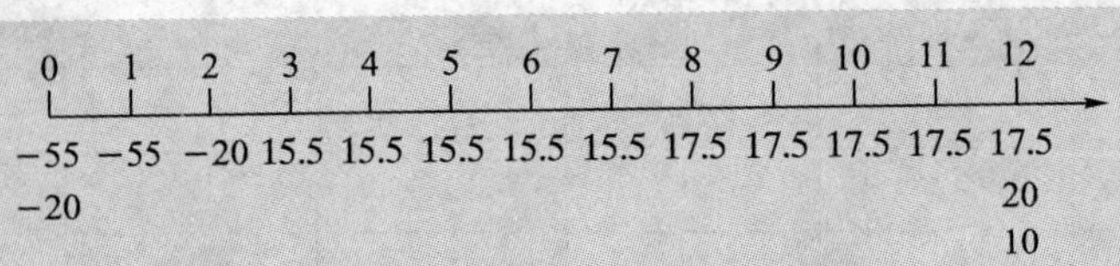

图 7-1 段洁公司某投资项目现金流量

第三节 项目投资决策的财务评价方法

对项目投资评价时使用的指标分为两类：一类是贴现指标，即考虑了货币时间价值因素的指标，包括动态投资回收期、净现值、现值指数与内含报酬率等；另一类是非贴现指标，即没有考虑货币时间价值因素的指标，包括投资回收期、会计收益率等。根据分析评价指标的类别，项目投资决策的财务评价方法，也可分为贴现的分析评价方法和非贴现的分析评价方法两种。

一、项目投资决策的非贴现法

（一）投资回收期法

1. 投资回收期的概念

投资回收期是指收回全部原始投资所需要的时间。投资回收期法是过去评价项目投资常用的方法。但是，由于没有考虑货币时间价值，也没有考虑回收期以后的现金流量，目前该方法只作为辅助方法使用。

2. 投资回收期的计算方法

(1) 如果原始投资一次支出，每年期望现金净流量相等，则

$$\text{投资回收期}=\frac{\text{原始投资额}}{\text{每年现金净流量}} \tag{7.6}$$

【例 7.3】 某项目投资的投资总额为 500 万元，在期初一次投入，该项目使用寿命为 5 年，每年现金净流量为 150 万元，则该项投资的投资回收期计算如下：

$$\text{投资回收期}=\frac{500}{150}=3.33\text{ 年}$$

(2) 如果营业现金净流量每年不等或原始投资是分次投入的，需要按时间顺序对各年的期望现金流量进行累计，累计额达到原始投资额时的时间即为投资回收期。

$$\text{投资回收期}=M+\frac{\text{在第 }M\text{ 年尚未收回的投资额}}{\text{第 }M+1\text{ 年的现金净流量}} \tag{7.7}$$

【例 7.4】 某项目投资的投资总额为 500 万元，使用寿命为 5 年，第 1 年到第 5 年每年的现金净流量分别为：130 万元、180 万元、140 万元、200 万元、170 万元，则该项投资的投资回收期计算如下：

截至第三年年末累计收回投资额 = 130+180+140 = 450（万元）

尚未收回投资额 = 500−450 = 50（万元）

$$\text{投资回收期}=3+\frac{50}{200}=3.25\text{（年）}$$

3. 投资回收期法决策的基本法则

在采用投资回收期法决策时，应事先确定一个企业要求回收投资的年限。在方案选择时，应接受投资回收期小于要求年限的项目。如果仅以投资回收期作为标准，不同方案在比较时，投资回收期越短，方案越有利。

投资回收期法计算简便，容易为决策者理解，但是该种方法不仅忽视了货币时间价值，而且也没有考虑投资回收期以后的现金流量，这样可能令企业接受前期现金净流量较多的短期项目，而放弃了有战略意义的长期项目。

（二）会计收益率法

1. 会计收益率的概念

会计收益率法，又称平均会计收益率法或平均会计报酬率法。其中，会计收益率是指项目投资的年平均账面利润与原始投资额的比值。

2. 会计收益率的计算方法

在实际应用中，会计收益率法的计算方法有多种，因为年平均账面利润可以根据需要采用年平均利润、年平均息税前利润、年平均销售利润等，在实务中较常用的是年平均净利润。

$$\text{会计收益率}=\frac{\text{年平均净利润}}{\text{原始投资额}} \tag{7.8}$$

【例 7.5】 某项目投资的投资总额为 500 万元，使用寿命为 5 年，第 1 年到第 5 年每年的净利润分别为：130 万元、180 万元、140 万元、200 万元、170 万元，则该项投资的会计收益率计算如下：

$$\text{会计收益率}=\frac{\text{年平均净利润}}{\text{原始投资额}}=\frac{(130+180+140+200+170)\div 5}{500}$$
$$=\frac{164}{500}=32.8\%$$

3. 会计收益率法决策的基本法则

在采用会计收益率法决策时，应事先确定一个企业要求达到的目标会计收益率。在进行决策时，只要项目投资的会计收益率超过企业事前确定的目标会计收益率，即应予以采纳；反之，项目投资的会计收益率低于目标会计收益率，即应予以否决。

会计收益率法的最大优势在于计算较为简便、易于理解，也考虑了整个项目寿命期的全部利润。但是，会计收益率法没有考虑货币时间价值；并且这种方法使用的是账面收益而非现金流量。因此，在投资决策中往往作为贴现现金流量法的一种辅助方法使用。

二、项目投资决策的贴现法

（一）动态投资回收期法

1. 动态投资回收期的概念

投资回收期法忽略了货币时间价值，若考虑货币时间价值，对现金流量进行折现，那么计算出来的投资回收期，称为动态投资回收期。动态投资回收期就是使投资项目的贴现现金流量等于其原始投资额所需要的时间。相对于动态投资回收期而言，前文提到的投资回收期一般称为静态投资回收期。

2. 动态投资回收期的计算方法

动态投资回收期是项目投资在考虑货币时间价值的前提下，收回全部原始投资所需要的时间，即在给定折现率的前提下，能使净现值等于零时的年限。若假设所有的投资额都在期初一次投入，则

$$\sum_{t=1}^{n}\frac{NCF_t}{(1+k)^t}=C \tag{7.9}$$

式中，NCF_t 表示第 t 年的现金净流量；C 表示该项目的原始投资额；k 表示预定的折现率；n 表示项目涉及的年限。

【例 7.6】某项目投资的投资总额为 500 万元，在期初一次投入，该项目使用寿命为 5 年，第 1 年到第 5 年每年的净现金流量分别为：130 万元、180 万元、140 万元、200 万元、170 万元，折现率为 10%，则该项投资的动态投资回收期的计算如表 7-2 所示。

表 7-2 动态投资回收期计算 单位：万元

年限	0	1	2	3	4	5
初始投资	-500					
净现金流量		130	180	140	200	170
现值系数	1	0.909 1	0.826 4	0.751 3	0.683 0	0.620 9
现值	-500	118.183	148.752	105.182	136.6	105.553
累计现值	-500	-381.817	-233.065	-127.883	8.717	

截至第三年年末累计净现金流量 = 118.183+148.752+105.182 = 372.117（万元）

尚未收回投资额 = 500-372.117 = 127.883（万元）

$$动态投资回收期=3+\frac{127.883}{136.6}=3.94\text{（年）}$$

动态投资回收期法考虑了货币时间价值，是对投资回收期法的一种改进。但是，动态投资回收期法仍没有考虑动态投资回收期之后的现金流量状况。因而，在现代企业中，很少有企业只凭动态投资回收期法就对项目投资作出是否投资的最终选择。

（二）净现值法

1. 净现值的概念

净现值是指特定方案未来各年现金净流量现值与投资额现值之间的差额。净现值可能为正

值、负值或零。如净现值为正数，即折现后现金流入大于折现后现金流出，该项目投资的预期报酬率大于预定的折现率；如净现值为零，即折现后现金流入等于折现后现金流出，该项目投资的预期报酬率等于预定的折现率；如净现值为负数，即折现后现金流入小于折现后现金流出，该项目投资的预期报酬率小于预定的折现率。

2. 净现值的计算方法

$$NPV=\sum_{t=1}^{n}\frac{NCF_t}{(1+k)^t}-\sum_{t=0}^{n}\frac{C_t}{(1+k)^t} \tag{7.10}$$

式中，NPV 表示净现值；NCF_t 表示第 t 年的现金净流量；C_t 表示第 t 年的投资额；k 表示预定的折现率；n 表示项目涉及的年限。

【例 7.7】卢虹公司有以下 A、B 两个互斥的投资项目，折现率为10%，A、B 两方案各年的现金流量如表 7-3 和表 7-4 所示。

表 7-3 卢虹公司 A 投资项目的现金流量测算 单位：元

年份	0	1	2	3	4	5
固定资产投资	-40 000					
垫支营运资金	0					
营业现金流量		13 000	13 000	13 000	13 000	13 000
固定资产残值						0
营运资金回收						0
合计	-40 000	13 000	13 000	13 000	13 000	13 000

表 7-4 卢虹公司 B 投资项目的现金流量测算 单位：元

年份	0	1	2	3	4	5
固定资产投资	-15 000	-20 000				
垫支营运资金		-10 000				
营业现金流量			14 000	13 000	15 000	12 000
固定资产残值						3 000
营运资金回收						10 000
合计	-15 000	-30 000	14 000	13 000	15 000	25 000

A 投资项目的净现值计算如下：

$$\begin{aligned}NPV_A&=13\,000\times(P/A,10\%,5)-40\,000\\&=13\,000\times3.790\,8-40\,000\\&=9\,280.4(\text{元})\end{aligned}$$

B 投资项目的净现值计算如下：

$$NPV_B=14\,000\times(P/F,10\%,2)+13\,000\times(P/F,10\%,3)+15\,000\times(P/F,10\%,4)+$$

$$25\,000\times(P/F,\ 10\%,\ 5)-30\,000\times(P/F,\ 10\%,\ 1)-15\,000$$
$$=4\,831(\text{元})$$

本章的【例7.2】，估算了段洁公司某投资项目的现金流量情况，如果段洁公司对该项目投资要求的最低投资报酬率为10%，你能计算出该项目的净现值吗？

3. 净现值法决策的基本法则

净现值为正数，即净现值大于零，表明项目投资的预期报酬率大于资本成本，该项目可以增加企业价值，应予以采纳。如净现值为零，表明项目投资的预期报酬率等于资本成本，不改变企业价值，没有必要采纳。如净现值为负数，即净现值小于零，表明投资项目的预期报酬率小于资本成本，该项目将减少企业价值，应予以放弃。

如果存在若干个净现值大于零的互斥方案，则应选择净现值最大的方案；如果这些净现值大于零的方案是独立方案，则在资金能够保证的前提下，应选择净现值之和最大的组合方案。

净现值法的优点是考虑了货币时间价值，能够反映各种投资方案给企业带来的价值的增量，是一种较好的方法。但净现值法并不能揭示各个投资方案本身可能达到的实际报酬率。

【例7.8】羽佳公司计划进行一项投资，该项目的原始投资为40万元，在期初一次投入，寿命期为5年，每年现金净流量为12万元，资本成本率为10%，则该项目的净现值为：

$$\text{净现值}=12\times(P/A,\ 10\%,\ 5)-40=12\times3.790\,8-40=5.49(\text{万元})$$

由于该项目 $NPV>0$，说明该项目预期投资报酬率大于资本成本，投资该项目是有利的，应予以采纳。

（三）现值指数法

1. 现值指数的概念

现值指数，亦称现值比率、获利指数、贴现后收益与成本比率等，是指特定方案未来现金净流量的现值与投资额现值的比值。现值指数可能大于1、小于1或等于1。如现值指数大于1，即折现后现金流入大于折现后现金流出，该项目投资的预期报酬率将大于预定的折现率；如现值指数等于1，即折现后现金流入等于折现后现金流出，该项目投资的预期报酬率等于预定的折现率；如现值指数小于1，即折现后现金流入小于折现后现金流出，该项目投资的预期报酬率小于预定的折现率。

2. 现值指数的计算方法

$$PI=\frac{\sum_{t=1}^{n}\frac{NCF_t}{(1+k)^t}}{\sum_{t=0}^{n}\frac{C_t}{(1+k)^t}} \tag{7.11}$$

式中，PI 表示现值指数；NCF_t 表示第 t 年的现金净流量；C_t 表示第 t 年的投资额；k 表示预定的折现率；n 表示项目涉及的年限。

【例7.9】羽佳公司计划进行一项投资，该项目的原始投资为40万元，在期初一次投入，寿命期为5年，每年现金净流量为12万元，资本成本率为10%，则该项目的现值指数为：

$$PI=\frac{12\times(P/A,\ 10\%,\ 5)}{40}=\frac{12\times3.790\,8}{40}=1.14$$

3. 现值指数法决策的基本法则

如现值指数大于1，表明项目投资未来现金流入的现值大于未来现金流出的现值，应予以采纳。如现值指数等于1，表明项目投资未来现金流入的现值等于未来现金流出的现值，没有必要采纳。如现值指数小于1，表明项目投资未来现金流入的现值小于未来现金流出的现值，不应予以采纳。

现值指数可以看成1元的原始投资期望获得的价值，是相对数，反映投资的效率，即获利能力。当备选方案的投资额不相等且彼此之间相互独立，可用现值指数法确定方案的优劣。若备选方案之间为互斥方案，由于现值指数法忽略了互斥项目之间投资规模上的差异，可能会得到错误的结果。因此，在互斥方案的评价中，当采用净现值法与现值指数法出现不一样的决策结果时，仍应以净现值法的结果为准。因为现值指数只代表获得收益的能力而不代表实际获得的财富；而净现值是绝对数指标，反映投资的效益，更符合企业价值最大化的财务管理目标。

（四）内含报酬率法

1. 内含报酬率的概念

内含报酬率，也称内部收益率，是指能够使项目未来现金净流量的现值之和与投资额现值相等时的折现率。

2. 内含报酬率的计算方法

$$\sum_{t=1}^{n}\frac{NCF_t}{(1+k)^t}=\sum_{t=0}^{n}\frac{C_t}{(1+k)^t} \tag{7.12}$$

式中，NCF_t 表示第 t 年的现金净流量；C_t 表示第 t 年的投资额；k 表示内含报酬率；n 表示项目涉及的年限。

（1）各年的现金净流量相等的情况下。在这种情况下，符合普通年金形式，可直接利用普通年金现值系数计算该方案的内含报酬率。

如果经营期内各年现金净流量相等，且全部投资均于建设起点一次投入，建设期为零，即：

$$经营期每年相等的现金净流量(NCF)\times年金现值系数(P/A,\ i,\ n)-投资总额=0$$

$$年金现值系数=\frac{投资总额}{经营期每年相等的现金净流量}$$

【例7.10】 羽佳公司计划进行一项投资，该项目的原始投资为40万元，在期初一次投入，寿命期为5年，每年现金净流量为12万元，则该项目的内含报酬率为：

$$年金现值系数=\frac{40}{12}=3.333\ 3$$

查表知：

$$(P/A,\ 15\%,\ 5)=3.352\ 2$$

$$(P/A,\ 16\%,\ 5)=3.274\ 3$$

由此可知所求的内含报酬率在15%和16%之间，假设 $i=15\%+x\%$，则差值法计算内含报酬率的过程如下：

内含报酬率　　　　　　　　年金现值系数

$$\left.\begin{array}{l}\left.\begin{array}{l}15\%\\15\%+x\%\end{array}\right\}x\%\\16\%\end{array}\right\}1\%\qquad\qquad\left.\begin{array}{l}\left.\begin{array}{l}3.352\ 2\\3.333\ 3\end{array}\right\}-0.018\ 9\\3.274\ 3\end{array}\right\}-0.077\ 9$$

$$\frac{x\%}{1\%}=\frac{-0.0189}{-0.0779}$$

$$x\%=0.2426\%$$

$$i=15\%+x\%=15\%+0.2426\%=15.2426\%$$

（2）各年的现金净流量不相等的情况下。在这种情况下，只能采用逐步测试法，即通过多次测试，寻找出使项目的净现值一正一负相邻的两个折现率，然后用内差法求出内含报酬率。

计算步骤是：先估计一个折现率，用它来计算方案的净现值；如果净现值为正数，说明方案本身的内含报酬率超过估计的折现率，应提高折现率后进一步测试；如果净现值为负数，说明方案本身的内含报酬率低于估计的折现率，应降低折现率后进一步测试。经过多次测试，就可寻找出使净现值接近于零的一正一负的两个折现率，然后根据内差法就能计算出该方案的内含报酬率。

【例 7.11】某项目投资的投资额为 30 000 元，期初一次投入，寿命期为 6 年，各年的净现金流量分别是 8 000 元、8 000 元、9 000 元、9 000 元、10 000 元和 11 000 元，则该投资项目的内含报酬率计算如下：

先按 16% 估计的贴现率进行测试，其结果净现值 2 855.8 元，是正数；于是把贴现率提高到 18% 进行测试，净现值为 1 090.6 元，仍为正数，再把贴现率提高到 20% 重新测试，净现值为−526.5 元，是负数，说明该项目的内含报酬率在 18% ~20% 之间。有关测试计算如表 7-5 所示。

表 7-5 内含报酬率测算

年份	现金净流量（元）	贴现率 = 16%		贴现率 = 18%		贴现率 = 20%	
		现值系数	现值（元）	现值系数	现值（元）	现值系数	现值（元）
0	−30 000	1	−30 000	1	−30 000	1	−30 000
1	8 000	0.862 1	6 896.8	0.847 5	6 780	0.833 3	6 666.4
2	8 000	0.743 2	5 945.6	0.718 2	5 745.6	0.694 4	5 555.2
3	9 000	0.640 7	5 766.3	0.608 6	5 477.4	0.578 7	5 208.3
4	9 000	0.552 3	4 970.7	0.515 8	4 642.2	0.482 3	4 340.7
5	10 000	0.476 2	4 762	0.437 1	4 371	0.401 9	4 019
6	11 000	0.410 4	4 514.4	0.370 4	4 074.4	0.334 9	3 683.9
净现值			2 855.8		1 090.6		−526.5

然后根据内差法就能计算出该方案的内含报酬率：

内含报酬率			净现值		
18%	x%	2%	1 090.6	−1 090.6	−1 617.1
18%+x%			0		
20%			−526.5		

$$\frac{x\%}{2\%}=\frac{-1\ 090.6}{-1\ 617.1}$$

$$x\%=1.348\ 8\%$$

$$18\%+x\%=18\%+1.348\ 8\%=19.348\ 8\%$$

或：

$$18\%+\frac{1\ 090.6-0}{1\ 090.6-(-526.5)}\times(20\%-18\%)=19.348\ 8\%$$

你能根据【例 7.7】所提供的资料计算卢虹公司 A、B 投资项目的内含报酬率吗？

3. 内含报酬率法决策的基本法则

只要内含报酬率大于项目的资本成本或要求的最低投资报酬率，应予以采纳。若内含报酬率等于项目的资本成本或要求的最低投资报酬率，没有必要采纳。若内含报酬率小于项目的资本成本或要求的最低投资报酬率，应予以放弃。

内含报酬率法考虑了货币时间价值，反映了项目投资本身的报酬率。但这种方法的计算过程比较复杂。

需要说明的是，实际上，依据内含报酬率法与净现值法在进行项目评估时，结论通常也是相同的。如果投资项目的内含报酬率等于项目的资本成本，那么该项目的净现值为零；如果内含报酬率超过资本成本，则项目的净现值大于零。也就是说，无论是按照净现值法还是按照内含报酬率法，有助于企业价值增加的投资项目均可以被采纳，使企业价值减少的投资项目将被放弃。但由于两种方法内在的假设条件不一样，净现值法与内含报酬率法之间仍然存在着一些重大的区别。比如，在互斥项目的选择中，这两种评估方法所选择的结果可能产生矛盾。如果是互斥项目，在投资规模不同、现金流量发生的时间不同的情况下，净现值法与内含报酬率的决策结果可能不相同。原因在于，净现值法与内含报酬率法各自所假设的资金再投资收益率存在差异。净现值法假设的再投资收益率是其资本成本，也就是计算净现值时所使用的折现率；而内含报酬率法假设的再投资收益率则是内含报酬率。从财务估价的角度讲，净现值法所隐含的再投资收益率假设是合理的，因为只要获得高于资本成本的收益率水平，就可以保障企业价值的增加。内含报酬率法所隐含的再投资收益率假设显然已经超出了合理的范围。另外，对于一些非常规项目，比如现金流出不发生在期初或者以后各期有多次现金流出的项目，可能算不出内含报酬率，或可能算出不止一个内含报酬率。因此，当采用内含报酬率法与净现值法出现不一样的决策结果时，仍应以净现值法的结果为准。

第四节　无风险项目投资决策实务

一、无风险项目投资决策应注意的问题

（1）这里所提及的无风险项目投资是指不考虑现金流量风险的项目投资，并非是说该投资项目没有风险。在本节所涉及的固定资产投资决策中，假设投资项目所估计出的现金流量是不含风险的，是确定的。这样，可以将固定资产投资决策问题简化。事实上，在固定资产投资决策中，预期现金流量本身就是估算的结果，含有一定的风险。因此，考虑现金流量风险的固定资产投资决策更符合实际经济生活，关于这部分内容将在本章第五节阐述。

（2）投资方案对比与选优的方法会因项目投资方案本身的不同而有区别，在决策中要注意区分是独立方案还是互斥方案的评价选择问题。独立方案是指方案之间存在着相互依赖的关系，但又不能相互取代的方案。在只有一个投资项目可供选择的条件下，只需评价其财务上是否可行；如果是几个独立方案均可行，则应在资源限制的前提下，选择出最优投资组合。项目投资决策中的互斥方案是指在决策时涉及的多个相互排斥，不能同时实施的投资方案。互斥方案决策过程就是在每一个入选方案已具备项目可行性的前提下，利用具体决策方法比较各个方案的优劣，利用评价指标从各个备选方案中选出一个最优方案的过程。

二、新建固定资产投资决策

【例 7.12】 培培公司拟新建一生产线，有关资料如下：

（1）项目原始投资额 1 000 万元，其中固定资产投资 650 万元，无形资产投资 250 万元，流动资产投资 100 万元，该项目建设期 2 年，前两项投资均于建设起点一次投入，流动资产投资在第二年年末投入；

（2）该项目营业期 10 年，固定资产寿命期 10 年，按直线法折旧，预计净残值 50 万元，无形资产投资从投产年份起分 10 年按直线法摊销完毕，流动资产投资部分于终结点收回；

（3）预计项目投产后，每年相关营业收入 800 万元，每年预计外购原材料、燃料 100 万元，每年工资福利费 120 万元，其他费用 50 万元（不包括营业税金及附加），另外，企业适用的增值税税率为 17%，城建税税率为 7%，教育费附加 3%，该企业不缴纳营业税和消费税；

（4）培培公司所得税税率为 25%，公司要求的必要报酬率为 10%。

问：培培公司是否应新建该生产线？

对任何一项新建固定资产的决策，都应首先确定项目计算期，然后估计项目计算期内相应的现金流量，再选择与相应的现金流量相匹配的折现率，然后求出净现值，根据净现值的大小作出判断。

培培公司投资项目现金流量的测算如下：

（1）建设期现金流量的估计：

$$NCF_0 = -650-250 = -900 \text{（万元）}$$

$$NCF_1 = 0 \text{（万元）}$$

$$NCF_2 = -100 \text{（万元）}$$

（2）经营期现金净流量的估计：

$$\text{固定资产年折旧额} = \frac{650-50}{10} = 60 \text{（万元）}$$

$$\text{无形资产年摊销额} = \frac{250}{10} = 25 \text{（万元）}$$

$$\text{每年应负担的税金} = (800-100)\times 17\% \times (7\%+3\%) = 11.9 \text{（万元）}$$

$$\text{每年的付现成本} = 100+120+50+11.9 = 281.9 \text{（万元）}$$

$$NCF_{3-12} = 800\times(1-25\%)-281.9\times(1-25\%)+85\times 25\% = 409.83 \text{（万元）}$$

（3）终结现金净流量的估计：

$$NCF_{12} = 50+100 = 150 \text{（万元）}$$

培培公司投资项目现金流量的测算如表 7-6 所示。

表 7-6 培培公司投资项目现金流量测算 单位：万元

年	0	1	2	3	4	5	6	7	8	9	10	11	12
固定资产投资	-650												
无形资产投资	-250												
垫支营运资金			-100										100
税后营业收入				600	600	600	600	600	600	600	600	600	600
税后付现成本				-211.43	-211.43	-211.43	-211.43	-211.43	-211.43	-211.43	-211.43	-211.43	-211.43
折旧摊销节税额				21.25	21.25	21.25	21.25	21.25	21.25	21.25	21.25	21.25	21.25
收回残值													50
合计	-900	0	-100	409.83	409.83	409.83	409.83	409.83	409.83	409.83	409.83	409.83	559.8

在估算出项目计算期后的现金流量后，可计算培培公司新建固定资产的净现值：

$$NPV = 409.83\times(P/A,\ 10\%,\ 10)\times(P/F,\ 10\%,\ 2)+150\times(P/F,\ 10\%,\ 12)-900-100\times(P/F,\ 10\%,\ 2)$$

$$= 409.83\times6.1446\times0.8264+150\times0.3186-900-100\times0.8264=1\ 146.22(\text{万元})$$

由于培培公司该新建固定资产的净现值是 1 146.22 万元，大于 0，故应新建该生产线。

三、固定资产更新决策

固定资产更新决策实际上包含了两类决策，即继续使用旧设备还是更新设备；如果选择更新设备，选择什么样的新设备来更新。其中，第二个决策实际上是新建固定资产的决策，因此，这里只讨论继续使用旧设备还是更新设备的决策问题。由于更新设备，可能影响营业收入，也可能不影响营业收入，或者是营业收入难以估计。因此，下面分两种情况来讨论继续使用旧设备和更新设备的决策方法。

（一）影响业务量的固定资产更新决策

如果影响了业务量，可以通过比较净现值，进行决策方案的选择。在这里还要区分两种情况，即新旧固定资产的尚可使用年限是否相同。如果尚可使用年限相同，则可通过计算 Δ 净现值做出决策；如果尚可使用年限不相同，则可通过计算年均净现值做出决策。

1. 如果尚可使用年限相同

在影响业务量的前提下，尚可使用年限如果相同，决策方案的选择应比较净现值的大小，选择净现值较大的方案。这种方法实际上就是净现值法。

【例 7.13】方伟公司考虑采用一台新的设备来代替旧设备，以降低成本。新设备采用年数总和法，旧设备采用直线法计提折旧，公司的所得税税率为 25%，资本成本为 10%，不考虑营业税金及附加的影响，其他情况如表 7-7 所示。请做出该公司是继续使用旧设备还是对其进行更新的决策。

表 7-7 决策相关数据

项目	旧设备	新设备
原价（元）	50 000	70 000
可用年限	10	4
已用年限	6	0
尚可使用年限	4	4
税法规定残值	0	7 000
目前变现价值（元）	20 000	70 000
每年可获得营业收入（元）	40 000	60 000
每年发生的付现成本（元）	20 000	18 000
每年折旧额（元）	直线法	年数总和法
第 1 年	5 000	25 200
第 2 年	5 000	18 900
第 3 年	5 000	12 600
第 4 年	5 000	6 300

（1）比较两个项目在计算期内的现金流量，计算出各期的现金流量的差额

更新设备和继续使用旧设备相比：

$$\Delta NCF_0 = -70\ 000+20\ 000 = -50\ 000(\text{元})$$

各年营业现金流量的差量的计算如表 7-8 所示。

表 7-8 各年营业现金流量的差量的测算 单位：元

项目	第 1 年	第 2 年	第 3 年	第 4 年
Δ 税后营业收入	15 000	15 000	15 000	15 000
Δ 税后付现成本	−1 500	−1 500	−1 500	−1 500
Δ 折旧	20 200	13 900	7 600	1 300
Δ 折旧节税额	5 050	3 475	1 900	325
Δ 营业现金流量	21 550	19 975	18 400	16 825

从表 7-8 可知：

$$\Delta NCF_1 = 21\ 550\ (\text{元})$$

$$\Delta NCF_2=19\ 975\text{（元）}$$
$$\Delta NCF_3=18\ 400\text{（元）}$$
$$\Delta NCF_4=16\ 825+7\ 000=23\ 825\text{（元）}$$

（2）计算净现值的差量：

$$\begin{aligned}\Delta NPV &=21\ 550\times(P/F,10\%,1)+19\ 975\times(P/F,10\%,2)+18\ 400\times(P/F,10\%,3)+\\&\quad 23\ 825\times(P/F,10\%,4)-50\ 000\\&=21\ 550\times0.909\ 1+19\ 975\times0.826\ 4+18\ 400\times0.751\ 3+23\ 825\times0.683\ 0-50\ 000\\&=16\ 194.84\text{（元）}\end{aligned}$$

因为 $\Delta NPV>0$，即更新设备和继续使用旧设备相比能增加净现值 16 194.84 元，应更新设备。

2. 如果尚可使用年限不相同

如果固定资产尚可使用年限不同，不能直接比较净现值，必须通过计算年均净现值的方法，选择年均净现值较大者。年均净现值的计算如式（7.13）所示：

$$ANPV=\frac{NPV}{(P/A,\ i,\ n)} \tag{7.13}$$

式中，NPV 表示净现值；$ANPV$ 表示年均净现值。

【例 7.14】仍然用前例 7.13 方伟公司的例子，只是假设新设备的使用年限为 8 年，每年可获得营业收入 45 000 元，采用直线法折旧，期末无残值，税法规定的残值也为 0。其他条件不变。

（1）分别估算新设备和旧设备在计算期内的现金流量：

新设备和旧设备在计算期内的现金流量如表 7-9 所示。

表 7-9　新设备和旧设备现金流量测算　　单位：元

项目	旧设备（1～4 年）	新设备（1～8 年）
税后营业收入	30 000	33 750
税后付现成本	15 000	13 500
折旧额	5 000	8 750
折旧节税额	1 250	2 187.5
营业现金流量	16 250	22 437.5

（2）分别计算新设备和旧设备的净现值：

$$\begin{aligned}NPV_{新}&=22\ 437.5\times(P/A,\ 10\%,\ 8)-70\ 000\\&=22\ 437.5\times5.334\ 9-70\ 000=49\ 701.82\text{（元）}\end{aligned}$$

$$\begin{aligned}NPV_{旧}&=16\ 250\times(P/A,\ 10\%,\ 4)-20\ 000\\&=16\ 250\times3.169\ 9-20\ 000=31\ 510.88\text{（元）}\end{aligned}$$

（3）分别计算新设备和旧设备的年均净现值：

$$ANPV_{新}=\frac{49\ 701.82}{(P/A,\ 10\%,\ 8)}=\frac{49\ 701.82}{5.334\ 9}=9\ 316.35\text{（元）}$$

$$ANPV_{旧}=\frac{31\ 510.88}{(P/A,\ 10\%,\ 4)}=\frac{31\ 510.88}{3.169\ 9}=9\ 940.65\ (元)$$

因为 $ANPV_{旧}>ANPV_{新}$，即继续使用旧设备和更新设备比每年能增加净现值 624.30(9 940.65－9 316.35) 元，应继续使用旧设备。

在影响业务量的前提下，如果固定资产使用年限不同，除了可以比较新设备和旧设备的年均净现值外，还可以采用复制法来选择。

复制法，又称最小公倍寿命法，是将两个方案使用寿命的最小公倍数作为比较期间，并假设两个方案在这个比较区间内进行多次重复投资，通过比较两个方案多次投资的净现值的一种分析方法。

仍然用例 7.14 中方伟公司的例子。

在上面的例子中，新设备寿命期为 8 年，旧设备尚可使用 4 年，因此，最小公倍数是 8，在这个共同期间内，继续使用旧设备的投资方案可以进行 2 次，使用新设备的投资方案可以进行 1 次。复制法下，旧设备的净现值的计算如图 7-2 所示。

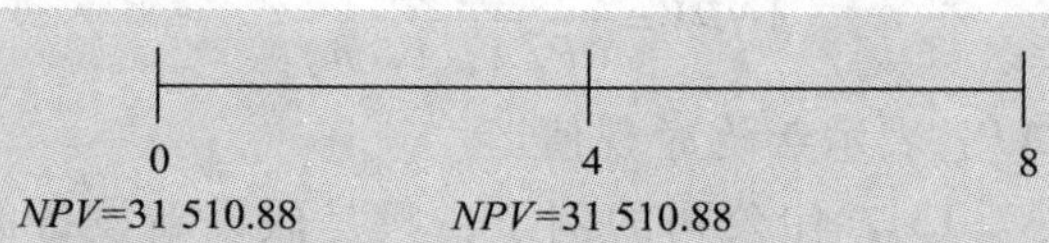

图 7-2　复制为 8 年的旧设备净现值

因此，8 年内继续使用旧设备的净现值为：

$$NPV_{旧}=31\ 510.88+31\ 510.88\times(P/F,\ 10\%,\ 4)=31\ 510.88+31\ 510.88\times0.683\ 0$$
$$=53\ 032.81\ (元)$$

$$NPV_{新}=22\ 437.5\times(P/A,\ 10\%,\ 8)-70\ 000$$
$$=22\ 437.5\times5.334\ 9-70\ 000=49\ 701.82\ (元)$$

由于 $NPV_{旧}>NPV_{新}$，即继续使用旧设备和更新设备相比，能增加净现值，应继续使用旧设备。

（二）不影响业务量的固定资产更新决策

如果不影响业务量，固定资产更新项目的现金流量主要表现为现金流出，有少许的残值收入也只是现金流出的递减项目。这时可以通过比较现金流出量现值，进行决策方案的选择。但也要区分两种情况，即新旧固定资产的尚可使用年限是否相同。如果尚可使用年限相同，可通过 Δ 现金流出量现值做出决策；如果尚可使用年限不相同，可通过计算年均成本，通过比较做出决策。

1. 如果尚可使用年限相同

在不影响业务量的前提下，尚可使用年限如果相同，决策方案的选择应比较现金流出量现值的大小，选择现金流出量现值较小的方案。这种方法也称成本现值比较法。

【例 7.15】 雪莲公司正考虑用新设备取代旧设备。旧设备的账面折余价值为 12 万元，在二手市场上卖掉可以得到 7 万元，预计尚可使用 5 年，预计 5 年后清理的净残值为零，税法规定的折旧年限尚有 5 年，税法规定直线法计提折旧，税法规定的清理的净残值为零；购买和安装新设备需要48万元，预计可使用5年，预计5年后清理的净残值为1.2万元，按税法规定分4年折旧，并采用双倍余额递减法计提折旧，法定残值为原值的1/12，使用新设备每年可节约付现成本为14万元。雪莲公司的所得税税率为30%，公司投资该项目的必要收益率为10%，请做出是否更新的决策。

（1）比较两个项目在计算期内的现金流量，计算出各期的现金流量的差额：

$$旧设备的年折旧=\frac{12}{5}=2.4\ （万元）$$

新设备的年折旧：

第1年：$48\times\frac{2}{4}=24$（万元）

第2年：$(48-24)\times\frac{2}{4}=12$（万元）

第3年：$\left(48-24-12-48\times\frac{1}{12}\right)\times\frac{1}{2}=4$（万元）

第4年：$\left(48-24-12-48\times\frac{1}{12}\right)\times\frac{1}{2}=4$（万元）

更新设备和继续使用旧设备相比，各期现金流量差额的计算过程如表7-10所示。

表7-10　差额现金流量估算　　单位：万元

年份	0	1	2	3	4	5
新设备投资成本支出	-48					
获得旧设备变价收入	7					
旧设备变价损失抵税	(12-7)×30%=1.5					
Δ税后付现成本		14×(1-30%)=9.8	9.8	9.8	9.8	9.8
Δ折旧抵税		21.6×30%=6.48	2.88	0.48	0.48	-0.72
残值						1.2
残值损失抵税						(4-1.2)×30%=0.84
合计	-39.5	16.28	12.68	10.28	10.28	11.12

从表7-10可知：

$$\Delta NCF_0=-39.5\ 元$$
$$\Delta NCF_1=16.28\ 元$$
$$\Delta NCF_2=12.68\ 元$$

$$\Delta NCF_{3\sim4}=10.28\text{ 元}$$

$$\Delta NCF_{5}=11.12\text{ 元}$$

(2) 计算现金流出量现值的差量：

$$\begin{aligned}\Delta C&=39.5-16.28\times(P/F,10\%,1)-12.68\times(P/F,10\%,2)-10.28\times(P/F,10\%,3)-\\&\quad 10.28\times(P/F,10\%,4)-11.12\times(P/F,10\%,5)\\&=39.5-16.28\times0.9091-12.68\times0.8264-10.28\times0.7513-10.28\times0.6830-\\&\quad 11.12\times0.6209\\&=-74\ 279.12(\text{元})\end{aligned}$$

由于更新设备和继续使用旧设备相比，现金流出量现值的差额是-74 279.12 元，应更新设备。

2. 如果尚可使用年限不相同

如果固定资产使用年限不同，不能直接比较现金流出量的现值，必须通过计算固定资产平均年成本的方法，选择年平均成本较小者。公式为：

$$AC=\frac{C}{(P/A,\ i,\ n)} \tag{7.14}$$

式中，C 表示现金流出量现值；AC 表示年平均成本。

【例 7.16】 仍以例 7.15 雪莲公司为例，只是假设新设备尚可使用 6 年，但按税法规定 5 年折旧，并按直线法折旧，法定净残值为 0，其他条件完全相同。

(1) 分别估算新设备和旧设备在计算期内的现金流量。

(2) 分别估算新设备和旧设备的现金流出量现值。

(3) 分别估算新设备和旧设备的平均成本。

【例 7.16】 的计算过程如下：

(1) 新设备和旧设备在计算期内的现金流量如表 7-11 和表 7-12 所示。

表 7-11 新设备现金流量测算 单位：万元

项目	0	1	2	3	4	5	6
新设备投资成本支出	-48						
税后付现成本		0	0	0	0	0	0
折旧		9.6	9.6	9.6	9.6	9.6	0
折旧抵税		2.88	2.88	2.88	2.88	2.88	0
预计净残值							1.2
税法残值							0
残值损失补税							-0.36
合计	-48	2.88	2.88	2.88	2.88	2.88	0.84

表 7-12　旧设备现金流量测算　　单位：万元

项目	0	1	2	3	4	5
获得旧设备变价收入	-7					
旧设备变价损失抵税	-(12-7)×30% =-1.5					
税后付现成本		14×0.7=9.8	14×0.7=9.8	14×0.7=9.8	14×0.7=9.8	14×0.7=9.8
折旧		2.4	2.4	2.4	2.4	2.4
折旧抵税		0.72	0.72	0.72	0.72	0.72
预计净残值						0
税法残值						0
残值损失补税						0
合计	-8.5	-9.08	-9.08	-9.08	-9.08	-9.08

（2）分别估算新设备和旧设备的现金流出量现值。根据表 7-11 和表 7-12 得：

$$C_{新}=48-2.88\times(P/A,10\%,5)-0.84\times(P/F,10\%,6)$$
$$=48-2.88\times3.7908-0.84\times0.5645=36.61（万元）$$
$$C_{旧}=8.5+9.08\times(P/A,10\%,5)=8.5+9.08\times3.7908=42.92（万元）$$

（3）分别估算新设备和旧设备年均成本：

$$AC_{新}=\frac{36.61}{(P/A,10\%,6)}=\frac{36.61}{4.3553}=8.41（万元）$$

$$AC_{旧}=\frac{42.92}{(P/A,10\%,5)}=\frac{42.92}{3.7908}=11.32（万元）$$

由于 $AC_{旧}>AC_{新}$，即继续使用旧设备和更新设备相比每年支出较多，应更新设备。

第五节　风险性项目投资决策实务

风险价值是指投资者因为冒风险投资而取得的报酬，通常用风险报酬率来表示。投资者冒风险越大，可能得到的风险价值越多，风险报酬率就越高。本章第四节中探讨的项目投资决策没有考虑现金流量风险，事实上投资方案的预期现金流量往往是不那么肯定的，因此要对项目投资进行风险分析和评价，根据评价后的风险水平对现金流量或贴现率进行调整。固定资产投资风险分析的常用方法是风险调整贴现率法和肯定当量法。

一、风险调整贴现率法

这种方法的基本思路是对于高风险的项目必须要有高的贴现率来匹配，对于低风险的项目必须采用低的贴现率。因此，应对无风险利率进行调整，计算风险调整贴现率。风险调整贴现率是风险项目应当满足的投资人所要求的收益率，通常可以根据资本资产定价模型或按项目投资的风险等级来调整贴现率。这样依据风险现金流量和经风险调整的贴现率来进行投资决策的方法就是风险调整贴现率法。在这种方法下，可用式（7.15）计算净现值：

$$风险调整后净现值=\sum_{t=0}^{n}\frac{风险现金流量}{(1+风险调整贴现率)^{t}} \tag{7.15}$$

【例 7.17】 当前的无风险报酬率为4%，市场平均风险报酬率为12%，学文企业拟投资 A 项目，因 A 项目投资风险较大，投资同类项目企业的 β 值是 1.5，其他相关数据如表 7-13 所示。

表 7-13 A 项目未考虑风险的净现值计算

年数	现金流量（元）	现值系数（4%）	现值（元）
0	-40 000	1	-40 000
1	13 000	0.961 5	12 500
2	13 000	0.924 6	12 020
3	13 000	0.889 0	11 557
4	13 000	0.854 8	11 112
5	13 000	0.821 9	10 685
净现值			17 874

$$风险调整贴现率=4\%+1.5\times(12\%-4\%)=16\%$$

用 16% 计算的 A 项目净现值为：

$NPV=13\ 000\times(P/A,16\%,5)-40\ 000=13\ 000\times3.274\ 3-40\ 000=2\ 565.9$（元）

调整以后，A 项目净现值减少，但仍然为正数，说明该方案在进行风险调整后仍然为可行方案。

风险调整贴现率法对风险大的项目采用较高的贴现率，对风险小的项目采用比较低的贴现率，符合逻辑，便于理解。但是，这种方法把时间价值和风险价值混在一起，似乎风险随着时间的推移而增加，这种假设显然是不合理的，这就是风险调整贴现率法的弊端。

二、调整现金流量法

由于风险因素使得投资项目每年的现金净流量变得不稳定，这样就需要按风险程度对每年的现金净流量进行调整，再进行投资决策。

（一）肯定当量法

所谓肯定当量法，就是按照一定的系数，即肯定当量系数，把不确定的每年现金净流量调整为确定的现金净流量，然后根据无风险报酬率计算有关技术指标，并据以评价风险投资项目的决策分析方法。

如果采用净现值法，则肯定当量法下的净现值的计算公式为：

$$风险调整后净现值=\sum_{t=0}^{n}\frac{a_t\times现金流量期望值}{(1+无风险收益率)^{t}} \tag{7.16}$$

式中，a_t 表示第 t 年现金净流量的肯定当量系数。

肯定当量系数是指肯定的1元现金净流量与不确定的1元现金净流量期望值之间的比值。肯定当量系数能把有风险的1元现金净流量调整为无风险的1元现金净流量。肯定当量系数的计算公式为：

$$a_t = \frac{\text{肯定的现金流量}}{\text{期望现金流量}} \tag{7.17}$$

肯定当量系数的取值范围为$0<a_t\leqslant 1$，当$a_t=1$时，表示期望现金流量为肯定的现金流量。肯定当量系数越高，表示现金流量的风险越小。在实际工作中，肯定当量系数往往是在估计风险程度的基础上凭借经验确定的，所以又可以说它是一个经验系数。

通常投资方案风险的大小可以通过标准离差率来衡量，某方案标准离差率越小，说明该方案的风险越小，将其不肯定的现金净流量换算为肯定的现金净流量的数额就越大；反之，则换算为肯定的现金净流量的数额就越小。因此，标准离差率越小，其对应的肯定当量系数越大；标准离差率越大，其对应的肯定当量系数越小。

标准离差率与肯定当量系数的经验关系如表7-14所示。

表7-14 标准离差率与肯定当量系数的经验关系

标准离差率	肯定当量系数 a_t
$0\leqslant q\leqslant 0.07$	1
$0.07<q\leqslant 0.15$	0.9
$0.15<q\leqslant 0.23$	0.8
$0.23<q\leqslant 0.32$	0.7
$0.32<q\leqslant 0.42$	0.6
$0.42<q\leqslant 0.54$	0.5
……	……

【例7.18】华云公司准备进行A项目投资，其各年的现金流量和有关分析人员确定的约当系数如表7-15所示，无风险贴现率为12%，分析该项目的可行性。

表7-15 A项目净现金流量与约当系数

年份	0	1	2	3	4
净现金流量（元）	-20 000	10 000	8 000	6 000	5 000
约当系数	1	0.95	0.9	0.8	0.7

根据以上资料，利用净现值法进行评价，A项目的净现值为：

$$\begin{aligned}NPV &= 0.95\times 10\,000\times(P/F,\ 12\%,\ 1)+0.9\times 8\,000\times(P/F,\ 12\%,\ 2)+0.8\times 6\,000\times \\ &\quad (P/F,\ 12\%,\ 3)+0.7\times 5\,000\times(P/F,\ 12\%,\ 4)-1\times 20\,000 \\ &= 9\,500\times 0.892\,9+7\,200\times 0.797\,2+4\,800\times 0.711\,8+3\,500\times 0.635\,5-20\,000 \\ &= -136.72\ (\text{元})\end{aligned}$$

从以上分析可以看出，按风险程度对现金流量进行调整后，计算出来的净现值为负数，所以不能进行投资。

肯定当量法是通过调整净现值公式中的分子来考虑风险因素，它克服了风险调整贴现率法将货币时间价值与风险价值混在一起的缺陷，但是，肯定当量法在运用中的困难是如何准确、合理地确定肯定当量系数。

（二）概率法

概率法是指通过发生概率来调整各期的现金流量，并计算投资项目的年期望现金流量和期望净现值，进而对风险投资作出评价的一种方法。

【例 7.19】 华云公司的一个投资项目 A 各年的现金流量及其概率情况如表 7-16 所示，无风险贴现率为 14%，试判断该项目的可行性。

表 7-16　华云公司 A 项目净现金流量与概率分布

第 0 年		第 1 年		第 2 年		第 3 年		第 4 年	
概率	NCF_0	概率	NCF_1	概率	NCF_2	概率	NCF_3	概率	NCF_4
1	-50 000	0.3	15 000	0.2	20 000	0.4	15 000	0.2	25 000
		0.4	20 000	0.5	30 000	0.4	25 000	0.6	20 000
		0.3	25 000	0.3	10 000	0.2	35 000	0.2	20 000

各年期望净现金流量的计算如下：

$$\overline{NCF_0}=-50\ 000\times1=-50\ 000\text{（元）}$$

$$\overline{NCF_1}=15\ 000\times0.3+20\ 000\times0.4+25\ 000\times0.3=20\ 000\text{（元）}$$

$$\overline{NCF_2}=20\ 000\times0.2+30\ 000\times0.5+10\ 000\times0.3=22\ 000\text{（元）}$$

$$\overline{NCF_3}=15\ 000\times0.4+25\ 000\times0.4+35\ 000\times0.2=23\ 000\text{（元）}$$

$$\overline{NCF_4}=25\ 000\times0.2+20\ 000\times0.6+20\ 000\times0.2=21\ 000\text{（元）}$$

该项投资的期望净现值为：

$$\begin{aligned}NPV&=20\ 000\times(P/F,14\%,1)+22\ 000\times(P/F,14\%,2)+23\ 000\times(P/F,14\%,3)+\\&\quad 21\ 000\times(P/F,14\%,4)-50\ 000\\&=20\ 000\times0.877\ 2+22\ 000\times0.769\ 5+23\ 000\times0.675\ 0+21\ 000\times0.592\ 1-50\ 000\\&=12\ 432.1\text{（元）}\end{aligned}$$

因为计算出来的净现值大于 0，因此，可以进行投资。

课后学习方案

本章重点整理

本章较为重要的内容是现金流量的估计以及财务评价指标的计算和比较，为此，绘制了表 7-17、表 7-18 和表 7-19，以方便读者记忆和把握。

表 7-17　现金流量的估算

	流入量	流出量	净流量
初始现金流量		① 购置固定资产的支出 ② 净营运资本的增加 ③ 机会成本（旧资产出售的净收入，包括其纳税影响） ④ 额外的资本性支出（运输、安装、调试等支出）	各个时点的净流量为零或负数:某个时点初始现金净流量＝-［新购置固定资产的支出+增加的净营运资本+占用旧资产的变现价值+(旧资产账面价值-旧资产变现价值)×T+额外的资本性支出］
营业现金流量	营业收入(1-T)折旧×T	付现经营成本(1-T)	① 直接法： 营业收入-付现经营成本-所得税 ② 间接法： $EBIT$(1-T)+折旧 ③ 分算法： 营业收入(1-T)-付现经营成本(1-T)+折旧×T
终结现金流量	① 处置或出售资产的残值变现价值 ② 收回的净营运资本投资 ③ 处置资产净损失抵税流入（如果处置资产出现净收益，则净收益纳税作为流出）		终结点现金净流量＝收回的净营运资本投资+预计残值收入-(预计残值-税法残值)×T

表 7-18　各种财务评价指标的计算方法

指标	计算方法
投资回收期	$投资回收期=\dfrac{原始投资额}{每年现金净流量}$ $投资回收期=M+\dfrac{在第\ M\ 年尚未收回的投资额}{第\ M+1\ 年的现金净流量}$
会计收益率	$会计收益率=\dfrac{年平均净利润}{原始投资额}$

续表

指标	计算方法
动态投资回收期	$\sum_{t=1}^{n}\frac{NCF_t}{(1+k)^t}=C$
净现值	$NPV=\sum_{t=1}^{n}\frac{NCF_t}{(1+k)^t}-\sum_{t=0}^{n}\frac{C_t}{(1+k)^t}$
现值指数	$PI=\frac{\sum_{t=1}^{n}\frac{NCF_t}{(1+k)^t}}{\sum_{t=0}^{n}\frac{C_t}{(1+k)^t}}$
内含报酬率	$\sum_{t=1}^{n}\frac{NCF_t}{(1+k)^t}=\sum_{t=0}^{n}\frac{C_t}{(1+k)^t}$

表 7-19 财务评价指标比较

各种投资决策指标之间的关系	① 净现值和现值指数虽然考虑了货币时间价值，可以说明投资项目的报酬率高于或低于资本成本，但没有揭示项目本身可以达到的具体的报酬率是多少。内含报酬率是根据项目的现金流量计算的，是项目本身的投资报酬率 ② 内含报酬率和现值指数有相似之处，都是根据相对比率来评价方案，而不像净现值那样使用绝对数来评价方案。在评价方案时要注意到，比率高的方案绝对数不一定大，反之也一样。内含报酬率与现值指数也有区别。在计算内含报酬率时不必事先估计资本成本，只是最后需要一个资本成本来判定项目是否可行。现值指数需要一个适合的资本成本，以便将现金流量折为现值

案例分析

小张公司 5 年前购置一设备，价值 78 万元，购置时预期使用寿命为 15 年，残值为 3 万元。折旧采用直线法，目前已提折旧 25 万元，账面净值为 53 万元。利用这一设备，企业每年发生营业收入为 90 万元，付现成本为 60 万元。现在市场上推出一种新设备，价值 120 万元，购入后即可投入使用，使用寿命 10 年，预计 10 年后残值为 20 万元。该设备由于技术先进，效率较高，预期每年的净利润可达到 30 万元。如果现在将旧设备出售，估计售价为 10 万元。若该企业的资本成本为 10%，所得税税率为 40%。小张不知道是否应更新设备，请你帮助分析一下，小张公司是否应现在购置新设备来替换旧设备？

延伸阅读

1. “现金流量与会计利润的比较”，参见：孙福明. 企业理财学. 北京：清华大学出版社，2008：194-196.
2. “通货膨胀对投资分析的影响”，参见：荆新，王化成，刘俊彦. 财务管理学. 北京：中国人民大学出版社，2009：270-272.
3. “贴现现金流量指标的比较”，参见：王化成. 公司财务管理. 北京：中信出版社，2008：282-285.

思考与讨论

1. 所得税和折旧对现金流量有什么影响？
2. 什么是净现值，如何计算净现值？如何利用净现值作出方案的选择？
3. 如何进行固定资产更新决策？

4. 什么是肯定当量法，其有何局限性？

5. 什么是风险调整折现率法，其有何局限性？

自测与练习

1. 天骄公司现有 A、B 两个投资项目可供选择，其中 A 项目初始投资 50 000 元（全部用于购置固定资产），5 年内预计每年营业收入为 100 000 元，年营业成本为 60 000 元，年折旧额 10 000 元；B 项目初始投资 100 000 元（全部用于购置固定资产），5 年内预计每年产生营业现金流量 69 600 元。假设两个项目的资本成本均为 12%，所得税率为 25%，期满均无残值。另外，(*P/A*，12%，5) = 3.604 8；(*F/A*，12%，5) = 6.352 8。计算：(1) 计算 A 方案的每年营业现金流量；(2) 分别计算两个项目的净现值，并决定哪个项目更好。

2. 亚楠公司使用内含报酬率作为指标评价投资项目是否可行，在计算内含报酬率时使用测试法，在测试 11% 时，净现值为 630 元；测试 12% 时净现值为-110 元，试求该方案的内部报酬率。

3. 姚兰公司有一投资项目，该项目投资总额为 6 000 万元，其中 5 400 万元用于设备投资，600 万元用于垫支流动资金。预期该项目投产后可使营业收入增加为第 1 年 3 000 万元，第 2 年 4 500 万元，第 3 年6 000 万元。每年追加的付现成本为第 1 年 1 000 万元，第 2 年 1 500 万元，第 3 年 1 800 万元。该项目有效期为 3 年，项目结束收回流动资产 600 万元。该公司所得税税率为 25%，固定资产无残值，采用直线法计提折旧，公司要求的最低报酬率为 10%。

要求：

(1) 计算确定该项目的税后现金流量。

(2) 计算该项目的净现值。

(3) 如果不考虑其他因素，你认为该项目是否应被接受。

4. 坤坤公司于×××3 年年初拟购置设备一台，年初一次性投资 160 万元，预计该设备可以使用 5 年，采用直线法计提折旧，预计第 5 年年末净残值为 10 万元。其他有关情况如下：

(1) 该项设备投资计划可使公司每年增加净利润 20 万元。

(2) 该公司×××2 年税后可供分配利润数额为 200 万元。

(3) 该公司确定的目标资本结构是负债与股东权益比值为 3 : 5。

(4) 该公司一直采用剩余股利政策。

(5) 该公司平均资本成本为 12%，×××3 年无其他投资机会，没有优先股发行。不考虑设备的安装调试期，假定折旧从×××3 年 1 月开始计提。要求：计算该公司×××2 年分配的股利，以及设备投产后每年现金净流量。

5. 冰冰企业拟更新一套尚可使用 5 年的旧设备。旧设备原价 170 000 元，账面净值 110 000 元，期满残值 10 000 元，目前旧设备变价净收入 60 000 元。旧设备每年营业收入 200 000 元，付现成本 164 000 元。新设备投资总额 300 000 元，可用 5 年，使用新设备后每年可增加营业收入 60 000 元，并降低付现成本24 000 元，期满残值30 000 元。在不考虑所得税的情况下，计算：(1) 新旧方案各年的现金净流量；(2) 更新方案与继续使用旧设备相比各年的差量现金净流量。

6. 振宇公司拟购置 A 设备，价格 1 000 万元，估计使用年限 3 年，每年的现金净流量及概率如表 7-20 所示。

表 7-20 投资 A 设备现金净流量及其概率分布

每年现金净流量（万元）	概率
600	0.25
400	0.5
400	0.25

要求：假如无风险报酬率为10.42%，风险报酬率为0.5，请用概率法计算该方案的净现值。

7. 艳君公司准备进行一项投资，其各年的现金流量和有关分析人员确定的约当系数如表7-21所示，公司的资本成本率为10%，分析该项目的可行性。

表7-21 净现金流量与约当系数

年份	0	1	2	3	4
净现金流量（元）	-20 000	6 000	7 000	8 000	9 000
约当系数	1	0.95	0.9	0.8	0.7

第八章　营运资本管理

本章基本架构图

- 营运资本管理政策
  - 营运资本持有政策
    - 激进的营运资本持有政策
    - 适中的营运资本持有政策
    - 保守的营运资本持有政策
  - 营运资本筹集政策
    - 保守的筹资政策
    - 激进的筹资政策
    - 配合的筹资政策
- 现金管理
  - 持有现金的动机
    - 交易动机
    - 预防动机
    - 投机动机
  - 持有现金的成本
    - 管理成本
    - 机会成本
    - 转换成本
    - 短缺成本
  - 最佳现金持有量的确定
    - 成本分析模型
    - 存货模型
    - 随机模型
- 应收账款管理
  - 持有应收账款的成本
    - 机会成本
    - 坏账损失成本
    - 管理成本
    - 现金折扣成本
  - 应收账款信用政策选择
    - 信用标准选择
    - 信用条件选择
      - 信用期间选择
      - 现金折扣政策选择
    - 收账政策选择
- 存货管理
  - 存货的成本
    - 取得成本
    - 储存成本
    - 缺货成本
  - 经济订货批量模型
    - 经济批量基本模型
    - 经济批量拓展模型
  - 存货 ABC 管理法
  - 存货储存期控制
- 短期负债管理
  - 短期借款
  - 商业信用
  - 短期融资券
    - 短期融资券的概念
    - 短期融资券发行条件
    - 短期融资券筹资评价

第一节 营运资本管理政策

营运资本管理是指在营运资本管理政策指导下企业实施的对流动资产和流动负债的管理，又称短期财务管理或日常财务管理。营运资本管理的主要工作就是对营运资本进行决策和控制。营运资本管理主要涉及流动资产的管理、流动负债的管理以及流动资产与流动负债的匹配管理。加强营运资本的管理，就是为了使企业能够有效地运用营运资本，挖掘利润的源泉，从而增加企业价值。

一、营运资本的概念与特点

（一）营运资本的定义

营运资本是财务管理中的一个重要概念，有广义和狭义之分。广义的营运资本是指企业流动资产的总额，又称总营运资本或毛营运资本；狭义的营运资本是指流动资产减去流动负债后的余额，称净营运资本。如果流动资产大于流动负债，则净营运资本为正数；反之，净营运资本为负数。通常人们所指的营运资本是指净营运资本。

（二）营运资本的特点

为了有效地管理企业的营运资本，有必要了解营运资本的特点。营运资本一般具有以下几个特点。

1. 周转的短期性

企业占用在流动资产上的资金，周转 1 次所需时间较短，通常会在 1 年或 1 个营业周期内收回，具有较强的流动性。

2. 数量的波动性

流动资产的数量会随企业内外部条件的变化而变化，波动较大。通常，流动资产数量发生变动时，流动负债的数量也会发生相应变动，从而导致净营运资本出现较大的波动。

3. 实物形态的易变性

短期金融资产投资、应收账款、存货等流动资产一般具有较强的变现能力，如果企业出现资金周转困难，或者由于企业管理的需要，通常可以快速出售这些资产，以获取现金。

4. 资金来源的灵活多样性

与取得长期资本的方式相比，通过短期负债获得资金的方式多种多样，有银行短期借款、商业信用、应付工资、应交税金、短期融资券等。在正常情况下，短期负债筹资所发生的利息支出低于长期负债的利息支出，而某些自发性融资，如应交税金则没有利息负担。

二、营运资本管理的内容与目标

（一）营运资本管理的内容

营运资本管理主要涉及流动资产投资管理和短期筹资管理，具体来讲营运资本管理的主要内容包括以下三个方面：

（1）营运资本管理政策，包括营运资本持有政策和营运资本筹集政策。

（2）短期资产管理，包括现金管理、应收账款管理、存货管理等。

(3) 短期负债管理，包括银行短期借款、应付账款、短期融资券的管理等。

(二) 营运资本管理的目标

对营运资本管理，既要保证有足够的资金满足企业生产经营需要，又要保证企业能按时、按量偿还各种到期债务。具体来说，营运资本管理应实现的管理目标是：合理确定营运资金需要量，合理安排短期资产与短期负债的比例关系，并在保证企业正常生产经营需要的前提下，加速营运资金的周转，以节约使用资金，提高资金的利用效率。

三、营运资本管理政策

营运资本管理政策是指对企业营运资本管理所采取的各种策略，具体包括营运资本持有政策和营运资本筹集政策。

(一) 营运资本持有政策

营运资本持有政策是指确定流动资产项下每一分项的目标或规模，又称流动资产持有水平政策。

1. 营运资本持有政策拟解决的核心问题

一个企业的资产可以分成流动资产和非流动资产，营运资本持有政策拟解决的主要问题就是流动资产或短期资产投资量的问题，也就是企业应该投资多少流动资产才是合适的。因为流动资产投资量的高低影响着企业的收益和风险，流动资产投资量的确定，事实上是企业在收益和风险之间的权衡。从收益角度来看，如果流动资产占用较多，企业的大部分资金都投资在流动资产上，会降低企业的投资收益；从风险角度来看，如果流动资产占用较少，企业的大部分资金都投资在非流动资产上，会降低企业的短期偿债能力，增加企业的风险。因此，在权衡收益与风险的基础上，确定最佳流动资产持有量是营运资本持有政策需要考虑的核心问题。

2. 营运资本持有政策的类型

企业流动资产的数量按照功能分成两大部分，一部分是正常需要量，它是指为满足正常生产经营需要而占用的流动资产；另一部分是保险储备量，它是指为应付意外情况的发生，在正常生产经营需要量以外储备的资产。根据企业对待风险的态度以及企业承受风险的能力，营运资本持有政策可以分为三类：激进的营运资本持有政策、适中的营运资本持有政策和保守的营运资本持有政策。

(1) 激进的营运资本持有政策。激进的营运资本持有政策是企业在安排流动资产数量时，只安排正常需要量，而不安排或安排很少的保险储备量。这种政策下，由于流动资产持有量低，企业的投资收益率相对较高，但风险较大。这种政策适合于风险承受能力强的企业或偏好风险的财务经理采用。

(2) 适中的营运资本持有政策。适中的营运资本持有政策是企业在安排流动资产数量时，在安排正常需要量的基础上，再适当地安排一定的保险储备量。这种政策处于保守政策和激进政策之间，较为中庸。这种政策下，企业的收益和风险较为适中，正常情况下，一般企业都愿意采用这种策略。

(3) 保守的营运资本持有政策。保守的营运资本持有政策是企业在安排流动资产数量时，在安排正常需要量和正常保险储备量的基础上，再加上一部分额外的储备量。在这种政策下，由于流动资产持有量高，风险较小，但企业的投资收益率相对较低。这种政策适合于风险承受能力低的企业或厌恶风险的财务经理采用。

（二）营运资本筹集政策

营运资本筹集政策是指确定流动资产的筹资方式或筹资结构，又称流动资产筹资政策或企业筹资组合。

1. 营运资本筹集政策拟解决的核心问题

营运资本筹集政策是为流动资产筹措资金的策略选择，解决的是流动资产与流动负债的匹配问题。具体而言就是如何安排临时性流动资产和永久性流动资产的资金来源。营运资本筹集影响着企业的收益和风险，营运资本筹集政策的确定，就是在收益和风险之间进行权衡。从收益角度看，由于正常情况下，短期借款的资本成本低于长期债务的资本成本，更多地采用临时性流动负债筹资，会降低企业筹资成本，从而增加企业收益。从风险角度来看，由于短期债务的财务风险较高，因此，更多地采用临时性流动负债筹资，虽然会增加企业收益，但会加大企业的风险。因此，在权衡收益与风险的基础上，确定为流动资产筹措资金的最佳策略是营运资本筹集政策需要考虑的核心问题。

2. 理解营运资本筹集政策需要掌握的两组概念

（1）自然性短期负债和临时性短期负债。流动负债若按照形成方式再作划分，可分为自然性短期负债和临时性短期负债。自然性短期负债，又称自发性短期负债，是指直接产生于企业持续经营中的商业信用筹资、应付工资、应交税金、应付利息等。临时性短期负债是指为了满足临时性流动资金的需要所发生的负债，如为满足临时性需要而向银行借入的短期借款。

（2）临时性流动资产和永久性流动资产。流动资产若按照用途再作划分，可分为临时性流动资产和永久性流动资产。临时性流动资产是指受季节性或周期性影响的流动资产，如季节性存货、销售和经营旺季的应收账款。永久性流动资产是指为了满足企业长期稳定的发展需要，即使处于销售和经营低谷也必须保留的流动资产。划分临时性流动资产和永久性流动资产的目的是更好地与自然性短期负债和临时性短期负债进行匹配管理。

3. 营运资本筹集政策的类型

根据企业对待风险的态度以及企业承受风险的能力，营运资本筹集政策可以分为三类：保守的筹资政策、激进的筹资政策和配合的筹资政策。

（1）保守的筹资政策。在保守的筹资政策下，企业只安排临时性短期负债满足部分临时性流动资产的资金需要，另一部分临时性流动资产和永久性资产，则由企业的自然性短期负债、长期负债和权益资本作为资金来源。在这种政策下，由于临时性短期负债所占比重较小，企业无法偿还到期债务的风险较低。另一方面，因长期负债资本成本较高，以及经营淡季时仍需负担长期负债利息，会降低企业的收益。所以，保守的筹资政策是一种风险和收益均较低的营运资本筹集政策。这一政策下，临时性流动资产和临时性短期负债的关系可用下面两个公式表示：

$$临时性流动资产>临时性短期负债$$

$$永久性流动资产+固定资产<自然性短期负债+长期负债+权益资本$$

这一政策可用图 8-1 表示。

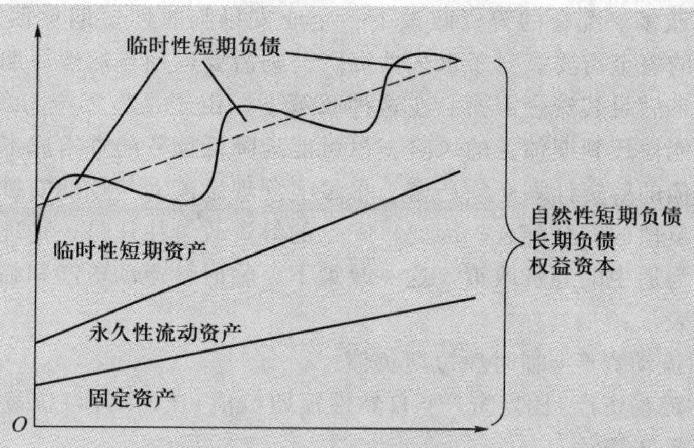

图 8-1　保守的筹资政策

（2）激进的筹资政策。激进的筹资政策下，企业不但安排临时性短期负债满足全部临时性流动资产的资金需要，还要解决部分永久性资产的资金需要。在这种政策下，由于临时性负债所占比重较大，且临时性负债的资本成本一般低于长期负债和权益资本的资本成本，所以该政策下的企业资本成本较低。另一方面，为了满足部分永久性资产的资金需要，企业必须在临时性短期负债到期后重新举债或申请债务展期，会加大企业筹资的困难和风险。所以，激进的筹资政策是一种风险和收益均较高的营运资本筹集政策。这一政策下，临时性流动资产和临时性短期负债的关系可用下面两个公式表示：

临时性流动资产<临时性短期负债

或　　临时性流动资产+部分永久性流动资产=临时性流动负债

永久性流动资产+固定资产>自然性短期负债+长期负债+权益资本

这一政策可用图 8-2 表示。

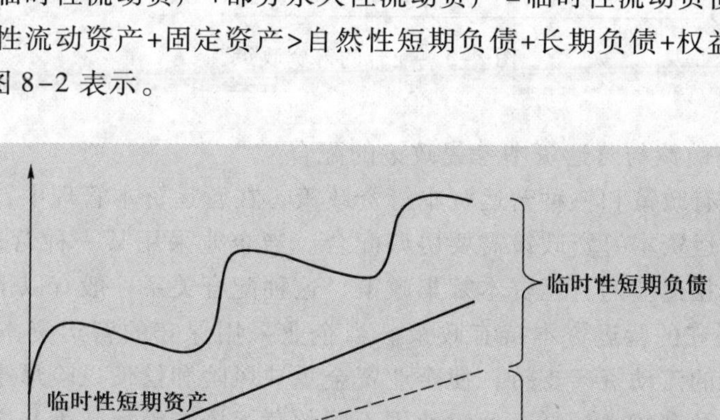

图 8-2　激进的筹资政策

（3）配合的筹资政策。配合的筹资政策下，企业安排临时性短期负债筹集的资金满足全部的临时性流动资产的资金需要。对于永久性资产，则需要运用自然性短期负债、长期负债和权益资本筹集的资金来满足其资金需要。在这种政策下，由于是将资产与负债的期间相配合，尽可能地降低企业不能偿还到期债务的风险，尽可能地降低债务的资本成本，所以该政策要求企业的临时性短期负债的筹资计划必须严密，尽量实现现金流动与预期安排相一致。但是，企业往往达不到资产与负债的完全配合。因此，配合的筹资政策往往是一种理想的筹资政策，同时也是收益和风险较为适中的筹资政策。这一政策下，临时性流动资产和临时性短期负债的关系可用下面两个公式表示：

临时性流动资产＝临时性短期负债

永久性流动资产＋固定资产＝自然性短期负债＋长期负债＋权益资本

这一政策可用图 8-3 表示。

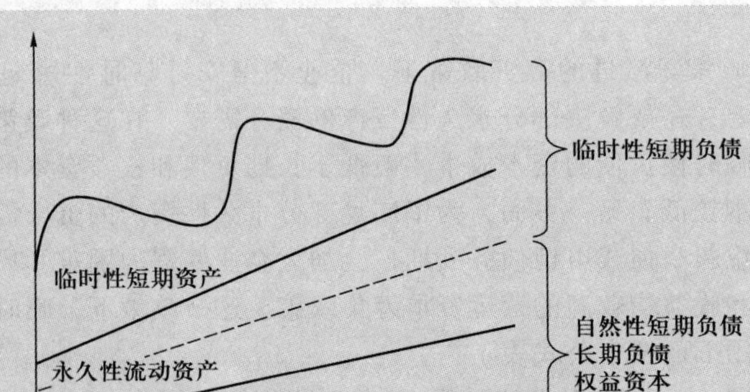

图 8-3 配合的筹资政策

4. 营运资本持有政策与营运资本筹集政策的配合

三种营运资本持有政策和三种营运资本筹资政策，在营运资本管理中，并不是孤立的，营运资本持有政策和营运资本筹资政策需要协调配合。当企业采用某一种营运资本持有政策时，必然要求其选择与之相适应的营运资本筹集政策。这种配合关系一般有以下三种情况。

（1）企业采用保守的营运资本持有政策。当企业采用保守的营运资本持有政策时，一定销售额水平上有较多的流动资产支持，使企业资金短缺风险和偿债风险最小；但由于流动资产投资比例高，使企业盈利能力较低。此时使用不同的营运资本筹集政策与之配合会产生不同的效果。如采用风险和收益平衡的配合的营运资本筹集政策，对保守的营运资本持有政策起不到中和作用，企业总体来说还是风险小、收益低；若采用风险大、收益高的激进的筹资政策，用大量临时性短期负债融资，可以在一定程度上平衡企业持有过多流动资产带来的低风险、低收益，使企业总体的收益和风险均衡；若采用风险小、收益低的保守的筹资政策，则与保守的持有政策的作用相叠加，将使企业总体的风险更小、收益更低。

（2）企业采用适中的流动资产持有政策。当企业采用适中的营运资本持有政策时，一定销售额水平上的流动资产数量适当，企业的收益和风险适中。此时分别以三种营运资本筹资政策与之配合，也会产生不同的综合效果。采用风险和收益居中的配合的筹资政策，则会使企业总体的风险和收益处于平均水平；采用激进的筹资政策，则增加了企业的风险和收益；采用保守的筹资政策，则降低了企业的风险和收益。

（3）企业采用激进的营运资本持有政策。当企业采用激进的营运资本持有政策时，一定销售额水平上的流动资产比例最低，企业资金短缺风险和偿债风险最大，但盈利能力也相对最高。此时同样可以分别采用三种筹资策略与之配合，将产生不同的综合效应。与配合的筹资政策相匹配，则对风险和收益没有太大影响，总体来说企业的风险依然大，收益也高；与激进的筹资政策相匹配，则出现了两个高风险、高收益政策的结合，加大了企业总体的风险，也在一定程度上提高了企业的收益水平；与保守的筹资政策相配合，则可以对激进的营运资本持有政策产生平衡效应。

第二节 现金管理

在实际的经营活动中，企业都会持有一定数量的现金，现金是企业中流动性最强的资产。在财务管理中，现金是指以各种货币形态占用的资产，包括库存现金、银行存款、其他货币资金及现金等价物。

一、持有现金的动机

（一）交易动机

交易动机是指企业为正常生产经营保持的现金支付能力。企业为了组织日常生产经营活动，必须保持一定数量的现金，用于购买原材料、支付工资、缴纳税款、偿付到期债务、派发现金股利等。由于企业每天的现金流入量与现金流出量在时间上、数额上通常存在一定差异，因此为满足支付需要，企业持有一定数量的现金就是交易动机要求的现金持有量。

（二）预防动机

预防动机是指企业为应付意外情况而需保持的现金支付能力。由于财务环境的不确定性，现金流入量与现金流出量经常是不确定的。因此，在正常现金需要量的基础上，追加一定数量的现金余额，以应付未来现金流量的波动，是企业现金管理必须考虑的因素。企业为应付意外情况所需的现金数量就是预防动机所要求的现金持有量。为满足预防动机的需要而持有的现金量的大小，主要取决于以下三个方面：一是企业愿意承担风险的程度；二是企业临时举债的能力；三是企业对现金流量预测的可靠程度。

（三）投机动机

投机动机是指企业为了抓住稍纵即逝的市场机会，以获取较大的利益而保持的现金支付能力。例如，利用证券市价大幅度跌落时购入有价证券，以期在价格反弹时卖出证券获取高额资本利得等。为满足投机动机的需要而持有的现金量的大小往往与企业的投资机会以及企业对待风险的态度有关。

企业除了以上原因持有现金外，也会基于满足将来某一特定要求，如为在银行维持补偿性余额而持有现金。企业在确定现金余额时，一般应综合考虑各方面的持有动机。由于各种动机所需的现金可以相互调节，因此，企业持有的现金总量并不等于各种动机所需现金简单相加的和，通常前者小于后者。

二、现金管理的目的与管理内容

（一）现金管理的目的

企业库存现金没有收益，银行存款的利率也远远低于企业的投资利润率，现金过多，会降低企业的收益，现金太少，又可能出现现金短缺的情况，给企业带来风险。因此，现金管理应力求做到保证企业正常经营所需要的现金，力求降低现金短缺风险，但又不会使企业拥有过多的闲置资金，影响企业收益的增加。总体来说，现金管理的目的就是权衡现金的流动性和收益性。

（二）现金管理的内容

现金管理的核心问题就在于如何在现金的流动性和收益性之间进行合理选择，即在保证正常业务经营需要的同时，尽可能地降低现金的占有量，并从暂时闲置的现金中获得最大的投资收益。因此，现金管理的主要内容包括两方面：现金存量的管理和现金流量的管理。具体来说现金管理的内容主要包括以下几个方面：

（1）编制现金收支计划，以便合理地估计未来的现金需求。

（2）对日常的现金收支进行控制，力求加速收款，延缓付款。

（3）用特定的方法确定最佳现金持有量。

（4）短缺或闲置现金的筹措或投资管理。

三、持有现金的成本

持有现金会产生成本，持有现金的成本通常包括管理成本、机会成本、转换成本和短缺成本。

（一）管理成本

现金的管理成本是指企业因持有一定数量的现金而发生的管理费用，如现金管理人员工资及必要的安全措施费，这部分费用在一定范围内与现金持有量的多少没有关系，属于固定成本。

（二）机会成本

机会成本是指企业因持有一定数量的现金而丧失的再投资收益。由于现金属于非盈利性资产，保留现金必然丧失再投资的机会及相应的投资收益，从而形成持有现金的机会成本。现金持有量越大，机会成本越高，反之就越小。

（三）转换成本

转换成本是指企业用现金购入有价证券以及转让有价证券换取现金的交易费用。转换成本与现金持有量的关系是，在一定期间内现金需要量既定的前提下，现金持有量越少，进行证券变现的次数越多，相应的转换成本就越大；反之，现金持有量越多，证券变现的次数就越少，相应的转换成本也就越小。

（四）短缺成本

短缺成本是指在现金持有量不足而又无法及时通过有价证券变现加以补充而给企业造成的损失。现金的短缺成本与现金持有量负相关，它会随着现金持有量的增加而下降，随着现金持有量的减少而上升。

四、现金收支管理

现金收支管理属于现金流量管理，现金收支管理的目的在于提高现金的使用效率，为达到这一目的，应当注意做好以下几方面工作。

（一）力争现金流量同步

如果企业能尽量使它的现金流入与现金流出发生的时间趋于一致，就可以使其所持有的交易性现金余额降到最低水平。为了使企业的现金流入量与现金流出量能充分配合，必须加强现金流量预测的准确性，并重新设计相关的决策程序，使现金流入量与现金流出量同步。

（二）使用现金浮游量

从企业开出支票，收票人收到支票并存入银行，至银行将款项划出企业账户，中间需要一段时间。这时，企业账户上的现金余额与银行账户上的存款余额之间的差额称为现金浮游量。如果企业能正确预测现金浮游量并加以利用，则可以节约现金。不过，在使用现金浮游量时，一定要控制好使用的时间，否则会发生银行存款的透支。

（三）加速收款

为了提高资金的使用效率，企业应在不影响销售的前提下缩短应收账款的时间，加速收款。企业加速应收账款的任务不仅要让客户尽早付款，而且还要尽快地使这些“付款”转化为现金。为此，企业应做到既利用应收账款吸引客户，又缩短收款时间，并需在实施妥善的收账策略的同时，缩短客户付款的传递时间，缩短企业收到客户支票的兑换时间，加速资金存入自己往来银行。

（四）推迟应付账款的支付

推迟应付账款的支付，是指企业在不影响自己信誉的前提下，尽可能地推迟应付账款的支付期，充分利用供货方所提供的信用优惠。如遇企业急需现金，甚至可以放弃供货方的折扣优惠，在信用期的最后一天支付款项。当然，这要权衡折扣优惠与急需现金之间的利弊得失。

五、最佳现金持有量的确定

现金管理除了做好日常收支管理外，还应控制好现金的持有规模，即确定最佳现金持有量。所谓最佳现金持有量，就是使持有现金的相关总成本最低的现金余额。确定最佳现金持有量的模式主要有成本分析模式、存货模式和随机模式等。

（一）成本分析模式

1. 成本分析模式应考虑的相关成本

成本分析模式只考虑持有一定数量的现金而发生的机会成本和短缺成本，而不考虑转换成本。由于管理成本是固定成本，与现金持有量不存在明显的线性关系，因此是决策的无关成本。当持有一定量现金需要增加管理成本时，管理成本也应成为成本分析模式要考虑的相关成本。

2. 成本分析模式的决策规则

在成本分析模式下，先根据不同现金持有量测算出相关成本的数值，再计算相关总成本，使相关总成本最小的现金持有量即为最佳现金持有量。成本分析模式下，最佳现金持有量、相关成本的构成以及与现金持有量的关系如图 8-4 所示。

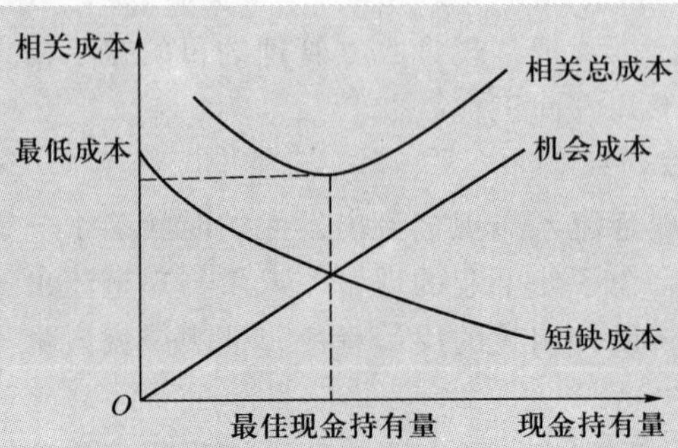

图 8-4 成本分析模式下的最佳现金持有量与相关总成本的构成

从图 8-4 中可以看出，短缺成本同现金持有量负相关，现金持有量愈大，现金短缺成本愈小，反之，现金持有量愈小，现金短缺成本愈大。机会成本则与现金持有量成正比例变动，在图 8-4 中是一条直线，从原点出发向右上方倾斜。短缺成本与机会成本的交点就是相关总成本最低的点，该点对应的现金持有量为最佳现金持有量。成本分析模式下的机会成本用下式计算：

机会成本＝现金持有量×有价证券利率

【例 8.1】旭东公司现有 A、B、C、D 四种现金持有方案，有关成本资料见下表所示，请根据表 8-1 所列示的资料，为旭东公司测算最佳现金持有量。

表 8-1 旭东公司备选现金持有方案 单位：万元

项 目	A	B	C	D
现金持有量	100	200	300	400
机会成本率	10%	10%	10%	10%
短缺成本	50	30	5	0

根据表 8-1 计算的最佳现金持有量如表 8-2 所示。

表 8-2 旭东最佳现金持有量测算表 单位：万元

方案	现金持有量	机会成本	短缺成本	相关总成本
A	100	100×10%＝10	50	60
B	200	200×10%＝20	30	50
C	300	300×10%＝30	5	35
D	400	400×10%＝40	0	40

根据分析，由于C方案持有现金的相关总成本为35万元，是这四个方案中相关总成本最低的方案，所以应选择C方案，旭东公司最佳的现金持有量是300万元。

（二）存货模式

1. 存货模式应考虑的相关成本

存货模式只考虑持有一定数量的现金而发生的机会成本和转换成本，而不考虑短缺成本。由于管理成本是固定成本，与现金持有量不存在明显的线性关系，因此管理成本也是存货模式下的无关成本。

2. 存货模式的决策规则

存货模式来源于存货的经济批量模型，在存货模式下，使相关总成本最小的现金持有量即为最佳现金持有量。由于在存货模式下只考虑机会成本和转换成本，因此，使持有现金的机会成本与转换成本之和最低的现金持有量即为最佳现金持有量。存货模式下，最佳现金持有量、相关成本的构成以及与现金持有量的关系如图8-5所示。

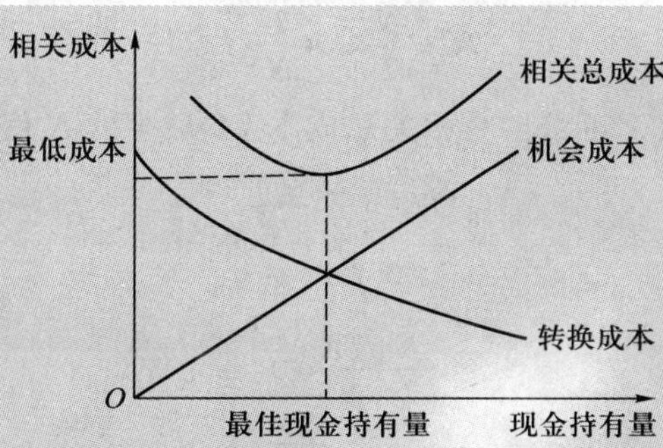

图8-5 存货模式下的最佳现金持有量与相关总成本的构成

从图8-5中可以看出，转换成本同现金持有量负相关，现金持有量愈大，现金转换成本愈小，反之，现金持有量愈小，现金转换成本愈大。机会成本则与现金持有量成正比例变动，在图8-5中机会成本是一条直线，从原点出发向右上方倾斜。转换成本与机会成本的交点就是相关总成本最低的点，该点所对应的现金持有量为最佳现金持有量。存货模式下的转换成本和机会成本用下式计算：

$$转换成本=\frac{在特定时期内的现金需要总额}{现金持有量}\times 每次转换有价证券的成本$$

$$机会成本=\frac{现金持有量}{2}\times 有价证券利率$$

比较成本分析模式和存货模式，会发现两种模式下计算机会成本的方法不同，原因在于存货模式下假设现金是均衡使用的，比如5 000元的现金持有量够某个企业支用一个月，则在月初现金持有量是5 000元，月末现金持有量降为0；下个月初企业需要将有价证券转换成为现金5 000元备用，到月末现金持有量又降为0，如此循环。企业特定时期内的现金持有量状况如图8-6所示。

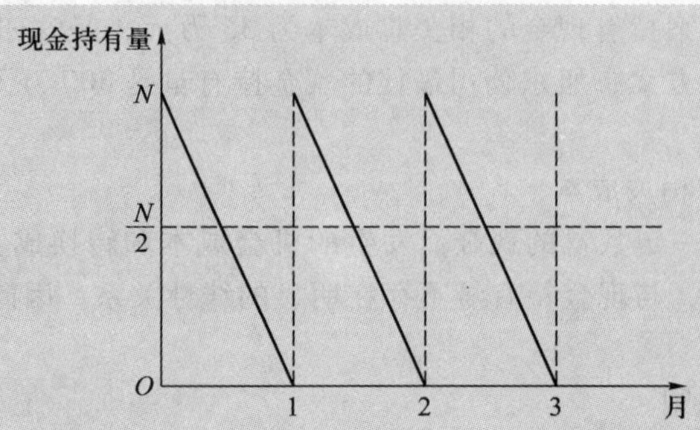

图 8-6 存货模式下的特定时期内的现金持有量状况

假设 TC 表示相关总成本，N 表示现金持有量，F 表示每次转换有价证券的固定成本，K 表示有价证券利息率，T 表示特定时期内的现金需求总额，则

$$TC=\frac{N}{2}\times K+\frac{T}{N}\times F \tag{8.1}$$

对式（8.1）求一阶导数，可求出令相关总成本 TC 最少的 N 值，即

$$TC'=\frac{K}{2}-\frac{TF}{N^2}$$

令 $TC'=0$，则有

$$\frac{K}{2}-\frac{TF}{N^2}=0$$

$$N^*=\sqrt{\frac{2TF}{K}} \tag{8.2}$$

$$TC(N^*)=\sqrt{2TFK} \tag{8.3}$$

公式（8.2）和公式（8.3）中，N^* 表示最佳现金持有量；$TC(N^*)$ 表示最佳现金持有量水平下的最小的相关总成本。

【例 8.2】 旭东公司全年需要现金 6 000 万元，现金与有价证券的转换成本为每次 1 万元，有价证券的利息率为 30%，则企业最佳现金余额是多少元？

最佳现金持有量 $N^*=\sqrt{\frac{2\times6\ 000\times1}{30\%}}=200$（万元）

全年的转换成本 $=\frac{6\ 000}{200}\times1=30$（万元）

全年的机会成本 $=\frac{200}{2}\times30\%=30$（万元）

最佳现金持有量所对应的最低现金相关总成本 $=30+30=60$（万元）

或：

$$T(N^*)=\sqrt{2\times6\ 000\times1\times30\%}=60\text{（万元）}$$

（三）随机模式

在现金需求量难以预知的情况下，如果能测算出一个现金持有量的控制范围，即制定出现金持有量的上限和下限，将现金量控制在上下限之内，也能达到控制现金持有量的目的。

随机模式，又称米勒-欧尔现金管理模型，是由米勒-欧尔创建，是一种基于不确定性的现金管理模型。该模型假定企业无法确切地预知每日的现金实际收支状况，现金流量服从正态分布，而且现金与有价证券之间能够自由兑换。

随机模式假设企业的现金余额在上限与下限之间随机波动。当现金余额降到下限水平时，企业应当出售部分有价证券补充现金；当现金余额升到上限水平时，企业则应适当投资有价证券，降低现金的实际持有水平。若现金量控制在上下限之内，便不必进行现金与有价证券的转换。这种对现金持有量的控制如图 8-7 所示。

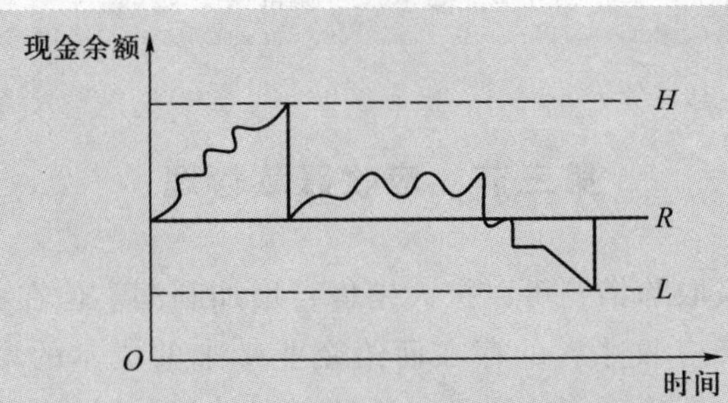

图 8-7　现金持有量的随机模型图

图 8-7 中，随机波动的曲线是每日现金余额，虚线 H 为现金存量的上限，虚线 L 为现金存量的下限，实线 R 为最优现金返还线。根据米勒-欧尔模型，最优现金返还线 R 的计算公式如下：

$$R=L+\sqrt[3]{\frac{3b\sigma^2}{4r}} \tag{8.4}$$

式中，L 代表现金下限；b 代表证券交易成本；r 代表有价证券的日收益率；σ 代表每日现金余额的标准差。

下限 L 的确定受到企业每日的最低现金需要、管理人员的风险承受倾向等因素影响，上限的计算公式如式（8.5）所示：

$$H=3R-2L \tag{8.5}$$

【例 8.3】旭东公司的日现金余额标准差为 5 000 元，每次证券交易的成本为 500 元，有价证券的日收益率为 0.06%，公司每日最低现金需要量为 2 000 元，请问旭东公司的最优现金返还线、现金存量的上限分别为多少？

$$R=L+\sqrt[3]{\frac{3b\sigma^2}{4r}}=2\ 000+\sqrt[3]{\frac{3\times500\times5\ 000^2}{4\times0.06\%}}=27\ 000\text{（元）}$$

$$H=3\times27\ 000-2\times2\ 000=77\ 000\text{（元）}$$

这样，当旭东公司的日现金余额达到 77 000 元时，即应以 50 000 元（77 000-27 000）的现金去投资于有价证券，使现金持有量降到 27 000 元；当日现金余额降至 2 000 元时，则应转让 25 000 元（27 000-2 000）的有价证券，使现金持有量回升至 27 000 元，如图 8-8 所示。

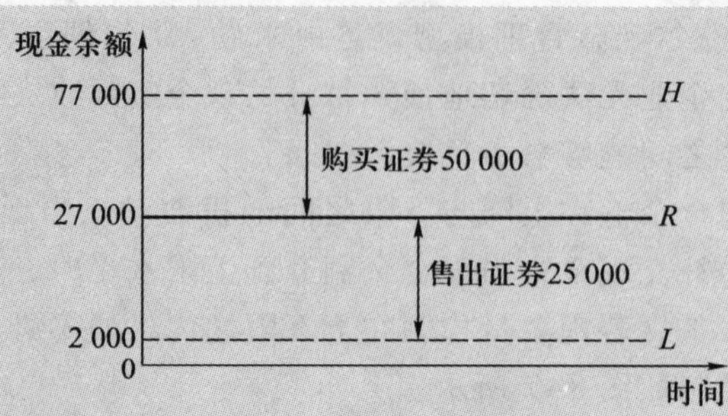

图 8-8 旭东公司随机模型

第三节 应收账款管理

企业提供商业信用，采取赊销，可以扩大销售，增加利润。但在利用赊销扩大企业销售收入的同时，应尽量避免由于应收账款的存在而给企业带来的成本的增加。应收账款管理的目标，是在发挥应收账款扩大销售功能的同时，通过制定科学合理的应收账款信用政策，尽可能地降低持有应收账款的成本。

一、应收账款的功能

应收账款的功能是指它在生产经营中的作用，主要有以下两个方面。

（一）增加销售

赊销通常是促进销售的一种重要手段，进行赊销是向顾客提供了两项交易：①向顾客销售产品；②在一个有限的时期内向客户提供资金，即商业信用资金。在企业产品销售不畅，或者在企业销售新产品、开拓新市场时，为适应市场竞争的需要，适时地采取各种有效的赊销方式，具有重要的意义。

（二）减少存货

赊销可以加速产品销售的实现，减少产成品存货。企业持有过多的产成品存货，要追加管理费、仓储费和保险费等。因此，当企业持有的产成品较多时，一般都可以采取较为宽松的信用条件进行赊销，把存货转化为应收账款，减少产成品存货，节约各项支出。

二、持有应收账款的成本

企业在采取赊销方式促进销售的同时，会因持有应收账款而付出一定的代价，这种代价即为应收账款的成本。持有应收账款的成本主要包括机会成本、坏账损失成本、管理成本、现金折扣成本等。

（一）机会成本

应收账款的机会成本是指因把资金投放在应收账款上，而不能把资金用于其他投资所丧失的潜在收益，如不能将资金投资于有价证券而丧失的利息收入。应收账款机会成本的大小通常与企业维持赊销业务所需要的资金数量、有价证券利息率有关。

（二）坏账损失成本

应收账款无法回收会给企业带来损失，无法回收的应收账款给企业带来的损失就是坏账损失成本。一般来说，应收账款金额越大，坏账损失成本越大。通常用赊销额和坏账损失率的乘积来计算坏账损失成本。

（三）管理成本

应收账款的管理成本是指企业因对应收账款进行日常管理而耗费的支出，主要包括对客户的资信调查费用、收账费用等。一定时期内企业应收账款的管理费用一般比较稳定，但催账、收账费用会随着应收账款的增加而增加。

（四）现金折扣成本

许多企业为了加速资金周转，及时回收货款，往往在给客户提供宽松信用期限的同时，给予客户一定的现金折扣优惠，即对在规定的时间内提前偿付货款的客户按销售收入的一定百分比给予折扣。现金折扣实际上是对现金收入的扣减，由此而发生的现金收入的减少就是现金折扣成本。现金折扣成本的大小等于享受现金折扣的客户的赊销额与现金折扣率的乘积。

三、应收账款信用政策的制定与选择

应收账款信用政策是企业允许客户利用的信用筹资制度，主要包括信用标准、信用条件和收账政策三部分，其中信用条件包括信用期间和现金折扣政策。

（一）应收账款信用政策选择的决策思路

由于赊销手段会带来企业销售的扩大，从而增加企业收益，但同时由于赊销货物给客户，将给企业带来应收账款成本。到底采取哪一种应收账款信用政策较佳，应进行应收账款信用政策的决策分析。在信用政策选择中应遵循的决策思路是：在选择某项信用政策增加的收益与因选择该项信用政策增加的应收账款总成本之间相权衡，只有当所增加的收益超过运用此政策所增加的成本时，才能实施这种信用政策。

（二）应收账款信用政策选择需掌握的基础计算

应收账款信用政策选择涉及收益和成本的权衡。应收账款成本主要包括机会成本、坏账损失成本、管理成本、现金折扣成本等；因赊销给企业带来的收益通常用毛利和边际利润来衡量。这些指标要能够熟练计算。

但要注意的是，当采用前述两种不同的收益指标时，应收账款机会成本的计算方法稍有差异。

如果用边际贡献来度量收益，则应收账款的机会成本用式（8.6）计算；如果用毛利来度量收益，则应收账款的机会成本用式（8.7）计算：

$$\text{应收账款机会成本}=\text{应收账款平均余额}\times\text{变动成本率}\times\text{机会成本率} \tag{8.6}$$

$$\text{应收账款机会成本}=\text{应收账款平均余额}\times\text{机会成本率} \tag{8.7}$$

由于：

$$\begin{aligned}\text{应收账款平均余额}&=\frac{\text{赊销收入净额}\times\text{应收账款收现期}}{360}\\&=\text{日赊销收入净额}\times\text{应收账款收现期}\end{aligned}$$

则公式（8.6）和公式（8.7）还可以写成式（8.8）和式（8.9）所示的计算公式：

$$\text{应收账款机会成本}=\text{日赊销收入净额}\times\text{应收账款收现期}\times\text{变动成本率}\times\text{机会成本率} \tag{8.8}$$

应收账款机会成本＝日赊销收入净额×应收账款收现期×机会成本率　(8.9)

（三）应收账款信用政策选择

1. 信用标准的制定与选择

信用标准是企业衡量客户是否有资格享受商业信用的标准，也是客户获得商业信用所应具备的基本条件。如果企业的信用标准较为严格，将使许多客户因信用品质达不到所设的标准而被企业拒之门外，不利于扩大企业的销售量；如果企业的信用标准较为宽松，将有利于增加企业的销售量，但会相应增加应收账款的机会成本和坏账损失成本。因此，企业应根据具体情况在成本与收益之间权衡，以确定合适的信用标准。

2. 信用期间的制定与选择

信用期限是指企业允许客户从购货到支付货款的时间间隔。通常，延长信用期限，可以在一定程度上扩大销售量，增加收益。但是，提供较为宽松的信用期间，会给企业带来额外的负担，增加成本。例如，延长信用期限，占用在应收账款上的资金增加，引起机会成本的增加；延长信用期限，可能引起坏账损失成本和收账成本的增加。因此，企业是否给客户提供更为宽松的信用期间，应在延长信用期间给企业增加的收益和由此而增加的应收账款成本之间相权衡。

【例 8.4】 希诚公司是一个商业企业。由于目前的信用条件过于严格，不利于扩大销售，该公司正在研究修改现行的信用条件。已知希诚公司的变动成本率为 60%，资本成本率为 10%。考虑到有一部分客户会拖延付款，因此预计甲方案的应收账款平均收账天数为 120 天；乙方案的应收账款平均收账天数为 150 天。甲、乙两方案的其他有关数据如表 8-3 所示，你认为希诚公司应选择哪个方案？

表 8-3　希诚公司信用条件方案

项目	甲方案（n/90）	乙方案（n/120）
年赊销额（万元/年）	1 200	1 480
收账费用（万元/年）	25	51.2
所有账户的坏账损失率	3%	4%

根据以上资料，可计算如下指标，如表 8-4 所示。

表 8-4　希诚公司信用条件分析评价　单位：万元

项目	甲方案（n/90）	乙方案（n/120）
年赊销额	1 200	1 480
变动成本	1 200×60%＝720	1 480×60%＝888
信用成本前收益	480	592
减：应收账款机会成本	1 200/360×120×60%×10%＝24	1 480/360×150×60%×10%＝37
坏账损失	1 200×3%＝36	1 480×4%＝59.2
收账费用	25	51.2

续表

项目	甲方案（$n/90$）	乙方案（$n/120$）
信用成本合计	85	147.4
信用成本后收益	395	444.6

根据表 8-4 的计算资料可知，在甲、乙两方案中，乙方案的获利较高，它比乙方案增加收益 49.6 万元（444.6-395）。因此，在其他条件不变的情况下，应选择乙方案。

3. 现金折扣政策的制定与选择

现金折扣政策包括现金折扣期限和现金折扣率。其中，现金折扣期限是为顾客规定的可享受现金折扣的付款时间；现金折扣率是在顾客提前付款时给予的优惠比率。如“2/10，$n/60$”表示“如果在发票开出后 10 天内付款，可享受 2% 的现金折扣；如果不想取得折扣，则应在 60 天内付清。”在这里，60 天是信用期限，10 天是现金折扣期限，2% 是现金折扣率。如果客户享受现金折扣则可加速资金的回收，缩短平均收现期，减少占用在应收账款的资金，从而减少应收账款的机会成本和坏账损失成本，但增加了现金折扣成本，因此，企业是否给客户提供现金折扣，确定怎样的现金折扣政策，要在降低的机会成本和坏账损失成本与增加的现金折扣成本之间相权衡。通常，现金折扣是和信用期间相结合采用的，故而要把二者的实施效果综合起来考虑备选方案的可行性。下面以【例 8.5】说明。

【例 8.5】羽佳公司现有销售额 100 000 元，销售毛利率 20%，应收账款的机会成本率为 15%。现准备改变信用条件，假设销售部门提出了 A、B 两个有关信用条件的方案，如表 8-5 所示，你认为应选择哪个方案？

表 8-5　羽佳公司信用政策方案

A 方案	B 方案
信用条件 $n/45$	信用条件：2/10，$n/30$
预计增加销售额 20 000 元	预计增加销售额 30 000 元
全部销售额的坏账损失率为 8%	全部销售额的坏账损失率为 4%
需付现金折扣的销售额占总销售额的比率：0%	需付现金折扣的销售额占总销售额的比率：50%
平均收账期：60 天	平均收账期：30 天
预计增加的收账费用：2 000 元	预计增加的收账费用：3 000 元

根据以上资料，可计算如下指标，如表 8-6 所示。

表 8-6　羽佳公司信用条件分析评价　　单位：元

项目	A 方案	B 方案
销售毛利	(100 000+20 000)×20% = 24 000	(100 000+30 000)×20% = 26 000
应收账款机会成本	$\frac{100\ 000+20\ 000}{360}\times 60\times 15\% = 3\ 000$	$\frac{100\ 000+30\ 000}{360}\times 30\times 15\% = 1\ 625$

续表

项目	A 方案	B 方案
坏账损失成本	(100 000+20 000)×8% =9 600	(100 000+30 000)×4% =5 200
现金折扣成本	0	(100 000+30 000)×50%×2% =1 300
收账成本	2 000	3 000
信用成本小计	14 600	11 125
扣除信用成本后的收益	9 400	14 875

根据表 8-6 的计算资料可知，在 A、B 两方案中，B 方案获利较高，它比 A 方案增加收益 5 475 元（14 875-9 400）。因此，在其他条件不变的情况下，应选择 B 方案。

4. 收账政策的制定与选择

企业如果采取较积极的收账政策，可能会减少赊销收入，减少应收账款的机会成本，减少坏账损失，但会增加收账成本。如果采用较消极的收账政策，则可能会增加赊销收入，增加应收账款的机会成本，增加坏账损失，但会减少收账成本。因此，在制定收账政策时，应在选择某项收账政策增加的收益与选择该项政策而增加的应收账款总成本之间相权衡。如果收账政策不影响赊销收入，则在制定收账政策时，应权衡增加的收账成本与减少的应收账款机会成本和坏账损失成本。

【例 8.6】 志刚公司当年销售额为 1 500 000 元，全部为赊销，在不同收账政策条件下的有关资料如表 8-7 所示。该公司收账政策对销售收入的影响忽略不计，应收账款的机会成本率为 10%，一年按 360 天计算。请问志刚公司是否应改变收账政策？

表 8-7　志刚公司收账政策选择资料

项目	现行收账政策	建议收账政策
年收账费用（元）	10 000	15 000
应收账款平均收现期（天）	60	45
坏账损失率	4%	3%

根据以上资料，可计算如下指标，如表 8-8 所示。

表 8-8　志刚公司收账政策选择计算　　单位：元

项目	当前收账政策	建议收账政策	建议收账政策与当前收账政策相比
年赊销收入	1 500 000	1 500 000	0
应收账款机会成本	25 000	18 750	-6 250
坏账损失成本	1 500 000×4% =60 000	45 000	-15 000
收账成本	10 000	15 000	+5 000
应收账款总成本	95 000	78 750	-16 250

其中，当前收账政策应收账款机会成本$=\frac{1\ 500\ 000}{360}\times 60\times 10\%=25\ 000$（元）

建议收账政策应收账款机会成本$=\frac{1\ 500\ 000}{360}\times 45\times 10\%=18\ 750$（元）

根据表 8-8 的计算资料可知，建议收账政策与当前收账政策相比节约成本 16 250 元。因此，志刚公司应改变现行收账政策，采用建议收账政策。

四、应收账款的日常管理

（一）企业信用调查

只有正确地评价顾客的信用状况，才能合理地执行企业的信用政策。要合理评价客户的信用，必须对客户信用进行调查，搜集相关的信息资料。客户信用资料的来源渠道主要有以下几个方面。

1. 直接调查

企业在接受客户的赊购申请后，应对其进行基本的信用调查。如分析本企业与该客户信用交往记录；查阅客户近年来的财务报告；直接与客户沟通，通过询问、观看等方式索取第一手的信息资料。

2. 银行及信用评估机构证明

银行是信用资料的一个重要来源，企业可以向客户在当地的开户银行征询客户的有关信用资料。银行的资料一般不愿向其他企业提供，因此，可参考信用评级机构公布的有关客户信用等级报告。专门的信用评估机构通常评估方法先进，评估程序合理，可信度高。

3. 企业间证明

企业在接受客户的赊购申请后，也可以走访客户的往来单位对客户的信用进行调查，了解客户与其他单位往来的时间长短、付款记录、信用金额和是否有违约记录等。

4. 其他来源渠道

财税部门、消费者协会、工商管理部门、企业的上级主管部门、证券交易机构以及新闻媒体的有关报道等，都是企业获取客户信用资料的渠道。

（二）企业信用评估

通常，评价客户的信用可以从定性和定量两方面来分析。5C 法是评估客户信用常用的定性方法，信用评分法是常用的定量分析法。

1. 5C 法

所谓 5C 法是评估客户信用品质的五个方面：品质（character）、能力（capacity）、资本（capital）、抵押（collateral）和条件（condition）。具体如表 8-9 所示。

表 8-9 客户信用 5C 分析系统

标准	内容
品质（character）	客户还款的意愿，可由客户以前的信用记录加以评价
能力（capacity）	客户的还款能力，可以通过客户的盈利能力和短期偿债能力指标加以考核

续表

标准	内容
资本（capital）	客户的资本实力，可以通过客户的资本规模、资产价值来加以评价
抵押（collateral）	客户为获取信用而提供给债权人的抵押资产的质量，可以通过对抵押资产评估加以确定
条件（condition）	客户从事经营的宏观和微观经济环境，如果经济环境好，客户的生产经营前景较好，其盈利能力和偿债能力也较好；反之，就较差

以上五个方面的资料可以通过企业信用调查来搜集、整理，用来评价客户信用。通过这五个方面的分析，基本上能判断客户的信用状况，为最终决定是否给予客户商业信用提供参考依据。

2. 信用评分法

5C 法是一种定性分析法。一般在实务中，除了对客户信用进行定性分析以外，还应采用定量分析法，以确定客户的信用等级。并且，利用定量分析法来确定客户信用状况更为准确，可以提高应收账款信用政策确定与选择的合理性。

信用评分法是先对客户一系列财务比率和信用情况指标进行评分，然后进行加权平均，得出客户综合的信用分数，并以此进行信用评估的一种方法。现以玉诺公司为例来说明这种方法。具体情况如表 8-10 所示。

表 8-10 玉诺公司的信用情况评分法

项目	财务比率和信用品质	分数	预计权数	加权平均数
流动比率	1.9	90	20%	18
资产负债率	50%	85	10%	8.5
净资产收益率	15%	85	10%	8.5
信用评估等级	AA	85	25%	21.25
信用记录	一般	75	25%	18.75
未来发展预计	一般	75	5%	3.75
其他因素	好	85	5%	4.25
合计	—	—	100%	83

在表 8-10 中，玉诺公司的信用评分是 83 分，说明信用状况良好。

在采用信用评分法进行信用评估时，分数在 80 分以上，说明企业信用状况良好；分数在 60～80 分者，说明信用状况一般；分数在 60 分以下者，则说明信用状况较差。

（三）应收账款回收情况的监控

1. 应收账款账龄分析

应收账款账龄分析研究的是应收账款账龄的结构，所谓应收账款的账龄结构是指各账龄应收账款的余额占应收账款总计金额的比重。通常按照应收账款账龄的长短列表来分析。志刚公司在×××1 年 12 月 31 日，将在本年年末所有尚未收到货款的销售发票进行汇总，填写应收账款账龄分析表，如表 8-11 所示。

表 8-11　应收账款账龄分析

应收账款账龄	账户数量	金额（万元）	比重
0～30 天	100	500	33.33%
30～60 天	80	400	26.67%
60～90 天	50	250	16.67%
90～120 天	20	110	7.33%
120～150 天	12	80	5.34%
150～180 天	8	60	4%
180～270 天	6	60	4%
270～365 天	3	20	1.33%
365 天以上	1	20	1.33%
合　计	280	1 500	100%

从表 8-11 中可以看出，利用账龄分析表，企业可以了解到有多少欠款还在信用期内，有多少欠款超出了信用期，有多少欠款可能形成坏账损失，并在此基础上确定相关的控制措施。

2. 应收账款收现率分析

应收账款收现率是为适应企业现金收支匹配关系的需要而确定的有效收现的账款应占全部应收账款的百分比，是必须回收应收账款的最低比例。应收账款收现率指标反映了企业既定会计期间预期现金支付数量扣除各种可靠、稳定性现金流入后的差额，反映必须通过应收账款收现予以弥补的现金短缺头寸。

【例 8.7】志刚公司预期必须以现金支付的款项有：支付工人工资 150 万元，应缴税款 105 万元，支付应付账款 180 万元，其他现金支出 10 万元。预计该期稳定的现金回收数是 200 万元，期末应收账款余额 800 万元，志刚公司应收账款收现率的计算如下：

当期应支付现金总额 = 150 + 105 + 180 + 10 = 445（万元）

应收账款收现率 = (445 − 200) ÷ 800 = 30.625%

以上计算结果表明，志刚公司当期必须收回应收账款的 30.625%，才能最低限度保证当期必要的现金支出，否则企业将出现支付危机。

（四）催收拖欠款项

企业对不同的客户可以采取不同的方式来催收拖欠货款。一般的方式是，对超过信用期较短的客户，可通过信函催款；对超过信用期较长的客户，可电话催款、上门催收；对逾期很长的客户，则应频繁催款，必要时提请有关部门仲裁或提起诉讼。

催收拖欠款项的过程可能要付出较高的代价，某些催款方式的费用还会更高。一般来说，收账的花费越大，收账措施越有力，可回收的应收账款应越多，坏账损失也就越小。因此，企业制定收账政策，要在收账费用的增加和坏账损失成本、机会成本的减少之间作出权衡，以选择合理的收账方式。

第四节 存货管理

存货是指企业在生产经营过程中为销售或耗用而储备的物资，包括材料、燃料、低值易耗品、在产品、半产品、产成品等。存货管理效率的高低，直接决定着企业的收益、风险和流动性的综合水平，因而在营运资本管理中存货管理具有举足轻重的作用。

一、存货管理的目标

企业持有存货，有利于保证生产的正常进行，有利于保证销售的需要，有利于组织均衡生产。但是，企业持有过多的存货，会增加企业成本。因此，如何在存货的功能和成本之间进行权衡，成为存货管理的主要内容。因此，进行存货管理，就是要尽力在各种存货成本与存货效益之间作出权衡，在充分发挥存货效益的同时降低储备存货的成本、增加收益，达到二者的最佳结合，这就是存货管理的目标。

二、存货成本

所谓存货成本，是指与购买和维持存货有关的成本，其内容可归纳为以下三类。

（一）取得成本

取得成本是指为取得某种存货而支出的成本，通常用TC_a表示。取得成本又分为购置成本和订货成本。

1. 购置成本

购置成本是存货的进货成本，经常用数量与单价的乘积来确定。存货的全年需要量用 D 表示，单价用 U 表示，于是全年的购置成本为 DU。若单价不变且没有数量折扣，在一定时期内，由于存货的需要量固定不变，购置成本不变，购置成本就属于决策的无关成本；若单价变动或有数量折扣，在一定时期内，即使存货的需要量固定不变，购置成本也会有所改变，此时购置成本就成为决策的相关成本。

2. 订货成本

订货成本是指为取得订单而产生的成本，是指从企业向对方发出订单起，到所购物资运达企业验收入库为止所发生的各种费用，包括订货业务费、差旅费、办公费、邮电费等支出。订货成本按照与订货次数的关系不同可分为订货的固定成本和订货的变动成本，其中，固定订货成本与订货次数无关，用 F_1 表示；变动订货成本与订货次数有关，用 K 表示，在全年需要量一定的情况下，订货次数等于存货的全年需要量 D 与每次进货量 Q 之商，则订货成本的计算公式为：

$$订货成本=F_1+\frac{D}{Q}K \tag{8.10}$$

式中，F_1 表示固定订货成本；D 表示全年需要量；Q 表示每次进货量；K 表示每次的变动订货成本。

（二）储存成本

储存成本是指企业为持有存货而发生的成本，包括仓储费、保管费、保险费、存货损耗、存货占用的资本成本等，可用TC_c表示。储存成本按照与存货数量关系的不同分为固定储存成本和变动存储成本，其中，固定储存成本与存货数量无关，用 F_2 表示；变动储存成本与存货的数量有关，单位变动储存成本用 K_c 表示，则储存成本的计算公式为：

$$TC_c = F_2 + K_c \frac{Q}{2} \tag{8.11}$$

式中，TC_c表示储存成本；F_2 表示固定储存成本；K_c 表示单位变动储存成本；Q 表示每次进货量。

（三）缺货成本

缺货成本是指由于存货不足而给企业造成的损失，包括材料供应中断造成的停工损失、产成品库存缺货造成的拖欠发货损失、丧失的销售机会损失和高价购入应急物资所引起的损失等。缺货成本可用TC_s来表示。

如果以TC_c表示储备存货的总成本，则

$$\begin{aligned} TC &= TC_a + TC_c + TC_s \\ &= DU + F_1 + \frac{D}{Q}K + F_2 + K_c \frac{Q}{2} + TC_s \end{aligned} \tag{8.12}$$

三、经济订货批量模型

企业在进行存货管理时，需要确定四个方面：进货项目、供应单位、进货时间和进货数量。通常财务部门要决定进货时间和进货批量，分别用 T 和 Q 表示。按照存货管理的目的，需要确定合理的进货批量和进货时间，使储备存货的总成本最低。通常将使储备存货的总成本最低的批量叫做经济订货量或经济批量。

（一）经济订货批量基本模型

1. 经济订货批量基本模型的假设

（1）企业能够及时补充存货，即需要订货时便可立即取得存货。

（2）能集中到货，而不是陆续入库。

（3）不允许缺货，即无缺货成本，即$TC_s = 0$。

（4）需求量稳定，并且能预测，即 D 为已知常量。

（5）存货单价不变，即 U 为已知常量。

（6）企业现金充足，不会因现金短缺而影响进货。

（7）所需存货在市场上供应充足。

2. 经济订货批量基本模型的表达公式

在建立上述假设的基础上，与存货订货批量决策相关的成本就只有变动性订货成本和变动性储存成本，用公式表示如下：

$$TC(Q) = \frac{D}{Q}K + \frac{Q}{2}K_c \tag{8.13}$$

式中，$TC(Q)$ 表示存货相关总成本；D 表示全年需要量；Q 表示每次进货量；K 表示每次的

变动订货成本；K_c 表示单位变动储存成本。

变动性订货成本、变动性储存成本与订货批量的关系如图 8-9 所示。

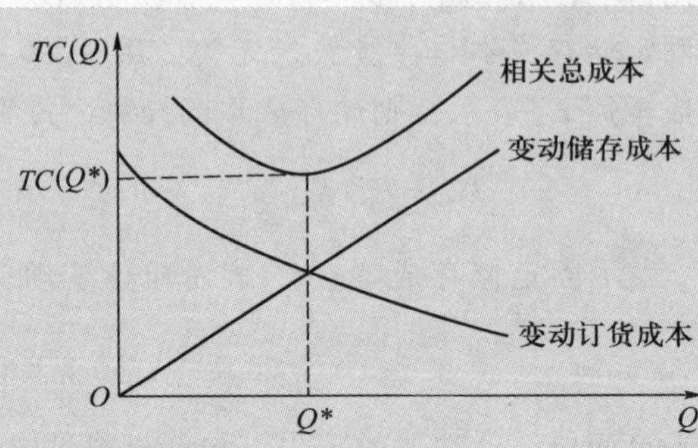

图 8-9　经济订货批量基本模型下成本与订货批量的关系

为了求出 $TC(Q)$ 的极小值，对公式（8.13）进行求导，则

$$\frac{K_c}{2}-\frac{DK}{Q^2}=0$$

$$Q^*=\sqrt{\frac{2KD}{K_c}} \tag{8.14}$$

公式（8.14）称为经济订货量基本模型，其中 Q^* 是使 $TC(Q)$ 最小的经济订货量。由于 DU、F_1、F_2 在基本假设下是常数，$TC_s=0$，则 Q^* 也是使存货总成本 TC_c 最小的经济订货量。

这个基本模型还可以演变为其他形式：

每年的最佳订货次数 N^*：

$$N^*=\frac{D}{Q^*}=\sqrt{\frac{DK_c}{2K}} \tag{8.15}$$

每年的最佳订货周期 T^*：

$$T^*=\frac{1}{N^*}=\frac{Q}{D}=\sqrt{\frac{2K}{DK_c}} \tag{8.16}$$

经济订货量平均占用的资金 I^*：

$$I^*=\frac{Q^*}{2}U=\sqrt{\frac{KD}{2K_c}}\times U \tag{8.17}$$

与存货订货批量相关的总成本：

$$TC\ (Q^*)\ =\frac{D}{Q^*}K+\frac{Q^*}{2}K_c=\sqrt{2KDK_c} \tag{8.18}$$

【例 8.8】 艳红公司每年耗用某种材料 5 000 千克，该种材料的单价为 50 元，每次订货成本为 50 元，单位储存成本为 2 元，求经济订货批量、最小总成本、最佳订购次数、最佳订购周期、经济订货量占用资金。

$$Q^*=\sqrt{\frac{2KD}{K_c}}=\sqrt{\frac{2\times50\times5\ 000}{2}}=500\text{（千克）}$$

$$TC(Q^*)=\sqrt{2KDK_c}=\sqrt{2\times50\times5\ 000\times2}=1\ 000\ (\text{元})$$

$$N^*=\sqrt{\frac{DK_c}{2K}}=\sqrt{\frac{5\ 000\times2}{2\times50}}=10\ (\text{次})$$

$$T^*=\sqrt{\frac{2K}{DK_c}}=\sqrt{\frac{2\times50}{5\ 000\times2}}=\frac{1}{10}=0.1\ (\text{年})$$

$$I^*=\sqrt{\frac{KD}{2K_c}}\times U=\sqrt{\frac{50\times5\ 000}{2\times2}}\times50=12\ 500\ (\text{元})$$

（二）经济订货批量基本模型的扩展

经济订货批量基本模型是建立在一系列假设基础之上的，但现实生活中很难满足全部的假设条件，因此，为增强经济订货量基本模型在现实经济生活中的适用性，需逐一放宽假设，扩展到更复杂的经济订货批量模型。

1. 实行数量折扣的经济批量模型

为了鼓励客户购买更多的商品，销售企业通常会给以不同程度的价格优惠，即实行商业折扣政策。此时，进货企业对经济订货批量的确定，除了考虑变动订货成本和变动储存成本以外，还应考虑存货的购置成本，因为此时的存货购置成本已经与进货数量的大小有了直接的联系，属于决策的相关成本。

实行数量折扣的经济批量模型下，存货相关总成本可用式（8.19）计算：

$$TC(Q)=DU+\frac{D}{Q}K+\frac{Q}{2}K_c \tag{8.19}$$

式中，$TC(Q)$ 表示存货相关总成本；D 表示全年需要量；U 表示单价；Q 表示每次进货量；K 表示每次的变动订货成本；K_c 表示单位变动储存成本。

在实行数量折扣的经济批量模型下，使存货相关总成本 $TC(Q)$ 最小时的进货批量就是经济进货量 Q^*。

【例 8.9】谭笑公司甲材料的年需要量为 800 000 千克，每千克标准价为 50 元。销售企业规定：客户每批购买量不足 5000 千克的，按照标准价格计算；每批购买量在 5 000 千克以上，8 000 千克以下的，价格优惠 2%；每批购买量 8 000 千克以上的，价格优惠 3%。已知每批 600 元订货成本，单位材料的年储存成本 60 元，则谭笑公司甲材料的经济批量计算如下：

按照不考虑商业折扣的经济批量基本模型确定的经济批量为：

$$Q^*=\sqrt{\frac{2\times600\times800\ 000}{60}}=4\ 000\ (\text{千克})$$

每次进货 4 000 千克时的存货相关总成本为：

$$TC(Q^*)=800\ 000\times50+\frac{800\ 000}{4\ 000}\times600+\frac{4\ 000}{2}\times60=40\ 240\ 000\ (\text{元})$$

若享受 2% 的折扣，则每次进货 5 000 千克时的存货相关总成本为：

$$TC(Q)=800\ 000\times50\times(1-2\%)+\frac{800\ 000}{5\ 000}\times600+\frac{5\ 000}{2}\times60=39\ 446\ 000\ (\text{元})$$

若享受 3% 的折扣，则每次进货 8 000 千克时的存货相关总成本为：

$$TC(Q)=800\ 000\times50\times(1-3\%)+\frac{800\ 000}{8\ 000}\times600+\frac{8\ 000}{2}\times60=39\ 100\ 000\ (\text{元})$$

通过比较可知，要享受3%的折扣，每次进货 8 000 千克，此时存货的相关总成本最小，所以，谭笑公司甲材料的经济订货量是 8 000 千克。

2. 允许缺货的经济批量模型

在允许缺货的情况下，由于会发生缺货成本，此时，进货企业对经济订货批量的确定，除了考虑变动订货成本和变动储存成本以外，还应考虑存货的缺货成本，因为此时的存货缺货成本已经与进货数量的大小有了直接的联系，属于决策的相关成本。

若设平均缺货量为 S，单位缺货成本为 C_s，则允许缺货的经济批量模型下，经济订货量和平均缺货量可用式（8.20）和（8.21）计算：

$$Q^*=\sqrt{\frac{2KD}{K_c}\times\frac{K_c+C_s}{C_s}} \tag{8.20}$$

$$S=\frac{QK_c}{K_c+C_s} \tag{8.21}$$

【例 8.10】 谭笑公司乙材料的年需要量为 16 000 千克，每次订货成本 30 元，单位储存成本 4 元，单位缺货成本 8 元，则允许缺货时的经济进货批量和平均缺货量为：

$$Q^*=\sqrt{\frac{2\times30\times16\ 000}{4}\times\frac{4+8}{8}}=600\text{（千克）}$$

$$S=\frac{600\times4}{4+8}=200\text{（千克）}$$

3. 需要提前订货情况下的经济批量模型

一般情况下，企业的存货不能做到随用随时补充，因此，不能等到存货用光再去订货，而需要在没有用完时提前订货。在提前订货的情况下，企业再次发出订货时，尚有存货的库存量，成为再订货点，用 R 来表示。再订货点的计算用式（8.22）表示：

$$R=L\times d \tag{8.22}$$

式中，R 表示再订货点；L 表示交货时间；d 表示每日平均需用量。

【例 8.11】 谭笑公司丙材料从订货日至到货日的间隔时间是 10 天，平均每日需要丙材料 200 千克，则谭笑公司丙材料的再订货点的计算如下：

$$R=L\times d=10\times200=2\ 000\text{（千克）}$$

即公司在尚存 2 000 千克丙材料时，就应当再次订货，等到下批订货到达时，原有库存刚好用完。订货提前期对存货经济订货量并无影响，只不过应在达到再订货点，即库存 2 000 千克时即发出订单。

4. 存货陆续供应和使用情况下的经济批量模型

在存货经济批量基本模型中，假设存货一次全部入库，事实上，各批存货可能会陆续入库，尤其是产成品入库和在产品转移。在这种情况下，由于存货平均存量不再是 $Q/2$，因此，应对基本模型进行修正。

设每次送货量为 p，每批订货批量为 Q，则送货期为 $\frac{Q}{p}$。

设零件每日耗用量为 d，故送货期内的耗用量为 $\frac{Q}{p}d$。

由于零件边送边用，所以每批送完后，最高库存量为 $Q-\frac{Q}{p}d$，平均存量为 $\frac{1}{2}\left(Q-\frac{Q}{p}d\right)$，相关总成本为

$$TC(Q)=\frac{D}{Q}K+\frac{Q}{2}\left(1-\frac{d}{p}\right)K_c \tag{8.23}$$

则

$$Q^*=\sqrt{\frac{2KD}{K_c}\times\frac{p}{p-d}} \tag{8.24}$$

$$TC(Q^*)=\frac{D}{Q^*}K+\frac{Q^*}{2}\left(1-\frac{d}{p}\right)K_c=\sqrt{2KDK_c\left(1-\frac{d}{p}\right)} \tag{8.25}$$

【例 8.12】 艳红公司使用 A 零件，可以外购，也可以自制。如果外购，单价 8 元，一次订货成本 40 元；如果自制，单位成本 6 元，每次生产准备成本 600 元，每日产量 100 件。零件的全年需求量为 7 200 件，单位储存成本为零件价值的 20%，每日平均需求量为 20 件。

下面分别利用经济批量基本模型和存货陆续供应和使用情况下的经济批量模型计算零部件的外购和自制相关总成本，计算情况如下：

（1）外购零部件：

$$Q^*=\sqrt{\frac{2\times40\times7\ 200}{8\times0.2}}=600\text{（件）}$$

$$TC(Q^*)=\sqrt{2KDK_c}=\sqrt{2\times40\times7\ 200\times8\times0.2}=960\text{（元）}$$

$$TC=DU+TC(Q^*)=7\ 200\times8+960=58\ 560\text{（元）}$$

（2）自制零件：

$$Q^*=\sqrt{\frac{2KD}{K_c}\times\frac{p}{p-d}}=\sqrt{\frac{2\times600\times7\ 200}{6\times0.2}\times\frac{100}{100-20}}=3\ 000\text{（件）}$$

$$TC(Q^*)=\sqrt{2KDK_c\left(1-\frac{d}{p}\right)}=\sqrt{2\times600\times7\ 200\times6\times0.2\times\left(1-\frac{20}{100}\right)}=2\ 880\text{（元）}$$

$$TC=DU+TC(Q^*)=7\ 200\times6+2\ 880=46\ 080\text{（元）}$$

由于自制总成本低于外购总成本，因此，艳红公司的这批零部件应自制为宜。

5. 存货供需不稳定、设置保险储备情况下的经济批量模型

在基本模型下，假定企业存货供需稳定且确知，即每日需求量不变，交货时间也固定不变。实际上，每日需求量可能变化，交货时间也可能变化，导致企业发生缺货或供应中断。为防止发生缺货造成的损失，需要多储备一些存货以备应急之需，称为保险储备。这些存货在正常情况下不动用，只有当存货过量使用或送货延迟时才动用。

由于设置保险储备，再订货点相应提高，假设保险储备量用 B 表示，则再订货点 R 为：

$$R=L\times d+B \tag{8.26}$$

式中，R 表示再订货点；L 表示交货时间；d 表示每日平均需用量；B 表示保险储备量。

【例 8.13】 谭笑公司丁材料从订货日至到货日的间隔时间是 10 天，平均每日需要丁材料 200 千克，保险储备量 500 千克，则谭笑公司丁材料的再订货点的计算如下：

$$R=L\times d+B=10\times200+500=2\ 500\text{（千克）}$$

建立保险储备，固然可以使企业避免缺货造成的损失，但由于存货平均储存量加大，储存

成本升高。因此，企业应找到合理的保险储备量，使缺货成本和储存成本之和最小。

假设相关总成本用 $TC(S,B)$ 表示，缺货成本用 TC_s 来表示，保险储备成本用 TC_B 表示，则

$$TC(S,B)=TC_s+TC_B$$

设单位缺货成本为 C_s，一次订货缺货量为 S，年订货次数为 N，保险储备量为 B，单位存货储存成本为 K_c，则

$$TC_s=C_s\times S\times N \tag{8.27}$$

$$TC_B=B\times K_c \tag{8.28}$$

$$TC(S,B)=TC_s+TC_B=C_s\times S\times N+B\times K_c \tag{8.29}$$

【例 8.14】假定艳红公司某存货的年需要量为 7 200 件，单位储存变动成本为 4 元，单位缺货成本为 8 元，交货时间为 10 天。已知计算出经济订货量为 800 件。订货期内的存货需要量及其概率分布如表 8-12 所示。

表 8-12　存货需要量及其概率分布

日需要量 d	14	16	18	20	22	24	26
需要量 Ld	140	160	180	200	220	240	260
概率 P_i	0.01	0.04	0.20	0.50	0.20	0.04	0.01

求：

(1) 不设置保险储备量情况下的相关总成本。

(2) 保险储备量为 20 件时的相关总成本。

(3) 保险储备量为 40 件时的相关总成本。

(4) 保险储备量为 60 件时的相关总成本。

【例 8.14】的计算过程如下：

(1) 不设置保险储备量情况下的相关总成本：

假设 $B=0$，且以 200 件为再订货点，在这种情况下，不会缺货的概率是 75%（0.50+0.20+0.04+0.01）；缺货 20（220−200）件的概率是 20%；缺货 40（240−200）件的概率是 4%；缺货 60（260−200）件的概率是 1%。则，每次期望缺货量 S_0 为：

$$S_0=(220-200)\times 20\%+(240-200)\times 4\%+(260-200)\times 1\%=6.2\text{（件）}$$

$$TC(S,B)=C_s\times S\times N+B\times K_c=8\times 6.2\times\frac{7\ 200}{800}+0\times 4=446.4\text{（元）}$$

(2) 保险储备量为 20 件时的相关总成本：

当 $B=20$ 时，以 220 件为再订货点，在这种情况下，不会缺货的概率是 95%（0.20+0.50+0.20+0.04+0.01）；缺货 20（240−220）件的概率是 4%；缺货 40（260−220）件的概率是 1%。则，每次期望缺货量 S_0 为：

$$S_0=(240-220)\times 4\%+(260-220)\times 1\%=1.2\text{（件）}$$

$$TC(S,B)=C_s\times S\times N+B\times K_c=8\times 1.2\times\frac{7\ 200}{800}+20\times 4=166.4\text{（元）}$$

（3）保险储备量为40件时的相关总成本：

当 $B=40$ 时，以240件为再订货点，在这种情况下，不会缺货的概率是99%（0.04+0.20+0.50+0.20+0.04+0.01）；缺货20（260−240）件的概率是1%。则，每次期望缺货量 S_0 为：

$$S_0=(260-240)\times 1\%=0.2\text{（件）}$$

$$TC(S,\ B)=C_s\times S\times N+B\times K_c=8\times 0.2\times\frac{7\ 200}{800}+40\times 4=174.4\text{（元）}$$

（4）保险储备量为60件时的相关总成本：

当 $B=60$ 时，以260件为再订货点，在这种情况下，不会缺货的概率是100%（0.01+0.04+0.20+0.50+0.20+0.04+0.01），则

$$S_0=0$$

$$TC(S,\ B)=C_s\times S\times N+B\times K_c=8\times 0\times\frac{7\ 200}{800}+60\times 4=240$$

比较以上各种方案，当 $B=20$ 时，存货相关总成本为166.4元，在各方案中相关总成本最低，故应确定保险储备量为20件最佳。

四、存货的日常控制

日常存货管理的目标是在保证企业生产经营正常进行的前提下，尽量减少存货、防止存货积压。日常存货管理有许多方法，比如存货的ABC分类管理法、存货储存期控制、存货定额控制等。

（一）存货ABC管理法

一个企业的存货往往有成千上万种规格，其价值参差不齐，使用数量也有很大的不同，因此对存货的管理不能一视同仁。ABC分类管理是按照存货占用资金的大小、品种数量的多少这两个标准把存货分为A、B、C三个等级，采取有差别、分主次的办法和措施对各类库存物品进行管理。A类存货为占用资金比较大，品种数量比较少，对生产影响较大的项目，属重点管理对象。C类存货价值比较低，占用资金数额比较少，品种数量比较繁杂，属一般性管理对象。B类存货介于二者之间，可以按照其在生产中的重要程度以及采购的难易，采用A类或C类的方法管理。

【例8.15】凯尔乐公司共有各种材料物质2 500种，共占有资金195万元，按各类存货的数量和比重进行排队，金额累加到71%的存货为A类，百分比介于71%～90%的存货为B类，其余存货则为C类，如表8-13所示。

表8-13　凯尔乐公司ABC分类

存货类别	存货种类	比重（%）	存货占用资金数额（万元）	比重（%）
A	50	2%	138.45	71%
B	800	32%	39	20%
C	1 650	66%	17.55	9%
合计	2 500	100%	195	100%

根据表 8-13，A 类物质的材料存货只有 50 种，但其存货占用资金占了总资金的 71%，应集中力量进行重点管理，应按每一个品种进行管理；C 类物质的品种占比 66%，但其存货占用资金只占了总资金的 9%，故不必花大精力进行管理和控制，按总额进行管理即可；B 类物质的存货数量和占用资金介于 A、C 两类之间，要予以重视，但重视程度应低于 A 类存货，应按每一种类别进行管理。

（二）存货储存期控制

存货在储存过程中要产生一系列的成本费用，如仓储管理费、占用资金的机会成本等，因此，缩短存货储存时间，加速资金周转，是节约资金占用，降低成本费用，提高企业获利水平的重要保证。通过对存货储存期的分析和控制，可以及时地将企业存货信息传输给企业经营决策部门，决策者就可以针对不同情况，采取相应的管理措施。

通常根据本量利分析的原理，求出存货保本储存天数和存货保利储存天数，作为加强存货储存管理的参考依据。

由于：

$$\text{利润}=\text{毛利}-\text{固定储存费}-\text{每日变动储存费}\times\text{储存天数}-\text{销售税金及附加}$$

则当利润=0，求出的储存天数就是存货保本储存天数；当利润为目标利润，求出的储存天数就是存货保利储存天数。

$$\text{存货保本储存天数}=\frac{\text{毛利}-\text{固定储存费}-\text{销售税金及附加}}{\text{每日变动储存费}} \tag{8.30}$$

$$\text{存货保利储存天数}=\frac{\text{毛利}-\text{固定储存费}-\text{销售税金及附加}-\text{目标利润}}{\text{每日变动储存费}} \tag{8.31}$$

【例 8.16】 希诚公司购进甲商品 2 000 件，单位进价（不含增值税）100 元，单位售价（不含增值税）150 元，经销该批商品的固定储存费 20 000 元，该批存货的月保管费用率为 3%，机会成本率 7.2%（年利率），销售税金及附加为 2 000 元。若一年按 360 天计算，则

$$\begin{aligned}\text{存货保本储存天数}&=\frac{\text{毛利}-\text{固定储存费}-\text{销售税金及附加}}{\text{每日变动储存费}}\\&=\frac{2\,000\times(150-100)-20\,000-2\,000}{2\,000\times100\times3\%/30+2\,000\times100\times7.2\%/360}=325\text{（天）}\end{aligned}$$

若要求赚取的目标利润为 30 000 元，则

$$\begin{aligned}\text{存货保利储存天数}&=\frac{\text{毛利}-\text{固定储存费}-\text{销售税金及附加}-\text{目标利润}}{\text{每日变动储存费}}\\&=\frac{2\,000\times(150-100)-20\,000-2\,000-30\,000}{2\,000\times100\times3\%/30+2\,000\times100\times7.2\%/360}=200\text{（天）}\end{aligned}$$

若该批存货实际储存了 250 天，则利润为：

$$\begin{aligned}\text{利润}&=\text{毛利}-\text{固定储存费}-\text{每日变动储存费}\times\text{储存天数}-\text{销售税金及附加}\\&=2\,000\times(150-100)-20\,000-240\times250-2\,000=18\,000\text{（元）}\end{aligned}$$

或：

$$\begin{aligned}\text{利润}&=\text{每日变动储存费}\times(\text{保本储存天数}-\text{实际储存天数})\\&=240\times(325-250)=18\,000\text{（元）}\end{aligned}$$

通过以上计算结果可知，希诚公司该批存货的保本储存天数和存货保利储存天数分别是 325 天和 200 天，因此，应对该批存货采取积极推销措施，密切监督、控制，以防发生过期损失。

第五节　短期负债管理

短期负债包括短期借款、应付账款、应付票据、短期融资券等。短期负债筹集的资金是短期资金，使用期限一般不超过一年。短期负债管理的主要内容是各种短期负债筹资方式的选择。

一、短期借款

短期借款是企业为了解决生产经营活动对短期资本的需要而向银行申请借入的期限在1年以内的款项，是企业筹集短期资本的一种重要方式。

（一）短期借款的种类

短期借款可按不同标志进行分类：按有无担保，可分为无担保借款和担保借款；按偿还方式不同，可分为一次性偿还借款和分期偿还借款；按利息支付方法不同，可分为收款法借款、贴现法借款和加息法借款；按目的和用途的不同，分为生产周转借款、临时借款、结算借款和特种借款。

（二）短期借款的信用条件

按照国际通行做法，银行发放短期借款往往带有一些信用条件，主要有以下几种。

1. 信贷限额

信贷限额是银行对借款人规定的无担保贷款的最高额。信贷限额的有效期限通常为1年。通常在信用额度内，企业可随时按需要向银行申请借款。但是，银行并不承担必须提供全部信贷限额的义务。如果企业信誉恶化，即使银行曾同意按信贷限额提供贷款，企业也可能得不到借款。这时银行不承担法律责任。

2. 周转信贷协议

周转信贷协议是银行有法律义务承诺提供不超过某一个最高限额的贷款协定，是一种正式的信用额度。企业享用周转信贷协定，通常要为贷款限额的未使用部分支付银行一定的承诺费用。承诺费用是银行向企业提供周转信贷协定的附加条件。但对于借款企业而言，承诺费用的支付提高了借款企业的实际利率。因为借款企业不仅要支付所贷款项的银行利息，还要为贷款限额的未使用部分支付银行承诺费用。

3. 补偿性余额

补偿性余额是银行要求借款企业将借款的一定比例留存银行，一般为借款的10%~20%。从银行的角度来看，补偿性余额利于银行降低贷款风险；但对于借款企业而言，补偿性余额提高了借款的实际利率。

4. 借款抵押

银行向财务风险较大的企业或对其情况不太了解的企业发放贷款，有时需要有抵押品担保，以降低投资风险。短期借款抵押品通常是借款企业的应收账款、存货、股票、债券等。银行接受抵押品后，将根据抵押品价值决定贷款金额，一般为抵押品价值的30%至50%。抵押借款的成本通常高于非抵押借款，因为银行主要向信誉好的客户提供非抵押贷款，将抵押贷款看成是一种风险投资；另外，银行管理抵押贷款要比管理非抵押贷款困难，为此往往要另外收取手续费。

（三）短期借款的利息支付方法

短期借款的利息支付方法有三种：收款法、贴现法和加息法。

1. 收款法

收款法，又称利随本清法，是一种利息在贷款到期时与本金一并支付给银行的方法。这是一种较常用的方法。在这种方法下，实际利率与名义利率相等。

2. 贴现法

贴现法是银行在向企业发放贷款时，先从本金中将利息部分扣除，而贷款到期时借款企业只偿还贷款全部本金的方法。采用这种方法，企业可利用的贷款额只有本金减去利息后的差额，因此，在这种计息方法下，企业贷款的实际利率高于名义利率。

【例 8.17】 华云公司从银行取得为期 1 年的借款 100 万元，名义利率 6%，按照贴现法，这笔贷款的实际利率为：

$$\frac{100\times6\%}{100-100\times6\%}=6.38\%$$

3. 加息法

加息法是银行发放分期等额偿还贷款时采用的利息收取方法。由于本金分期等额偿还，故企业可利用的贷款金额实际上只相当于借款总额的一半，而却要按借款全额与名义利率的乘积支付利息，即实际利率是名义利率的两倍。

【例 8.18】 华云公司从银行取得为期 1 年的借款 100 万元，名义利率 5%，分 12 个月等额偿还本息，这笔贷款的实际利率为：

$$\frac{100\times5\%}{100/2}=10\%$$

4. 短期借款筹资的评价

短期借款筹资的优点有以下几个方面：

（1）短期借款是一种及时、方便的筹资方式。银行的资本力量雄厚，可以随时为企业提供比较多的短期借款。对于企业由于生产周转或者季节性原因而产生的临时性资本需求，采用短期借款方式筹集资本比较及时、方便。

（2）短期借款具有较好的弹性，企业可以在资本需要量增加时借入，在资本需要量减少时归还借款。

短期借款筹资的缺点有以下几个方面：

（1）资本成本较高。与商业信用筹资和发行短期融资券相比，采用短期借款筹资的资本成本较高。通常，短期借款的利率比短期融资券的利率高。如果采用抵押借款，还需要支付一定的管理和服务费用，从而增加了筹资费用，对于资信状况不佳的企业，银行可能还要上浮利率，这样资本成本会更高。

（2）银行对企业提出的限制性条件较多。向银行申请借款，银行都会对企业的生产经营状况和财务状况进行调查，然后才能决定是否给予贷款。通常银行会在借款合同中规定许多限制性条款。在企业使用贷款期间，银行还要进行贷后管理，检查企业是否执行了借款合同中规定的有关条款。此外，银行为了降低贷款风险，可能还会对企业的资产负债率、流动比率等作出限制。

二、商业信用

商业信用是指企业在商品交易过程中由于延期付款而形成的借贷关系。就购买方而言，它在商业活动中由于延期付款而享受了销售方给予的信用，使其在一定时间内占用了对方的资金而形成一种资金来源。商业信用方式具体有三种：应付账款、应付票据和预收账款。其中，应付账款是最常见、最主要的商业信用方式。

（一）应付账款

应付账款即赊购商品，是企业购买货物暂未付款而欠对方的款项，即卖方允许买方在购货后一定时期内支付货款的一种商业信用，应付账款是一种典型的商业信用形式。

与应收账款相对应，应付账款也有付款期、现金折扣等信用条件。如果卖方企业没有出台现金折扣政策，买方企业在规定的信用期内付款，则获得的商业信用是免费的信用；如果卖方企业出台了现金折扣政策，买方企业在规定的折扣期内付款享受折扣，则获得的商业信用是免费的信用；如果买方企业放弃现金折扣，则获得的商业信用是有代价的信用；如果买方企业超过卖方企业规定的信用期推迟付款而强制获得信用，则这种信用是展期信用。

1. 应付账款成本

如果买方企业获得的信用是有代价的信用，则需要计算应付账款成本。应付账款成本是一种机会成本。例如，某企业按照销货条件 2/10、*n*/30 的条件购入货物，若享受了 2% 的现金折扣，则每百元可以取得 2 元的优惠，于是有：

$$\frac{2}{100-2}=2.041\%$$

但是，这一优惠利率是由于提前 20 天付款取得的，一般应将其换算为年利率，换算方法为：

$$\frac{2}{100-2}\times\frac{360}{20}=36.7\%$$

这说明，取得 2% 的折扣就相当于取得一项年利率 36.7% 的投资收益，如果买方放弃现金折扣则产生机会成本，该项机会成本就是应付账款成本或放弃现金折扣成本。

但必须注意，只有在卖方企业出台了现金折扣政策，而买方企业放弃了现金折扣，才会产生应付账款成本。

一般而言，放弃现金折扣的成本可由式（8.32）计算：

$$\text{放弃现金折扣成本}=\frac{\text{折扣百分比}}{1-\text{折扣百分比}}\times\frac{360}{\text{信用期}-\text{折扣期}} \tag{8.32}$$

公式（8.32）表明，放弃现金折扣成本与折扣百分比的大小、折扣期限的长短同方向变化，与信用期的长短反方向变化。

【例 8.19】 华云公司拟以“3/15，*n*/35”的信用条件购进原料一批，则华云公司放弃现金折扣的成本计算如下：

$$\text{放弃现金折扣成本}=\frac{3\%}{1-3\%}\times\frac{360}{35-15}=55.67\%$$

如果卖方企业修改信用条件为“3/10，*n*/35”，则华云公司放弃现金折扣的成本为：

$$放弃现金折扣成本=\frac{3\%}{1-3\%}\times\frac{360}{35-10}=44.54\%$$

如果卖方企业修改信用条件为“3/15，$n/45$”，则华云公司放弃现金折扣的成本为：

$$放弃现金折扣成本=\frac{3\%}{1-3\%}\times\frac{360}{45-15}=37.11\%$$

2. 利用现金折扣的决策

计算出放弃现金折扣的成本后，就可以根据这个指标来进行是否利用现金折扣的决策。一般来说，在企业没有多余资金偿还货款的情况下，如果放弃现金折扣的成本大于银行短期利率，则应借入短期借款偿还货款，选择获取现金折扣；如果放弃现金折扣的成本小于银行短期利率，则应选择放弃现金折扣。在企业有多余资金可偿还货款的情况下，如果放弃现金折扣的成本大于短期投资收益率，则企业应偿还货款，选择获取现金折扣；如果放弃现金折扣的成本小于短期投资收益率，则应选择放弃现金折扣而去追求更高的收益。

如果企业因缺乏资金而欲展延付款期，则需在降低了的放弃现金折扣成本与展延付款给企业带来的损失之间作出选择。延期付款带来的损失主要是指丧失了供应商的信任，以后会很难购买货物或日后会面临更加苛刻的信用条件。

如果面对两家以上提供不同信用条件的卖方，则应通过衡量放弃现金折扣成本的大小来进行选择。通常情况下，如果选择放弃现金折扣，则应选择放弃现金折扣成本最小的方案；如果选择享受现金折扣，则应选择放弃现金折扣成本最大的方案。

【例 8.20】华云公司拟采购一批材料，价值 540 000 元，供应商规定的付款条件如下：立即付款，折扣率 3%，付 523 800 元；第 20 天付款，折扣率 2%，付 529 200 元；第 40 天付款，折扣率 1%，付 534 600 元；第 60 天付款，付全额，付 540 000 元。假若一年按 360 天计算，则：(1) 假设银行短期借款利率为 15%，计算放弃现金折扣成本，并确定华云公司最有利的付款日期和价格；(2) 假设目前有一短期投资项目，投资收益率为 40%，确定华云公司最有利的付款日期和价格。

由于卖方给予华云公司的付款条件为 3/0、2/20、1/40、$n/60$，则华云公司放弃现金折扣成本计算如下：

若放弃立即付款，放弃现金折扣成本为：

$$放弃现金折扣成本=\frac{3\%}{1-3\%}\times\frac{360}{60-0}=18.56\%$$

若放弃第 20 天付款，放弃现金折扣成本为：

$$放弃现金折扣成本=\frac{2\%}{1-2\%}\times\frac{360}{60-20}=18.37\%$$

若放弃第 40 天付款，放弃现金折扣成本为：

$$放弃现金折扣成本=\frac{1\%}{1-1\%}\times\frac{360}{60-40}=18.18\%$$

当银行短期借款利率为 15%，小于上面计算出的任一放弃现金折扣成本，华云公司应选择享受折扣，应选择放弃现金折扣成本最大的方案，即立即付款对公司最有利，应付 523 800 元。

当短期投资项目的投资收益率为 40%，大于上面计算出的任一放弃现金折扣成本，华云公司应选择放弃折扣去追求更高的收益，因此应选择在第 60 天付款，应付 540 000 元。

（二）应付票据

应付票据是企业进行延期付款商品交易时开具的反映债权债务关系的票据。应付票据承兑期限由交易双方商定，一般为1～6个月，遇有特殊情况可以适当延长。应付票据可以带息，也可以不带息。带息应付票据的利率一般比银行借款的利率低，且不用保持相应的补偿性余额和支付协议费，所以带息应付票据的筹资成本低于银行借款成本。

（三）预收账款

预收账款是卖方企业在交付货物之前向买方预先收取部分或全部货款的信用方式。对于卖方来讲，预收账款相当于向买方借入资金后用货物抵偿。预收账款一般用于生产周期长、资金需要量大的货物销售。

商业信用筹资最大的优越性在于容易取得，其优点主要表现在以下四个方面。

（1）筹资便利。利用商业信用筹措资金非常方便，且与商品购销同时进行，不用做非常正规的安排。

（2）有弹性。当商业信用发生时，随购货额的多少而确定筹资额的多少，其增减的需要完全可以通过购货行为来调节。

（3）限制性条件少。公司可以根据需要灵活使用，卖方很少提限制性条件，也无须经过繁琐的手续。

（4）有时无筹资成本。如果无现金折扣条件或享受现金折扣，则利用商业信用筹资不发生筹资成本。

三、短期融资券

我国企业最早发行短期融资券是在1989年，但由于1993年前后社会上出现了乱集资、乱拆借的现象，导致了短期融资券的退市。直到2005年5月24日，央行公布了《短期融资券管理办法》以及《短期融资券承销规程》、《短期融资券信息披露规程》，允许符合条件的企业在银行间债券市场发行短期融资券，短期融资券得到重启。

（一）短期融资券的概念

短期融资券，又称商业票据或短期债券，是由企业发行的无担保短期本票。在我国，短期融资券是指企业依照《短期融资券管理办法》的条件和程序在银行间债券市场发行和交易，并约定在一定期限内还本付息的有价证券。

（二）短期融资券发行条件

企业申请发行短期融资券应当符合下列条件：

（1）是在中华人民共和国境内依法设立的企业法人。

（2）具有稳定的偿债资金来源，最近一个会计年度盈利。

（3）流动性良好，具有较强的到期偿债能力。

（4）发行融资券募集的资金用于本企业生产经营。

（5）近三年没有违法和重大违规行为。

（6）近三年发行的融资券没有延迟支付本息的情形。

（7）具有健全的内部管理体系和募集资金的使用偿付管理制度。

（8）中国人民银行规定的其他条件。

（三）短期融资券筹资评价

1. 短期融资券筹资的优点

（1）短期融资券的筹资成本较低。短期融资券的利率一般较低，通常要低于银行的同期贷款利率，所以，利用短期融资券融资的筹资成本较低。

（2）短期融资券筹资数额比较大。一般而言，银行不会向公司发行巨额的短期借款，因此，银行短期借款常常面临着数额的限制，而发行短期融资券的金额往往较大，可以筹集更多的资金。

（3）发行短期融资券可以提高企业信誉和知名度。由于能在货币市场上发行短期融资券的都是信誉较好的大公司，因而一个公司如果能发行短期融资券，则说明该公司有较好的信誉；同时，随着短期融资券的发行，公司的知名度也会大大提高。

2. 短期融资券筹资的缺点

公司利用短期融资券筹资的缺点主要有以下三个方面。

（1）发行短期融资券的风险比较大。短期融资券的期限不长于365天，到期必须归还，一般不会有延期的可能。因此，利用短期融资券筹资风险较大。

（2）发行短期融资券的弹性比较小。只有当公司的资金需求达到一定数量时才能使用短期融资券，且短期融资券一般不能提前偿还，即使公司资金比较宽裕，也要到期才能还款。

（3）发行短期融资券的条件比较严格。发行短期融资券是需要满足一定条件的，通常只有信誉好、实力强、效益高的公司才能使用，而一些小企业或信誉不太好的企业不太可能通过发行短期融资券的方式来筹集资金。

课后学习方案

本章重点整理

本章主要的内容是流动资产的管理，因此，绘制了表8-14和表8-15，分别列示了最佳现金持有量的决策方法和存货经济订货批量基本模型和拓展模型，以方便读者记忆和把握。

表8-14 最佳现金持有量决策方法

方法	相关总成本	相关公式
成本分析模型	机会成本、短缺成本、管理成本	相关总成本之和最小的现金持有量为最佳
存货模型	机会成本、转换成本	$N^*=\sqrt{\frac{2TF}{K}}$
随机模型	机会成本、转换成本	$R=L+\sqrt[3]{\frac{3b\sigma^2}{4r}}$，$H=3R-2L$

表8-15 存货经济订货批量基本模型和拓展模型

方法	相关成本	基本公式
存货经济订货批量基本模型	变动订货成本、变动储存成本	$Q^*=\sqrt{\frac{2KD}{K_c}}$
实行数量折扣的经济批量模型	购置成本、变动订货成本、变动储存成本	$TC(Q)=DU+\frac{D}{Q}K+\frac{Q}{2}K_c$

续表

方法	相关成本	基本公式
允许缺货的经济批量模型	缺货成本、变动订货成本、变动储存成本	$Q^*=\sqrt{\frac{2KD}{K_c}\times\frac{K_c+C_s}{C_s}}$ $S=\frac{QK_c}{K_c+C_s}$
有订货提前期的经济批量模型	变动订货成本、变动储存成本	订货提前期对存货经济订货量并无影响，只是在达到再订货点时发出订单 $R=L\times d$
存货陆续供应和使用前提下的经济批量模型	变动订货成本、变动储存成本	$Q^*=\sqrt{\frac{2KD}{K_c}\times\frac{p}{p-d}}$
建立保险储备的经济批量模型	缺货成本、变动储存成本	$TC(S,B)=TC_s+TC_B$ $=C_s\times S\times N+B\times K_c$ $R=L\times d+B$

案例分析

小苏公司是一家高新技术企业，正在考虑改变其信用政策，以便从竞争对手那里争取更多的客户。目前公司的信用政策是“1/20，*n*/60”，而新的信用政策为“3/20，*n*/80”。当前公司40%的客户享受现金折扣，预计在新的信用政策下享受现金折扣的客户将上升到50%，而且新政策实施的结果还将促使销售额从目前每年的300万元增加到450万元。但增加的销售额将影响到公司存货的水平。公司持有的平均存货根据经济订货批量基本模型确定。假设新的信用政策实施后，公司的坏账损失率从原来的1%上升到1.5%；平均收账期从原来的45天延长到60天；每笔订单的费用为100元；每件产品的单价100元，单位储存成本是10元；变动成本率为60%，公司的机会成本率为12%，所得税税率为25%。请你帮助小苏公司计算：（1）信用政策改变前后的应收账款平均余额；（2）确定信用政策改变前后的经济进货批量和相应的平均存货量；（3）根据所给资料作出新信用政策的可行性分析。

延伸阅读

1. “短期融资券管理办法”，参见：中国人民银行令，（2005）第2号。

2. “企业对银行的选择”，参见：中国注册会计师协会. 财务成本管理. 北京：中国财政经济出版社，2010：423-424.

3. “确定信用批量分界点”，参见：宋献中，吴思明. 中级财务管理. 大连：东北财经大学出版社，2009：286.

思考与讨论

1. 简述确定最佳现金持有量的主要方法及其比较。
2. 企业的信用政策包括哪些内容？信用政策制定与选择的基本决策思路是什么？
3. 何谓信用的5C分析法？
4. 存货成本包括哪些？与订货量的关系如何？
5. 放弃现金折扣的成本如何计算？如何依据放弃现金折扣成本进行现金折扣决策？

自测与练习

1. 玉诺公司有四种现金持有方案，目标现金持有量分别为4万元、6万元、8万元和10万元；以上四方案的现金管理成本分别为 5 000 元、6 000 元、7 000 元和 8 000 元；现金短缺成本分别为 2 万元、1.4 万元、0.8 万元、0.2 万元；预计企业的资金收益率为 10%。请运用成本分析模式确定玉诺公司的最佳现金持有量。

2. 羽佳公司每年需要 A 材料 36 000 千克，单位进价每千克为 150 元，每次订货成本为 1 250 元，每千克 A 材料每年储存费用为 10 元，要求：（1）计算 A 材料的经济订货量；（2）计算经济订货量下的相关总成本；（3）计算最优订货次数。

3. 张钰公司向银行借入短期借款 100 万元，支付银行贷款利息的方式同银行协商后的结果是：（1）采用收款法付息，利息率为 10%；（2）采用贴现法付息，利息率为 8%；（3）采用加息法付息，利息率为 6%；（4）利息率为 8%，银行要求的补偿性余额比例为 20%。请问：如果你是该公司的财务经理，你将选择哪种借款方式并说明理由。

4. 芮敏公司预测×××2 年度销售收入净额为 4 500 万元，其中赊销收入为 3 600 万元，应收账款平均收账天数为 60 天，变动成本率为 50%，企业的资本成本率为 10%，一年按 360 天计算。要求：（1）计算×××2 年应收账款平均余额；（2）计算×××2 年应收账款占用资金；（3）计算×××2 年应收账款机会成本。

5. 立娜公司目前的年度赊销收入为 5 500 万元，变动成本率为 70%，信用条件为 *n*/30，资本成本率为 10%，该公司为扩大销售，拟定了 A、B 两个不同信用条件的方案，A、B 两个方案的相关资料如表 8-16 所示，一年按 360 天计算。要求比较 A、B 方案，并确定立娜公司应选择哪种信用条件方案。

表 8-16 A、B 两个信用条件方案的相关资料

A 方案	B 方案
n/60	2/10，1/20，*n*/60
预计赊销收入增加 10%	预计赊销收入增加 20%
预计平均坏账损失率 4%	预计平均坏账损失率 3%
预计收账费用 80 万元	预计收账费用 60 万元
—	预计有 70% 的客户享受 2% 的折扣，10% 的客户享受 1% 的折扣

6. 卢虹公司甲存货的经济订货次数为每年 10 次，每天平均耗用量为 4 件，平均交货期为 25 天，每件年储存成本为 25 元，每件缺货成本为 20 元。交货期内不同耗用量的概率如表 8-17 所示。

表 8-17 交货期存货需要量及概率

耗用量（件）	50	75	100	125	150	175
概率	0.12	0.18	0.25	0.2	0.15	0.1

若建立保险储备，可选择 0 件、25 件、50 件、75 件四种方案，试确定卢虹公司甲存货的最佳再订货点。

7. 占梅公司是一个商业企业。由于目前的信用条件过于严厉，不利于扩大销售，该公司正在研究修改现行的信用条件。现有甲、乙两个放宽信用条件的备选方案，有关数据如表 8-18 所示。

表 8-18 甲、乙放宽信用条件的备选方案

项目	甲方案（*n*/90）	乙方案（2/30，*n*/90）
年赊销额（万元/年）	1 200	1 280
收账费用（万元/年）	25	30
所有账户的坏账损失率	3%	4%

已知该公司的变动成本率为60%，资本成本率为10%。考虑到有一部分客户会拖延付款，因此预计甲方案的应收账款平均收账天数为120天。预计乙方案中有40%的客户会享受现金折扣，平均收账天数为72天，若一年按360天计算，要求：

（1）计算乙方案的下列指标：应收账款机会成本、现金折扣成本、坏账损失成本。

（2）计算实施甲、乙方案的信用前收益与应收账款成本的差额并将相关数字填列在表8-19中，并确定占梅公司应选择哪个方案？

表8-19　占梅公司甲、乙方案选择

项目	甲方案（n/90）	乙方案（2/30，n/90）
年赊销额		
变动成本		
实施信用前收益（边际贡献）		
减：应收账款机会成本		
现金折扣成本		
坏账损失		
收账费用		
商业信用成本合计		
实施信用后收益与成本的差额		

第九章　收益分配管理

本章基本架构图

- 认识收益分配
  - 收益分配程序
  - 股利的概念和种类
  - 股利支付程序
    - 股利宣告日
    - 股权登记日
    - 除息日
    - 股利发放日
- 股利政策选择
  - 认识股利政策
  - 股利政策类型
    - 剩余股利政策
    - 稳定和稳定增长股利政策
    - 低正常股利加额外股利政策
    - 固定股利支付率政策
  - 影响股利政策选择的因素
- 股票股利与股票分割
  - 股票股利
    - 股票股利的概念
    - 股票股利对公司的意义
    - 股票股利对股东的意义
  - 股票分割
    - 股票分割的概念
    - 股票分割对公司的意义
    - 股票分割对股东的意义
- 股票回购
  - 股票回购的概念
  - 股票回购的动机
  - 股票回购的方式
  - 股票回购的影响
- 股利理论
  - 股利无关论
    - 完全市场论
    - 股利剩余论
  - 股利相关论
    - “在手之鸟”理论
    - 股利税差理论
    - 客户效应理论
    - 信号传递理论
    - 代理理论

第一节　认识收益分配

企业的收益分配有广义的收益分配和狭义的收益分配两种。广义的收益分配是指对企业收入的分配；狭义的收益分配是指对企业净利润的分配。本章所指的收益分配是指对企业净利润的分配。对于股份公司而言，对净利润的分配，通常也称为股利分配。

一、收益分配程序

狭义的收益分配是对企业所实现的净利润进行分割与派发的活动。按照我国《公司法》的规定，公司进行收益分配包括提取公积金和向投资者分配利润两部分，并且公司收益分配应按照一定的顺序进行。

1. 弥补以前年度亏损

企业的年度亏损可以由下一年度的税前利润弥补，下一年度的税前利润尚不足以弥补的，可以由以后年度的税前利润继续弥补，但用税前利润弥补以前年度亏损的连续期限不应超过5年。5年内弥补不足的，应用本年税后利润弥补。本年净利润加年初未分配利润为企业可供分配的利润，只有在可供分配的利润大于零时，企业才能进行后续分配。

2. 提取法定公积金

根据《公司法》的规定，法定公积金的提取比例为当年税后利润（弥补亏损后）的10%。当法定公积金已达到注册资本的50%时可不再提取。法定公积金可用于弥补亏损、扩大公司生产经营或转增资本，但公司用法定公积金转增资本后，法定公积金的余额不得低于转增前公司注册资本的25%。

3. 提取任意公积金

根据《公司法》的规定，公司从税后利润中提取法定公积金后，经股东会或者股东大会决议，还可以从税后利润中提取任意公积金。

4. 向投资者分配利润

根据《公司法》的规定，公司弥补亏损和提取公积金后所余税后利润，可以向股东（投资者）分配股利（利润），其中有限责任公司股东按照实缴的出资比例分配红利，全体股东约定不按照出资比例分取红利的除外；股份有限公司按照股东持有的股份比例分配，但股份有限公司章程规定不按持股比例分配的除外。

二、股利的概念和种类

（一）股利的概念

股利是企业分配给股东的一部分税后净利润。股利一般分为股息和红利，股息通常是指优先股股东所获得的股利；红利通常是指普通股股东所获得的现金股利。

公司税后盈利在弥补亏损和提取法定公积金、任意公积金后，如果有剩余就可在股东间进行分配。股利分配应按同股同利、股东平等的原则进行分配，即企业在分配股利时，必须平等地对待各股东，在分配日期、分配比率和分配方式上，各股东不得有差异。

（二）股利的种类

股份有限公司派发股利的形式一般有现金股利、股票股利、财产股利和负债股利。

1. 现金股利

公司直接用现金来支付的股利是现金股利，现金股利是股利支付的主要形式。由于现金股利是从公司实现的净利润中支付给股东的，支付现金股利会减少公司的留存收益，因此发放现金股利并不会增加股东财富总额。公司支付现金股利除了要有累计盈余外，还要有足够的现金，因此公司在支付现金股利前需筹备充足的现金。一般来说，当公司想要派发现金给股东时，通常会直接派发现金股利。也有这样的公司，他们通过回购自己公司的股票作为现金股利的替代方式。在完美的资本市场上，股票回购和现金股利是一样的。

2. 股票股利

公司用增发股票代替现金发放股利的形式是股票股利，通常被称为红股。企业发放股票股利，股东权益没有变化，股东的持股比例也没有变化，只是所有者权益各项目的结构发生了变化。股票股利对公司来说，没有现金流出，也不会导致公司财产的减少，只是将公司的留存收益转化为股本。但股票股利会增加流通在外的股票数量，同时降低每股股票的价值。

由于在实践中，发放股票股利和股票分割产生的效果非常相近，所以一般要根据证券管理部门的具体规定对二者加以区分。如有的国家证券交易所规定，发放25%以上的股票股利即属于股票分割。一般来说，只有公司股价急剧上涨且预期难以下降时，才采用股票分割的办法；而在公司股价上涨幅度不大时，往往通过股票股利的发放将股价维持在一个理想的范围之内。

3. 财产股利

公司用现金以外的其他资产分配的股利是财产股利。实践中一般用公司所持有的其他公司的有价证券，如债券、股票作为股利支付给股东。

4. 负债股利

负债股利是公司以负债支付的股利，通常以公司的应付票据支付给股东，也可以发行公司债券抵付股利。

财产股利和负债股利实际上是现金股利的替代，这两种股利方式目前在我国公司实务中很少使用。

三、股利支付程序

在我国，股份公司通常一年派发一次股利，也有的公司在年中派发中期股利。股份有限公司对外分配股利，应遵循相关规定，按照一定的程序进行。在股利支付过程中，要向股东宣布发放股利的方案，并确定股权登记日、除息日和股利发放日。

（一）股利宣告日

股利宣告日是公司董事会将股利支付方案予以公告的日期。在公告中将宣布每股派发股利、股权登记期限、除息日、股利支付日以及派发对象等事项。

（二）股权登记日

股权登记日是股东能否取得股利的日期界限，即有权领取本期股利的股东资格登记截止日期。只有在股权登记日之前持有公司股票的股东或在公司股东名册上有名的股东，才有权分享本期股利。

（三）除息日

1. 除息日的含义

除息日，又称除权日，是指除去股利的日期，即领取股利的权利与股票彼此分开的日期。通常因股本增加而形成的剔除行为称为除权；因红利分配引起的剔除行为称为除息。在除权除息日之前，股利权从属于股票；除权除息日始股利权与股票权相分离，新购入者无权分享本次派发的股利。

2. 除权除息基准价

除权除息基准价是与除权除息日关系密切的一个概念。该价格可作为除权除息日当天开盘价的指导价。股票除权除息后的基准价只是理论开盘价，不一定等同于除息除权日的实际开盘价。

除息基准价的计算办法为：

$$除息基准价=股权登记日收盘价-每股所派现金 \tag{9.1}$$

除权基准价计算分为送股股权基准价和配股股权基准价，其中送股股权基准价的计算办法为：

$$送股股权基准价=股权登记日收盘价\div(1+每股送股股数) \tag{9.2}$$

配股股权基准价的计算办法为：

$$配股股权基准价=(股权登记日收盘价+每股配股价\times每股配股比例)\div(1+每股配股股数)$$

【例 9.1】 彤琳股票股权登记日的收盘价为 18.00 元，每 10 股配 3 股，配股价为每股 6.00 元，则除权日基准价为：

$$(18.00+6.00\times0.3)\div(1+0.3)=15.23(元)$$

如果既有送红股，又有送红利，则除权基准价的计算办法为：

$$除权基准价=(股权登记日收盘价-每股所派现金)\div(1+每股送股股数) \tag{9.3}$$

如果有送红股、送红利、配股，则除权基准价的计算办法为：

$$除权基准价=(股权登记日收盘价-每股所派现金+每股配股价\times每股配股比例)\div(1+每股送股股数+每股配股比例)$$

【例 9.2】 兰兰公司下列分红方案已通过：每 10 股派现金 2 元，公司的除息日为股权登记日后的第二天，其中股权登记日该公司股票收盘价为 13.8 元，则该公司除息日的基准价是：

$$13.8-0.2=13.6\ (元)$$

该价格可作为除息日当天开盘价的指导价。

【例 9.3】 中信证券 2009 年度的分红方案是 10 转 5 派 5（含税），税后派 4.5 元，股权登记日是 2010 年 6 月 23 日，除权除息日是 2010 年 6 月 24 日。股权登记日这天该公司股票收盘价为 20.86 元，则该公司除权除息日的基准价为：

$$\begin{aligned}除权基准价&=(股权登记日收盘价-每股所派现金)\div(1+每股转股股数)\\&=(20.86-0.5)\div(1+0.5)=13.57(元)\end{aligned}$$

3. 填权和贴权

当股票实际开盘价高于除权除息日的基准价时，是填权；当股票实际开盘价低于这一理论价格时，是贴权。在除权除息后的一段时间里，如果多数人对该股看好，该只股票的交易市价若高于除权除息日基准价，这种行情称为填权。倘若股价上涨到除权除息前的价格水平，就称为充分填权。相反，如果多数人不看好该股，这只股票的交易市价若低于除权除息基准价，称为贴权。例 9.3 的中信证券在 2010 年 6 月 24 日的开盘价为 13.5 元，低于除权基准价，是贴权。随后，该公司股票一直下跌，在 2010 年 9 月 17 日中信证券收盘价是 11.13 元。

4. 股利发放日

股利发放日，即股利支付日，是向股东实际发放股利的日期。在股利发放日，发放股利的公司一般通过资金清算系统或其他方式将股利支付给股东。

【例 9.4】2010 年 4 月 7 日，烟台万华公告了 2009 年年报并公布了 2009 年度股利分配预案；2010 年 4 月 28 日，烟台万华召开了股东大会，对 2009 年度股利分配预案进行了审议；2010 年 4 月 29 日，烟台万华公告 2009 年度股利分配方案，10 派 3 元（含税），税后派 2.7 元，股权登记日是 2010 年 5 月 14 日，除权除息日是 2010 年 5 月 17 日，派息日是 2010 年 5 月 21 日。

本例中，2010 年 4 月 29 日是股利宣告日，2010 年 5 月 14 日是股权登记日，2010 年 5 月 17 日是除息日，2010 年 5 月 21 日是股利支付日，如图 9-1 所示。

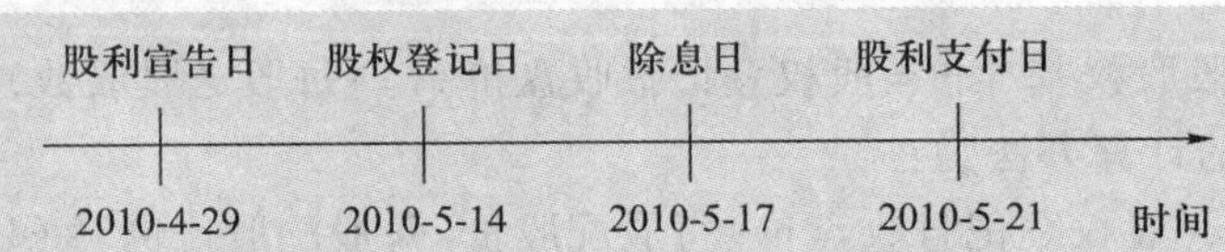

图 9-1　烟台万华 2009 年度股利支付时间点

第二节　股利政策选择

一、认识股利政策

股利政策是企业对股利分配所采取的策略，它包括是否发放股利、以何种形式支付股利、股利支付率是多少以及何时支付股利等内容。股利政策主要权衡公司与股东之间、企业价值最大化与企业投资所需资金之间、企业股票在市场上的吸引力与企业财务负担之间的各种利弊，以寻求股利与留存收益之间最优的比例关系。

通常认为，股利政策选择是一种涉及盈余保留问题的筹资决策。发放较高的股利有助于提高企业股票的市场交易价格，然而较高的股利不仅意味着较重的财务负担，同时也意味着公司只能保留较少的资金用于再投资，这会在一定程度上限制公司的发展。因此，当公司有好的投资机会时，往往先要考虑利用留存收益筹资，公司通常会在满足了投资需要之后，如有剩余的资金才发放股利。但是，发放剩余股利会造成股利支付的不稳定，影响股东持股的信心，往往会压低股票市场价格。因此，公司在制定股利政策时，应兼顾公司的发展需要和股东对本期收益的要求，合理确定股利与留存收益之间的比例关系，才能实现企业价值最大化的目标。

二、股利政策类型

在股利分配实务中，公司经常采用的现金股利政策有以下四种类型：剩余股利政策、稳定和稳定增长股利政策、低正常股利加额外股利政策、固定股利支付率政策。

（一）剩余股利政策

在这种政策下，公司的盈余首先用于盈利性投资项目，在满足了盈利性投资项目的资金需要之后若还有剩余，公司才将剩余部分作为股利发放给股东。

当公司采用剩余股利政策时，管理当局通常按下列步骤决定股利的支付水平：

（1）确定投资项目。

（2）确定投资项目所需筹集的资金数额。

（3）确定最佳资本结构，求得投资项目的权益资本需要量，尽可能地用留存收益为投资项目融资。

（4）只有当投资项目所需资金得到完全满足以后，所剩余的留存收益才能用来支付股利。

剩余股利政策的特点是把企业的股利分配政策完全作为一个筹资决策来考虑，只要公司有预期投资收益率超过资本成本率的投资方案，公司就会用留存收益来为这一方案融资。由于采取剩余股利政策的公司一般有良好的投资机会，投资者对公司未来的获利能力有较好的预期，有利于带动股票价格的上升。但是，剩余股利政策往往导致各期股利忽高忽低，会给投资者传递企业经营不稳定、财务状况不稳定的信息，会对股票的市场价格下滑产生一定的影响。

剩余股利政策有利于保持理想的资本结构，但每期股利的波动性较大。这一政策比较适合于新成立的或处于高速成长的企业。

【例 9.5】立娜公司预计未来 5 年的净利润和资本性支出如表 9-1 所示。

表 9-1　立娜公司净利润和资本性支出　　单位：万元

年份	1	2	3	4	5
净利润	3 600	3 800	4 000	4 000	4 200
资本性支出	2 500	2 500	3 000	3 500	4 000

如果公司采用剩余股利政策，公司的目标资本结构为：负债资本占 60%，权益资本占 40%，未来 5 年的现金股利总额和外部筹资额如表 9-2 所示。

表 9-2　立娜公司现金股利总额和外部筹资额　　单位：万元

年份	1	2	3	4	5
需要权益资本满足的资金	1 000	1 000	1 200	1 400	1 600
现金股利总额	2 600	2 800	2 800	2 600	2 600
外部筹资额	1 500	1 500	1 800	2 100	2 400

其中：

第一年需要权益资本满足的资金 = 2 500×40% = 1 000（万元）

第一年现金股利总额 = 3 600－1 000 = 2 600（万元）

第一年外部筹资额 = 2 500－1 000 = 1 500（万元）

（二）稳定和稳定增长股利政策

稳定的股利政策是一种固定股利政策，是指在一段时间内公司保证每股股利的相对稳定。稳定的股利政策可以增强投资者的信心，并能满足他们取得收入的愿望。当盈利下降而企业并未减少股利时，市场就对该股票充满信心；如果企业降低了股利，那么市场信心也将随之减弱。稳定股利政策对有收入意识的投资者会产生正的效用。另外一些机构投资者，包括证券投资基金、养老基金、保险公司及其他一些机构，也比较愿意持有能够支付稳定股利的公司股票。一般说来，成熟的、盈利比较好的公司通常采用稳定的股利政策。

稳定增长的股利政策是指为了避免股利的波动，公司在支付某一规定金额股利的基础上，制定一个目标股利成长率 g。依据公司的盈利水平按目标股利成长率逐步提高企业的股利支付水平。这种股利政策往往被投资者认为是企业稳定增长的表现，这也是实务上采用较多的一种股利政策。但是，在这一股利政策下，股利的支付与盈余脱节，当盈余较低时也要支付稳定增长的股利，可能导致资金短缺，财务状况恶化。

（三）低正常股利加额外股利政策

低正常股利加额外股利政策是一种介于固定股利政策与变动股利政策之间的折中的股利政策。低正常股利是指企业在正常情况下向股东支付的数额较低的固定股利。额外股利是指在固定股利之外向股东支付的一种不经常有的股利，它只有在特殊情况下才会被支付。也就是说，在一般情况下公司每年只支付数额较低的正常股利，在公司经营非常好的年度或投资需要资金较少的年份，再额外支付一定的红利。低正常股利加额外股利政策的优点是既可以保持股利的稳定性，又能使股利与盈余相配合，企业有较大的灵活性。额外股利的运用，既可以使企业保持固定股利的稳定记录，又可以使股东分享企业繁荣的好处。值得注意的是，如果企业经常连续支付额外股利，额外股利也就变成了一种期望回报，它就失去了原有的目的。但是，如果企业以适当的方式表明这是额外股利，额外股利仍然能向市场传递有关企业目前与未来经营业绩的积极信息。这一政策尤其适合于盈利经常波动的企业。

（四）固定股利支付率政策

固定股利支付率政策是公司每年将盈利的某一固定百分比作为股利分配给股东。这种政策的含义是每期的股利支付率保持不变。由于股利支付率是每股股利与每股收益的比，因此，每股股利会随每股收益的增减而变动。在这种政策下，股利支付与盈利状况密切相关，能够保持股利与公司盈利水平的一致性。当公司盈利状况好，每股股利额就增加；当公司盈利状况不好，每股股利额就下降。这一政策充分体现了多盈多分、少盈少分、无盈不分的原则，显得比较公平。但采用固定股利支付率政策，若公司盈利不稳定，企业的股利支付就很不稳定，容易造成股东信心动摇、股票价格下跌的局面。固定股利支付率政策适合于盈利比较稳定的企业，但实践中采用固定股利支付率股利政策的公司较少。

以上四种股利政策中，稳定和稳定增长的股利政策应用最为普遍。在美国、英国、加拿大等比较成熟的资本市场中，公司通常倾向于支付稳定和稳定增长的股利。通常情况下，公司管理当局不愿意因为利润的短期波动而改变每年的股利支付水平。因为稳定的股利现金流可以减少公司其他方面波动对股票价格的影响。因此，管理层应尽量避免削减股利，而努力在未来相当长的时期内保持一个稳定和稳定增长的股利支付水平。但是，当减少股利不可避免时，公司应该采取足够大的削减幅度以防止未来再次削减。

三、影响股利政策选择的因素

（一）股利发放的限制条件

1. 法律限制

法律为股利政策限定了一个范围，在这个范围内，决策者再根据其他因素决定其具体的股利政策。法律对股利政策的规定是很复杂的，国与国之间的条例也有所差别。如美国法律对股利分配的规定有三项原则：股利必须从公司现在或过去的盈利中支付；股息不可用公司的资本支付；当公司的债务超过其资产而无力偿付时，公司不得派发股息。除此之外，一些国家为了防范企业低额发放股利而超额积累利润，帮助股东避税，往往从法律上规定超额累积利润要加征额外税款。我国目前有关的法规没有关于超额累积利润的限制，对股利发放的规定，与美国基本相同。我国《公司法》要求股份公司只能用当期利润或留用利润来分配股利，不能用公司募集的资本发放股利；要求股份公司在分配股利之前，应当按法定的程序提取各种公积金；要求股份公司以前年度的亏损弥补完之后，若还有剩余，才能用于分配股利。

2. 契约限制

当公司通过长期借款、发行债券、发行优先股、租赁等形式向外部筹资时，往往会应对方的要求接受一些约束公司分配股利行为的限制条款。这些契约的限制条款将影响公司股利政策的选择。例如规定只有在流动比率和其他相关比率超过规定值后，才可支付股利。优先股的契约通常也会申明在累积优先股股息付清之前，公司不得派发普通股股利。确立这些限制性条款，限制企业股利支付，其目的在于促使企业把利润的一部分按有关条款的要求进行再投资，以增强企业的经济实力，保障债款的如期偿还。

（二）影响股利政策选择的企业内部因素

1. 盈余的稳定性

公司是否能够获得长期稳定的盈余是其股利分配政策的重要基础。一般来说，一个公司的盈利越稳定，其股利支付率越高。

2. 现金流量

公司在分配现金股利时，必须考虑到现金流量是否充足。如果公司的现金流量充足，资产有较强的变现能力，则支付现金股利的能力也较强。如果公司因扩充或偿债已消耗大量现金，资产的变现能力较差，大幅度支付现金股利就不是明智之举。由此可见，企业现金股利的支付能力，在很大程度上受其资产变现能力的限制。

3. 筹资能力

公司如果有较强的筹资能力，则可考虑发放较高股利，并以再筹资来满足企业经营对资金的需求；反之则要考虑保留更多的现金用于内部周转或偿还将要到期的债务。一般而言，规模大、获利丰厚的大公司能较容易地筹集到所需的资金，因此它们较倾向于多支付现金股利；而创办时间短、规模小、风险大的企业，通常需要经营一段时间以后，才能从外部取得资金，因而往往倾向支付低股利。

4. 资本结构和资本成本

在最优资本结构下，公司价值最大，加权平均资本成本最低。但由于股利政策不同，留存收益也不同，这便使公司资本结构中权益资本比例偏离最优资本结构，从而制约公司股利政策的选择。另外，不同的股利政策还会影响公司的未来筹资成本。由于留存收益是企业内部筹资的一种重要方式，同发行新股相比，资本成本较低。股利支付与企业未来筹资成本之间存在着矛盾，多支付现金股利，内部留存的收益就相应减少，这就要求企业的财务人员权衡股利支付与筹资要求之间的得失，以制定出适合企业实际需要的股利政策。

5. 投资机会

从企业价值最大化出发，企业之所以能将税后利润中的部分或全部留下来用于企业内部积累，是由于这部分收益属于股东。股东若将这部分收益留在企业内部，就可以获得再投资收益。因此，如果公司有较多有利可图的投资机会，往往采用低股利政策；反之，如果它的投资机会较少，就常常采用高股利政策。

（三）影响股利政策选择的股东因素

1. 控制权的稀释

如果公司大量支付现金股利，需要权益资本时就得再发行新的普通股以融通所需的资金，现有股东的控股权就有可能被稀释。另外，随着新普通股的发行，流通在外的普通股股数必将增加，最终会导致普通股的每股收益和每股市价下降，从而影响现有股东的利益。

2. 稳定的收入和避税

公司股东大致有两类，一类是希望公司能够支付稳定的股利，来维持日常生活；另一类是希望公司多留利而少发放股利，以求少缴个人所得税。因此，公司到底采取什么样的股利政策，还应分析研究本公司股东的构成，了解他们的利益愿望，才能作出正确的选择。

（四）影响股利政策选择的其他因素

1. 通货膨胀因素

通货膨胀使公司资金购买力下降，维持现有的经营规模需不断追加投入。因此，通货膨胀情况下，需要将较多的税后利润用于内部积累，这时采取相对较低的股利发放政策是必要的。

2. 股利政策的惯性

一般而言，股利政策的重大调整，一方面会给投资者带来企业经营不稳定的印象，从而导致股票价格下跌；另一方面股利收入是部分股东生产和消费资金的来源，他们一般不愿意持有股利大幅波动的股票。因此，公司的股利政策要保持一定的稳定性和连续性。

确定股利政策要考虑许多因素，而这些因素之间往往是相互联系和相互制约的。所以，股利政策的制定应依赖对企业所处的具体环境进行的定性和定量分析，借助这些分析手段，选择出适当的股利政策，以实现各种利益关系的均衡。

第三节 股票股利与股票分割

股票股利最早出现在英国的东印度公司，1682 年东印度公司在航海后，没有足够的现金向股东支付股利，只好以下次航海股份来代替现金股利，分配比例为 100 股送 1 股，这就是世界上首例股票股利。在美国较早的股票股利发生在 1869 年，纽约中心铁路公司就在即将与亚得逊铁路公司合并之前宣布分配股票股利。股票股利出现后，在世界各国应用都比较普遍。

一、股票股利

（一）股票股利的概念

股票股利是指企业以股票形式向股东支付的股利。如果股票股利的发放比例低于原发行在外普通股的 20%，一般称为小比例股票股利；如果股票股利的发行比例大于或等于原发行在外普通股数量的 20%，就称为大比例股票股利。

从理论上讲，企业发放股票股利不会导致企业资产的减少或负债的增加，也不会引起股东所持股票比例的变化，仅仅是导致了股东权益各项目间金额的增减变化。

【例 9.6】 雪莲公司发放股票股利前的股东权益情况如表 9-3 所示。

表 9-3　雪莲公司股东权益情况　　单位：万元

项目	金额
普通股股本（面值 1 元，已发行 1 000 万股）	1 000
资本公积	2 000
未分配利润	5 000
股东权益总额	8 000

公司决定发放 10% 的股票股利，如果股票股利按市价计价，当时的市价是每股 10 元，则雪莲公司发放股票股利后的股东权益情况如表 9-4 所示。

表 9-4　雪莲公司股东权益情况　　单位：万元

项目	金额
普通股股本（面值 1 元，已发行 1 100 万股）	1 100
资本公积	2 900
未分配利润	4 000
股东权益总额	8 000

其中：

$$未分配利润=5\ 000-1\ 000\times10\%\times10=4\ 000（万元）$$

$$资本公积=2\ 000+1\ 000\times10\%\times(10-1)=2\ 900（万元）$$

$$普通股股本=1\ 000+1\ 000\times10\%\times1=1\ 100（万元）$$

比较表 9-3 和表 9-4，会发现股票股利的发放对雪莲公司有下列影响：引起未分配利润减少，普通股股本和资本公积增加，但所有者权益总额不变；另外由于发放股票股利，发行在外的普通股数量上升，当公司盈利总额和市盈率不变时，将导致雪莲公司普通股每股收益和每股市价的降低。

【例 9.7】 雪莲公司发放股票股利前的每股收益为 0.5 元，每股市价为 10 元，公司盈利总额和市盈率保持不变，则发放 10% 的股票股利后，每股收益和每股市价为：

$$发放股票股利后的每股收益=\frac{发放股票股利前的每股收益}{1+股票股利发放率}=\frac{0.5}{1+0.1}=0.45（元）$$

$$发放股票股利后的每股市价=\frac{发放股票股利前的每股市价}{1+股票股利发放率}=\frac{10}{1+0.1}=9.09（元）$$

由于发放股票股利不影响股东的持股比例，因此虽然每股收益和每股市价在发放股票股利后被摊薄，但每位股东所持股票的市场价值总额仍保持不变。比如，雪莲公司在发放股票股利前发行在外的股数是 1 000 万股，某股东在发放股票股利前持有雪莲公司股票 10 万股，持股比例1%；在发放股票股利后持有雪莲公司股票11万股，持股比例仍是1%（11/1 100），该股东财富总额在发放股票股利前是100万元，发放股票股利后也是100万元(11×9.09)。

【例9.6】中，雪莲公司的股票股利是按市价计价，这是国际通行的做法，但在我国目前对股票股利是按照面值计价的。

【例9.8】如果雪莲公司的股票股利按面值计价，则发放股票股利后的股东权益情况如表9-5所示。

表9-5 雪莲公司股东权益情况 单位：万元

项目	金额
普通股股本（面值1元，已发行1 100万股）	1 100
资本公积	2 000
未分配利润	4 900
股东权益总额	8 000

其中：

$$未分配利润=5\ 000-1\ 000\times10\%\times1=4\ 900\text{（万元）}$$

$$资本公积=2\ 000+1\ 000\times10\%\times(1-1)=2\ 000\text{（万元）}$$

$$普通股股本=1\ 000+1\ 000\times10\%\times1=1\ 100\text{（万元）}$$

比较表9-4和表9-5，不管股票股利是按照当时股票的市价计价还是按照股票的面值计价，发放股票股利后对股东权益总额不会发生影响，只是使股东权益内部项目的金额发生相应变化。

（二）股票股利对公司的意义

发放股票股利对公司的影响既存在有利的一面，也存在不利的一面。

（1）发放股票股利可以无须动用现金而使股东分享公司盈余，这使公司留存了大量现金，便于进行新的投资，有利于公司长远发展。

（2）在公司盈余和现金股利不变的情况下，发放股票股利可以降低每股股票市价，从而吸引更多的投资者。

（3）通常管理者在公司前景看好时，才会发放股票股利。因此，发放股票股利往往会被认为是向社会公众传递的利好信号，从而提高投资者的投资信心，对股价起到一定的稳定作用。但在某些情况下，发放股票股利也会被认为是公司资金周转不畅的征兆，从而降低投资者的信心，加剧股价的下跌。

（三）股票股利对股东的意义

发放股票股利对股东也有特殊意义，可能的影响有如下三个方面。

（1）当发放较少的股票股利时，股价通常并不会随之成比例下降，或是不会立即引起股价的变化，这可使股东得到股票价值相对上升的好处。

（2）发放股票股利通常是成长中公司的行为，因此投资者往往认为发放股票股利预示着公司未来会有较好的盈余增长空间，这种心理足以抵消发放股票股利的消极影响，有利于稳定股价，甚至使股价略有上升，使股东从中获得实际的好处。

（3）在股东需要现金时，还可以将分得的股票股利出售，获取资本利得。由于大多数国家税法规定的资本利得税率低于红利的所得税率，股东还可以获得纳税上的好处。

二、股票分割

（一）股票分割的概念

股票分割是指通过成比例地降低股票面值而增加普通股的数量，即将一种面额较高的股票转换成面额较低股票的行为。例如，将原来每股 100 元的股票拆分成每股 20 元，也就是将原来的 1 股拆分成 5 股。股票分割的主要目的在于降低股票的市场价格，从而吸引更多的投资者。

股票分割不是股利发放，但其客观上产生的效果与股票股利非常相近。在理论上，股票分割后，发行在外的股数增加，使得每股面值下降，每股收益下降；但股票分割后，股东权益总额不变，股东权益各项目的金额及相互间的比例也不会改变。

【例 9.9】丁敏公司原发行普通股 1 000 万股，每股面值 1 元，若按照 1 股换成 4 股的比例进行股票分割，分割前的股东权益情况和每股收益如表 9-6 所示。

表 9-6　丁敏公司股票分割前股东权益和每股收益情况

项目	金额
普通股股本（面值 1 元，已发行 1 000 万股）	1 000 万元
资本公积	9 000 万元
未分配利润	5 000 万元
股东权益总额	15 000 万元
每股收益	2 元

按照 1 股换成 4 股的比例进行股票分割后，股东权益情况和每股收益如表 9-7 所示。

表 9-7　丁敏公司股票分割后股东权益和每股收益情况

项目	金额
普通股股本（面值 0.25 元，已发行 4 000 万股）	1 000 万元
资本公积	9 000 万元
未分配利润	5 000 万元
股东权益总额	15 000 万元
每股收益	0.5 元

比较表 9-6 和表 9-7，会发现股票分割后丁敏公司的股东权益总额以及股东权益的各个项目都保持不变，只是每股面值下降，已发行股数增加。由于已发行股数增加，在盈利总额和市盈率保持不变的前提下，分割后的每股收益下降，每股市价也会因此下降。

（二）股票分割对公司的意义

（1）股票分割降低每股市价，使企业的股票处于更低的价位，从而可以吸引更多的投资者购买公司的股票。

（2）在投资者看来，股票分割是成长中公司的行为，因而能提高投资者对公司的信心，在一定程度上可稳定股价，甚至会提高公司股票的价格。

（三）股票分割对股东的意义

（1）相对于股票分割前，股东更容易出售其手中的股票从中获得收益，特别是在一部分投资者眼中，股票分割获得的额外股票是意外所得，认为出售这部分股票不会对其产生不利影响。

（2）股票分割后，如果公司每股现金股利的下降幅度低于股票分割的幅度，则股东会获得相对较多的现金股利。

（3）由于信号传递作用，股票分割后股价有可能上升，或是股价下降的幅度可能小于股票分割的幅度，将会使股东获益。

（4）由于股票分割后股价下跌，能吸引更多的投资者购买股票，反而导致股价的上升，或者在一定程度上抵消股价的下降，使得股价下降的幅度小于股票分割的幅度，从而使股东财富增加。

需要注意的是，上市公司对于股票分割的决策应谨慎，只有当公司股价大幅度上涨并预期难以下降时，运用股票分割方式才是恰当的。

相对于增加流通在外普通股数量的股票分割政策，企业在某个时期若希望减少流通在外的普通股数量，可通过股票合并来实现。股票合并作为股票分割的反向操作行为，又称为“反分割”。它造成的影响可以归纳为：①由于普通股数量的减少，导致普通股面值相应提高；②与股票分割一样，股票合并后，普通股股本总额、资本公积、留存收益都保持不变，股东权益总额也保持不变；③由于普通股数量减少，在盈利总额和市盈率不变的前提下，普通股每股收益和每股市价提高。

第四节 股票回购

一、股票回购的概念

股票回购是指上市公司在二级市场将本企业已发行在外的股票通过现金方式购回的行为。在股市低迷的情况下，上市公司通过回购自己的股票来缩小股票的供应量有利于稳定公司股价，在世界上其他国家与地区的成熟股市里，股票回购是一种比较普遍的做法。

当公司投资机会较少、现金持有较多时，公司可以用多余的现金购回股东所持有的股份，使流通在外的股份减少，当盈利总额和市盈率保持不变时，每股收益增加，每股股价上升。因而，通过股票回购股东往往可以从股票价格的上涨中获得资本利得。在不考虑税收与交易成本的情况下，股票回购为股东带来的资本利得等于发放的现金股利。正因为如此，股票回购常被看成是现金股利的一种替代方式。

【例 9.10】 希诚公司普通股的每股收益、每股市价等资料如表 9-8 所示。

表 9-8 丁敏公司股票分割后股东权益和每股收益情况

净利润	400 万元
流通股数	100 万股
每股收益	4 元
每股市价	40 元
市盈率	10

假如公司准备从盈利中拨出 100 万元发放现金股利，每股可得股利为 1 元，那么每股理论市价将为 41 元（原市价 40 元+预期股利 1 元）。如果公司决定不发放现金股利，而是以每股 41 元的价格购回股票，可购得 1 000 000÷41＝24 390（股），每股收益将为：

$$EFS = 4\ 000\ 000 \div (1\ 000\ 000 - 24\ 390) = 4.1\ (\text{元})$$

如果市盈率仍为 10，股票回购后的每股市价将为 41 元，这同支付现金股利后的每股市价相同。或者说，公司不论采取支付现金股利的方式还是股票回购的方式，分配给股东的每股现金都是 1 元。

公司在购回本公司发行在外的股票后，可以将所回购的股票注销，也可以将回购的股份作为库藏股保留，但它不参与每股收益的计算和收益分配。库藏股日后可移作他用，例如雇员福利计划、可转换债券转股等，也可以在企业需要资金时出售。但我国相关法规并不允许公司持有库藏股。

在我国，法律只允许上市公司在以下四种情形下才能在二级市场上回购本企业的股票：

（1）减少公司资本而注销股份。

（2）与持有本公司股票的其他公司合并。

（3）将股份奖励给本公司职工。

（4）股东因对股东大会作出的公司合并、分立决议持异议，要求公司收购其股份。

公司因第一种情况收购本公司股份的，应当自收购之日起十日内注销；属于第二、第四种情况的，应当在六个月内转让或注销。公司因奖励职工回购股份的，不得超过本公司已发行股份总额的 5%，用于回购的资金应当从税后利润中支出，所收购的股份应当在一年内转让给职工。

二、股票回购的动机

（一）作为股利政策的一部分

股票回购被认为是现金股利的一种替代形式，这时称股票回购为资本收益型的现金股利。在没有个人所得税与交易成本的情况下，两种方式在理论上对股东没有什么区别。因此，从理论上讲，股票回购给投资者带来的资本利得应等于企业发放现金股利情况下的所得金额。在存在个人所得税的情况下，公司通过股票回购向投资者支付现金，投资者无须纳税或由股票回购引起的股价上涨带来的资本利得税可以递延到股票出售之后缴纳，而现金股利所缴纳的所得税是在发放当期就发生了。

（二）传递公司信息

在信息不对称情况下，股票回购可能产生一种有利的信号传递作用。因为当经理认为本公司普通股被低估时，往往采用股票回购向市场表达股价被低估的信息。股票回购不是经常发生的事件，人们通常把它看作管理当局认为普通股市价被大大低估的时候宣布的额外消息。

（三）反收购措施

股票回购将提高股票价格，减少流通在外的普通股，增加收购方的成本；另外流通在外的普通股股数少了，可以防止浮动股票落入进攻企业手中。

（四）提高每股收益，降低筹资成本

通过股票回购，减少公司发行在外的股数，在盈利一定的前提下，每股收益提高；另外，普通股资本成本较高，通过股票回购有利于降低筹资成本。

（五）稳定或提高公司股票价格

公司回购本公司股票，减少了发行在外的股数，在盈利一定的前提下，增加了每股收益，有利于支撑股价，改善公司形象，增强投资者信心，从而促进股价的稳定。

（六）建立企业职工持股制度

回购的股票可以作为暂时的股票储备，在实行企业职工持股制度的公司，可以在将来以优惠价格转让给企业职工，以完成职工持股计划。

三、股票回购的方式

（一）公开市场购买

公开市场购买是指上市公司把自己等同于任何潜在的投资者，委托在证券交易所有正式交易席位的证券公司，代自己按照公司股票当前市场价格回购。在国外较为成熟的股票市场上，这一种方式较为流行。例如，三一国际于 2013 年 7 月 12 日在香港交易所耗资 31.418 万港币回购了 15.0 万股股票，最高回购价每股 2.100 0 港币，最低回购价每股 2.090 0 港币，回购均价为每股 2.0945 港币。

（二）现金要约购买

现金要约购买是指企业利用剩余资金来回购本公司的股票。按照回购价格的确定方式，现金要约收购分为固定价格要约回购与荷兰式拍卖回购。固定价格要约回购是公司在特定时间发出的以某一高出股票当前市场价格的水平，回购既定数量股票的要约。为了在短时间内回购数量相对较多的股票，公司可以宣布固定价格回购要约。它的优点是赋予所有股东向公司出售其所持股票的均等机会，而且通常情况下公司享有在回购数量不足时取消回购计划或延长要约有效期的权力。荷兰式拍卖回购首次出现于 1981 年 Todd 造船公司的股票回购。由于倒置了招标过程，荷兰式拍卖回购给公司在决定回购股票价格方面赋予了更大的灵活性。在荷兰式拍卖的股票回购中，首先公司指定回购价格的范围和计划回购的股票数量，而后股东进行投标，说明愿意以某一特定价格水平出售股票的数量，公司汇总所有股东提交的价格和数量后确定此次股票回购的“价格—数量曲线”，并根据实际回购数量确定最终的回购价格。

（三）私下协议回购

私下协议回购，也即场外协议收购，是指股票发行公司与某些投资者直接见面，通过在店头市场协商来回购股票的一种方式。此种方式下，协商的内容包括价格和数量，以及执行时间等。这种方式的缺陷在于透明度比较低，其价格经常低于当前市场价格。

（四）可转让出售权

可转让出售权是指实施股票回购的公司赋予股东在一定期限内以特定价格向公司出售其持有股票的权利。之所以称为“可转让”是因为此权利一旦形成，就可以同依附的股票分离，而且分离后可在市场上自由买卖。执行股票回购的公司向其股东发行可转让出售权，那些不愿意出售股票的股东可以单独出售该权利，从而满足了各类股东的需求。此外，因为可转让出售权的发行数量限制了股东向公司出售股票的数量，所以这种方式还可以避免股东过度接受回购要约的情况。

四、股票回购的影响

（一）股票回购对公司的影响

1. 提高每股收益，稳定股价

通过回购流通股，一方面减少了流通在外的股票股数，提高了每股收益，公司股票价格也会随之上升；另一方面公司向市场传达股价被低估的信息，从而增强投资者信心，活跃市场交易，也会促使股价上升。

2. 提高资金的使用效率

股票回购可以作为公司股利政策的一部分，是一种变相向股东支付股利的方式。股票回购是公司进行的一种主动的投资理财行为。当公司可支配的现金流大大高于公司新的投资需要时，公司可以通过股票回购将资金返还给股东。股票回购多见于处于成熟期的公司。

3. 增强反收购能力，强化股权控制

股票回购通常作为反收购的有效工具。上市公司回购股票，使市场上流通股的比重降低，加大了收购人在二级市场上的收购难度，使其难以收购到足够股份以取得目标公司的控制权；同时，通过股票回购适当地提高资产负债率，更充分有效地发挥财务杠杆效应，从而提升公司股价，增大收购人的收购成本。

（二）股票回购对股东的影响

（1）公司流通在外的股份缩小，负债不变，股东权益资本减少，在公司经营状况不变的情况下，股票的内在价值增加，因而股价预期会上涨，使股东从中得到好处。

（2）根据信号传递理论，股票回购往往预示着上市公司管理层认为公司股价被严重低估，因而其市场反应必然带动股价的拉升，使股东获益。

第五节 股利理论

一、股利理论研究的核心问题

股利理论是围绕着企业价值这一概念展开的，研究的核心问题是股利政策是否影响企业价值。具体来说，股利理论主要研究两个基本问题：①股利的支付是否会影响企业价值；②如果股利的支付会影响企业价值，股利的支付如何影响企业价值。对于这两个基本问题的回答，存在着不同的观点，形成了不同的股利理论流派。

二、股利理论流派

股利理论可以分成两个不同的学术流派，即股利无关理论和股利相关理论。在这两个理论流派下又形成了多种不同的观点，现概述如下。

（一）股利无关论

股利无关论认为股利的支付与企业价值无关。该理论又可以分成完全市场论和股利剩余论两种，其中完全市场论是古典学派的观点，而股利剩余论是现代学派的观点。

1. 完全市场论

完全市场论，即MM股利无关论。该理论的倡导者是米勒和莫迪里亚尼。他们于1961年发表了著名的《股利政策、增长和股票价值》一文，宣告了股利无关论的诞生。米勒和莫迪里亚尼认为公司市场价值的高低是由公司投资政策本身的获利所决定的。由于公司对股东的分红只是盈利减去投资之后的差额部分，且分红只能采取派现或股票回购等方式，因此，一旦投资政策已定，那么在完全资本市场上，股利政策的改变就仅仅意味着收益在现金股利与资本利得之间分配上的变化。如果投资者按理性行事，这种改变就不会影响公司的市场价值及股东的财富。

需要特别指出的是，股利无关论是建立在完全资本市场这一严格假设前提基础上的。而所谓完全资本市场，必须具备以下四个条件：不存在税赋；信息是对称的；合同是完全的；不存在交易成本。倘若上述假设条件有所改变，那么情况就会发生很大变化。后来的股利政策理论，大多是沿着放松上述假设条件的路径而演绎的。

2. 股利剩余论

股利剩余论认为公司的股利支付应由投资计划的收益率来决定。如果一个公司有较多有利可图的投资机会，则不应发放现金股利，而采用保留盈余的形式以满足投资所需的资金；反之，则应将所有盈余分配给股东。如果公司的盈余满足了所有有利可图的投资机会后还有剩余，则把剩余的盈余以现金股利的形式分配给股东。股利剩余论者把股利支付当做是完全由投资计划所需资金的多少来决定的，他们认为投资者不会计较股利与资本利得的差别。如果公司投资机会的预期收益率高于投资者要求的收益率，投资者宁愿该公司保留收益；如果公司投资机会的预期收益率等于投资者要求的收益率，投资者将对盈余是公司留存还是作为股利分配的问题漠不关心；如果公司投资机会的预期收益率低于投资者要求的收益率，那么投资者宁愿要股利。

（二）股利相关论

股利相关论认为股利的支付与企业价值并不是无关的，而是具有较大的相关性。但对于股利的支付如何影响企业价值，该理论下又有不同的解释，形成了多种观点。

1. “在手之鸟”理论

该理论的名称来源于谚语“一鸟在手，胜于双鸟在林”，因此，又称“一鸟在手”理论。该理论的核心是认为在投资者眼里，股利收入要比由留存收益带来的资本利得更为可靠。这种理论的论点是：投资者对投资风险有天生的抵触情绪，宁愿现在收到较少的股利，也不愿意等待未来再收回风险较大的资本利得。因为股利的支付可以消除投资者心中对企业盈利能力的不确定性。在这种理论的指导下，需要公司定期向股东支付较高的股利。这种理论认为，未来现金支付期距离今天越远，投资者的不确定感越强烈。因此，这种理论也称为不确定感消除论。

2. 股利税差理论

股利税差理论认为，在不存在税收因素的情况下，公司选择何种股利支付方式并不重要。但是，如果对现金红利和资本利得课以不同的税赋，那么在公司及投资者看来，支付现金股利就不再是最优的股利分配政策。在存在差别税赋的前提下，公司选择不同的股利支付方式，不仅会对企业价值产生不同的影响，而且也会使投资者的税收负担出现差异。即使是在税率相同的情况下，由于资本利得只有在实现之时才缴纳资本利得税，因此，仍然具有延迟纳税的好处。总之，在存在税收差异时，投资者希望税后收益最大化，对于税收延付的股票（低股利——高资本利得）会比需要税收即付的股票（高股利——低资本利得）价格高，也就是说高股利损害了投资者的利益，低股利则会抬高股价，为此公司应当采取低股利政策，以实现其资本成本最小化和企业价值最大化。

3. 客户效应理论

这种理论是股利税差理论的拓展，研究处于不同税收等级的投资者对待股利分配态度的差异，认为投资者不仅仅是对资本利得和股利收益有偏好，即使是投资者本身，因其适用不同等级的边际税率，对企业股利政策的偏好也是不同的。投资者的边际税率差异性导致其对待股利政策态度的差异性。收入高的投资者因其拥有较高的边际税率，表现出偏好低股利支付率的股票，希望少分现金股利，能留下收益在企业内部进行再投资，从而提高所持有股票的价格。而收入低的投资者以及享有税收优惠的养老基金投资者则表现出偏好高股利支付率股票的倾向，他们希望得到较高而且稳定的现金股利。这种投资者依据自身边际税率而显示出的对股利政策选择的偏好现象称为“客户效应”。客户效应理论认为，公司在制定或调整股利政策时，不应该忽视股东对股利政策的需求。公司应该根据投资者的不同需要分别制定股利政策。对于低收入阶层或养老基金等享受税收优惠的机构投资者，由于其税负低，并且偏好现金股利，应实施高现金分红比例的股利政策；对于高收入阶层，由于其税负高，并且偏好资本增长，应实施低现金分红比例，甚至不分红的股利政策。

4. 信号传递理论

信号传递理论，又称股利传播消息论。股利分配的信号传递理论认为，在信息不对称的状态下，对于拥有优势信息的公司经理来说，他们通常把股利政策当做一种信号，向投资者传递企业当前与未来盈利的信息。一般说来，高质量的公司往往愿意通过相对较高的股利支付率把自己同低质量的公司区别开来，以吸引更多的投资者。对市场上的投资者来说，股利政策的差异或许是反映公司质量差异的较有价值的信号。如果公司连续保持较为稳定的股利支付率，那么，投资者就可能对公司未来的盈利能力与现金流量抱有较为乐观的预期。虽然股利分配的信号传递理论已为人们广泛接受，但也有一些学者对此持不同看法。他们的主要观点是：公司目前的股利分配并不能帮助投资者预测公司未来的盈利能力，高派现的公司向市场传递的并不是公司具有较好前景的利好消息，相反是公司可能当前没有正净现值的投资项目，或者是公司缺乏较好投资机会的利空消息。

5. 代理理论

企业中的股东、债权人、经理人员等诸多利益相关者的目标并非完全一致，在追求自身利益最大化的过程中有可能会以牺牲另一方的利益为代价，这种利益冲突关系反映在公司股利分配政策选择过程中就表现为不同形式的代理成本。代理理论认为公司管理者之所以发放股利，是为了减少代理成本。

在完全合约的情况下，公司经理们与股东之间并不存在代理问题，即使双方产生了利益冲突，股东也可以通过强制履约的方式来迫使经理们遵循股东财富最大化的原则。但是，在不完全合约的情况下，会产生公司经理们与股东之间的代理问题。代理理论认为，股利政策实际上体现的是公司经理们与外部股东之间的代理问题，适当的股利政策有助于保证经理们按照股东的利益行事。而所谓适当的股利政策，是指公司的利润应当更多地支付给股东。否则，这些利润就有可能被公司的经理人所滥用。代理理论认为，较多地派发现金股利至少具有以下几点好处：一是公司管理者要将公司的很大一部分盈利返还给投资者，于是他自身可以支配的“自由现金流量”就相应地减少了，而这在一定程度上抑制公司管理者过度地扩大投资或进行特权消费，从而保护了外部股东的利益；二是较多地派发现金股利，可能迫使公司重返资本市场进行新的融资，如再次发行股票，使得公司更容易受到市场参与者的广泛监督，而且再次发行股票不仅为外部投资者借股权结构的变化对经理人进行控制提供了可能，再次发行股票后，公司的每股收益被摊薄，公司要维持较高的股利支付率，则需要付出更大的努力。因此，为降低公司经理们与股东之间的代理成本，较多地派发现金股利，有助于缓解代理问题，并降低代理成本。

在股东和债权人之间存在代理冲突时，债权人为保护自身利益，希望企业采取低股利支付率政策，多留存少分配，以保证有较为充裕的现金留在企业以防发生债务支付困难。因此，债权人在与企业签订借款合同时，习惯于通过制定约束性条款对企业发放股利的水平进行制约。

较多地派发现金股利有利于降低股东和经理人之间的代理成本，但会引起股东和债权人之间的冲突，因此，基于代理理论对股利分配政策的选择将是以上二者权衡的结果。

课后学习方案

本章重点整理

本章主要的内容是股利管理，因此，绘制了表9-9、表9-10和表9-11，分别列示了股利政策比较，股票股利、股利分割和股票回购比较，股利理论流派比较，以方便读者记忆和把握。

表9-9 股利政策比较

股利政策类型	优点	缺点
剩余股利政策	有利于保持理想的资本结构	每期股利的波动性较大，不利于股价的稳定
稳定和稳定增长股利政策	向市场传递公司正常发展的信息，有利于增强投资者信心，稳定股票价格；稳定的现金股利有利于投资者安排股利收入和支出	当盈余较低时也要支付稳定或稳定增长的股利，可能导致资金短缺，财务状况恶化；由于该政策下，财务负担重，资本成本较高
低正常股利加额外股利政策	可以保持股利的稳定性，又能使股利与盈余相配合，较为灵活	如果企业经常连续支付额外股利，额外股利也就变成了股东的期望回报，就失去了原有的目的
固定股利支付率政策	能够保持股利与公司盈利水平的一致性，充分体现多盈利多分、少盈利少分、无盈利不分的原则	每期股利的波动性较大，不利于股价的稳定

表 9-10　股票股利、股利分割和股票回购比较

类型	每股面值	发行在外的股数	股东权益总额	股东权益内部各项目比例关系	每股收益和每股市价
股票股利	不变	增加	不变	改变	下降
股利分割	降低	增加	不变	不改变	下降
股票回购	不变	减少	减少	改变	上升

表 9-11　股利理论流派比较

理论流派	理论分支	是否会影响企业价值	最优股利政策选择
股利无关论	*MM* 股利无关论	不会影响企业价值	完全的资本市场上，股利政策改变仅意味着收益在现金股利与资本利得之间分配的变化，投资者并不关心股利的分配
股利无关论	股利剩余论	不会影响企业价值	股利剩余论认为公司的股利支付应由投资计划的收益率来决定，如果一个公司有较多有利可图的投资机会，则不应发放现金股利，而采用保留盈余的形式以满足投资所需的资金；反之，则应将所有盈余分配给股东
股利相关论	“一鸟在手”理论	会影响企业价值	较多地派发现金股利有利
股利相关论	股利税差理论	会影响企业价值	较少地派发现金股利有利
股利相关论	客户效应理论	会影响企业价值	公司应该根据投资者的不同需要分别制定股利政策。对于低收入阶层或养老基金等享受税收优惠的机构投资者，由于其税负低，偏好现金股利，应实施高现金分红比例的股利政策；对于高收入阶层，由于其税负高，偏好资本增长，应实施低现金分红比例，甚至不分红的股利政策
股利相关论	信号传递理论	会影响企业价值	较多地派发现金股利有利
股利相关论	代理理论	会影响企业价值	较多地派发现金股利有利于降低股东和经理人之间的代理成本，但会引起股东和债权人之间的冲突，因此，基于代理理论对股利分配政策的选择将是以上二者权衡的结果

案例分析

2010 年 6 月 29 日，中国神华能源股份有限公司发布派发 2009 年度末期股息公告，公告称派发现金股息，每股人民币 0.530 元（含税），扣税后每股人民币 0.477 元，股权登记日为 2010 年 7 月 2 日，除息日是 2010

年7月5日，股息发放日是2010年7月20日。股息派发对象是截至2010年7月2日15:00时上海证券交易所收市后，在中国证券登记结算有限责任公司上海分公司登记在册的本公司全体A股股东。股息派发的实施办法除神华集团有限责任公司的现金股息由本公司直接发放外，其他A股股东的现金股息委托中国证券登记结算有限责任公司上海分公司通过其资金结算系统向股权登记日在册并在上海证券交易所各会员单位办理了指定交易的股东派发。

请结合以上资料回答下列问题：

（1）2010年7月2日中国神华收盘价为21.69元，请你计算除息基准价是多少？

（2）2010年7月5日中国神华开盘价是21.05元，当天收盘价是20.75元，请你回答是贴权还是填权？

（3）中国神华能源股份有限公司近年来股利分配情况如表9-12所示，请你分析中国神华能源股份有限公司股利分配政策的特点以及影响中国神华能源股份有限公司股利分配政策选择的因素。

表9-12 中国神华近年股利分配情况

2012年度	10派9.6（含税）
2011年度	10派9.0（含税）
2010年度	10派7.5（含税）
2009年度	10派5.3（含税）
2008年度	10派4.6（含税）
2007年度	10派1.8（含税）
2006年度	10派0.34（含税）
2005年度	10派0.125（含税）

延伸阅读

1. “股利理论”，参见：荆新，王化成，刘俊彦．财务管理学．北京：中国人民大学出版社，2009：349-360.

2. 上市公司回购社会公众股份管理办法，2005。

3. 关于上市公司以集中竞价交易方式回购股份的补充规定，2008。

4. 深圳证券交易所上市公司以集中竞价方式回购股份业务指引，2008。

5. 上海证券交易所上市公司以集中竞价交易方式回购股份业务指引，（2013年修订），2013。

思考与讨论

1. 企业可选择的股利政策有哪些？应如何选择股利政策？
2. 股利支付形式有哪几种？企业应如何选择？
3. 股票股利与现金股利的联系与区别是什么？
4. 股利相关论的理论流派有哪些？基本观点如何？
5. 股票回购对公司和股东的影响分别是什么？
6. 如何计算除权除息基准价？如何根据除权除息基准价判断填权和贴权？
7. 公司进行股票分割的动机是什么？如何区分股票股利和股票分割？

自测与练习

1. 陈沉公司×××1年共发放股利250万元，×××1年税后利润为1 000万元。×××2年公司实现净利润1 500万元，有一项有利可图的投资机会需要投资额为2 000万元。公司如果采取不同的股利政策，请分别计算陈沉公司×××2年的股利：（1）若股利按照10%稳定增长，陈沉公司×××2年的股利是多少；（2）若维持

×××1年的股利支付率，陈沉公司×××2 年的股利是多少；（3）若采用剩余股利政策，已知陈沉公司目标资本结构为负债与权益之比为 2∶3，则陈沉公司×××2 年的股利是多少。

2. 西山煤电 2009 年度股利分配方案是 10 送 3 派 2 元（含税），公司的除息日为股权登记日的第二天，股权登记日是 2010 年 6 月 1 日，这天的收盘价是 29.30 元。请问西山煤电除息日的基准价是多少？2010 年 6 月 2 日西山煤电的开盘价是 22.44 元，请问是贴权还是填权？

3. 谭笑公司股东权益情况如表 9-13、表 9-14、表 9-15 所示。

表 9-13　谭笑公司股东权益情况

普通股：面值 1 元，已发行 1 000 万股，市价 12 元	1 000 万元
资本公积	2 000 万元
未分配利润	5 000 万元
股东权益总额	8 000 万元

要求：计算并列出以下两种情况下公司的股东权益情况，并将结果填入下面的表格。

（1）发放 20% 的股票股利，股票股利按市价计价。

（2）按照 1∶2 的比例进行股票分割。

表 9-14　发放 20%的股票股利后的股东权益情况

普通股：面值（　）元，已发行（　）万股	（　　）万元
资本公积	（　　）万元
未分配利润	（　　）万元
股东权益总额	（　　）万元

表 9-15　按照 1∶2 的比例进行股票分割后的股东权益情况

普通股：面值（　）元，已发行（　）万股	（　　）万元
资本公积	（　　）万元
未分配利润	（　　）万元
股东权益总额	（　　）万元

4. 新华公司×××2 年 12 月 31 日的股东权益如表 9-16 所示。

表 9-16　新华公司×××2 年 12 月 31 日的股东权益　　单位：万元

项目	金额
股本（面值 10 元，8 000 万股）	80 000
资本公积	48 000
盈余公积	36 000
未分配利润	54 000
股东权益合计	218 000

目前公司股价为 28 元/股。公司决定先按 1 股分割为 2 股的比例进行股票分割，然后再分配×××2 年度的股利。股利分配方案为：每 10 股分派 1 股的股票股利，股票股利按面值计算，并且每股分派现金股利 0.20 元。

（1）请列出股票分割和分配股利后股东权益的各项金额。

（2）如果你在×××2 年 12 月 31 日持有新华公司普通股 10 000 股，那么股票分割和股利分配之后，你持有新华公司的普通股股数是多少？如果不考虑信号效益，分配股利之后股票理论价格应为多少？你的财富是否因股票分割和分配股利而变化？

5. 雪莲公司×××2 年年末股东权益如表 9-17 所示。

表 9-17 雪莲公司×××2 年年末股东权益 单位：万元

项目	金额
股本（面值 10 元，5000 万股）	50 000
资本公积	34 000
盈余公积	36 000
未分配利润	35 000
股东权益合计	155 000

目前雪莲公司的股票价格为 60 元/股。在公司采用以下不同股利分配方案情况下，股东权益、股本数额会发生怎样的变化？如果不考虑信号效应，股价会如何变化？

（1）公司决定采用的股利分配方案为：每 10 股用资本公积转增 2 股、分配股票股利 3 股，按面值计价。

（2）公司决定采用现金股利分配方案，每股分配现金股利 1.20 元，现金股利的个人所得税税率为 20%。

（3）为了增加公司股票的流动性，公司决定进行股票分割，1 股普通股分割为 2 股。

第十章　财务分析

本章基本架构图

- 财务分析基础
  - 财务分析的意义
  - 财务分析的程序
  - 财务分析的评价标准
  - 财务分析的局限性与补救措施
- 财务分析的方法
  - 趋势分析法
    - 趋势财务比率分析
    - 趋势报表分析
  - 因素分析法
    - 连环替代法
    - 差额分析法
  - 比率分析法
- 财务能力分析
  - 偿债能力分析
    - 短期偿债能力分析
      - 流动比率
      - 速动比率
      - 现金比率
      - 现金流量比率
      - 到期债务本息偿付比率
    - 长期偿债能力分析
      - 资产负债率
      - 股东权益比率
      - 权益乘数
      - 产权比率
      - 有形净值债务率
      - 利息保障倍数
      - 现金流量利息保障倍数
      - 现金流量债务比
  - 营运能力分析
    - 应收账款周转率
    - 存货周转率
    - 流动资产周转率
    - 固定资产周转率
    - 总资产周转率
  - 盈利能力分析
    - 经营盈利能力分析
      - 营业毛利率
      - 营业利润率
      - 营业净利率
      - 成本费用利润率
    - 资产盈利能力分析
      - 总资产利润率
      - 总资产报酬率
      - 总资产净利率
    - 资本盈利能力分析
      - 净资产收益率
      - 资本收益率
  - 发展能力分析
- 财务综合分析
  - 财务比率综合评分法
  - 杜邦分析法

第一节 财务分析基础

财务分析是以企业财务报告及相关资料为依据，对企业财务状况、经营成果和现金流量进行分析和评价的一种方法。财务分析既是对已完成的财务活动的总结，又是财务预测的前提，在财务管理的循环中起着承上启下的作用。财务分析所提供的信息，不仅能说明公司目前的财务状况，更重要的是能为公司未来的财务决策和财务计划提供依据。

一、财务分析的意义

财务分析以企业财务报告及其他相关资料为主要依据，对企业的财务状况和经营成果进行评价和剖析，反映企业在运营过程中的利弊得失和发展趋势，能为改进企业财务管理工作和优化经济决策提供重要的财务信息。

（一）财务分析是评价企业财务状况、衡量经营业绩的重要依据

通过对企业财务报表等核算资料进行分析，可以了解企业偿债能力、营运能力、盈利能力和发展能力，便于企业管理当局及其他报表使用人了解企业财务状况和经营成果，并通过分析将影响财务状况和经营成果的主观因素与客观因素、微观因素与宏观因素区分开来，以划清经济责任，合理评价经营者的工作实绩，并据此奖优罚劣。

（二）财务分析是挖掘潜力、改进工作的重要手段

通过财务指标的设置和分析，能了解企业的盈利能力和资产周转状况，不断挖掘企业改善财务状况、扩大财务成果的内部潜力，寻找利用不当的部分及原因，发现进一步提高利用效率的可能性，以便找出差距、寻求措施。

（三）财务分析可以为外部投资者、债权人等提供决策相关信息

从企业外部来看，投资者、债权人和其他有关部门和人员并不直接掌握企业的经营现状。通过财务分析，他们可以了解系统、完整的企业财务状况、经营成果和现金流量资料，为他们作出相关的经济决策提供依据。

二、财务分析的基本程序

财务分析是一项比较复杂的工作，必须按科学的程序来进行。财务分析的基本程序包括以下几个步骤。

（一）明确财务分析的目的

企业进行财务分析有多种目的，主要包括：①评价偿债能力；②评价盈利能力；③评价资产营运能力；④评价发展能力；⑤评价综合财务状况。财务分析的目的决定了所要搜集的信息、财务分析方法的选择等问题，所以，必须首先明确财务分析的目的。

（二）收集有关信息资料

开展财务分析需要依据一定的财务数据和其他信息，这些数据和信息除了公开披露的财务报表外，还包括财务报表附注、管理层的解释和讨论、审计师意见、其他公告、社会责任报告、媒体和专家评论，以及监管部门处理公告等。除此以外，还要收集公司内部供产销各方面的有关资料及公司外部的金融、财政、税收等方面的信息。

（三）选择适当的分析方法

财务分析的目的不一样，所选用的分析方法也不相同。常用的分析方法有比率分析法、趋势分析法和因素分析法等。这些方法各有特点，在进行财务分析时可以分开使用，也可以结合使用。

（四）发现财务管理中存在的问题

采用特定的方法计算出有关的指标及进行对比后，可以发现企业管理中存在的问题。对于一些重大的问题，要进行深入细致的分析，找出存在问题的原因，以便采取对策。

（五）提出改善财务状况的具体方案

企业进行财务分析的最终目的是为财务决策提供依据。要在发现问题的基础上，提出改善财务状况的各种方案，然后权衡各种方案的利弊得失，从中选出最佳方案，以便改善企业财务状况。

三、财务分析的评价标准

开展财务分析，通常需要选用一定的标准与之对比，以便对企业的财务状况作出评价。通常而言，合理的对比标准有历史标准、行业标准、目标标准和经验标准等。

（一）历史标准

历史标准是指本企业过去该指标的实际值。历史标准可以选择本企业历史最好水平，也可以选择企业正常经营条件下的水平，或者也可以选取以往连续多年的平均水平。在财务分析实践中，经常与上年实际业绩作比较。

应用历史标准的优点是比较可靠、客观，具有较强的可比性。但历史标准的不足是比较保守，适用范围较窄。当企业主体发生重要变化（如企业合并）时，历史标准就会失去意义或至少不便直接使用；当企业外部环境发生突变后，历史标准的作用也会受到限制。

（二）行业标准

行业标准是指主管部门或行业协会颁布的技术标准，或国内外同类企业的先进水平、国内外同类企业的平均水平。运用行业标准评价企业财务状况，可以说明企业在行业中所处的相对地位和水平，也可用于判断企业的发展趋势。

应当指出，运用行业标准有三个限制条件：一是同行业内的公司并不一定是完全可比的；二是同行业内的许多较大的公司往往从事跨行业的多元化经营，从事不同的经营业务可能有着完全不同的盈利水平和风险程度；三是同行业内不同企业采用的会计方法可能存在差异，因而财务报告信息的可比性就可能存在问题。

（三）目标标准

目标标准是指实行目标管理的企业所设定的经营目标指标、实行预算管理的企业所制定的预算指标、企业的设计产能指标、各项定额指标、理论指标等。目标指标的优点是符合战略及目标管理的要求。目标标准的不足通常是它只适用于企业内部的财务分析与评价，而不适用于企业外部的财务分析与评价。另外，目标指标存在较强的主观性，因而其可靠性可能存在一定的问题。

（四）经验指标

经验指标是依据大量且长期的实践经验形成的标准的财务比率值。例如，西方国家 20 世纪 70 年代的财务实践就形成了流动比率的经验标准为 2∶1，速动比率的经验标准为 1∶1 等。在具体应用经验标准进行财务分析时，还必须结合一些更为具体的信息进行细致分析，不能生搬硬套。但经验标准并非一般意义上的平均水平，也就是说，财务比率的平均值并不一定构成经验标准。经验标准的优点是相对稳定、客观。经验标准的不足是适用范围不够广泛，往往受到行业限制，其数值也可能随着实际推移而有所变化。

四、财务分析的局限性及补救措施

（一）资料来源的局限性

财务报表是财务分析最直接、最主要的依据。财务报表数据的局限性决定了财务分析与评价的局限性。

1. 缺乏可比性

财务分析实际上是数据资料的比较过程，而比较的双方必须具有可比性才有意义。然而数据是否可比受众多条件的制约，如计算方法、计价标准、时间跨度和经营规模等。一旦这些条件发生变动而企业在分析时又未予以考虑，将对分析结果造成不利影响。

2. 缺乏可靠性

可靠的数据才能提供可靠的新信息。但报表数据是否真实可靠，不仅受制于企业的主观因素及人为因素，而且还受通货膨胀等因素的影响，同时也与会计方法的有效性密切相关。如果通货膨胀严重、会计方法不当或者掺杂了各种人为因素，就会使财务报表数据缺乏可靠性，从而影响财务分析的结果。

3. 存在滞后性

进行财务分析，不单是为了评价企业以往的财务状况，更主要的在于对企业未来的经营活动进行指导和规划。而财务报表的各项数据及其他有关资料大多属于企业的历史资料，有一定的滞后性。如果单纯依据这些资料，而不考虑企业发展变化情况，会影响分析结果的有效性，严重时还有可能误导企业的决策行为。

（二）分析方法的局限性

具有可比性是进行财务分析的前提，而各种分析方法运用的前提是各种条件不变或具有可比性。一旦这些前提条件发生变化或者已经不再具备，财务分析的结果就会与实际背离，而这些前提条件的变化是客观存在的。

（三）分析指标的局限性

出于保护自身商业秘密和市场利益的目的，企业向社会披露的指标通常仅限于会计准则以及财务通则等有关规定要求披露的信息。同时，企业基于市场形象的考虑，或为了得到良好评价，可能还存在对这些公开信息加以粉饰的情况。因此，投资者依据这些分析指标有时难以对企业的财务状况作出正确的评价。此外，在指标的名称、计算公式、计算口径等方面也存在较大的不规范性，所以也在一定程度上降低了财务指标的有效性。

针对上述种种缺陷，在进行财务分析时应当采取如下几种弥补措施。

（1）尽可能去异求同，增强指标的可比性。例如，将不同会计方法的影响差异剔除；将某些特殊的、个别事件和因素剔除。

（2）注意各种指标的综合运用。如定量分析与定性分析相结合，趋势分析与比率分析相结合，横向分析与纵向分析相结合，总量分析与个量分析相结合，静态分析与动态分析相结合，以便取长补短，发挥财务分析的总体功能效应。

（3）不能仅凭某一项或几项指标便草率作出结论，而必须将各项指标综合权衡，并结合社会经济环境的变化及企业不同时期具体经营目标的不同进行系统分析。

（4）不要机械地遵循所谓的标准，而应当善于运用“例外管理”原则，对各种异常现象进行追踪调查和深入剖析。

第二节　财务分析方法

财务分析的方法主要包括趋势分析法、因素分析法和比率分析法。

一、趋势分析法

趋势分析法，是通过比较企业连续几期财务报表或财务指标，确定其增减变动的方向、数额和幅度，以此说明企业财务状况或经营成果变动趋势的一种方法。趋势分析法主要有趋势财务比率分析和趋势财务报表分析。

（一）趋势财务比率分析

趋势财务比率分析是将企业连续几期的财务比率进行比较，分析企业财务状况的发展趋势的一种方法。在进行财务比率比较时，既可以将过去若干年的某一财务比率来对比，以推断总的发展趋势，即静态分析，也可以通过计算定基比率和环比比率进行动态分析。

1. 定基动态比率

定基动态比率，是以某一时期的数额为固定的基期数额而计算出来的动态比率。其计算公式为：

$$定基动态比率=\frac{分析期数额}{固定基期数额} \tag{10.1}$$

2. 环比动态比率

环比动态比率，是以每一分析期的数据与上期数据相比较计算出来的动态比率。其计算公式为：

$$环比动态比率=\frac{分析期数额}{前期数额} \tag{10.2}$$

需要注意的是，在观察一个企业在连续若干年内的某项财务比率的趋势时，应该关注该财务比率时间系列数据的稳定性，如果稳定性较差，则应谨慎看待该指标过去的趋势。

（二）趋势报表分析

趋势报表分析是指将连续几期的财务报表的金额并列起来，比较各指标不同期间的增减变动金额和幅度，据以判断企业财务状况和经营成果发展变化的一种方法。趋势报表分析是通过财务报表的比较，具体包括比较资产负债表、利润表和现金流量表来揭示企业在一段时期内财务状况和经营成果的变化。

在进行财务报表比较时，除了通过绝对数的形式对比外，还可以通过比较百分比财务报表反映企业的发展趋势。比较百分比财务报表是以会计报表中某个总体指标作为100%，如资产负债表中的资产、利润表中的营业收入，再计算出报表各构成项目占该总体指标的百分比。通过比较各个项目百分比的变动，以判断企业财务状况的发展趋势。这种方法既可用于同一企业不同时期财务状况的纵向比较，又可用于不同企业间的横向比较。

但采用趋势分析法时，应注意以下几个问题：

(1) 用于对比的各项指标的计算口径要一致。

(2) 剔除偶然性因素的影响，使分析数据能反映正常的经营及财务状况。

(3) 对有显著变动的指标要作重点分析。

二、因素分析法

一个经济指标往往是由多种因素造成的，这些因素各自对这个经济指标都有不同程度的影响，只有将这一综合性的指标分解成各个构成因素，才能从数量上把握每一个因素的影响程度。这种依据分析指标与其影响因素的关系，从数量上确定各要素对分析指标影响方向和影响程度的方法就叫因素分析法。因素分析法在使用中又分成连环替代法和差额分析法。

(一) 连环替代法

连环替代法是将分析指标分解为各个可以计量的因素，并根据各个因素之间的依存关系，顺次用各因素的实际值替代标准值或计划值，据以测定各因素对分析指标的影响。

比如，某项财务指标 P 是由 A、B、C 三大因素的乘积构成，其实际指标与计划指标以及有关因素关系由下式构成。

$$实际指标：P_a = A_a \times B_a \times C_a$$

$$计划指标：P_s = A_s \times B_s \times C_s$$

实际指标与计划指标的总差异为 $P_a - P_s$，这一总差异同时受到 A、B、C 三个因素的影响。它们各自的变动对指标总差异的影响程度可分别由下式计算求得：

(1) 第一次替代：

$$P_1 = A_a \times B_s \times C_s$$

用第一次替代后的 P_1 减计划指标 P_s，可得到 A 因素变动对 P 值的影响：

$$A\,因素变动影响 = (A_a - A_s) \times B_s \times C_s$$

(2) 第二次替代，保留实际值 A_a，按顺序用 B_a 替代 B_s，即：

$$P_2 = A_a \times B_a \times C_s$$

用第二次替代后的 P_2 减第一次替代后的 P_1，可得到 B 因素变动对 P 值的影响：

$$B\,因素变动影响 = A_a \times (B_a - B_s) \times C_s$$

(3) 第三次替代，保留实际值 A_a、B_a，按顺序用 C_a 替代 C_s，即：

$$P_a = A_a \times B_a \times C_a$$

用第三次替代后的 P_a 减第二次替代后的 P_2，可得到 C 因素变动对 P 值的影响：

$$C\,因素变动影响 = A_a \times B_a \times (C_a - C_s)$$

将以上三因素的影响数相加应该等于总差异 $P_a - P_s$。

【例 10.1】袁帅公司甲产品的材料成本见表 10-1，运用因素分析法分析各因素变动对材料成本的影响程度。

表 10-1 材料成本资料

项目	计量单位	计划数	实际数
产品产量	件	160	180
单位产品材料消耗量	千克/件	14	12
材料单价	元/千克	8	10
材料总成本	元	17 920	21 600

根据以上资料分析如下：

材料成本=产量×单位产品材料消耗量×材料单价

材料成本总差异=21 600-17 920=3 680（元）

计划材料成本 $P_s=160\times14\times8=17\ 920$（元）

(1) 第一次替代：

$$P_1=180\times14\times8=20\ 160\text{（元）}$$

产量变动对材料成本的影响值=(180-160)×14×8=2 240（元）

(2) 第二次替代：

$$P_2=180\times12\times8=17\ 280\text{（元）}$$

单位产品材料消耗量变动对材料成本的影响值=180×(12-14)×8=-2 880（元）

(3) 第三次替代：

$$P_a=180\times12\times10=21\ 600\text{（元）}$$

材料单价变动对材料成本的影响值=180×12×(10-8)=4 320（元）

将以上三因素的影响值相加：

2 240+(-2 880)+4 320=3 680（元）

(二) 差额分析法

差额分析法是连环替代法的一种简化形式，是利用各个因素的比较值与基准值之间的差额，来计算各因素对分析指标的影响。

例如：

$$A\text{因素变动影响}=(A_a-A_s)\times B_s\times C_s$$

$$B\text{因素变动影响}=A_a\times(B_a-B_s)\times C_s$$

$$C\text{因素变动影响}=A_a\times B_a\times(C_a-C_s)$$

【例 10.2】仍用上例表 10-1 的资料，用差额分析法计算确定各因素变动对分析指标的影响如下：

由于产量增加对材料成本的影响为：

(180-160)×14×8=2 240（元）

由于材料消耗节约对材料成本的影响为：

180×(12-14)×8=-2 880（元）

由于价格提高对材料成本的影响为：

180×12×(10-8)=4 320（元）

（三）应用因素分析法时需要注意的问题

因素分析法的优点是可以全面分析各因素对某一经济指标的影响，又可以单独分析某个因素对某一经济指标的影响，在财务分析中应用颇为广泛，但在应用因素分析法时需要注意以下几个问题。

（1）因素分解的关联性。即构成经济指标的各因素确实是形成该项指标差异的内在构成原因，它们之间存在着客观的因果关系。

（2）因素替代的顺序性。替代因素时，必须按照各因素的依存关系，排列成一定顺序依次替代，不可随意加以颠倒，否则各个因素的影响值的计算结果就会不同。在实际工作中，往往是先替代数量因素，后替代质量因素；先替代实物量、劳动量因素，后替代价值量因素；先替代原始的、主要的因素，后替代派生的、次要的因素；在有除号的关系式中，先替代分子，后替代分母。

（3）顺序替代的连环性。计算每个因素变动的影响数值时，都是在前一次计算的基础上进行的，并采用连环比较的方法确定因素变化的影响结果。只有保持这种连环性，才能使各因素影响之和等于分析指标变动的总差异。

（4）计算结果的假定性。因素分析法计算各个因素变动的影响值会因替代计算顺序的不同而有差别，另外，在计算某个因素变动的影响值时，假定其他因素保持不变，因而，计算结果具有一定的假定性和近似性。

三、比率分析法

比率分析法是通过计算各种比率指标来确定财务活动变动程度的分析方法。比率指标主要有构成比率、效率比率和相关比率三类。

（一）比率指标的类型

1. 构成比率

构成比率又称结构比率，是某项财务指标的各组成部分与总体的比率，反映部分与总体的关系。其计算公式为：

$$结构比率=\frac{某个组成部分数值}{总体数值} \tag{10.3}$$

比如，企业资产中流动资产、固定资产占资产总额的百分比；企业负债中流动负债和长期负债占负债总额的百分比等。利用结构比率，可以考察总体中某个部分形成和安排的合理性，以便协调各项财务活动。

2. 效率比率

效率比率是反映经济活动中投入与产出、所费与所得关系的比率，如成本利润率、销售利润率及资产利润率等指标。利用效率比率指标，可以进行得失比较，以考察经营成果，评价经济效益。

3. 相关比率

相关比率，是将两个不同但又有一定关联的项目加以对比得出的比率，以反映经济活动的各种相互关系。实际上财务分析的许多指标都是这种相关比率，如流动比率、存货周转率等。

（二）采用比率分析法时需要注意的问题

比率分析法的优点是计算简便，而且可以使某些指标在不同规模企业间进行比较。但在采用比率分析法时，要注意以下几个问题：

（1）对比项目的相关性。比率指标的分子和分母必须具有相关性，否则就不具有可比性。构成比率指标必须是部分与总体的关系；效率比率指标要具有某种投入产出关系；相关比率指标的分子、分母也要有某种内在联系。

（2）对比口径的一致性。比率指标的分子和分母在计算时间、范围等方面要保持口径一致。

（3）衡量标准的科学性。要选择科学合理的参照标准与之对比，以便对财务状况做出恰当评价。

第三节　财务能力分析

财务指标分析的内容包括偿债能力分析、营运能力分析、盈利能力分析和发展能力分析四个方面，上市公司也有些较为特殊的财务分析指标，本节将分别加以介绍。

一、偿债能力分析

偿债能力是指企业偿还各种到期债务的能力。偿债能力分析是企业财务分析的一个重要方面，通过这种分析可以揭示企业的财务风险。偿债能力分析包括短期偿债能力分析和长期偿债能力分析两个方面。

（一）短期偿债能力分析

短期偿债能力是指企业偿付流动负债的能力。衡量企业短期偿债能力的指标分为存量指标和流量指标，存量指标主要有流动比率、速动比率、现金比率等；流量指标主要有现金流量比率、到期债务本息偿付比率等。

1. 流动比率

流动比率是流动资产与流动负债的比值，表明企业每一元流动负债有多少流动资产作为偿还的保证。其计算公式为：

$$流动比率=\frac{流动资产}{流动负债} \tag{10.4}$$

【例 10.3】 兰兰公司×××2 年的资产负债表和利润表如表 10-2 和表 10-3 所示。

表 10-2　兰兰公司资产负债表

×××2 年 12 月 31 日　　　　单位：万元

资产	年初数	年末数	负债及所有者权益	年初数	年末数
流动资产			流动负债		
货币资金	1 950	1 720	短期借款	300	1 000
交易性金融资产	15		应付账款	1 200	1 100
应收账款	550	650	预收账款		
预付账款	75		其他应付款	1 140	430

续表

资产	年初数	年末数	负债及所有者权益	年初数	年末数
存货	2 100	1 900	流动负债合计	2 640	2 530
其他流动资产			长期负债	500	630
流动资产合计	4 690	4 270	所有者权益:		
持有至到期投资	250	800	实收资本	5 000	5 450
固定资产	1 100	2 680	资本公积		50
在建工程	1 500	900	盈余公积	150	160
无形资产	800	340	未分配利润	50	170
			所有者权益合计	5 200	5 830
资产总计	8 340	8 990	负债及所有者权益总计	8 340	8 990

根据表 10-2 的资料，兰兰公司×××2 年年末的流动比率为：

$$流动比率=\frac{4\ 270}{2\ 530}=1.69$$

表 10-3 兰兰公司利润表

×××2 年度 单位：万元

项目	上年数	本年数
一、营业收入	8 257	9 380
减：营业成本	4 710	5 760
营业税金及附加	562	780
销售费用	255	220
管理费用	180	120
财务费用	310	330
资产减值损失	260	380
加：公允价值变动收益		40
投资收益	40	60
二、营业利润	2 020	1 890
加：营业外收入	120	600
减：营业外支出	150	200
三、利润总额	1 990	2 290
减：所得税费用	503	563
四、净利润	1 487	1 727

一般情况下，流动比率越高，反映企业短期偿债能力越强，债权人的权益越有保证。按照西方的经验，制造企业流动比率保持在 2∶1 是较为理想的。如果流动比率过低，则表示企业可能捉襟见肘，难以如期偿还债务。但是，如果流动比率过高，有可能是由于存货的积压，表明企业流动资产占用较多，会影响资金的使用效率。

一般而言，流动比率的高低与营业周期有关系，通常营业周期越短，流动比率就越低；反之，则越高。因此，在进行流动比率分析时，与行业平均水平进行比较是十分必要的。或者说，跨行业的比较需要适当谨慎。

2. 速动比率

速动比率是企业速动资产与流动负债的比率。所谓速动资产，是指流动资产减去变现能力较差且不稳定的存货、一年内到期的非流动资产和其他流动资产等之后的余额。由于剔除了存货等变现能力较弱的流动资产，因而，速动比率较之流动比率能够更加准确、可靠地评价企业资产的流动性及其偿还短期负债的能力。速动比率的计算公式为：

$$\text{速动比率}=\frac{\text{速动资产}}{\text{流动负债}} \tag{10.5}$$

在计算速动资产时，可以用两种方法来计算。一种方法是直接计算速动资产，速动资产等于货币资金、交易性金融资产和各种应收、预付款项的合计数；另一种方法是扣除法，速动资产等于流动资产扣除存货后的余额。

【例 10.4】 兰兰公司×××2 年年末的速动比率为：

$$\text{速动比率}=\frac{(1\ 720+650)}{2\ 530}=0.94$$

$$\text{速动比率}=\frac{(4\ 270-1\ 900)}{2\ 530}=0.94$$

西方传统经验认为，速动比率为 1 是正常的。与流动比率一样，速动比率过高说明企业投资过于保守，而过低则会被认为是短期偿债能力偏低。要注意，不同企业的速动比率不完全一样，有的甚至差别很大。如大量采用现金销售的零售商店，很少存在应收账款，大大低于 1 的速动比率是很正常的；相反，一些应收账款较多的企业速动比率大于 1 是正常的。所以在分析速动比率时，一般要参考同行业资料和本企业历史情况进行判断。

影响速动比率可信性的重要因素是应收账款的变现能力。如果企业的应收账款中，有较大部分不易收回，可能会成为坏账，那么速动比率就不能真实地反映企业的短期偿债能力。也就是说，如果应收账款存在质量问题，即使速动比率达到经验标准，也不能说明企业的短期偿债能力是正常的。因此，在计算分析该指标之前，首先应分析应收账款的账龄结构和应收账款周转率等。

3. 现金比率

现金比率是企业现金、现金类资产与流动负债的比值。现金、现金类资产包括企业所拥有的货币资金和现金等价物，一般等于速动资产扣除应收账款后的余额。现金比率的计算公式为：

$$\text{现金比率}=\frac{\text{货币资金}+\text{现金等价物}}{\text{流动负债}} \tag{10.6}$$

【例 10.5】 兰兰公司×××2 年年末的现金比率为：

$$现金比率=\frac{1\ 720}{2\ 530}=0.68$$

由于应收账款存在着发生坏账损失的可能，因此，速动资产扣除应收账款后计算出来的现金比率，是最保守的短期偿债能力比率，最能反映企业直接偿付流动负债的能力。但是如果现金比率过高，意味着企业拥有过多的获利能力较低的现金资产，表明企业的资产未能得到有效的运用。

4. 现金流量比率

现金流量比率，又称营业现金流量与流动负债之比，是从现金流量角度来反映企业当期偿付短期负债能力的比率。现金流量比率是企业一定时期经营活动产生的现金流量净额与流动负债的比值，反映本期经营活动产生的现金流量净额足以抵付流动负债的倍数。计算公式为：

$$现金流量比率=\frac{经营活动产生的现金流量净额}{流动负债} \tag{10.7}$$

公式中的“流动负债”，一般情况下使用年末和年初的平均数，为了简便，也可以使用期末数。

【例 10.6】 假定兰兰公司×××2 年的经营活动产生的现金流量净额为 3 000 万元，则兰兰公司的现金流量比率为：

$$现金流量比率=\frac{3\ 000}{2\ 530}=1.19$$

现金流量比率是从现金流入和流出的动态角度对企业实际偿债能力进行考察。由于有利润的年份不一定有足够的现金来偿还债务，所以利用现金流量比率指标，能充分体现企业经营活动产生的现金流量净额能在多大程度上保证当期流动负债的偿还，能直观地反映企业偿还流动负债的实际能力。现金流量比率较大，表明企业经营活动产生的现金流量净额较多，能够保障企业按时偿还到期债务。但现金流量比率也不是越大越好，太大则表示企业收益能力不强，流动资金利用可能不充分。

5. 到期债务本息偿付比率

到期债务本息偿付比率是经营活动产生的现金流量净额与本期到期债务本息的比值。其计算公式为：

$$到期债务本息偿付比率=\frac{经营活动产生的现金流量净额}{本期到期债务本金+现金利息支出} \tag{10.8}$$

到期债务本息偿付比率反映经营活动产生的现金流量净额是本期到期债务本息的倍数，它主要是衡量本年度内到期的债务本金及相关的现金利息支出可由经营活动产生的现金流量净额来偿付的程度。该项财务比率越高，说明企业经营活动产生的现金流量净额对偿付本期到期债务本息的保障程度越高，企业的偿债能力也越强。

【例 10.7】 假定兰兰公司×××2 年的经营活动产生的现金流量净额为 3 000 万元，本期到期债务本金 380 万元，假定利润表中的财务费用全部为本期支付的利息，则到期债务本息偿付比率为：

$$到期债务本息偿付比率=\frac{3\ 000}{380+330}=4.23$$

（二）长期偿债能力分析

长期偿债能力是指企业偿还长期负债的能力。企业的长期负债主要有长期借款、应付债券、长期应付款等。对于企业的长期债权人和所有者来说，不仅关心企业短期偿债能力，更关心企业长期偿债能力。因此，在对企业进行短期偿债能力分析的同时，还需要分析企业的长期偿债能力。企业的长期偿债能力表现为付息能力和还本能力两个方面。衡量企业长期偿债能力的指标也可分为存量指标和流量指标，存量指标主要有资产负债率、股东权益比率、权益乘数、产权比率、有形净值债务率等；流量指标主要有利息保障倍数、现金流量利息保障倍数和现金流量债务比等。

1. 资产负债率

资产负债率又称负债比率，是企业负债总额与资产总额的比率。它反映企业的总资产中有多少是通过举债而得到的。其计算公式为：

$$资产负债率=\frac{负债总额}{资产总额} \tag{10.9}$$

【例 10.8】 兰兰公司×××2 年年末的资产负债率为：

$$资产负债率=\frac{3\ 160}{8\ 990}=35.15\%$$

资产负债率反映企业偿还债务本金的综合能力。一般情况下，资产负债率越小，表明企业长期偿债能力越强。但也并非说该指标越小越好。从债权人的角度来看，资产负债率越小越好，这样企业的偿债能力有保障。从企业所有者的角度来看，由于可以通过举债经营，扩大生产经营规模，并且可以得到举债经营的杠杆利益。因此，只要息税前利润率大于债务利率，所有者就希望提高负债比率。但是，负债也必须有一定限度，负债比率过高，企业的财务风险将增大。至于资产负债率为多少才是合理的，并没有一个确定的标准。不同行业、不同类型的企业有较大差异。财务管理者在确定企业的负债比率时，一定要审时度势，充分考虑企业内部因素和外部因素，在收益与风险之间权衡利弊得失，然后才能做出正确的财务决策。

2. 股东权益比率

股东权益比率是股东权益与资产总额的比值，该比率反映企业资产中有多少是所有者投入的。其计算公式为：

$$股东权益比率=\frac{股东权益总额}{资产总额} \tag{10.10}$$

【例 10.9】 兰兰公司×××2 年年末的股东权益比率为：

$$股东权益比率=\frac{5\ 830}{8\ 990}=64.85\%$$

股东权益比率和资产负债率之和等于1，这两个指标是从不同的侧面来反映企业长期偿债能力的。股东权益比率越大，资产负债率越小，企业的长期偿债能力越强。

3. 权益乘数

股东权益比率的倒数称为权益乘数，即资产总额是股东权益总额的多少倍。权益乘数越大，说明股东投入的资本在资产中所占比重越小，企业的长期偿债能力越弱。其计算公式为：

$$权益乘数=\frac{资产总额}{股东权益总额} \tag{10.11}$$

【例 10.10】兰兰公司×××2 年年末的股东权益比率为：

$$权益乘数=\frac{8\ 990}{5\ 830}=1.54$$

4. 产权比率

产权比率又称负债权益比率，是负债总额与股东权益总额之比。产权比率不仅反映了由债务人提供的资本与所有者提供的资本的相对关系，而且反映了企业自有资金偿还全部债务的能力。其计算公式为：

$$产权比率=\frac{负债总额}{股东权益总额} \tag{10.12}$$

【例 10.11】兰兰公司×××2 年年末的股东权益比率为：

$$产权比率=\frac{3\ 160}{5\ 830}=54.20\%$$

产权比率与资产负债率对评价偿债能力的作用基本一致，只是资产负债率侧重于分析债务偿付安全性的物质保障程度，产权比率则侧重于揭示财务结构的稳健程度以及自有资金对偿债风险的承受能力。一般来说，产权比率越低，表明企业长期偿债能力越强，表明债权人投入资本受股东权益的保障程度越高。

5. 有形净值债务率

为了进一步分析股东权益对负债的保障程度，可以保守地认为无形资产不宜用来偿还债务。因此，从股东权益总额中扣除无形资产净值，这样产权比率就可以调整成为有形净值债务率，其计算公式为：

$$有形净值债务率=\frac{负债总额}{股东权益总额-无形资产净值} \tag{10.13}$$

【例 10.12】兰兰公司×××2 年年末的有形净值债务率为：

$$有形净值债务率=\frac{3\ 160}{5\ 830-340}=57.56\%$$

有形净值债务率指标是产权比率指标的延伸，能更为谨慎、保守地反映在企业清算时所有者权益对债权人投入资本的保障程度。该比率越低，说明企业的财务风险越小。

6. 利息保障倍数

利息保障倍数是指企业息税前利润与利息费用的比值，又称已获利息倍数。其计算公式为：

$$利息保障倍数=\frac{息税前利润}{利息费用} \tag{10.14}$$

公式中的分子“息税前利润”是指利润表中未扣除利息费用和所得税前的利润。公式中的分母“利息费用”是指本期发生的全部应付利息，不仅包括财务费用中的利息费用，还应包括计入固定资产成本的资本化利息。资本化利息虽然不在利润表中扣除，但仍然是要偿还的。利息保障倍数是衡量企业支付利息能力的指标，这个比率太低，说明企业难以用经营所得来支付利息。

利息保障倍数不仅反映了企业获利能力的大小，而且反映了获利能力对偿还到期债务利息的保证程度。根据经验，利息保障倍数为 3 倍或以上时，表示企业不能偿还利息债务的可能性较小。通常认为，要维持正常偿债能力，利息保障倍数至少应大于1，且比值越高，企业长期偿债能力越强。

【**例 10.13**】根据表10-3资料，假定兰兰公司的利润表中财务费用全部为利息费用，资本化利息为0，则兰兰公司×××2年的利息保障倍数为：

$$\text{利息保障倍数}=\frac{2\ 290+330}{330}=7.94$$

从以上计算结果看，兰兰公司的利息保障倍数较高，说明具有一定的偿债能力，但还需要与其他企业特别是本行业平均水平进行比较来分析评价。

7. 现金流量利息保障倍数

现金流量利息保障倍数是指经营活动产生的现金流量净额为利息费用的倍数，它表明1元的利息费用有多少倍的经营活动产生的现金流量净额作保障。其计算公式为：

$$\text{现金流量利息保障倍数}=\frac{\text{经营活动产生的现金流量净额}}{\text{利息费用}} \tag{10.15}$$

【**例 10.14**】假定兰兰公司×××2年的经营活动产生的现金流量净额为3 000万元，兰兰公司的利润表中财务费用全部为利息费用，资本化利息为0，则兰兰公司×××2年的现金流量利息保障倍数为：

$$\text{现金流量利息保障倍数}=\frac{3\ 000}{330}=9.09$$

8. 现金流量债务比

现金流量债务比是指经营活动所产生的现金流量净额与债务总额的比率。其计算公式为：

$$\text{现金流量债务比}=\frac{\text{经营活动产生的现金流量净额}}{\text{负债总额}} \tag{10.16}$$

公式中的“负债总额”，一般情况下使用年末和年初的加权平均数，为了简便，也可以使用期末数。该比率表明企业用经营活动产生的现金流量净额偿付全部债务的能力，该比率越高，偿债能力越强。

【**例 10.15**】假定兰兰公司×××2年的经营现金净流量为3 000万元，则兰兰公司的现金流量债务比为：

$$\text{现金流量债务比}=\frac{3\ 000}{3\ 160}=94.94\%$$

（三）影响偿债能力的其他因素

在分析企业偿债能力时，除了使用上述指标以外，还应考虑到以下因素对企业偿债能力的影响，这些因素既可影响企业的短期偿债能力，也可影响企业的长期偿债能力。

1. 或有负债

或有负债是企业在经营活动中可能会发生的债务。如销售的产品可能会发生的质量事故赔偿、诉讼案件和经济纠纷可能败诉并需赔偿的金额等。这些或有负债在资产负债表编制日还不能确定，一旦将来成为企业现实的负债，则会对企业的财务状况产生重大影响，尤其是金额巨大的或有负债项目，在进行财务分析时不能不考虑。

2. 担保责任

在经济活动中，企业可能会发生以本企业的资产为其他企业提供法律担保的情况，如为其他企业的银行借款担保、为其他企业履行有关经济合同担保等。这种担保责任在被担保人没有履行合同时，就有可能成为企业的负债，增加企业的债务负担。但是，这种担保责任在会计报表中并未反映，因此，在进行财务分析时，必须考虑企业是否有巨额的法律担保责任。

3. 租赁活动

企业在生产经营活动中，可以通过财产租赁的方式取得急需的设备。通常财产租赁有融资租赁和经营租赁两种形式。采用融资租赁方式租入的固定资产一般作为企业的固定资产入账，而未来应付的租赁费用一般作为企业的长期负债入账，这在计算前面有关的财务比率中都已经考虑在内。但是，经营租赁的资产，其未来应付的租赁费用并未包含在长期负债之中，如果经营租赁的业务量较大、期限较长或者具有经常性，则其未来应付的租赁费用虽然不包含在长期负债之中，但对企业的偿债能力也会产生较大的影响，在进行财务分析时也应考虑。

4. 可动用的银行贷款指标

可动用的银行贷款指标是指银行已经批准而企业尚未办理贷款手续的银行贷款限额。这种贷款指标可以随时使用，增加企业的现金，可以提高企业的支付能力，增强企业的偿债能力。

5. 准备很快变现的非流动资产

企业可能有一些长期资产可以随时出售变现，而不出现在“一年内到期的非流动资产”项目中。例如，储备的土地、未开采的采矿权、目前出租的房产等，在企业发生周转困难时，将其出售并不影响企业的持续经营，这些资产的存在能增强企业的偿债能力。

二、营运能力分析

企业营运能力是指企业资金利用的效率，反映了企业资金周转状况，表明企业管理人员运用资金的能力。企业生产经营资金周转的速度越快，表明企业资金利用的效果越好，效率越高，企业管理人员的经营能力越强。评价企业营运能力的财务比率通常有应收账款周转率、存货周转率、流动资产周转率、固定资产周转率和总资产周转率等。

1. 应收账款周转率

应收账款在流动资产中有着举足轻重的地位，及时收回应收账款，不仅增强了企业的短期偿债能力，也反映出企业管理应收账款的效率。

应收账款周转率是指一定时期内应收账款平均收回的次数，是一定时期内营业收入与应收账款平均余额的比值。其计算公式为：

$$\text{应收账款周转率}=\frac{\text{营业收入}}{\text{平均应收账款余额}} \tag{10.17}$$

其中：

$$\text{应收账款平均余额}=(\text{期初应收账款}+\text{期末应收账款})\div 2$$

应收账款周转天数是一定时期内，通常为1年，应收账款周转一次所需要的时间。假定一年为360天，则应收账款周转天数的计算公式为：

$$\text{应收账款周转天数}=\frac{360}{\text{应收账款周转率}}=\frac{360\times\text{应收账款平均余额}}{\text{营业收入}} \tag{10.18}$$

应收账款周转率反映了企业应收账款周转速度的快慢及企业对应收账款管理效率的高低。在一定时期内周转次数越多，表明企业收账迅速，账龄较短，也说明企业资产流动性强，短期偿债能力强。

【例 10.16】根据表 10-2 和表 10-3 的资料，兰兰公司×××2 年度营业收入 9 380 万元，×××2 年年末应收账款 650 万元，年初数为 550 万元，则兰兰公司×××2 年应收账款周转率和应收账款周转天数的计算如下：

$$\text{应收账款周转率}=\frac{9\ 380}{(650+550)\div 2}=15.63\ （次）$$

$$\text{应收账款周转天数}=\frac{360}{15.63}=23\ （天）$$

在评价应收账款周转率指标时，应将计算出的指标与该企业前期、与行业平均水平或其他类似企业相比较来判断该指标的高低。另外，在计算应收账款周转率时，要注意以下几个问题。

（1）营业收入的赊销比例问题。从理论上说应收账款是赊销引起的，其对应的流量是赊销额，而非全部营业收入。因此，计算时应使用赊销额取代营业收入。但是，外部分析者很难取得赊销的数据，因此，只要这个公司赊销比率稳定，利用营业收入计算应收账款周转率，不会妨碍与上期数据的可比性，只是高估了周转次数。

（2）应收账款的减值准备问题。财务报表上列示的应收账款是已经提取减值准备后的净额，而营业收入并没有相应减少。其结果是提取的减值准备越多，应收账款周转天数越少。这种周转天数的减少不是好的业绩，反而说明应收账款管理欠佳。如果减值准备的数额较大，就应进行调整，使用未提取坏账准备的应收账款计算周转天数。

（3）应收票据是否计入应收账款周转率。大部分应收票据是销售形成的，只不过是应收账款的另一种形式，应将其纳入应收账款周转天数的计算，称为“应收账款及应收票据周转天数”。

2. 存货周转率

在流动资产中，存货所占比重较大，存货的流动性直接影响着企业的流动比率。因此，必须重视对存货的分析。存货流动性的分析一般通过存货周转率和存货周转天数来进行。

存货周转率是指一定时期内企业营业成本与存货平均余额的比率。其计算公式为：

$$\text{存货周转率}=\frac{\text{营业成本}}{\text{平均存货余额}} \tag{10.19}$$

$$\text{平均存货余额}=(\text{期初存货}+\text{期末存货})\div 2$$

存货周转天数是一定时期内，通常为 1 年，存货周转一次所需要的时间。其计算公式为：

$$\text{存货周转天数}=\frac{360}{\text{存货周转率}}=\frac{360\times\text{存货平均余额}}{\text{营业成本}} \tag{10.20}$$

【例 10.17】根据表 10-2 和表 10-3 的资料，兰兰公司×××2 年度营业成本为 5 760 万元，期初存货 2 100 万元，期末存货 1 900 万元，兰兰公司×××2 年的存货周转率和存货周转天数为：

$$\text{存货周转次数}=\frac{5\ 760}{(2\ 100+1\ 900)\div 2}=2.88\ （次）$$

$$\text{存货周转天数}=\frac{360}{2.88}=125\ （天）$$

一般来讲，存货周转速度越快，表明存货变现的速度越快，存货占用水平越低，流动性越强，这样会增强企业的短期偿债能力及获利能力。通过存货周转速度分析，有利于找出存货管理中存在的问题，为提高存货的变现能力，降低存货资金占用水平，提供管理上的方向。

3. 流动资产周转率

流动资产周转率是反映企业流动资产周转速度的指标。流动资产周转率是一定时期营业收入与企业流动资产平均余额之间的比率。其计算公式为：

$$\text{流动资产周转率}=\frac{\text{营业收入}}{\text{流动资产平均余额}} \tag{10.21}$$

式中：

$$\text{流动资产平均余额}=(\text{期初流动资产}+\text{期末流动资产})\div 2$$

流动资产周转天数是一定时期内，通常为 1 年，流动资产周转一次所需要的时间。其计算公式为：

$$\text{流动资产周转天数}=\frac{360}{\text{流动资产周转率}}=\frac{360\times\text{流动资产平均余额}}{\text{营业收入}} \tag{10.22}$$

在一定时期内，流动资产周转次数越多，表明以相同的流动资产完成的周转额越多，流动资产利用效果越好。流动资产周转天数越少，表明流动资产经历生产和销售各阶段所占用的时间越短。

【例 10.18】 根据表 10-2 和表 10-3 的资料，兰兰公司×××2 年度营业收入 9 380 万元，×××2 年年末流动资产 4 270 万元，年初数为 4 690 万元，则兰兰公司×××2 年流动资产周转率和流动资产周转天数的计算如下：

$$\text{流动资产周转次数}=\frac{9\ 380}{(4\ 270+4\ 690)\div 2}=2.09\ (\text{次})$$

$$\text{流动资产周转天数}=\frac{360}{2.09}=172.25\ (\text{天})$$

4. 固定资产周转率

固定资产周转率是指企业年营业收入与固定资产平均净值的比率。它是反映企业固定资产周转情况，衡量固定资产利用效率的一项指标。其计算公式为：

$$\text{固定资产周转率}=\frac{\text{营业收入}}{\text{固定资产平均净值}} \tag{10.23}$$

式中：

$$\text{固定资产平均净值}=(\text{期初固定资产净值}+\text{期末固定资产净值})\div 2$$

固定资产周转天数是一定时期内，通常为 1 年，固定资产周转一次所需要的时间。其计算公式为：

$$\text{固定资产周转天数}=\frac{360}{\text{固定资产周转率}}=\frac{360\times\text{固定资产平均余额}}{\text{营业收入}} \tag{10.24}$$

固定资产周转率高，说明企业固定资产投资得当，结构合理，利用效率高；反之，如果固定资产周转率不高，则表明固定资产利用效率不高，企业的固定资产营运能力不强。

【例 10.19】 根据表 10-2 和表 10-3 的资料，兰兰公司×××2 年度营业收入 9 380 万元，×××2年年末固定资产净值 2 680 万元，年初数为 1 100 万元，则兰兰公司×××2 年固定资产周转率和固定资产周转天数的计算如下：

$$固定资产周转率=\frac{9\ 380}{(2\ 680+1\ 100)\div 2}=4.96\ (次)$$

$$固定资产周转天数=\frac{360}{4.96}=72.58\ (天)$$

5. 总资产周转率

总资产周转率是企业营业收入与企业资产平均总额的比率。计算公式为：

$$总资产周转率=\frac{营业收入}{资产平均总额} \tag{10.25}$$

如果企业各期资产总额比较稳定，波动不大，则

资产平均总额=(期初资产总额+期末资产总额)÷2

如果资金占用的波动性较大，企业应采用更详细的资料进行计算，如按照各月份的资金占用额计算，则：

月平均资产总额=(月初资产总额+月末资产总额)÷2

季平均占用额=(1/2 季初+第一月末+第二月末+1/2 季末)÷3

年平均占用额=(1/2 年初+第一季末+第二季末+第三季末+1/2 年末)÷4

总资产周转天数是一定时期内，通常为 1 年，总资产周转一次所需要的时间。其计算公式为：

$$总资产周转天数=\frac{360}{总资产周转率}=\frac{360\times 资产平均总额}{营业收入} \tag{10.26}$$

计算总资产周转率时，要注意分子分母在时间上应保持一致。这一比率用来衡量企业全部资产的使用效率，如果该比率较低，说明企业全部资产营运效率较低，应加速资产周转，提高运营效率；如果该比率较高，说明资产周转快，销售能力强，资产运营效率高。

【例 10.20】根据表 10-2 和表 10-3 的资料，兰兰公司×××2 年度营业收入 9 380 万元，×××2 年年末资产总额为 8 990 万元，年初数为 8 340 万元，则兰兰公司×××2 年总资产周转率和总资产周转天数的计算如下：

$$总资产周转率=\frac{9\ 380}{(8\ 990+8\ 340)\div 2}=1.08\ (次)$$

$$总资产周转天数=\frac{360}{1.08}=333.33\ (天)$$

三、盈利能力分析

盈利能力就是企业获取利润的能力。盈利能力分析在财务能力分析中较为重要。因为利润是股东利益的源泉，利润是偿还债务的基本保证，利润也是企业管理当局业绩的主要衡量指标。通常在进行盈利能力分析时，计算利润率的基础指标有营业收入、资产和资本。因此，盈利能力分析一般包括经营盈利能力分析、资产盈利能力分析和资本盈利能力分析。通常反映企业盈利能力的指标主要有营业毛利率、营业利润率、营业净利率、成本费用利润率、总资产利润率、总资产报酬率、总资产净利率和净资产收益率等。

（一）经营盈利能力分析

经营盈利能力分析是指通过对企业生产过程中的产出、耗费和利润之间的比例关系，来研

究和评价企业获利能力，其衡量指标主要有营业毛利率、营业利润率、营业净利率和成本费用利润率等。

1. 营业毛利率

营业毛利率，即销售毛利率，是销售毛利与营业收入之比，其计算公式如下：

$$营业毛利率=\frac{销售毛利}{营业收入} \tag{10.27}$$

其中：

$$销售毛利=营业收入-营业成本$$

【例 10.21】 根据表 10-3 的资料，兰兰公司×××2 年度营业收入 9 380 万元，×××2 年度营业成本 5 760 万元，则兰兰公司×××2 年的营业毛利率为：

$$营业毛利率=\frac{9\ 380-5\ 760}{9\ 380}=38.59\%$$

2. 营业利润率

营业利润率，即销售利润率，是指企业一定时期营业利润与营业收入的比率。其计算公式为：

$$营业利润率=\frac{营业利润}{营业收入} \tag{10.28}$$

【例 10.22】 根据表 10-3 的资料，兰兰公司×××2 年度营业收入 9 380 万元，×××2 年度营业利润 1 890 万元，则兰兰公司×××2 年的营业利润率为：

$$营业利润率=\frac{1\ 890}{9\ 380}=20.15\%$$

营业利润率分析的意义在于，能凭借该指标分析企业经营过程的获利水平。营业利润率越高，表明企业市场竞争力越强，发展潜力越大，盈利能力越强。

3. 营业净利率

营业净利率，即销售净利率，是指净利润与营业收入之比，其计算公式为：

$$营业净利率=\frac{净利润}{营业收入} \tag{10.29}$$

【例 10.23】 根据表 10-3 的资料，兰兰公司×××2 年度营业收入 9 380 万元，×××2 年度净利润 1 727 万元，则兰兰公司×××2 年的营业净利率为：

$$营业净利率=\frac{1\ 727}{9\ 380}=18.41\%$$

营业净利率说明了企业净利润占营业收入的比例，凭借该指标可以评价企业通过销售赚取利润的能力。营业净利率越大，企业的盈利能力越强。但是，营业净利率受行业特点影响较大，因此，应结合不同行业的具体情况分析。

4. 成本费用利润率

成本费用利润率是利润与成本费用总额之比，其中的利润为税前利润或净利润。如果为净利润，则成本费用总额中应包括所得税费用。通常成本费用利润率的计算公式为：

$$成本费用利润率=\frac{税前利润}{成本费用总额} \tag{10.30}$$

其中：

$$成本费用总额=营业成本+营业税金及附加+销售费用+管理费用+财务费用$$

【例 10.24】根据表 10-3 的资料，兰兰公司×××2 年度营业成本 5 760 万元，营业税金及附加 780 万元，销售费用 220 万元，管理费用 120 万元，财务费用 330 万元，×××2 年度税前利润 2 290 万元，则兰兰公司×××2 年的成本费用利润率为：

$$成本费用总额=5\ 760+780+220+120+330=7\ 210\ （万元）$$

$$成本费用利润率=\frac{2\ 290}{7\ 210}=31.76\%$$

成本费用利润率反映了企业生产经营过程中发生的耗费与获得的收益之间的关系。该指标越高，表明企业为取得利润而付出的代价越小，成本费用控制得越好，盈利能力越强。

（二）资产盈利能力分析

资产盈利能力是指企业经济资源创造利润的能力，其衡量指标主要有总资产利润率、总资产报酬率和总资产净利率等。

1. 总资产利润率

总资产利润率是指企业的利润总额与平均资产总额的比率，它反映企业综合运用所拥有的全部经济资源获得的效果，是一个综合性的效益指标。其计算公式为：

$$总资产利润率=\frac{利润总额}{资产平均总额} \tag{10.31}$$

【例 10.25】根据表 10-2 和表 10-3 的资料，兰兰公司×××2 年度税前利润 2 290 万元，×××2 年年初资产总额 8 340 万元，×××2 年年末资产总额 8 990 万元，则兰兰公司×××2 年的总资产利润率为：

$$总资产利润率=\frac{2\ 290}{(8\ 340+8\ 990)\div 2}=26.43\%$$

总资产利润率表现企业利用全部资产取得的综合效益。一般情况下，该指标越高，反映企业资产的利用效果越好。它受利润总额和平均资产总额的影响，要提高总资产利润率，一方面要加强销售业务，扩大经营，增加营业利润，另一方面要加强企业资产管理，提高资产利用率，降低总资产占用额。

2. 总资产报酬率

总资产报酬率是企业息税前利润与企业资产平均总额的比率。其计算公式为：

$$总资产报酬率=\frac{息税前利润}{资产平均总额}=\frac{净利润+所得税+利息费用}{(期初资产+期末资产)\div 2} \tag{10.32}$$

【例 10.26】根据表 10-2 和表 10-3 的资料，兰兰公司×××2 年度税前利润 2 290 万元，×××2 年年初资产总额 8 340 万元，×××2 年年末资产总额 8 990 万元，假定兰兰公司的利润表中财务费用全部为利息费用，资本化利息为 0，则兰兰公司×××2 年的总资产报酬率为：

$$总资产报酬率=\frac{2\ 290+330}{(8\ 340+8\ 990)\div 2}=\frac{2\ 620}{8\ 665}=30.24\%$$

由于资产总额等于债权人权益和所有者权益的总额，所以该比率既可以衡量企业资产综合利用的效果，又可以反映企业利用债权人及所有者提供资本的盈利能力和增值能力。该指标越高，表明资产利用效率越高，说明企业在增加收入、节约资金使用等方面取得了良好的效果；该指标越低，说明企业资产利用效率低，应分析差异原因，提高销售利润率，加速资金周转，提高企业经营管理水平。

3. 总资产净利率

总资产净利率是指净利润与资产平均总额的比率，它反映公司从1元总资产中得到的净利润。其计算公式为：

$$总资产净利率=\frac{净利润}{资产平均总额} \tag{10.33}$$

【例 10.27】 根据表 10-2 和表 10-3 的资料，兰兰公司×××2 年度净利润 1 727 万元，×××2 年年初资产总额 8 340 万元，×××2 年年末资产总额 8 990 万元，则兰兰公司×××2 年的总资产净利率为：

$$总资产净利率=\frac{1\ 727}{(8\ 340+8\ 990)\div 2}=\frac{1\ 727}{8\ 665}=19.93\%$$

总资产净利率指标的分析意义在于，将该比率与总资产报酬率进行比较，可以反映利息、所得税对企业获利水平的影响。

（三）资本盈利能力分析

1. 净资产收益率

净资产收益率，又称股东权益利润率或权益报酬率、权益净利率，是净利润与平均所有者权益的比值，它反映企业自有资金的投资收益水平。其计算公式为：

$$净资产收益率=\frac{净利润}{平均所有者权益} \tag{10.34}$$

【例 10.28】 根据表 10-2 和表 10-3 的资料，兰兰公司×××2 年度净利润 1 727 万元，×××2 年年初所有者权益总额 5 200 万元，×××2 年年末所有者权益总额 5 830 万元，则兰兰公司×××2 年的净资产收益率为：

$$净资产收益率=\frac{1\ 727}{(5\ 200+5\ 830)\div 2}=31.31\%$$

权益净利率的分母是股东的投入，分子是股东的所得。对于股权投资者来说，该指标具有非常好的综合性，反映企业为全体股东权益赚取利润的能力。该指标是企业盈利能力指标的核心，也是杜邦财务分析体系的核心指标。

2. 资本收益率

该指标是指企业一定时期净利润与平均投入资本（资本性投入及其资本溢价）的比率，反映企业实际投资额获得的回报水平。其计算公式为：

$$资本收益率=\frac{净利润}{平均投入资本} \tag{10.35}$$

$$平均投入资本=\frac{(实收资本年初数+资本公积年初数)+(实收资本年末数+资本公积年末数)}{2}$$

其中，资本公积是指资本公积中的资本溢价部分。

【例 10.29】 根据表 10-2 和表 10-3 的资料，兰兰公司×××2 年度净利润 1 727 万元，×××2年年初实收资本总额 5 000 万元，×××2 年年末实收资本总额 5 450 万元，×××2 年年初资本公积为 0，×××2 年年末资本公积为 50 万元，假定资本公积只包括资本溢价部分，则兰兰公司×××2 年的资本收益率为：

$$平均投入资本=\frac{5\ 000+(5\ 450+50)}{2}=5\ 250（万元）$$

$$资本收益率=\frac{1\ 727}{5\ 250}=32.90\%$$

需要说明的是，企业所有者权益的来源包括所有者投入的资本、直接计入所有者权益的利得和损益、留存收益等。其中，所有者投入的资本、反映在实收资本（股本）和资本公积（资本溢价或股本溢价）中；直接计入所有者权益的利得和损益反映在资本公积（其他资本公积）中，留存收益则包括未分配利润和盈余公积。换句话说，并非资本公积中的所有金额都属于所有者投入的资本，只有其中的资本溢价（股本溢价）属于资本性投入。

四、发展能力分析

发展能力是企业在生存的基础上，扩大规模、壮大实力的潜在能力。发展能力分析包括营业收入增长能力分析、盈利增长能力分析、资产增长能力分析和资本增长能力分析等。

1. 营业收入增长率

营业收入增长率是指企业本年营业收入增长额与上年营业收入总额的比率。它反映企业营业收入的增减变动情况，是评价企业成长状况和发展能力的重要指标。其计算公式为：

$$营业收入增长率=\frac{本年营业收入增长额}{上年营业收入总额} \tag{10.36}$$

【例 10.30】 根据表 10-3 的资料，兰兰公司×××2 年度营业收入 9 380 万元，×××1 年度营业收入 8 257 万元，则兰兰公司×××2 年的营业收入增长率为：

$$营业收入增长率=\frac{(9\ 380-8\ 257)}{8\ 257}=13.60\%$$

2. 营业利润增长率

营业利润增长率是指企业本年营业利润增长额与上年营业利润总额的比率。它反映企业营业利润的增减变动情况。其计算公式为：

$$营业利润增长率=\frac{本年营业利润增长额}{上年营业利润总额} \tag{10.37}$$

【例 10.31】 根据表 10-3 的资料，兰兰公司×××2 年度营业利润 1 890 万元，×××1 年度营业利润 2 020 万元，则兰兰公司×××2 年的营业利润增长率为：

$$营业利润增长率=\frac{(1\ 890-2\ 020)}{2\ 020}=-6.44\%$$

营业利润增长率越大，说明企业营业利润增长得越快，表明企业经营业务扩张能力越强，经营业务获利能力越强。

3. 资产增长率

资产增长率是企业本年总资产增长额与年初资产总额的比率，它反映企业资产规模的增长情况。其计算公式为：

$$资产增长率=\frac{本年总资产增长额}{年初资产总额} \tag{10.38}$$

【例 10.32】 根据表 10-2 的资料，兰兰公司×××2 年年初资产总额 8 340 万元，×××2 年年末资产总额 8 990 万元，则兰兰公司×××2 年的资产增长率为：

$$资产增长率=\frac{(8\ 990-8\ 340)}{8\ 340}=7.79\%$$

资产增长率是从企业资产总量扩张方面衡量企业的发展能力，表明企业规模增长水平对企业发展后劲的影响。该指标越高，表明企业一定时期内资产经营规模扩张的速度越快。但在实际分析时，应注意考虑资产规模扩张的质和量的关系，以及企业的后续发展能力，避免资产盲目扩张。

4. 资本积累率和资本保值增值率

资本增长是企业发展水平的标志，是评价企业发展能力的重要方面，其衡量指标主要有资本积累率、资本保值增值率。

（1）资本积累率。资本积累率是指企业本年股东权益增长额与年初股东权益总额的比率。它反映企业当年资本的积累能力，是评价企业发展潜力的重要指标。其计算公式为：

$$资本积累率=\frac{本年股东权益增值额}{年初股东权益总额} \tag{10.39}$$

【例 10.33】 根据表 10-2 的资料，兰兰公司×××2 年年初所有者权益总额 5 200 万元，×××2 年年末所有者权益总额 5 830 万元，则兰兰公司×××2 年的资本积累率为：

$$资本积累率=\frac{(5\ 830-5\ 200)}{5\ 200}=12.12\%$$

（2）资本保值增值率。资本保值增值率是指所有者权益的期末总额与期初总额之比。其计算公式为：

$$资本保值增值率=\frac{期末所有者权益}{期初所有者权益} \tag{10.40}$$

【例 10.34】 根据表 10-2 的资料，兰兰公司×××2 年年初所有者权益总额 5 200 万元，×××2 年年末所有者权益总额 5 830 万元，则兰兰公司×××2 年的资本保值增值率为：

$$资本保值增值率=\frac{5\ 830}{5\ 200}=1.12$$

如果企业盈利能力提高，利润增加，必然会使期末所有者权益大于期初所有者权益，所以该指标也是衡量企业盈利能力的重要指标。当然，这一指标的高低，除了受企业经营成果的影响外，还受企业利润分配政策的影响。

五、上市公司基本财务分析

（一）每股收益

每股收益，也称每股利润或每股盈余，反映企业普通股股东持有每一股份所能享有的企业利润或承担的企业亏损。

每股收益的计算包括基本每股收益和稀释每股收益。企业应当按照归属于普通股股东的当期净利润，除以发行在外普通股的加权平均股数计算基本每股收益。其计算公式为：

$$基本每股收益=\frac{归属于普通股股东的当期净利润}{当期发行在外的普通股的加权平均股数} \tag{10.41}$$

企业存在稀释性潜在普通股的，应当分别调整归属于普通股股东的当期净利润和发行在外普通股的加权平均股数，并据以计算稀释每股收益。其中，稀释性潜在普通股，是指假设当期转换为普通股会减少每股收益的潜在普通股，主要包括可转换公司债券、认股权证和股票期权等。

计算稀释每股收益，对基本每股收益分子的调整项目有：①当期已确认为费用的稀释性潜在普通股的利息；②稀释性潜在普通股转换时将产生的收益或费用。同时，将基本每股收益分母调整为当期发行在外普通股的加权平均股数与假定稀释性潜在普通股转换为已发行普通股而增加的普通股股数的加权平均数之和。

【例 10.35】 刘晴公司×××1 年 7 月 1 日按面值发行年利率为 3% 的可转换公司债券，面值 1 000 万元，期限为 3 年，利息每年末支付一次，发行结束一年后可以按照约定条件转换为股票，转股价格为每股 5 元，即每 100 元债券转换为 1 元面值的普通股 20 股。未转换之前，该公司归属于普通股股东的净利润为 3 000 万元，发行在外的普通股加权平均股数为 4 000 万股。可转换债券利息直接计入当期损益，所得税税率 25%。假设在×××2 年 7 月 1 日全部转换，且可转换公司债券的票面利率和实际利率相等，则稀释每股收益计算如下：

$$基本每股收益=\frac{3\ 000}{4\ 000}=0.75\ (元)$$

假设全部转股：

$$增加利润=1\ 000\times3\%\times\frac{6}{12}\times(1-25\%)=11.25\ (万元)$$

$$增加的加权平均股数=\frac{1\ 000}{100}\times20\times\frac{6}{12}=100\ (万股)$$

$$增量股的每股收益=\frac{11.25}{100}=0.112\ 5\ (元)$$

由于增量股的每股收益小于原每股收益，可转换债券具有稀释作用。

$$稀释每股收益=\frac{3\ 000+11.25}{4\ 000+100}=0.73\ (元)$$

每股收益是衡量上市公司盈利能力最常用的财务分析指标。对投资者来说，每股收益是一个综合性的盈利概念，能比较恰当地说明收益的增长或减少。每股收益越高，说明公司的盈利能力越强。

（二）每股股利

每股股利是企业对普通股股东分配的现金股利的总额与发行在外的普通股股数的比率。其计算公式为：

$$每股股利=\frac{现金股利总额-优先股股利}{发行在外的普通股股数} \tag{10.42}$$

每股股利反映的是上市公司每一份普通股获取股利的大小。每股股利越大，企业股本获利能力越强；每股股利越小，企业股本获利能力就越弱。但是，上市公司每股股利的高低，不仅取决于公司获利能力的大小，还取决于公司的股利政策，以及是否有足够的现金来支付现金股利。

（三）市盈率

市盈率是上市公司普通股每股市价相当于每股收益的倍数，反映投资者对上市公司每元净利润愿意支付的价格，可以用来估计股票的投资收益和风险。其计算公式为：

$$市盈率=\frac{每股市价}{每股收益} \tag{10.43}$$

市盈率是投资者作出投资决策的重要参考指标之一。一般来说，市盈率越高，意味着投资者对该公司的发展前景越看好，愿意出较高的价格购买该公司股票。所以一些成长性较好的高科技公司股票的市盈率通常要高一些。此外，市盈率过高，也意味着较高的投资风险。

在我国资本市场，上市公司通常披露两类市盈率，即静态市盈率和动态市盈率。其中，静态市盈率是以目前市场价格除以已知的最近公开的上年度每股收益后的比值；动态市盈率是以静态市盈率为基数，乘以动态系数后的数值。当每股收益增长期以一年为期限时，动态市盈率实际上是目前市场价格除以估计的当年每股收益。用公式表示如下：

$$静态市盈率=\frac{目前每股市价}{最近公开的上年度每股收益} \tag{10.44}$$

$$动态市盈率=静态市盈率\times\frac{1}{(1+每股收益的增长率)\times增长期} \tag{10.45}$$

【例 10.36】飞宏上市公司目前股价为 20 元，最近公布的每股收益为 0.5 元，去年同期每股收益为 0.2 元，成长性为 150%，该公司未来保持该增长速度的时间预计可持续 5 年，则动态系数和动态市盈率的计算如下：

$$动态系数=\frac{1}{(1+150\%)\times5}=8\%$$

$$动态市盈率=\frac{20}{0.5}\times8\%=3.2$$

【例 10.37】2010 年 9 月 29 日，宝钢股份市价 6.55 元，2009 年 12 月 31 日的每股收益为 0.33 元，2010 年 6 月 30 日的每股收益为 0.46 元，在某证券交易系统显示出的静态市盈率为 19.85，动态市盈率为 7.12，你知道是如何计算出来的吗？

$$静态市盈率=\frac{6.55}{0.33}=19.85$$

$$每股收益增长率=\frac{0.46\times2-0.33}{0.33}=178.79\%$$

$$动态系数=\frac{1}{(1+178.79\%)\times1}=35.87\%$$

$$动态市盈率=19.85\times35.87\%=7.12$$

或：

$$动态市盈率=\frac{6.55}{0.33\times(1+178.79\%)}=7.12$$

（四）每股净资产

每股净资产也称每股账面价值，是指企业股东权益总额与发行在外的股票股数之间的比率。其计算公式为：

$$每股净资产=\frac{股东权益总额}{发行在外的普通股股数} \tag{10.46}$$

如果公司既有优先股又有普通股，通常只为普通股计算每股净资产。在这种情况下，普通股每股净资产的计算需要分两步：首先，从股东权益总额中减去优先股的权益，包括优先股的清算价值及全部拖欠的股利，得出普通股权益；其次，用普通股权益除以流通在外普通股，确定普通股每股净资产。

每股净资产显示了发行在外的每一普通股股份所能分配的企业账面净资产的价值，反映了在会计期末每一股份在企业账面上到底值多少钱。利用每股净资产指标，可以衡量上市公司股票的投资价值。投资者可以比较分析公司历年的每股净资产的变动趋势，来了解公司的发展趋势和获利能力。

（五）市净率

市净率是每股市价与每股净资产的比率，是投资者用以衡量、分析个股是否具有投资价值的工具之一。市净率的计算公式如下：

$$市净率=\frac{每股市价}{每股净资产} \tag{10.47}$$

净资产代表的是全体股东共同享有的权益，是股东拥有公司财产和公司投资价值最基本的体现，它可以用来反映企业的内在价值。一般来说，市净率较低的股票，投资价值较高；反之，则投资价值较低。但有时较低市净率反映的是投资者对公司前景的不良预期，而较高市净率则相反。因此，在判断某只股票的投资价值时，还要综合考虑当时的市场环境以及公司经营情况、资产质量和盈利能力等因素。

（六）每股现金流量

每股现金流量是经营活动现金净流量扣除优先股股利后的余额，再除以发行在外的普通股平均股数。其计算公式为：

$$每股现金流量=\frac{经营活动现金净流量-优先股股利}{发行在外的普通股平均股数} \tag{10.48}$$

每股现金流量越高，说明公司越有能力支付现金股利。

在计算每股收益和每股现金流量时，公式中分母应用发行在外的普通股平均股数。如果年度内普通股的股数未发生变化，则发行在外的普通股平均股数就是年末普通股总数，如果年度内普通股的股数发生变化，则发行在外的普通股平均股数应当使用按月计算的加权平均发行在外的普通股股数。

第四节 财务综合分析

单独分析任何一类财务指标，都不足以全面地评价企业的财务状况和经营成果，只有对各种财务指标进行系统的、综合的分析，才能对企业的财务状况作出全面、合理的评价。财务综合分析的意义就在于能够全面、正确地评价企业的财务状况和经营成果。财务比率综合评分法和杜邦分析法是两种常用的综合分析方法。

一、财务比率综合评分法

（一）财务比率综合评分法的概念和由来

财务比率综合分析法，也称为沃尔评分法，是指通过对选定的几项财务比率进行评分，然后计算综合得分，并据此评价企业的综合财务状况的方法。

亚历山大·沃尔在1928年出版的《信用晴雨表研究》和《财务报表比率分析》中提出了信用能力指数的概念，他选择了7个财务比率即流动比率、产权比率、固定资产比率、存货周转率、应收账款周转率、固定资产周转率和自有资金周转率，分别给定各指标比重，然后确定标准比率（以行业平均数为基础），将实际比率与标准比率相比，得出相对比率，将此相对比率与各指标比重相乘，得出总评分。这就是沃尔评分法。

在沃尔之后，这种方法不断发展，成为对企业进行财务综合分析的重要方法之一。

（二）财务比率综合评分法的分析步骤

采用财务比率综合评分法进行企业财务状况的综合分析，一般要遵循以下程序。

（1）选定评价财务状况的财务比率。在选择财务比率时，要求所选择的财务比率具有全面性、代表性。另外，要求所选择的各项财务比率具有变化方向的一致性，即当该财务比率增大时，表示财务状况的改善；反之，当该财务比率减小时，表示财务状况的恶化。

（2）确定财务比率标准评分值。根据各项财务比率的重要程度，确定其标准评分值，即重要性系数。各项财务比率的标准评分值之和应等于100分。

（3）确定财务比率评分值的上下限。规定各项财务比率评分值的上限和下限，即该项财务比率最高评分值和最低评分值。

（4）确定财务比率的标准值。财务比率的标准值是指各项财务比率在本企业现时条件下最理想的数值，即最优值。财务比率的标准值，通常可以参照同行业的平均水平。

（5）计算关系比率，确定各项财务比率的实际得分。关系比率是各项财务比率的实际值与标准值的比值，关系比率反映了某一财务比率实际值偏离标准值的程度。各项财务比率的实际得分就是关系比率与标准评分值的乘积，所有财务比率实际得分值的合计数就是企业财务状况的综合得分。

（三）财务比率综合评分法的评价依据

企业财务状况的综合得分反映了企业综合财务状况。如果综合得分等于或接近于100分，说明企业的财务状况良好；如果综合得分远远低于100分，说明企业的财务状况较差，应当采取适当的措施加以改善。

【例10.38】下面采用财务比率综合评分法，对某公司×××2年的财务状况进行综合评价，如表10-4所示。

表10-4 某公司×××2年的财务比率综合评分法

财务比率	评分值	上/下限	标准值	实际值	关系比率	实际得分
流动比率	10	20/5	2	1.98	0.99	9.9
速动比率	10	20/5	1.2	1.29	1.08	10.8
资产/负债	12	20/5	2.1	2.17	1.03	12.36
存货周转率	10	20/5	6.5	6.60	1.02	10.2
应收账款周转率	8	20/4	13	14.13	1.09	8.72

续表

财务比率	评分值	上/下限	标准值	实际值	关系比率	实际得分
总资产周转率	10	20/5	2.1	2.26	1.08	10.8
资产报酬率	15	30/7	31.5%	30.36%	0.96	14.4
权益报酬率	15	30/7	58.33%	57.19%	0.98	14.7
销售净利率	10	20/5	15%	13.45%	0.9	9
合计	100					100.88

根据表10-4中的综合评分，该公司的综合得分是100.88分，非常接近100分，这说明该公司的财务状况良好，与选定的标准值非常接近。

你能利用财务比率综合评分法分析兰兰公司的财务状况吗？

二、杜邦分析法

杜邦分析体系是一个多层次的财务比率分解体系，能全面评价企业经营成果和财务状况。这种分析方法首先由美国杜邦公司的经理创立并首先在杜邦公司成功运用。杜邦分析体系是利用财务指标间的内在联系，对企业综合经营能力及经济效益进行系统分析评价的一种方法。

（一）传统杜邦分析体系中的核心指标

在传统杜邦分析体系中，净资产收益率是一个综合性最强、最具代表性的一个指标，是杜邦分析体系的核心，该指标的高低取决于总资产净利率与权益乘数。其中，总资产净利率反映企业的经营能力；权益乘数即财务杠杆，反映企业的财务政策。

$$\begin{aligned}\text{净资产收益率} &= \text{总资产净利率}\times\text{权益乘数}\\ &= \text{营业净利率}\times\text{总资产周转率}\times\text{权益乘数} \qquad (10.49)\end{aligned}$$

权益乘数主要受资产负债率的影响。负债比率大，权益乘数就高，说明企业有较高的负债程度，给企业带来了较多的杠杆利益，同时也给企业带来了较多的风险。企业既要充分有效地利用全部资产，提高资产利用效率，又要妥善安排资本结构。

营业净利率是净利润与营业收入之比，它是反映企业盈利能力的重要指标，提高这一比率的途径有扩大营业收入和降低成本费用等。

资产周转率是营业收入与资产平均总额之比，是反映企业运用资产以产生营业收入能力的指标。对资产周转率的分析，除了对资产构成部分从总占有量上是否合理进行分析外，还可通过流动资产周转率、存货周转率、应收账款周转率等有关资产使用效率指标的分析，以判明影响资产周转的主要问题。

（二）传统杜邦分析体系框架图

传统杜邦分析体系是一个多层次的财务比率分解体系。其基本框架可用图10-1表示。

在杜邦财务分析体系中，各项财务比率在每个层次上与本企业历史或同行业的财务比率比较，比较之后再向下一级分解。这样逐级向下分解，就能逐步覆盖企业经营活动的每一个环节。分解的目的是识别引起变动（或产生差距）的原因，为后续分析指明方向。通过与上年比较可以识别变动的趋势，通过同行业的比较可以识别存在的差距。

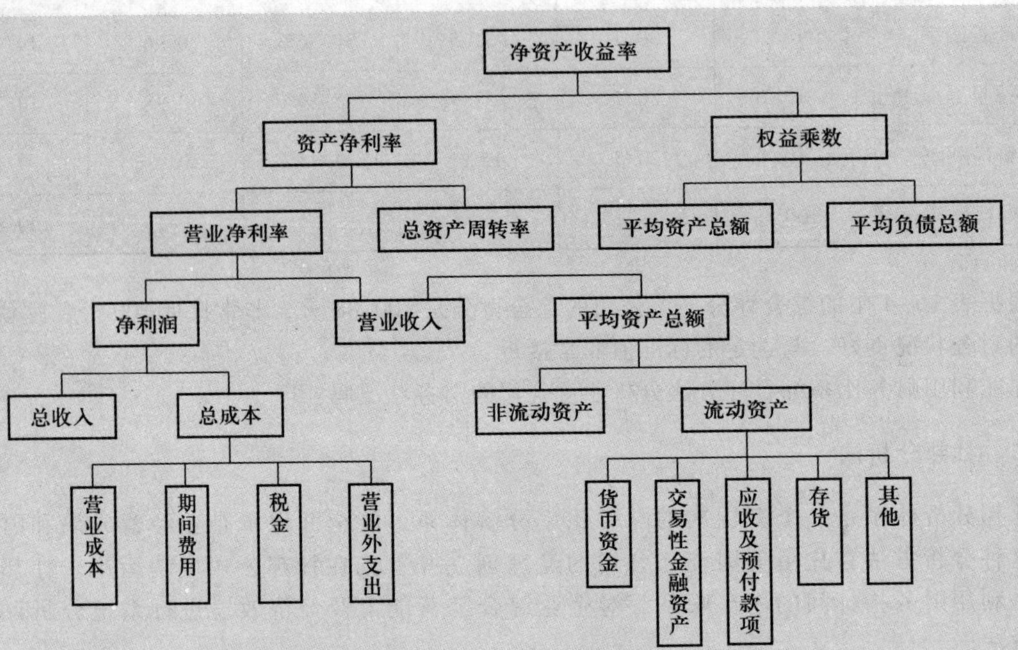

图 10-1 杜邦分析框架

第一层次的分解，是把净资产收益率分解为资产净利率和权益乘数。第二层次的分解，是把资产净利率分解为营业净利率和总资产周转率。营业净利率、总资产周转率和权益乘数这三个比率在各企业之间可能存在显著差异。通过对差异的比较，可以观察本企业与其他企业的经营战略和财务政策有什么不同。

分解出来的营业净利率和总资产周转率，可以反映企业的经营战略。一些企业营业净利率较高，而总资产周转率较低；另一些企业与之相反，总资产周转率较高而营业净利率较低。两者经常呈反方向变化，并且这种现象不是偶然的。为了提高营业净利率，就是要增加产品的附加值，往往需要增加投资，引起周转率的下降。与此相反，为了加快周转，就要降低价格，引起营业净利率下降。通常，营业净利率较高的制造业，其周转率都较低；周转率较高的零售商业，营业净利率较低。正因为如此，仅从营业净利率的高低并不能看出企业的业绩好坏，把它与总资产周转率联系起来可以考察企业经营战略。

分解出来的财务杠杆可以反映企业的财务政策。在总资产净利率不变的情况下，提高财务杠杆可以提高净资产收益率，但同时也会增加财务风险。一般说来，总资产净利率较高的企业，财务杠杆较低，反之亦然。这种现象也不是偶然的。事实上，经营风险低的企业可以得到较多的贷款，其财务杠杆较高；经营风险高的企业，只能得到较少的贷款，其财务杠杆较低。总资产净利率与财务杠杆呈现负相关，共同决定了企业的净资产收益率。

由于影响净资产收益率的因素关系到企业的经营战略和财务政策，因此，企业必须使其经营战略和财务政策相匹配。

【例 10.39】 以兰兰公司为例，说明净资产收益率比较和分解的一般方法。

假定兰兰公司×××1 年年初的所有者权益为 5 000 万元，资产总额为 8 000 万元，则×××1 年的净资产收益率为 29.16%，兰兰公司×××2 年的净资产收益率为 31.31%，净资产收益率的变动为 2.15%。可见，与×××1 年相比，×××2 年的净资产收益率略有提高。

利用因素分析法可分析出营业净利率、资产周转率和财务杠杆变动对净资产收益率变动的影响方向和影响程度。

已知：

$$净资产收益率=营业净利率\times资产周转率\times权益乘数$$

则

$$兰兰公司\times\times\times1\ 年的资产周转率=\frac{8\ 257}{(8\ 000+8\ 340)\div2}=1.01$$

$$兰兰公司\times\times\times1\ 年的权益乘数=\frac{(8\ 000+8\ 340)\div2}{(5\ 000+5\ 200)\div2}=\frac{8\ 170}{5\ 100}=1.60$$

营业净利率的变动影响：

$$按本年营业净利率计算的上年权益净利率=18.41\%\times1.01\times1.60=29.75\%$$

$$营业净利率的变动影响=29.75\%-29.16\%=0.59\%$$

资产周转率的变动影响：

$$按本年营业净利率、本年资产周转率计算的上年权益净利率=18.41\%\times1.08\times1.60=31.81\%$$

$$资产周转率的变动影响=31.81\%-29.75\%=2.06\%$$

财务杠杆的变动影响：

$$财务杠杆的变动影响=31.31\%-31.81\%=-0.5\%$$

通过上述分析可知，由于权益乘数下降，使净资产收益率减少 0.5%；其次，营业净利率提高使净资产收益率增加 0.59%，影响最大的是资产周转率提高，使净资产收益率增加 2.06%，说明企业的资产管理效率有所提升，但兰兰公司的财务状况基本平稳。

（三）传统杜邦分析体系的局限性

1. 计算总资产利润率的“总资产”与“净利润”不匹配

首先被质疑的是总资产净利率的计算公式。总资产是全部资产提供者享有的权利，而净利润是专门属于股东的，两者不匹配。由于总资产净利率的“投入与产出”不匹配，该指标不能反映实际的回报率。为了改善该比率的配比，要重新调整其分子和分母。因此，需要计量股东和有息负债债权人投入的资本，并且计量这些资本产生的收益，两者相除才是合乎逻辑的总资产报酬率，才能准确反映企业的基础盈利能力。

2. 没有区分经营活动损益和金融活动损益

传统杜邦财务分析体系没有区分经营活动和金融活动。对于多数企业来说金融活动是净筹资，它们从金融市场上主要是筹资，而不是投资。筹资活动没有产生净利润，而是支出净费用。这种筹资费用是否属于经营活动的费用，即使在会计规范的制定中也存在争议。从财务管理的基本理念看，企业的金融资产是投资活动的剩余，应将其从经营资产中剔除。与此相适应，金融费用也应从经营费用中剔除，才能使经营资产和经营收益匹配。因此，正确计量基础盈利能力的前提是区分经营资产和金融资产，区分经营损益与金融损益。

3. 没有区分有息负债与无息负债

既然要把金融活动分离出来单独考察，就会涉及单独计量筹资活动的成本。负债的成本（利息支出）仅仅是有息负债的成本。因此，必须区分有息负债与无息负债。这样利息与有息负债相除，才是实际的平均利息率。此外，区分有息负债与无息负债后，有息负债与股东权益相除，可以得到更符合实际的财务杠杆。无息负债没有固定成本，本来就没有杠杆作用，将其计入财务杠杆，会歪曲杠杆的实际作用。

针对上述问题，人们对传统的财务分析体系做了一系列的改进，逐步形成了一个新的分析体系，称为改进的杜邦分析体系。改进的部分有：①区分经营资产和金融资产；②区分经营负债和金融负债；③区分经营活动损益和金融活动损益；④经营活动损益内部进一步区分主要经营利润、其他营业利润和营业外收支；⑤区分经营利润所得税和利息费用所得税。

改进的杜邦分析体系的核心指标仍然是净资产收益率，但权益净利率的高低取决于税后经营利润率、净经营资产周转次数、税后利息率和净财务杠杆四个驱动因素。

对改进的杜邦分析体系中的主要指标的关系，用公式表示如下：

权益净利率=净经营资产利润率+杠杆贡献率

=税后经营利润率×净经营资产周转次数+经营差异率×净财务杠杆

=税后经营利润率×净经营资产周转次数+(税后经营利润率×净经营资产周转次数-税后利息率)×净财务杠杆

课后学习方案

本章重点整理

本章主要的内容是财务能力的分析，因此，绘制了表 10-5、表 10-6、表 10-7、表 10-8 和表 10-9，列示偿债能力指标、营运能力指标、盈利能力指标和发展能力指标的计算方法，以方便读者记忆和把握。

表 10-5 短期偿债能力分析

财务指标		计算公式
存量指标	流动比率	$流动比率=\frac{流动资产}{流动负债}$
	速动比率	$速动比率=\frac{速动资产}{流动负债}$
	现金比率	$现金比率=\frac{货币资金+现金等价物}{流动负债}$
流量指标	现金流量比率	$现金流量比率=\frac{经营活动产生的现金流量净额}{流动负债}$
	到期债务本息偿付比率	$到期债务本息偿付比率=\frac{经营活动产生的现金流量净额}{本期到期债务本金+现金利息支出}$

表 10-6 长期偿债能力分析

财务指标		计算公式
存量指标	资产负债率	$资产负债率=\frac{负债总额}{资产总额}$
	股东权益比率	$股东权益比率=\frac{股东权益总额}{资产总额}$
	权益乘数	$权益乘数=\frac{资产总额}{股东权益总额}$
	产权比率	$产权比率=\frac{负债总额}{股东权益总额}$
	有形净值债务率	$有形净值债务率=\frac{负债总额}{股东权益总额-无形资产净值}$
流量指标	利息保障倍数	$利息保障倍数=\frac{息税前利润}{利息费用}$
	现金流量利息保障倍数	$现金流量利息保障倍数=\frac{经营活动产生的现金流量净额}{利息费用}$
	现金流量债务比	$现金流量债务比=\frac{经营活动产生的现金流量净额}{负债总额}$

表 10-7 营运能力分析

指标	公式	备注
应收账款周转率	$应收账款周转率=\frac{营业收入}{平均应收账款余额}$	分子最好是赊销额，而非全部营业收入，但赊销比率稳定，用营业收入也不影响可比性
存货周转率	$存货周转率=\frac{营业成本}{平均存货余额}$	
流动资产周转率	$流动资产周转率=\frac{营业收入}{流动资产平均余额}$	
固定资产周转率	$固定资产周转率=\frac{营业收入}{固定资产平均净值}$	
总资产周转率	$总资产周转率=\frac{营业收入}{资产平均总额}$	

表 10-8 盈利能力分析

财务指标		计算公式
经营盈利能力分析	营业毛利率	$营业毛利率=\frac{销售毛利}{营业收入}$
	营业利润率	$营业利润率=\frac{营业利润}{营业收入}$
	营业净利率	$营业净利率=\frac{净利润}{营业收入}$
	成本费用利润率	$成本费用利润率=\frac{税前利润}{成本费用总额}$
资产盈利能力分析	总资产利润率	$总资产利润率=\frac{利润总额}{资产平均总额}$
	总资产报酬率	$总资产报酬率=\frac{息税前利润}{资产平均总额}$
	总资产净利率	$总资产净利率=\frac{净利润}{资产平均总额}$
资本盈利能力分析	净资产收益率	$净资产收益率=\frac{净利润}{平均所有者权益}$
	资本收益率	$资本收益率=\frac{净利润}{平均投入资本}$

表 10-9 发展能力分析

财务指标		计算公式
营业收入增长能力	营业收入增长率	$营业收入增长率=\frac{本年营业收入增长额}{上年营业收入总额}$
盈利增长能力	营业利润增长率	$营业利润增长率=\frac{本年营业利润增长额}{上年营业利润总额}$
资产增长能力	资产增长率	$资产增长率=\frac{本年总资产增长额}{年初资产总额}$
资本增长能力	资本积累率	$资本积累率=\frac{本年股东权益增值额}{年初股东权益总额}$
	资本保值增值率	$资本保值增值率=\frac{期末所有者权益}{期初所有者权益}$

案例分析

表 10-10 的财务数据是根据某上市公司×××2 年年报经简化整理出来的，请你根据相关数据计算下列要求的财务指标并对该公司财务状况作出总体的评价。

表 10-10 某上市公司有关财务数据 单位：万元

资产负债表数据			利润表数据（×××2）	
	×××2 年 12 月 31 日	×××2 年 1 月 1 日		
货币资金	1 500	—	营业收入	130 000
交易性金融资产	2 500	—	营业成本	103 000
应收账款	15 000	50 000	销售费用与管理费用	16 000
存货	33 000	42 000	息税前利润	11 000
固定资产净值	35 000	—	利息费用	3 000
应付账款	12 500	15 000	利润总额	8 000
应付票据	12 500	15 000	所得税费用	3 000
长期债务	22 000	85 000	净利润	5 000
普通股股本	5 000	5 000		
留存收益	17 000	—		
流动资产总额	52 000	—		
资产总额	87 000	125 000		
流动负债总额	25 000	—		
负债总额	47 000	—		
所有者权益总额	40 000	—		

其他有关资料：该公司目前的股票市价为 9 元每股，发行在外的普通股股数为 5 000 万股。请计算：（1）期末流动比率、期末速动比率、应收账款周转率、存货周转率、总资产周转率、资产负债率、利息保障倍数、总资产报酬率、总资产净利率、净资产收益率、市盈率、市净率；（2）根据杜邦分析体系，将净资产收益率指标进行分解，并对该公司财务状况进行评价。

延伸阅读

"管理用财务分析体系"，中国注册会计师协会．财务成本管理．北京：中国财政经济出版社，2010：75-77.

思考与讨论

1. 财务分析的主要方法有哪些？
2. 从哪些方面可以分析企业的营运能力？
3. 从哪些方面可以分析企业的盈利能力？
4. 从哪些方面可以分析企业的偿债能力？
5. 试述杜邦财务分析体系中各指标间的关系，以及该分析体系的主要作用。
6. 试述产权比率与资产负债率两指标之间的区别和联系。

自测与练习

1. 晓一公司流动资产由速动资产和存货构成，年初存货为 145 万元，年初应收账款为 125 万元，年末流动比率为 3，年末速动比率为 1.5，存货周转率（成本）为 4 次，年末流动资产余额为 270 万元。一年按 360 天计算。要求计算：（1）该公司流动负债年末余额；（2）该公司存货年末余额和年平均余额；（3）该公司本年销货成本；（4）假定本年赊销收入为 960 万元，应收账款以外的其他速动资产忽略不计，计算该公司应收账款平均收账期。

2. 希诚公司×××2 年年末有关数据如表 10-11 所示。

表 10-11　希诚公司×××2 年主要财务数据表　　　单位：万元

项目	金额	项目	金额
货币资金	300	短期借款	300
交易性金融资产	200	应付账款	200
应收票据	102（年初 168）	长期借款	975
应收账款	98（年初 82）	所有者权益	1 025（年初 775）
存货	500（年初 460）	营业收入	3 000
		营业成本	2 400
固定资产	1286（年初 214）	财务费用	10
无形资产	14	利润总额	90
		净利润	54

要求：

（1）据以上资料，计算该公司×××2 年的流动比率、速动比率、存货周转次数（成本）、应收账款周转天数、长期资本负债率（长期负债/长期资本）、利息保障倍数、营业净利率、权益净利率。（凡是分子分母涉及两张不同报表的指标，资产负债表中的数取平均数，一年按 360 天计算。）

（2）假设该公司同行业的各项比率的平均水平如表 10-12 所示，试根据题目中的计算结果，对本公司财务状况做出简要评价。

表 10-12　×××2 年同行业主要财务指标表

比率名称	同行业平均水平
流动比率	2.0
速动比率	1.0
存货周转次数（成本）	6 次
应收账款周转天数	30 天
长期资本负债率	40%
利息保障倍数	8
营业净利率	9%
权益净利率	10%

3. 中帅公司×××2 年的资产负债表如表 10-13 所示。

表 10-13 中帅公司资产负债表

×××2 年 12 月 31 日　　　　单位：万元

资产	年初数	年末数	负债和股东权益	年初数	年末数
流动资产：			流动负债：		
货币资金	300	875	短期借款	1 250	900
交易性金融资产	250	300	交易性金融负债	0	100
应收账款	10 000	10 500	应付账款	7 500	7 800
应收票据	650	775	应付票据	1 575	2 025
应收利息	750	875			
存货	950	1 050	一年内到期的非流动负债	775	800
一年内到期的非流动资产	250	200	流动负债合计	11 100	11 625
其他流动资产	425	225	非流动负债：		
流动资产合计	13 575	14 800	长期借款	12 500	11 750
非流动资产：			应付债券	1 500	2 000
长期股权投资	5 000	4 500	非流动负债合计	14 000	13 750
固定资产	20 000	21 000	负债合计	25 100	25 375
无形资产	10 000	12 000	股东权益：	0	0
			股本	12 500	12 500
			留存收益	10 975	14 425
非流动资产合计	35 000	37 500	股东权益合计	23 475	26 925
资产总计	48 575	52 300	负债和股东权益总计	48 575	52 300

中帅公司×××2 年简化的利润表如表 10-14 所示。

表 10-14 中帅公司×××2 年度利润表　　　　单位：万元

项目	2009 年
一、营业收入	28 932
减：营业成本	24 156
营业税金及附加	276
销售费用	480
管理费用	396
财务费用	354

续表

项目	2009 年
加：公允价值变动收益	0
投资收益（经营性）	96
二、营业利润	3 366
加：营业外收入	0
减：营业外支出	0
三、利润总额	3 366
减：所得税费用	841.5
四、净利润	2 524.5

×××2 年经营活动产生的现金流量净额为 22 500 万元。

要求：

（1）计算×××2 年年末的净营运资本、速动比率、现金比率、现金流量比率、权益乘数、长期资本负债率、利息保障倍数、现金流量利息保障倍数和现金流量债务比。（为简化起见，涉及资产负债表的数据均用年末数。）

（2）计算×××2 年的应收账款周转次数、存货周转次数。（分别按营业收入和营业成本计算，涉及资产负债表的数据使用平均数计算。）

4. 已知王娟企业×××1 年、×××2 年有关资料如表 10-15 所示。

表 10-15 王娟企业有关财务数据 单位：万元

项目	×××1 年	×××2 年
营业收入	500	540
营业成本	430	480
营业利润	24	128
利润总额	94	188
所得税费用	31.02	62.04
净利润	62.98	125.96
流动资产	258	272
非流动资产	392	488
流动负债	175	156
长期负债	270	320

要求：在杜邦分析体系下用因素分析法对该企业的净资产收益率增减变动原因进行分析。

5. 2010 年 9 月 29 日，中国神华市价 23.29 元，2009 年 12 月 31 日的每股收益为 1.522 元，2010 年 6 月 30 日的每股收益为 0.937 元，在某证券交易系统显示出的静态市盈率为 15.3，动态市盈率为 12.4，你知道是如何计算出来的吗？

附录1　1元复利终值系数表

期数	1%	2%	3%	4%	5%	6%	7%	8%	9%	10%	11%	12%	13%	14%	15%
1	1.010 0	1.020 0	1.030 0	1.040 0	1.050 0	1.060 0	1.070 0	1.080 0	1.090 0	1.100 0	1.110 0	1.120 0	1.130 0	1.140 0	1.150 0
2	1.020 1	1.040 4	1.060 9	1.081 6	1.102 5	1.123 6	1.144 9	1.166 4	1.188 1	1.210 0	1.232 1	1.254 4	1.276 9	1.299 6	1.322 5
3	1.030 3	1.061 2	1.092 7	1.124 9	1.157 6	1.191 0	1.225 0	1.259 7	1.295 0	1.331 0	1.367 6	1.404 9	1.442 9	1.481 5	1.520 9
4	1.040 6	1.082 4	1.125 5	1.169 9	1.215 5	1.262 5	1.310 8	1.360 5	1.411 6	1.464 1	1.518 1	1.573 5	1.630 5	1.689 0	1.749 0
5	1.051 0	1.104 1	1.159 3	1.216 7	1.276 3	1.338 2	1.402 6	1.469 3	1.538 6	1.610 5	1.685 1	1.762 3	1.842 4	1.925 4	2.011 4
6	1.061 5	1.126 2	1.194 1	1.265 3	1.340 1	1.418 5	1.500 7	1.586 9	1.677 1	1.771 6	1.870 4	1.973 8	2.082 0	2.195 0	2.313 1
7	1.072 1	1.148 7	1.229 9	1.315 9	1.407 1	1.503 6	1.605 8	1.713 8	1.828 0	1.948 7	2.076 2	2.210 7	2.352 6	2.502 3	2.660 0
8	1.082 9	1.171 7	1.266 8	1.368 6	1.477 5	1.593 8	1.718 2	1.850 9	1.992 6	2.143 6	2.304 5	2.476 0	2.658 4	2.852 6	3.059 0
9	1.093 7	1.195 1	1.304 8	1.423 3	1.551 3	1.689 5	1.838 5	1.999 0	2.171 9	2.357 9	2.558 0	2.773 1	3.004 0	3.251 9	3.517 9
10	1.104 6	1.219 0	1.343 9	1.480 2	1.628 9	1.790 8	1.967 2	2.158 9	2.367 4	2.593 7	2.839 4	3.105 8	3.394 6	3.707 2	4.045 6
11	1.115 7	1.243 4	1.384 2	1.539 5	1.710 3	1.898 3	2.104 9	2.331 6	2.580 4	2.853 1	3.151 8	3.478 6	3.835 9	4.226 2	4.652 4
12	1.126 8	1.268 2	1.425 8	1.601 0	1.795 9	2.012 2	2.252 2	2.518 2	2.812 7	3.138 4	3.498 5	3.896 0	4.334 5	4.817 9	5.350 3
13	1.138 1	1.293 6	1.468 5	1.665 1	1.885 6	2.132 9	2.409 8	2.719 6	3.065 8	3.452 3	3.883 3	4.363 5	4.898 0	5.492 4	6.152 8
14	1.149 5	1.319 5	1.512 6	1.731 7	1.979 9	2.260 9	2.578 5	2.937 2	3.341 7	3.797 5	4.310 4	4.887 1	5.534 8	6.261 3	7.075 7

续表

期数	1%	2%	3%	4%	5%	6%	7%	8%	9%	10%	11%	12%	13%	14%	15%
15	1. 161 0	1. 345 9	1. 558 0	1. 800 9	2. 078 9	2. 396 6	2. 759 0	3. 172 2	3. 642 5	4. 177 2	4. 784 6	5. 473 6	6. 254 3	7. 137 9	8. 137 1
16	1. 172 6	1. 372 8	1. 604 7	1. 873 0	2. 182 9	2. 540 4	2. 952 2	3. 425 9	3. 970 3	4. 595 0	5. 310 9	6. 130 4	7. 067 3	8. 137 2	9. 357 6
17	1. 184 3	1. 400 2	1. 652 8	1. 947 9	2. 292 0	2. 692 8	3. 158 8	3. 700 0	4. 327 6	5. 054 5	5. 895 1	6. 866 0	7. 986 1	9. 276 5	10. 761 3
18	1. 196 1	1. 428 2	1. 702 4	2. 025 8	2. 406 6	2. 854 3	3. 379 9	3. 996 0	4. 717 1	5. 559 9	6. 543 6	7. 690 0	9. 024 3	10. 575 2	12. 375 5
19	1. 208 1	1. 456 8	1. 753 5	2. 106 8	2. 527 0	3. 025 6	3. 616 5	4. 315 7	5. 141 7	6. 115 9	7. 263 3	8. 612 8	10. 197 4	12. 055 7	14. 231 8
20	1. 220 2	1. 485 9	1. 806 1	2. 191 1	2. 653 3	3. 207 1	3. 869 7	4. 661 0	5. 604 4	6. 727 5	8. 062 3	9. 646 3	11. 523 1	13. 743 5	16. 366 5
21	1. 232 4	1. 515 7	1. 860 3	2. 278 8	2. 786 0	3. 399 6	4. 140 6	5. 033 8	6. 108 8	7. 400 2	8. 949 2	10. 803 8	13. 021 1	15. 667 6	18. 821 5
22	1. 244 7	1. 546 0	1. 916 1	2. 369 9	2. 925 3	3. 603 5	4. 430 4	5. 436 5	6. 658 6	8. 140 3	9. 933 6	12. 100 3	14. 713 8	17. 861 0	21. 644 7
23	1. 257 2	1. 576 9	1. 973 6	2. 464 7	3. 071 5	3. 819 7	4. 740 5	5. 871 5	7. 257 9	8. 954 3	11. 026 3	13. 552 3	16. 626 6	20. 361 6	24. 891 5
24	1. 269 7	1. 608 4	2. 032 8	2. 563 3	3. 225 1	4. 048 9	5. 072 4	6. 341 2	7. 911 1	9. 849 7	12. 239 2	15. 178 6	18. 788 1	23. 212 2	28. 625 2
25	1. 282 4	1. 640 6	2. 093 8	2. 665 8	3. 386 4	4. 291 9	5. 427 4	6. 848 5	8. 623 1	10. 834 7	13. 585 5	17. 000 1	21. 230 5	26. 461 9	32. 919 0
26	1. 295 3	1. 673 4	2. 156 6	2. 772 5	3. 555 7	4. 549 4	5. 807 4	7. 396 4	9. 399 2	11. 918 2	15. 079 9	19. 040 1	23. 990 5	30. 166 6	37. 856 8
27	1. 308 2	1. 706 9	2. 221 3	2. 883 4	3. 733 5	4. 822 3	6. 213 9	7. 988 1	10. 245 1	13. 110 0	16. 738 7	21. 324 9	27. 109 3	34. 389 9	43. 535 3
28	1. 321 3	1. 741 0	2. 287 9	2. 998 7	3. 920 1	5. 111 7	6. 648 8	8. 627 1	11. 167 1	14. 421 0	18. 579 9	23. 883 9	30. 633 5	39. 204 5	50. 065 6
29	1. 334 5	1. 775 8	2. 356 6	3. 118 7	4. 116 1	5. 418 4	7. 114 3	9. 317 3	12. 172 2	15. 863 1	20. 623 7	26. 749 9	34. 615 8	44. 693 1	57. 575 5
30	1. 347 8	1. 811 4	2. 427 3	3. 243 4	4. 321 9	5. 743 5	7. 612 3	10. 062 7	13. 267 7	17. 449 4	22. 892 3	29. 959 9	39. 115 9	50. 950 2	66. 211 8

附录2 1元复利现值系数表

期数	1%	2%	3%	4%	5%	6%	7%	8%	9%	10%	11%	12%	13%	14%	15%
1	0. 990 1	0. 980 4	0. 970 9	0. 961 5	0. 952 4	0. 943 4	0. 934 6	0. 925 9	0. 917 4	0. 909 1	0. 900 9	0. 892 9	0. 885 0	0. 877 2	0. 869 6
2	0. 980 3	0. 961 2	0. 942 6	0. 924 6	0. 907 0	0. 890 0	0. 873 4	0. 857 3	0. 841 7	0. 826 4	0. 811 6	0. 797 2	0. 783 1	0. 769 5	0. 756 1
3	0. 970 6	0. 942 3	0. 915 1	0. 889 0	0. 863 8	0. 839 6	0. 816 3	0. 793 8	0. 772 2	0. 751 3	0. 731 2	0. 711 8	0. 693 1	0. 675 0	0. 657 5
4	0. 961 0	0. 923 8	0. 888 5	0. 854 8	0. 822 7	0. 792 1	0. 762 9	0. 735 0	0. 708 4	0. 683 0	0. 658 7	0. 635 5	0. 613 3	0. 592 1	0. 571 8
5	0. 951 5	0. 905 7	0. 862 6	0. 821 9	0. 783 5	0. 747 3	0. 713 0	0. 680 6	0. 649 9	0. 620 9	0. 593 5	0. 567 4	0. 542 8	0. 519 4	0. 497 2
6	0. 942 0	0. 888 0	0. 837 5	0. 790 3	0. 746 2	0. 705 0	0. 666 3	0. 630 2	0. 596 3	0. 564 5	0. 534 6	0. 506 6	0. 480 3	0. 455 6	0. 432 3
7	0. 932 7	0. 870 6	0. 813 1	0. 759 9	0. 710 7	0. 665 1	0. 622 7	0. 583 5	0. 547 0	0. 513 2	0. 481 7	0. 452 3	0. 425 1	0. 399 6	0. 375 9
8	0. 923 5	0. 853 5	0. 789 4	0. 730 7	0. 676 8	0. 627 4	0. 582 0	0. 540 3	0. 501 9	0. 466 5	0. 433 9	0. 403 9	0. 376 2	0. 350 6	0. 326 9
9	0. 914 3	0. 836 8	0. 766 4	0. 702 6	0. 644 6	0. 591 9	0. 543 9	0. 500 2	0. 460 4	0. 424 1	0. 390 9	0. 360 6	0. 332 9	0. 307 5	0. 284 3
10	0. 905 3	0. 820 3	0. 744 1	0. 675 6	0. 613 9	0. 558 4	0. 508 3	0. 463 2	0. 422 4	0. 385 5	0. 352 2	0. 322 0	0. 294 6	0. 269 7	0. 247 2
11	0. 896 3	0. 804 3	0. 722 4	0. 649 6	0. 584 7	0. 526 8	0. 475 1	0. 428 9	0. 387 5	0. 350 5	0. 317 3	0. 287 5	0. 260 7	0. 236 6	0. 214 9
12	0. 887 4	0. 788 5	0. 701 4	0. 624 6	0. 556 8	0. 497 0	0. 444 0	0. 397 1	0. 355 5	0. 318 6	0. 285 8	0. 256 7	0. 230 7	0. 207 6	0. 186 9
13	0. 878 7	0. 773 0	0. 681 0	0. 600 6	0. 530 3	0. 468 8	0. 415 0	0. 367 7	0. 326 2	0. 289 7	0. 257 5	0. 229 2	0. 204 2	0. 182 1	0. 162 5
14	0. 870 0	0. 757 9	0. 661 1	0. 577 5	0. 505 1	0. 442 3	0. 387 8	0. 340 5	0. 299 2	0. 263 3	0. 232 0	0. 204 6	0. 180 7	0. 159 7	0. 141 3

续表

期数	1%	2%	3%	4%	5%	6%	7%	8%	9%	10%	11%	12%	13%	14%	15%
15	0. 861 3	0. 743 0	0. 641 9	0. 555 3	0. 481 0	0. 417 3	0. 362 4	0. 315 2	0. 274 5	0. 239 4	0. 209 0	0. 182 7	0. 159 9	0. 140 1	0. 122 9
16	0. 852 8	0. 728 4	0. 623 2	0. 533 9	0. 458 1	0. 393 6	0. 338 7	0. 291 9	0. 251 9	0. 217 6	0. 188 3	0. 163 1	0. 141 5	0. 122 9	0. 106 9
17	0. 844 4	0. 714 2	0. 605 0	0. 513 4	0. 436 3	0. 371 4	0. 316 6	0. 270 3	0. 231 1	0. 197 8	0. 169 6	0. 145 6	0. 125 2	0. 107 8	0. 092 9
18	0. 836 0	0. 700 2	0. 587 4	0. 493 6	0. 415 5	0. 350 3	0. 295 9	0. 250 2	0. 212 0	0. 179 9	0. 152 8	0. 130 0	0. 110 8	0. 094 6	0. 080 8
19	0. 827 7	0. 686 4	0. 570 3	0. 474 6	0. 395 7	0. 330 5	0. 276 5	0. 231 7	0. 194 5	0. 163 5	0. 137 7	0. 116 1	0. 098 1	0. 082 9	0. 070 3
20	0. 819 5	0. 673 0	0. 553 7	0. 456 4	0. 376 9	0. 311 8	0. 258 4	0. 214 5	0. 178 4	0. 148 6	0. 124 0	0. 103 7	0. 086 8	0. 072 8	0. 061 1
21	0. 811 4	0. 659 8	0. 537 5	0. 438 8	0. 358 9	0. 294 2	0. 241 5	0. 198 7	0. 163 7	0. 135 1	0. 111 7	0. 092 6	0. 076 8	0. 063 8	0. 053 1
22	0. 803 4	0. 646 8	0. 521 9	0. 422 0	0. 341 8	0. 277 5	0. 225 7	0. 183 9	0. 150 2	0. 122 8	0. 100 7	0. 082 6	0. 068 0	0. 056 0	0. 046 2
23	0. 795 4	0. 634 2	0. 506 7	0. 405 7	0. 325 6	0. 261 8	0. 210 9	0. 170 3	0. 137 8	0. 111 7	0. 090 7	0. 073 8	0. 060 1	0. 049 1	0. 040 2
24	0. 787 6	0. 621 7	0. 491 9	0. 390 1	0. 310 1	0. 247 0	0. 197 1	0. 157 7	0. 126 4	0. 101 5	0. 081 7	0. 065 9	0. 053 2	0. 043 1	0. 034 9
25	0. 779 8	0. 609 5	0. 477 6	0. 375 1	0. 295 3	0. 233 0	0. 184 2	0. 146 0	0. 116 0	0. 092 3	0. 073 6	0. 058 8	0. 047 1	0. 037 8	0. 030 4
26	0. 772 0	0. 597 6	0. 463 7	0. 360 7	0. 281 2	0. 219 8	0. 172 2	0. 135 2	0. 106 4	0. 083 9	0. 066 3	0. 052 5	0. 041 7	0. 033 1	0. 026 4
27	0. 764 4	0. 585 9	0. 450 2	0. 346 8	0. 267 8	0. 207 4	0. 160 9	0. 125 2	0. 097 6	0. 076 3	0. 059 7	0. 046 9	0. 036 9	0. 029 1	0. 023 0
28	0. 756 8	0. 574 4	0. 437 1	0. 333 5	0. 255 1	0. 195 6	0. 150 4	0. 115 9	0. 089 5	0. 069 3	0. 053 8	0. 041 9	0. 032 6	0. 025 5	0. 020 0
29	0. 749 3	0. 563 1	0. 424 3	0. 320 7	0. 242 9	0. 184 6	0. 140 6	0. 107 3	0. 082 2	0. 063 0	0. 048 5	0. 037 4	0. 028 9	0. 022 4	0. 017 4
30	0. 741 9	0. 552 1	0. 412 0	0. 308 3	0. 231 4	0. 174 1	0. 131 4	0. 099 4	0. 075 4	0. 057 3	0. 043 7	0. 033 4	0. 025 6	0. 019 6	0. 015 1

附录3　1元普通年金终值系数表

期数	1%	2%	3%	4%	5%	6%	7%	8%	9%	10%	11%	12%	13%	14%	15%
1	1.000 0	1.000 0	1.000 0	1.000 0	1.000 0	1.000 0	1.000 0	1.000 0	1.000 0	1.000 0	1.000 0	1.000 0	1.000 0	1.000 0	1.000 0
2	2.010 0	2.020 0	2.030 0	2.040 0	2.050 0	2.060 0	2.070 0	2.080 0	2.090 0	2.100 0	2.110 0	2.120 0	2.130 0	2.140 0	2.150 0
3	3.030 1	3.060 4	3.090 9	3.121 6	3.152 5	3.183 6	3.214 9	3.246 4	3.278 1	3.310 0	3.342 1	3.374 4	3.406 9	3.439 6	3.472 5
4	4.060 4	4.121 6	4.183 6	4.246 5	4.310 1	4.374 6	4.439 9	4.506 1	4.573 1	4.641 0	4.709 7	4.779 3	4.849 8	4.921 1	4.993 4
5	5.101 0	5.204 0	5.309 1	5.416 3	5.525 6	5.637 1	5.750 7	5.866 6	5.984 7	6.105 1	6.227 8	6.352 8	6.480 3	6.610 1	6.742 4
6	6.152 0	6.308 1	6.468 4	6.633 0	6.801 9	6.975 3	7.153 3	7.335 9	7.523 3	7.715 6	7.912 9	8.115 2	8.322 7	8.535 5	8.753 7
7	7.213 5	7.434 3	7.662 5	7.898 3	8.142 0	8.393 8	8.654 0	8.922 8	9.200 4	9.487 2	9.783 3	10.089 0	10.404 7	10.730 5	11.066 8
8	8.285 7	8.583 0	8.892 3	9.214 2	9.549 1	9.897 5	10.259 8	10.636 6	11.028 5	11.435 9	11.859 4	12.299 7	12.757 3	13.232 8	13.726 8
9	9.368 5	9.754 6	10.159 1	10.582 8	11.026 6	11.491 3	11.978 0	12.487 6	13.021 0	13.579 5	14.164 0	14.775 7	15.415 7	16.085 3	16.785 8
10	10.462 2	10.949 7	11.463 9	12.006 1	12.577 9	13.180 8	13.816 4	14.486 6	15.192 9	15.937 4	16.722 0	17.548 7	18.419 7	19.337 3	20.303 7
11	11.566 8	12.168 7	12.807 8	13.486 4	14.206 8	14.971 6	15.783 6	16.645 5	17.560 3	18.531 2	19.561 4	20.654 6	21.814 3	23.044 5	24.349 3
12	12.682 5	13.412 1	14.192 0	15.025 8	15.917 1	16.869 9	17.888 5	18.977 1	20.140 7	21.384 3	22.713 2	24.133 1	25.650 2	27.270 7	29.001 7
13	13.809 3	14.680 3	15.617 8	16.626 8	17.713 0	18.882 1	20.140 6	21.495 3	22.953 4	24.522 7	26.211 6	28.029 1	29.984 7	32.088 7	34.351 9
14	14.947 4	15.973 9	17.086 3	18.291 9	19.598 6	21.015 1	22.550 5	24.214 9	26.019 2	27.975 0	30.094 9	32.392 6	34.882 7	37.581 1	40.504 7

续表

期数	1%	2%	3%	4%	5%	6%	7%	8%	9%	10%	11%	12%	13%	14%	15%
15	16.096 9	17.293 4	18.598 9	20.023 6	21.578 6	23.276 0	25.129 0	27.152 1	29.360 9	31.772 5	34.405 4	37.279 7	40.417 5	43.842 4	47.580 4
16	17.257 9	18.639 3	20.156 9	21.824 5	23.657 5	25.672 5	27.888 1	30.324 3	33.003 4	35.949 7	39.189 9	42.753 3	46.671 7	50.980 4	55.717 5
17	18.430 4	20.012 1	21.761 6	23.697 5	25.840 4	28.212 9	30.840 2	33.750 2	36.973 7	40.544 7	44.500 8	48.883 7	53.739 1	59.117 6	65.075 1
18	19.614 7	21.412 3	23.414 4	25.645 4	28.132 4	30.905 7	33.999 0	37.450 2	41.301 3	45.599 2	50.395 9	55.749 7	61.725 1	68.394 1	75.836 4
19	20.810 9	22.840 6	25.116 9	27.671 2	30.539 0	33.760 0	37.379 0	41.446 3	46.018 5	51.159 1	56.939 5	63.439 7	70.749 4	78.969 2	88.211 8
20	22.019 0	24.297 4	26.870 4	29.778 1	33.066 0	36.785 6	40.995 5	45.762 0	51.160 1	57.275 0	64.202 8	72.052 4	80.946 8	91.024 9	102.443 6
21	23.239 2	25.783 3	28.676 5	31.969 2	35.719 3	39.992 7	44.865 2	50.422 9	56.764 5	64.002 5	72.265 1	81.698 7	92.469 9	104.768 4	118.810 1
22	24.471 6	27.299 0	30.536 8	34.248 0	38.505 2	43.392 3	49.005 7	55.456 8	62.873 3	71.402 7	81.214 3	92.502 6	105.491 0	120.436 0	137.631 6
23	25.716 3	28.845 0	32.452 9	36.617 9	41.430 5	46.995 8	53.436 1	60.893 3	69.531 9	79.543 0	91.147 9	104.602 9	120.204 8	138.297 0	159.276 4
24	26.973 5	30.421 9	34.426 5	39.082 6	44.502 0	50.815 6	58.176 7	66.764 8	76.789 8	88.497 3	102.174 2	118.155 2	136.831 5	158.658 6	184.167 8
25	28.243 2	32.030 3	36.459 3	41.645 9	47.727 1	54.864 5	63.249 0	73.105 9	84.700 9	98.347 1	114.413 3	133.333 9	155.619 6	181.870 8	212.793 0
26	29.525 6	33.670 9	38.553 0	44.311 7	51.113 5	59.156 4	68.676 5	79.954 4	93.324 0	109.181 8	127.998 8	150.333 9	176.850 1	208.332 7	245.712 0
27	30.820 9	35.344 3	40.709 6	47.084 2	54.669 1	63.705 8	74.483 8	87.350 8	102.723 1	121.099 9	143.078 6	169.374 0	200.840 6	238.499 3	283.568 8
28	32.129 1	37.051 2	42.930 9	49.967 6	58.402 6	68.528 1	80.697 7	95.338 8	112.968 2	134.209 9	159.817 3	190.698 9	227.949 9	272.889 2	327.104 1
29	33.450 4	38.792 2	45.218 9	52.966 3	62.322 7	73.639 8	87.346 5	103.965 9	124.135 4	148.630 9	178.397 2	214.582 8	258.583 4	312.093 7	377.169 7
30	34.784 9	40.568 1	47.575 4	56.084 9	66.438 8	79.058 2	94.460 8	113.283 2	136.307 5	164.494 0	199.020 9	241.332 7	293.199 2	356.786 8	434.745 1

附录4　1元普通年金现值系数表

期数	1%	2%	3%	4%	5%	6%	7%	8%	9%	10%	11%	12%	13%	14%	15%
1	0. 990 1	0. 980 4	0. 970 9	0. 961 5	0. 952 4	0. 943 4	0. 934 6	0. 925 9	0. 917 4	0. 909 1	0. 900 9	0. 892 9	0. 885 0	0. 877 2	0. 869 6
2	1. 970 4	1. 941 6	1. 913 5	1. 886 1	1. 859 4	1. 333 4	1. 808 0	1. 783 3	1. 759 1	1. 735 5	1. 712 5	1. 690 1	1. 668 1	1. 646 7	1. 625 7
3	2. 941 0	2. 883 9	2. 828 6	2. 775 1	2. 723 2	2. 673 0	2. 624 3	2. 577 1	2. 531 3	2. 486 9	2. 443 7	2. 401 8	2. 361 2	2. 321 6	2. 283 2
4	3. 902 0	3. 807 7	3. 717 1	3. 629 9	3. 546 0	3. 465 1	3. 387 2	3. 312 1	3. 239 7	3. 169 9	3. 102 4	3. 037 3	2. 974 5	2. 913 7	2. 855 0
5	4. 853 4	4. 713 5	4. 579 7	4. 451 8	4. 329 5	4. 212 4	4. 100 2	3. 992 7	3. 889 7	3. 790 8	3. 695 9	3. 604 8	3. 517 2	3. 433 1	3. 352 2
6	5. 795 5	5. 601 4	5. 417 2	5. 242 1	5. 075 7	4. 917 3	4. 766 5	4. 622 9	4. 485 9	4. 355 3	4. 230 5	4. 111 4	3. 997 5	3. 888 7	3. 784 5
7	6. 728 2	6. 472 0	6. 230 3	6. 002 1	5. 786 4	5. 582 4	5. 389 3	5. 206 4	5. 033 0	4. 868 4	4. 712 2	4. 563 8	4. 422 6	4. 288 3	4. 160 4
8	7. 651 7	7. 325 5	7. 019 7	6. 732 7	6. 463 2	6. 209 8	5. 971 3	5. 746 6	5. 534 8	5. 334 9	5. 146 1	4. 967 6	4. 798 8	4. 638 9	4. 487 3
9	8. 566 0	8. 162 2	7. 786 1	7. 435 3	7. 107 8	6. 801 7	6. 515 2	6. 246 9	5. 995 2	5. 759 0	5. 537 0	5. 328 2	5. 131 7	4. 946 4	4. 771 6
10	9. 471 3	8. 982 6	8. 530 2	8. 110 9	7. 721 7	7. 360 1	7. 023 6	6. 710 1	6. 417 7	6. 144 6	5. 889 2	5. 650 2	5. 426 2	5. 216 1	5. 018 8
11	10. 367 6	9. 786 8	9. 252 6	8. 760 5	8. 306 4	7. 886 9	7. 498 7	7. 139 0	6. 805 2	6. 495 1	6. 206 5	5. 937 7	5. 686 9	5. 452 7	5. 233 7
12	11. 255 1	10. 575 3	9. 954 0	9. 385 1	8. 863 3	8. 383 8	7. 942 7	7. 536 1	7. 160 7	6. 813 7	6. 492 4	6. 194 4	5. 917 6	5. 660 3	5. 420 6
13	12. 133 7	11. 348 4	10. 635 0	9. 985 6	9. 393 6	8. 852 7	8. 357 7	7. 903 8	7. 486 9	7. 103 4	6. 749 9	6. 423 5	6. 121 8	5. 842 4	5. 583 1
14	13. 003 7	12. 106 2	11. 296 1	10. 563 1	9. 898 6	9. 295 0	8. 745 5	8. 244 2	7. 786 2	7. 366 7	6. 981 9	6. 628 2	6. 302 5	6. 002 1	5. 724 5

续表

期数	1%	2%	3%	4%	5%	6%	7%	8%	9%	10%	11%	12%	13%	14%	15%
15	13. 865 1	12. 849 3	11. 937 9	11. 118 4	10. 379 7	9. 712 2	9. 107 9	8. 559 5	8. 060 7	7. 606 1	7. 190 9	6. 810 9	6. 462 4	6. 142 2	5. 847 4
16	14. 717 9	13. 577 7	12. 561 1	11. 652 3	10. 837 8	10. 105 9	9. 446 6	8. 851 4	8. 312 6	7. 823 7	7. 379 2	6. 974 0	6. 603 9	6. 265 1	5. 954 2
17	15. 562 3	14. 291 9	13. 166 1	12. 165 7	11. 274 1	10. 477 3	9. 763 2	9. 121 6	8. 543 6	8. 021 6	7. 548 8	7. 119 6	6. 729 1	6. 372 9	6. 047 2
18	16. 398 3	14. 992 0	13. 753 5	12. 659 3	11. 689 6	10. 827 6	10. 059 1	9. 371 9	8. 755 6	8. 201 4	7. 701 6	7. 249 7	6. 839 9	6. 467 4	6. 128 0
19	17. 226 0	15. 678 5	14. 323 8	13. 133 9	12. 085 3	11. 158 1	10. 335 6	9. 603 6	8. 950 1	8. 364 9	7. 839 3	7. 365 8	6. 938 0	6. 550 4	6. 198 2
20	18. 045 6	16. 351 4	14. 877 5	13. 590 3	12. 462 2	11. 469 9	10. 594 0	9. 818 1	9. 128 5	8. 513 6	7. 963 3	7. 469 4	7. 024 8	6. 623 1	6. 259 3
21	18. 857 0	17. 011 2	15. 415 0	14. 029 2	12. 821 2	11. 764 1	10. 835 5	10. 016 8	9. 292 2	8. 648 7	8. 075 1	7. 562 0	7. 101 6	6. 687 0	6. 312 5
22	19. 660 4	17. 658 0	15. 936 9	14. 451 1	13. 163 0	12. 041 6	11. 061 2	10. 200 7	9. 442 4	8. 771 5	8. 175 7	7. 644 6	7. 169 5	6. 742 9	6. 358 7
23	20. 455 8	18. 292 2	16. 443 6	14. 856 8	13. 488 6	12. 303 4	11. 272 2	10. 371 1	9. 580 2	8. 883 2	8. 266 4	7. 718 4	7. 229 7	6. 792 1	6. 398 8
24	21. 243 4	18. 913 9	16. 935 5	15. 247 0	13. 798 6	12. 550 4	11. 469 3	10. 528 8	9. 706 6	8. 984 7	8. 348 1	7. 784 3	7. 282 9	6. 835 1	6. 433 8
25	22. 023 2	19. 523 5	17. 413 1	15. 622 1	14. 093 9	12. 783 4	11. 653 6	10. 674 8	9. 822 6	9. 077 0	8. 421 7	7. 843 1	7. 330 0	6. 872 9	6. 464 1
26	22. 795 2	20. 121 0	17. 876 8	15. 982 8	14. 375 2	13. 003 2	11. 825 8	10. 810 0	9. 929 0	9. 160 9	8. 488 1	7. 895 7	7. 371 7	6. 906 1	6. 490 6
27	23. 559 6	20. 706 9	18. 327 0	16. 329 6	14. 643 0	13. 210 5	11. 986 7	10. 935 2	10. 026 6	9. 237 2	8. 547 8	7. 942 6	7. 408 6	6. 935 2	6. 513 5
28	24. 316 4	21. 281 3	18. 764 1	16. 663 1	14. 898 1	13. 406 2	12. 137 1	11. 051 1	10. 116 1	9. 306 6	8. 601 6	7. 984 4	7. 441 2	6. 960 7	6. 533 5
29	25. 065 8	21. 844 4	19. 188 5	16. 983 7	15. 141 1	13. 590 7	12. 277 7	11. 158 4	10. 198 3	9. 369 6	8. 650 1	8. 021 8	7. 470 1	6. 983 0	6. 550 9
30	25. 807 7	22. 396 5	19. 600 4	17. 292 0	15. 372 5	13. 764 8	12. 409 0	11. 257 8	10. 273 7	9. 426 9	8. 693 8	8. 055 2	7. 495 7	7. 002 7	6. 566 0

参考文献

［1］王化成．公司财务管理．北京：高等教育出版社，2007.

［2］中国注册会计师协会．财务成本管理．北京：中国财政经济出版社，2010.

［3］刘方乐．财务管理理论与实务．北京：清华大学出版社，2009.

［4］财政部会计资格评价中心．财务管理．北京：中国财政经济出版社，2010.

［5］牛彦秀，刘媛媛．财务管理．北京：经济科学出版社，2006.

［6］陈金龙，李四能．财务管理．北京：机械工业出版社，2009.

［7］杨丹．财务管理．北京：中国人民大学出版社，2009.

［8］顾晓安．财务管理学——原理·应用·案例．上海：立信会计出版社，2008.

［9］隋静．财务管理实务教程．北京：清华大学出版社，2009.

［10］詹姆斯·C. 范霍恩，小约翰·M. 瓦霍维奇．现代企业财务管理．郭浩，徐琳，译．北京：经济科学出版社，1998.

［11］陆正飞，王化成，宋献中．当代财务管理主流．大连：东北财经大学出版社，2004.

［12］陈小平．财务管理教程．上海：华东理工大学出版社，2007.

［13］荆新．中级财务管理．北京：首都经济贸易大学出版社，2009.

［14］王斌．财务管理．北京：高等教育出版社，2007.

［15］宋献中，吴思明．中级财务管理．大连：东北财经大学出版社，2009.

［16］荆新，王化成，刘俊彦．财务管理学．北京：中国人民大学出版社，2009.

［17］陈玉菁．财务管理．北京：中国人民大学出版社，2008.

［18］吴树畅，胡国强．财务管理．成都：西南财经大学出版社，2006.

［19］刘淑莲．公司财务管理．北京：中国财政经济出版社，2001.

［20］傅元略．财务管理理论．厦门：厦门大学出版社，2007.

［21］林莉，尹晶．财务管理学．北京：化学工业出版社，2008.

［22］吴晓求，季冬生．证券投资学．北京：中国金融出版社，2004.

［23］汪平．中级财务管理．上海：上海财经大学出版社，2004.

［24］张家伦，阎华红．财务管理学．北京：首都经济贸易大学出版社，2007.

［25］汪平．财务理论．2版．北京：经济管理出版社，2008.

［26］道格拉斯·R. 爱默瑞，约翰·D. 芬尼特．公司财务管理．2版．荆新，王化成，李焰，译．北京：中国人民大学出版社，2008.

［27］宋献中，熊楚熊．公司理财学．杭州：浙江人民出版社，2000.

［28］杨雄胜．财务管理原理．北京：北京师范大学出版社，2007.

［29］汪平．财务管理——理论·实务·案例．北京：经济管理出版社，2007.

［30］王化成．财务管理教学案例．北京：中国人民大学出版社，2001.

［31］戴书松．财务管理．北京：经济管理出版社，2006.

［32］张志宏. 财务管理. 北京：中国财政经济出版社，2009.

［33］李立新. 财务管理学. 北京：机械工业出版社，2009.

［34］陆正飞. 财务报表分析. 北京：中信出版社，2006.

［35］孙福明. 企业理财学. 北京：清华大学出版社，2008.

［36］王化成. 公司财务管理. 北京：中信出版社，2008.

［37］刘禅. 财务管理. 广州：中山大学出版社，2009.

［38］乔纳森·伯克，彼得·德玛佐，加拉德·哈福德. 公司理财基础. 大连：东北财经大学出版社，2012.

［39］威廉·L. 麦金森. 公司财务理论. 大连：东北财经大学出版社，2011.

［40］斯蒂芬·A. 罗斯，伦道夫·W. 威斯特菲尔德，杰弗利·F. 杰富. 公司理财. 北京：机械工业出版社，2012.

高等学校工商管理类专业会计、财务管理类课程教材

高等学校会计学专业系列教材

会计学基础（第三版）	刘峰等
会计学基础（第二版）	唐国平
会计学基础	朱小平　程昔武
会计学原理（第二版）+学习指导书	杜兴强
基础会计学	沃　健　赵　敏
基础会计	姚荣辉
财务会计（第三版）+习题集	陈信元
中级财务会计	罗新运
中级财务会计学（第二版）+学习指导书	杜兴强
高级财务会计学	戴德明
成本会计（第二版）	罗　飞
管理会计（第二版）	毛付根
成本管理会计	孟　焰　刘俊勇
审计学（第三版）	朱荣恩
审计学	舒利庆
审计与鉴证服务	刘明辉
审计学案例	张建军
会计报表审计案例	朱锦余
税法	王红云　陈　红
会计信息化（第二版）	艾文国　孙　洁
会计信息系统	张瑞君
会计信息系统（第三版）	杨宝刚　王新玲
会计理论	陈良华等
企业会计学（第三版）	赵惠芳
企业会计模拟实验	杨淑君等
Excel 会计与财务管理——理论、方案暨模型	桂良军

高等学校财务管理专业系列教材

财务学原理	熊　剑　杨荣彦
财务管理（第二版）（配学习卡）	赵德武
公司财务管理（第二版）	王化成
高级财务管理（第二版）	左和平　李雨青

高级财务管理	赵德武
国际财务管理	谢志华
财务分析（第二版）	谢志华
财务报表分析（第二版）	张新民　王秀丽
财务报告分析	郭泽光
公司理财（第二版）	赵振全等
金融市场学（第三版）	朱新蓉
成本管理	陈汉文
内部控制（第二版）	潘　琰
企业内部控制（第二版）	程新生
投资学	金德环
证券投资学（第二版）	丁忠明
证券投资学（第二版）	任淮秀
企业融资理论与实务	汤炎非　谢达理
资产评估（第二版）	汪海粟
税收筹划	经庭如　阮宜胜
税务筹划（第四版）	盖　地

郑重声明